조선

왕릉

실록

능에서 만난 조선의 임금

조선

왕릉

이규원 지음

실록

글로세움

왕릉은 역사와 삶의
축소판이다

삶은 무엇이고 죽음은 무엇인가. 누가 그랬다.

'인생은 육신을 쓰고 나들이하는 긴 법계法界 여행 중 잠시 쉬었다 가는 나그네 일러라.'

삶이 황혼 길에 접어들어 고단해진 나그네가 돌아갈 곳은 편안한 휴식이 있는 안식처다. 누추를 가릴 것 없이 어디든 가야 하는 데 그 귀의처가 바로 인간에게는 무덤이다. 누구에게도 예외는 없다.

예나 지금이나 죽음은 영원한 미지의 세계다. 그래서 인류는 인간보다 우월하다고 여긴 자연을 찾아 숭배하고 신이 있다고 믿으며 내생을 의탁하려 했다. 그런데 뜻밖에도 이 자연과 신을 다스리며 상격으로 군림해 온 절대자가 인간세계에 있었다. 바로 봉건 군주사회의 임금이다.

조선은 성리학을 근간으로 한 유교이념이 사회 전반을 주도했다. 유학에서는 부모를 위시한 선대 조상을 실체가 없는 신보다 더욱 극진히 숭모했고, 생과 사를 동일시하여 죽은 선조의 묘를 살아 섬기듯 보살폈다. 당시의 시대 상황에서는 효보다 충이 우선 덕목이었던 까닭에 왕릉에 대한 공경과 지성은 가히 외경심에 가까운 것이었다.

현재 국내에 있는 조선 왕족의 무덤은 모두 119기에 이른다. 이 중 42기가 왕릉이고 원(세자 세자비 또는 왕의 사친)이 13기이며 묘(그 외 왕족)는 64기다. 42기 능 가운데 제릉(태조 원비 신의고황후)과 후릉(정종과 정안왕후)의 2기만이 북한에 있고 나머지 40기는 모두 남한에 있다.

유네스코UNESCO(유엔 교육과학문화기구) 세계유산위원회는 2009년 6월 26일 스페인의 세비야에서 개최된 제33차 총회에서 남한에 있는 조선왕릉 40기를 세계문화유산으로 등재했다. 왕릉의 역사와 문화 속에 인류 문명의 공감대가 담겨 있다는 국제적 가치를 인증받은 것이다. 조선 왕조의 문화유산 중 종묘, 창덕궁에 이은 세 번째 경사이다. 이에 앞서 조선왕조의 문화유물은 훈민정음, 『조선왕조실록』, 『승정원일기』, 『조선왕조의궤』 등이 세계기록유산으로 등재된 바 있다.

이 책은 세계문화유산인 왕릉 40기를 포함해 왕실 역사에 중요한 끈을 이어주는 주변 왕족들의 원과 묘 9기를 통해 조선의 역사를 편년체로 축약한 기록물이다. 다시 말해 『조선왕조실록』·『완산실록』·『선원보감』·『연려실기술』 등을 바탕으로 조선왕조의 정사正史를 기술한 역사서라고 할 수 있다. 또한 세계문화유산으로 등재된 남한 소재 40기의 조선왕릉은 물론 비공개릉과 원을 일일이 답사하여 사계절의 사진과 함께 묶은 현장 기행문이기도 하다. 여기에다 조선왕조의 역사와 능을 말할 때 빼놓을 수 없는 풍수 이야기를 덧입혀 역사를 읽는 재미를 더했다.

조선왕릉은 27명의 임금과 원비·계비의 능을 비롯해 사후 추존된 왕과 왕비의 능을 통칭한다. 한 성씨가 단일 왕조로 500년 넘게 나라를 통치한 예는 세계 역사상 조선왕조가 유일하다. 아울러 500년이 넘은 왕실의 무덤이 단 한 기도 훼손되지 않은 채 보존된 사례 또한 조선왕릉이 세계에서 최초다. 우리 민족만이 지켜 낸 놀라운 장묘 유산이다.

천년 사직의 신라는 박·석·김의 세 성씨가 번갈아 왕위를 이어왔고, 왕건이 창업한 고려는 34대 왕 475년으로 멸망했다. 한 치 앞을 내다볼 수 없는 치열한 당쟁 구도와 국기國基가 송두리째 유린당한 임진왜란과 병자호란의 재앙 속에서도 조선왕실의 대통은 무탈하게 승계되었다. 27대 왕 519년의 종묘사직을 지탱해온 조선왕조의 저력은 과연 무엇이었을까. 왕릉에 가면 그 해답을 찾을 수 있다.

동서고금의 역사를 통해 망하지 않은 왕조가 없고 죽지 않은 사람 또한 없다. 사람이 죽은 다음 그 영혼, 즉 정신이 빠져나간 뒤에 체백을 수습하는 장묘문화는 세계 각국의 민족과 지역의 기후적 특성에 따라 판이하게 다르다. 다양한 장묘풍습과 제례절차는 그 민족·사회의 문화적 척도로 간주돼 왔고 그 중에서도 왕릉 조영은 장묘 문화의 꽃이며 정수였다.

누구에게나 선뜻 내키지 않으면서도 또 한편으로는 들으면 들을수록 흥미진진하고 무궁무진한 것이 무덤에 관한 얘기다. 거기에다 땅의 이치인 풍수지리까지 가미되면 바야흐로 관심은 점입가경에 이르고 만다. 조선왕릉과 풍수는 도저히 분리할 수 없는 불가분의 관계다. 현대 과학과 기하학으로도 풀 길 없는 능침 앞 석물 배치와 참도 조성 등의 미스터리도 음양오행과 풍수이론을 접목시키면 단박에 해결된다. 소싯적부터 학습해 온 동양학과 풍수지리에 대한 구체적·전문적 지식이 없었다면 애당초 본서의 출간도 불가능했을 것이다.

그 옛날 왕릉 터를 잡으며 사용한 좌향과 풍수물형 정보 등은 철저한 국가 기밀에 속했다. 시대에 따라서는 왕릉을 택지한 국풍을 유배 보내거나 심지어 죽이기까지 했다는 기록이 있다. 따라서 현장 재혈裁穴을 통해 공개되는 각 능 뒤의 입수절룡入首折龍과 능 앞의 득수得水·파수破水 방향 및 좌향은 간단한 기록이긴 하나 왕릉 풍수의 빗장을 푸는 데 결정적 지침이 되리라고 기대한다. 세계문화유산 등재 이후 학술연구나 언론의 취재 목적이 아니고는 능상에 오를 수가 없다.

옛날의 왕들은 어명 한마디만 내리면 누구나 조아리고 받들어 만사형통으로 일사천리였을 것 같지만 결코 그렇지가 않았다. 인군人君의 자리에 오르려면 견딜 수 없는 모함과 죽음에 직면하는 위기의 순간을 수없이 넘겨야 했다. 천신만고 끝에 왕위에 등극했으나 원인 모를 병으로 시름시름 앓다 죽어가야 했고, 심지어는 폐위당해 죽임을 당하거나 유배지에서 분사憤死하기도 했다. 이러한 왕들의 일생은 왕릉의 조성 규모나 천장의 역사, 풍수적 물형 해석에서 극명하게 드러난다.

역사는 과거를 통해 배우고 미래를 준비하는 교훈이다. 세월의 무게가 켜켜이 내려앉은 왕릉 상설象設의 이끼를 직접 만져보며 통치자의 고뇌와 권력의 무상함을 절감했다. 한 시대의 운명을 가르는 국가지도자의 판단과 결단이 그 민족의 영고성쇠와 그 강토 영역에 사는 백성들의 미래임을 왕릉은 그곳에서 증명하고 있다.

미래를 망각한 채 당대 일신영달과 호의호식으로 살다 간 조상의 연좌죄로 고통받는 후손들을 도처에서 목격하며 바르게 잘살아가야 함을 새삼 터득한다. 역사의 업경業鏡 앞에 누구도 자유로울 수 없다.

무술 2018년 11월
빙아 이규원

| 차례 |

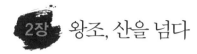

2장 왕조, 산을 넘다

3장 왕조, 반석을 다지다

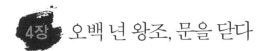

4장 오백 년 왕조, 문을 닫다

1장

왕조, 문을 열다

태조~성종

서기 1392년, 그해 여름은 유난히도 더웠다. 개경 수창궁의 용상에
앉은 태조 이성계가 시립한 대신들을 내려다보았다. 조선왕조가 새로
개국하는 날이다. 태조의 온몸은 투구와 철갑 전투복이 아닌
익선관에 곤룡포가 감싸고 있었다.

태조고황제

건원릉

새로운 왕조의 문을 여니
영웅의 삶은 고단했다

그날 개경의 하늘은 높고 푸르렀다.

단기 3725년. 서기 1392년 임신년 7월 17일(양력 8월 5일). 그해 여름은
유난히도 더웠다. 개경 수창궁의 용상에 앉은 태조 이성계太祖 李成桂(1335
~1408)가 시립한 대신들을 내려다 보았다. 조선왕조가 개국하는 날이다.
태조의 온몸은 투구와 철갑 전투복이 아닌 익선관과 곤룡포가 감싸고 있
었다. 그는 지그시 눈을 감았다. 이미 인생의 황혼 길에 접어든 쉰일곱의
나이였다. 돌이켜보니 참으로 고단한 삶이었다. 태조는 속으로 되뇌었다.

'한평생 전쟁터를 누비며 살아온 장수가 꼭 이 옷으로 갈아입어야만 하
는가. 내 결코 임금이 되려고 나라에 충성하며 외적을 무찔렀던 것은 아닌
데…….누구도 장담 못할 것이 인생사로다.'

고려 말, 나라 안 정세는 걷잡을 수 없이 혼란스러웠다. 내우외환이 겹
쳐 한 치 앞도 내다볼 수 없는 안개정국이 100년 넘게 지속되고 있었다.

14

고려 조정의 국론 분열과 백성의 처절한 고통은 종주국으로 섬기며 조공을 바치던 원元의 온갖 횡포 때문이었다.

원은 칭기즈칸의 후예인 몽골족이었다. 고대로부터 한족漢族이 살아온 광활한 중원 대륙에 이민족이 건국한 최초의 정복 왕조였다. 원은 국경의 다른 나라를 차례로 침략해 번국藩國으로 귀속시킨 뒤 몽골식 변발과 복식을 억지로 강요했다. 급기야는 변방국 혼사까지 간섭했다. 제후국 왕자를 볼모로 잡아다 원나라식 교육으로 의식을 개조시킨 뒤 차기 왕위에 오르도록 했다.

동방의 소국 고려에게는 더욱 가혹했다. 고려의 왕자들을 억지로 잡아다가 강제 훈육하고 이름도 몽골식으로 바꿨다. 원 왕실녀와 강제 혼인시켜 고려왕으로 봉하고는 일일이 간섭했다. 원의 부마(임금의 사위)국이 된 고려는 원나라 조정의 명령에 철저히 따랐다. 이를 거역하거나 비위를 거슬릴 경우에는 여지없이 고려왕을 원으로 소환해 왕위를 폐하고 원의 지시에 잘 따르는 왕손을 새 임금으로 앉혔다. 어느덧 고려 조정에는 원에 충성하는 무리들로 가득 차게 되었다.

제25대 충렬왕(1236~1308) 때부터는 사후 임금에게 지어 올리는 묘호廟號조차 낮춰 부르게 했다. 종전까지의 태조, 광종, 목종, 원종 등을 원나라에 충성한다는 의미의 충성 충忠 자를 붙여 충선왕, 충숙왕, 충혜왕, 충목왕, 충정왕 등으로 지어 고려 조정에 내려보냈다. 왕王은 조祖나 종宗보다 한 단계 낮은 시호諡號이다.

제27대 충숙왕(1294~1339)(몽골명·아자눌특실리) 당시의 고려 조정은 더욱 혼미했다. 원 세조 쿠빌라이의 외손자였던 그는 왕실 정변으로 부왕 충선왕(몽골명·이지리부카)을 이어 갑자기 왕위에 올랐으나 고려 민생은 돌보지 않고 거의 원나라 원경에 가 머물렀다. 왕이 없는 고려 왕실은 차기 왕권 다툼으로 아버지가 아들을 살해하고 아우가 형을 죽였다. 고려 조정의 원성이 높아지자 원은 충숙왕을 폐위하고 큰 아들 보탑실리를 등극시키니 제28대 충혜왕(1315~1344)이다.

16세의 유충한 나이로 왕이 된 충혜왕은 금수만도 못한 패륜아였다. 아버지 충숙왕의 수비 권씨와 숙공휘령공주를 강제로 겁탈했다. 두 계모가 크게 나무라며 저항하자 궁녀와 수하들을 시켜 다리를 벌리게 한 다음 기어이 강간했다. 원나라 연경에서 이 소식을 접한 충숙왕은 격노했다. 남매 간에도 결혼을 하던 고려 왕실과 과부 재혼이 허용됐던 고려 사회마저 절망했다. 원은 충혜왕을 폐위시키고 다시 충숙왕을 복위시켰다.

태조 이성계(이하 태조)는 충숙왕 복위 4년(1335) 함경남도 영흥 흑석리에서 태어났다. 어머니 영흥 최씨(추존 의혜왕후·최한기의 딸)가 회임한 지 14개월 만에 태조를 낳자 주위 사람들이 기이하게 여겼다. 출생 시 왼쪽 다리에 72개의 검정 사마귀가 찍혀 있고 발 장심에는 王자가 뚜렷이 박혀 있어 아버지 자춘子春(1315~1360·추존 환조대왕)도 깜짝 놀랐다. 성장하면서는 콧마루가 우뚝하고 양 볼이 두툼한 데다 눈과 눈썹이 보통 사람과 달라 좌중을 압도했다. 태조는 함흥 본궁전 뒤에 소나무 다섯 그루를 손수 심고 아호를 송헌松軒이라 했다.

"좌청룡 귀주봉을 우백호 반룡산이 끼고 돌며 넓은 남주작 들판을 회룡수가 감아 돌다니……. 승천하는 비룡이 여의주를 희롱하는 형국이로다. 묘방卯方(동쪽) 내청룡(여수봉)과 유방酉方(서쪽) 내백호(양각봉)마저 용호상박으로 천기를 발산하니 그 더욱 금상첨화로구나. 저곳에 자좌오향(정남향)으로

16

태조가 무학대사와 함께 잡아 둔 묏자리가 오늘날의 건원릉이다.

건원릉 위에 서면 사방이 탁 트인 안산과 함께 천하 명당임을 알 수 있다.

가택을 앉히면 당대 천손이 출생하여 백성들로부터 하례 받을 천하명당이 련만……."

노승을 소리 없이 뒤따르며 혼잣말을 귀담아 듣던 이자춘의 종이 앞장서 되물으려 했으나 어느새 노승은 사라지고 없었다. 이 말을 전해 들은 이자춘은 얼마 후 가솔들을 거느리고 귀주동으로 이주했다. 태조는 이곳에서 성장했다.

한 사람의 인격 형성과 장래가 어릴 적 환경에서 결정됨은 예나 지금이나 다를 바 없다. 어릴 적부터 무인 기질을 타고난 태조는 8세 때 함흥으로 귀양살이 온 성成 선생을 만나 글과 무예를 익혔다. 고려 조정의 권력 싸움에서 패한 성 선생은 신출귀몰한 기마병법과 백발백중의 신궁술로 원나라 장수들도 벌벌 떨던 무장이었다. 거침없는 담력에 호방한 기질의 태조는 일취월장으로 스승을 능가했다.

이 당시 고려와 원나라 국경은 오늘날 압록강과 두만강의 경계가 아니었다. 강원도 회양군과 함경남도 안변군 사이를 가로지르는 철령을 사이에 두고 두 나라의 국경분쟁은 그칠 날이 없었다. 태조는 아버지 이자춘을 따라 고려와 원나라 전쟁터를 넘나들며 혁혁한 무공을 세웠다. 고려 대신들은 언젠가는 이들 부자가 고려를 배신할 것이라고 의심했다.

고려 조정에서는 태조의 가문 내력과 활동상을 명경지수처럼 꿰뚫고 있었다. 그의 고조부 이안사(?~1274 · 추존 목조대왕)가 전주 지역 토호세력이었으나 새로 부임한 지주사와의 불화로 삼척으로 쫓겨 가게 되었다. 식솔들과 함께 따라나선 토착민이 170여 호나 되었다. 원수는 외나무다리에서 또 만난다 했던가. 이안사가 정착할 무렵, 때를 맞춰 부임한 삼척 안렴사가 공교롭게도 전주 전前 지주사였다. 이안사는 지체 없이 이삿짐을 꾸려 뱃길을 따라 함경도 덕원부 의주에 정착했다. 이때 휘하에는 전주의 170호 외에 삼척·덕원에서 그를 따르는 무리가 많아 무시 못할 집단으로 성장했다.

이안사가 이주한 의주는 원나라 쌍성총관부가 인접한 국경지역이었다. 고려 조정에서는 이안사를 회유하기 위해 그를 의주병마사로 삼고 충성을 요구했다. 원나라에서도 이안사에게 5천 호를 거느리는 수천호首千戶 벼슬을 줘 고려를 견제하려 했다. 이안사는 고려 관직을 버리고 원의 벼슬을 택했다.

이안사의 원나라 벼슬은 아들 행리(생몰년 미상·추존 익조대왕), 손자 춘(?~1342·추존 도조대왕), 증손자 자춘(1315~1360·추존 환조대왕)에 이르기까지 대물림으로 이어졌다. 이자춘은 원나라와 고려 관직을 번갈아 제수받으며 각지에서 출몰하는 왜구를 섬멸하고 때로는 원나라에 타격을 입히기도 했다.

인간에게는 생로병사가 있고 나라에는 흥망성쇠가 따르는 법이다. 이 무렵 중원 대륙에서는 하늘도 어쩌지 못하는 변고가 일고 있었다. 원나라의 학정과 만행에 절치부심한 한족漢族들이 농민 출신 주원장(1328~1398)을 황제로 추대해 공민왕 16년(1368) 명明을 건국한 것이다.

'되놈'으로도 불리던 원나라는 잔학무도하기가 비할 데 없었다. 반역자나 변방국 포로를 잡아다 껍질을 벗겨 기름을 짠 뒤 섶에 불을 지르고 인육을 구워먹기까지 했다.

당시 고려 조정은 친원파로 가득 찼다. 특히 원나라 순제順帝의 제2황후가 돼 태자까지 낳은 기奇황후의 횡포는 필설로 형언할 수가 없었다. 기황후의 동생 기철(?~1356 · 행주 기씨)은 원나라 참지정사와 고려 정승 벼슬을 동시에 갖고 고려 왕조차 능멸했다. 원의 왕실녀 노국공주를 왕비로 맞은 공민왕마저 치를 떨었다. 원에서 교육받고 자란 공민왕은 원의 쇠망을 내다봤고 명의 중원 통일을 확신했다.

반원정책으로 원의 미움을 사던 공민왕이 이자춘에게 밀사를 보내 개경에서 독대했다. 공민왕을 알현한 이자춘은 원의 관직을 버리고 고려에 귀속해 소부윤 벼슬을 제수받았다. 이자춘 부자는 수천 사병을 거느리고 원의 쌍성총관부를 양협에서 기습, 일순간에 함락시켰다. 빼았겼던 땅을 99년 만에 고려 영토로 귀속시켰다. 당시 동북면 지역에 기생하며 양민들을 수탈하던 친원 세력도 완전 토벌하고 간신 기철 무리도 남김없이 주살했다. 공민왕 5년(1356)의 일이었다.

공민왕은 크게 기뻐하며 이자춘 부자에게 큰 벼슬을 내리고 개경에 와 살도록 배려했다. 이때 최영, 이인임, 염흥방 등 친원파 세력들은 이들 부자의 개경 입도入都를 결사반대했고 신흥 군벌로 성장하는 것을 심각히 우려했다. 공민왕 9년(1360) 이자춘이 세상을 떠나자 모든 관직과 병권을 26살의 아들 태조가 물려받았다. 태조의 중앙정치 무대 입성은 엄청난 파장을 불러왔다. 당장 고려 조정은 최영의 친원파와 이성계의 친명파로 극명하게 갈라섰다.

태조는 평생 전쟁터를 누비며 무장으로 살아온 용맹스런 장군이었다. 그가 사용하던 활은 대초명적大哨鳴鏑, 즉 우는 살이라 하여 신궁神弓으로 불리었다. 싸리나무를 깎아 만든 살대 끝에 백학의 깃을 꽂아 백우전白羽箭으로도 불렸는데 화살촉은 다른 것보다 세 배나 무거웠다.

송헌은 여덟 마리의 적토마赤兎馬(체형이 날렵하고 빠른 말)를 기르며 횡운골

橫雲鶻, 유린청遊麟青, 추풍오秋風烏, 발전자發電赭, 용등자龍登紫, 응상凝霜, 백사자白獅子, 황현표黃玄豹라 이름 짓고 당일 운세에 따라 골라 탔다. 태조가 이 팔준마八駿馬에 올라 백우전을 겨냥하면 적장은 멀리 도망갔고 호랑이도 달아났다.

그는 30년 넘게 온갖 전쟁을 치르면서 단 한 번도 패하지 않았다. 어느덧 고려의 전쟁 영웅으로 부각되며 중앙정치 무대의 신흥 세력으로 우뚝 서게 되었다.

어느 날 나옹선사(1320~1376)와 무학대사(1327~1405)가 함경도 영흥 땅을 걷고 있었다. 두 승려는 신라 말 도선국사(827~898)에서 고려 지공선사(?~1363)로 전수되는 풍수도참맥을 잇는 당대 고승으로 사제지간이었다. 나옹이 제자 무학에게 물었다.

"저기에 흥왕지지興王之地가 있는데 너도 알겠느냐?"

"저 세 줄기 지맥枝脈 가운데 중간의 짧은 내룡이 정혈이겠습니다."

"네가 아직 자세히는 모르는구나. 사람에 비유하건대 오른손이 더욱 긴요한 쓰임새니 우측 산록이 진혈이니라."

이때 태조는 갑작스런 부친상으로 경황이 없었다. 태조의 가복이 부고를 돌리다가 몰래 이 소리를 듣고 얼른 달려와 아뢰었다. 태조가 즉시 말을 달려 함관령 고갯길을 오르는 두 스님을 모셔다가 장례를 치르니 훗날의 정릉定陵이다. 조선왕조 건국 과정에서 결정적 역할을 하게 되는 무학대사와 이성계 장군과의 만남은 이렇게 비롯되었다.

하루는 태조가 이상한 꿈을 꾸었다. 다 부서신 집 속에 들어가 서까래 세 개를 짊어지고 나오는데 온 동네 수탉이 홰를 치며 일제히 울어댔다.

집집마다 다듬이 소리가 들리며 꽃이 모두 지더니 거울이 땅에 떨어져 산산조각이 났다. 전투를 앞둔 태조는 흉몽이라고 생각했다. 그 길로 안변 석왕사에 주석하고 있는 무학대사를 찾아갔다. 태조보다 8세 위의 무학은 급히 일어나 합장으로 예를 표하며 부복해 아뢰었다.

"장군, 용상에 오르실 대 길몽이옵니다. 서까래 세 개를 지셨으니 임금 王자가 분명하고, 꼬기요高貴位 하는 닭 울음소리는 높고 귀한 자리에 오르심을 예견한 것입니다. 다듬이 소리는 포근포근[報近富]이니 곧 백성들에게 넉넉한 부로 갚을 것이고, 꽃이 지면 열매가 열리는 법이요, 거울이 깨지는 소리에 세상이 놀라지 않겠습니까. 지금 공의 얼굴에 왕기가 가득하니 뒷날 용상에 오르시면 여기에 원찰이나 하나 창건해 주소서."

태조는 무학의 당부로 해몽을 마음속에 보듬고 누구에게도 발설하지 않았다. 훗날 개국 시조로 등극한 태조는 무학과의 약조를 잊지 않고 석왕사에 큰 불사를 일으켜 대가람으로 중창시켰다.

태조 휘하에는 항상 배극렴(개국 1등 공신), 이원계(완풍대군·태조의 이복형), 이화(의안대군·태조의 이복아우), 이지란(개국 1등공신) 등이 뒤따랐다. 모두가 일기당천하는 당대의 용맹한 장수들이었다. 이 가운데 이지란(1331~1402) 장군과의 인연에는 태조의 가슴 아픈 가족사가 깃들어 있다. 본명이 쿠룬투란티무르古論豆蘭帖木兒로 퉁두란佟豆蘭이라 불렸던 그는 원래 여진족 출신이었으나 태조를 만나 고려로 귀화했다. 퉁두란은 이린(태조의 7대조)의 여동생이 송나라 악비 장군의 부인이 되어 낳은 아들의 혈손으로 태조와는 형제 항렬이었다. 퉁두란은 태조와 함께 전쟁터를 누비며 백전백승했고 죽을 때까지 태조를 주군으로 섬겼다.

건원릉 뒤편에 이어진 용맥은 5백 년 왕조 역사를 잇게 한다.

태조 이성계의 일생은 파란만장 그대로다.
타고난 무인인 그는 전쟁에서 단 한 번도 패한 적이 없는
용맹한 장수였다. 무자비하게 피 흘리며 왕조를 창업했지만,
권력의 정상에서는 자식들의 골육상쟁으로 필부필부만도
못한 고통과 회한 속에서 생을 마감했다.

그들의 용맹과 전술은 놀라웠다. 우왕 5년(1379) 왜구의 배 5백 척이 하삼도(충청·전라·경상)를 침범하여 지리산 운봉의 인월역에 둔을 치고 천인공노할 살육과 분탕질을 일삼았다. 왜구들은 2~3세 되는 여아를 잡아 머리털을 깎고 배를 갈라 씻어 놓고는 쌀과 술을 채워 제사 지냈다. 고려 백성의 시체가 산야를 덮었고, 약탈하며 흘린 쌀이 한 자씩은 땅에 쌓였다.

이때 태조는 하삼도의 도순찰사로 퉁두란과 함께 고려군을 이끌고 참전했다. 당시 왜장은 16세의 어린 아지발도였다. 홍안의 아지발도 소년 장군은 둔갑술까지 내보였고 신출귀몰하는 병법으로 고려군 진영을 유린해 왜구들의 사기는 충천해 있었다. 아군의 대열 맨 앞에 서서 적진을 살피던 태조가 퉁두란에게 명을 내렸다.

"퉁 장군, 내가 저 녀석의 투구꼭지를 맞춰 벗겨 버릴 테니 장군은 아지발도의 목을 관통시키도록 하시오."

군령이 채 떨어지기도 전에 태조의 백우전이 바람을 가르며 하늘을 날았다. 아지발도의 투구가 벗겨지며 드러난 목젖에 퉁두란의 신궁이 여지없이 명중했다. 기고만장하던 아지발도가 선혈을 쏟으며 즉사했다. 장수를 잃은 왜구들은 순식간에 지리멸렬해 괴멸되고 말았다.

대승을 거둔 태조가 개경에 입성하자 조정은 술렁였고 백성들은 열광했다. 임금이 손수 나와 개선장군을 맞았고 정적인 최영마저 손을 맞잡고 전공을 치하했다.

"이 장군, 삼한三韓을 다시 이뤄 보전함이 이 한 번의 행차에 있었소. 공이여, 공이여! 공이 아니었던들 나라가 장차 어찌 되었겠소."

태조의 명성은 고려 산하를 뒤덮고도 남았다. 그러나 국내 정정政情은 더욱 혼미했고 국제 정세는 갈수록 옥죄어 왔다. 조정 안 친원파와 친명파의 대립은 국가의 존립 자체를 위태롭게 했고 북원으로 쫓겨간 상국 원나라는 감당 못할 조공을 요구해와 고려 민생을 피폐시켰다. 설상가상으로 신흥대국 명나라는 북원과의 관계 청산을 요구하며 '이제 원이 명으로 국체가 바뀌었으니 더 많은 조공과 함께 원의 옛 영토를 내놓으라'고 고려를 압박했다.

걷잡을 수 없는 내홍 끝에 고려 조정은 마침내 중원대륙의 명나라를 치기로 했다. 이것이 역사적인 요동 정벌이다. 이때 고려 왕실은 친명파였던 공민왕이 미동들과 동성애를 즐기다 시해당하고 제32대 우왕(1365~1389)이 즉위해 통치하고 있었다. 우왕은 천성이 게으른 데다 정치에는 관심이 없고 궁녀들과 여색을 즐기는 일에만 열중했다. 우왕의 후비 영비는 최영의 첩실 딸로 모든 권력은 최영이 장악하고 있었다.

중신 회의에서 열띤 공방 끝에 조정은 명나라에 화의를 청하기로 했다. 욱일승천 기세의 신흥 제국 명과 전쟁을 수행하다 참패하면 자칫 중원대륙에 흡수될 수도 있다는 대세론에 밀린 것이다. 그러나 우왕은 최영과 비밀리에 회동한 끝에 다시 요동 정벌에 나서겠다고 어명을 내렸다. 최영은 원나라 말년, 중원 땅이 어지러울 때 명과의 원정 전투에서 승리한 적이 있다.

태조를 주축으로 한 신진 친명파는 이른바 4대 불가론으로 맞섰다. 첫째 소국이 신흥대국을 친다는 것은 명분으로나 실력으로나 패망의 위험을 자초하는 일이다. 둘째 여름철 농번기를 앞두고 거국적으로 군사를 일으킴은 백성을 도탄에 빠뜨리는 것이다. 셋째 극성을 부리는 남방 외구와 북방 야인들이 원정을 틈타 침노하면 더 큰 위험에 빠질 수 있다. 넷째 무더운 여름철이라 활의 아교가 풀리고 군대 진영 안에 질병이 만연할 수 있다. 이는 현실과 실리를 고려한 판단이었다. 때는 우기로 접어든 음력 5월이었다.

그러나 우왕은 최영의 말을 듣고 팔도도통사(총사령관)에 최영, 좌군도통사에 조민수, 우군도통사에 이성계를 임명한 뒤 개경에서 평양까지 나가 전쟁을 독려했다. 정벌군이 위화도에 이르렀을 무렵, 압록강이 범람해 요동으로의 도강이 불가능해졌다. 송헌은 조민수와 협의 끝에 말머리를 개경으로 돌렸다. 이것이 위화도 회군이다.

황급해진 우왕과 최영이 조정의 남은 군사를 집결해 대항했으나 중과부적이었다. 최영이 조민수와 이성계 앞에 포박된 채 잡혀왔다. 우군도통사 이성계가 최영을 향해 마지막 군령을 내렸다.

"이 변란은 내 본의가 아니오. 장군이 대의를 거역해 나라가 위태로워졌고 백성들은 괴로워하며 그 원성이 하늘에 사무쳤소. 부디 잘 가시오."

최영의 목이 땅에 떨어졌다. 우왕은 폐위되고 아들 창왕(1380~1389)이 등극했다. 이때 창왕의 나이 겨우 9세였다. 조민수가 좌시중에 오르고 태조는 우시중이 되었다. 창왕의 등극은 왕실에 또 다른 비극을 불러왔고 조정은 다시 두 갈래로 분열됐다. 이번에는 우왕과 창왕이 고려 왕실의 왕씨가 아니라 요승 신돈(?~1371)의 아들과 손자라는 이른 바 우창비왕설禑昌非王說이었다.

창왕은 근비 이씨의 소생으로 간신 이인임의 질녀였다. 조민수는 일찍부터 이인임과 절친한 사이였고 창왕의 옹립에 적극 앞장섰다. 태조는 진짜 왕씨 종실로 임금을 세우려 했으나 이인임과 조민수의 간계에 밀려 좌절되었다. 이로 인해 위화도 회군의 평생 동지였던 조민수와 태조는 불구대천의 원수지간이 되고 말았다.

그러나 창왕의 재위도 오래가지 못했다. 조민수와 태조가 사사건건 대립하며 국론이 분열되자 신진세력의 대사헌 조준(1346~1405)이 조민수를 탄핵했다. 조준은 태조의 오른팔 책사로 백성들로부터 존경받는 문신이었다. 조민수는 유배되고 창왕은 왕위에 오른 지 1년 5개월 만에 쫓겨났다.

이제 조정의 권력은 태조를 중심축으로 한 신진 개혁파가 완전히 장악하게 되었다. 이들은 친원 세력을 뿌리째 뽑아 발본색원하고 온갖 토색질(돈이나 물건 따위를 억지로 달라고 함)로 백성의 고혈을 짜던 간신 모리배를 잡아다 가차 없이 처단했다. 국토의 국유개념 원칙에 따라 소수 권문세가가 대물리며 독점해오던 전답을 과감한 전제개혁으로 신진관리와 농민들에게 돌려주었다. 태조는 제20대 신종의 7대손 정창군 왕요를 제34대 공양왕(1345~1394)으로 추대했다. 보령 45세였다.

동서고금을 가릴 것 없이 혁명이나 개혁에는 엄청난 반발이 수반되기 마련이다. 기득권을 누리며 안주하던 훈구세력과 권신들은 목숨 걸고 이에 저항했다. 그들의 제거 대상은 태조였다. 최영의 생질인 김저와 정후득이 구세력과 공모해 태조를 암살하려다 발각돼 무참히 주살됐다. 공양왕 2년(1390) 5월에는 윤이와 이초가 명나라 황궁에 몰래 들어가 "이성계가 구신들을 모두 죽이고 왕씨도 아닌 공양왕을 세워 명을 징벌하려 한다"고 무고했다.

성격이 우유부단한 데다 소심했던 공양왕은 왕권을 제대로 행사하지 못하는 게 불만스러워 구세력과 부화뇌동하여 개혁세력을 무력화시키려 했다. 공양왕 4년(1392) 3월에는 명에 갔다 귀국하는 세자를 마중나간 태조가 말에서 낙마하여 중상을 입자 포은 정몽주와 모의해 암살하려 했다. 같은 해 7월 5일, 고립무원으로 위기를 느낀 공양왕이 밀직제학 이방원(태

동구릉을 들어서는 무성한 송림 숲길은 5백 년 역사의 시작을 알리는 듯하다.

조의 다섯째 아들)과 사예 조용을 불러 태조와의 동맹을 강권했으나 거절당했다. 고려 조정은 한 치 앞도 내다볼 수 없는 안개정국이자, 바람 앞에 꺼져가는 등불이었다. 마침내 운명의 날이 왔다. 7월 12일 우시중 배극렴(1325~1392)과 이방원이 왕실의 최고 수장인 대비 안씨(공민왕 비)를 찾아가 장검을 옆에 차고 선 채로 아뢰었다.

"대비마마, 금상의 부덕으로 종사가 위태롭사옵니다. 속히 왕위를 폐하고 신왕을 세우소서. 그 길만이 마마의 안위를 보전하는 길이오니 어서 옥새를 내놓으소서."

대비 안씨의 얼굴이 붉은 흙빛으로 변했다. 순간을 지체하다가는 목이 달아날 판이다.

"내 주상의 실덕은 이미 알고 있는 바 경들이 내 살길만 보장한다면 그리 하겠소이다."

붉은 주단에 싸인 어보가 우시중 배극렴에게 전달되었다. 태조 왕건(877~943)이 서기 918년에 창업한 고려 왕조가 제34대 475년 만에 멸망한 것이다. 고려의 백성들은 구슬피 울었다. 나라님이 누가 되든 이 땅에 살고 있는 백성들이야 달라질 게 없는 고된 삶이었지만 5백 년 가까운 왕조의 몰락이 너무나 허망했던 것이다.

국새를 확보한 지 6일째인 7월 17일. 태조 이성계가 새 나라 새 임금이 되었다. 7월 28일 명나라에 사신을 보내 새 왕조 창건을 알리자 명 태조는 즉시 승인하고 국호를 고쳐 속히 알릴 것을 명했다. 명나라 예부에서 보내온 신왕 즉위 승인서 내용은 이러했다.

"천지 사이에 임금이 되었던 자, 그 크고 작은 것이 얼마나 되는지 헤아릴 수 없소. 그러나 혹 일어나고 혹 폐하는 것이 어찌 우연한 일이랴. 상제

(하늘)의 명이 아니고는 안 되는 것이오. 삼한 신민들이 이미 이씨를 존봉하여 민간에 병화가 없었으며, 사람마다 제각기 하늘의 즐거움을 즐기니 이것이 바로 상제의 명인 것이오."

이 날부터는 장군 이성계가 아닌 태조 이성계였다.

익선관에 곤룡포를 입고 용상에 앉은 태조에게 삼봉 정도전(1342~1398)이 아뢰었다.

"전하, 신 정도전 엎드려 감축드리오며 감히 아뢰옵니다. 대저大抵 한 나라가 일어나고 멸망하는 흥망성쇠는 천명에 따른 것이옵니다. 동방의 역대수歷代數가 대개 대국(중국)과 같사온데 당요唐堯 원년 갑진으로부터 명 태조 원년 무신(1368)에 이르는 총 햇수가 3785년이옵니다. 단군 원년 무진(B.C. 2333)으로부터 아我 태조 원년 임신(1392)에 이르는 총 햇수 또한 3785년이오니 어찌 우연이라 하겠사옵니까."

삼봉의 새 왕조창업 당위론은 논리 정연했다. 태조도 놀랐고 시립한 대신들조차 그의 해박함에 숨죽이고 경청했다. 삼봉이 잠시 멈췄다가 다시 아뢰었다.

"주周 무왕이 나라를 만듦에 기자箕子가 봉함을 받았고, 한漢이 천하를 평정할 때 위만衛滿이 평양으로 왔고, 송宋 태조가 일어날 적 고려 태조가 먼저 일어났으며, 아我 태조의 개국 또한 명明 태조와 때를 같이 하였사옵니다. 전하, 어휘를 해[日]와 일[一]이 합쳐진 단旦으로 고치시고 자는 군진君晉으로 정하시옵소서. 하늘에 해가 떠오르면 그 광명이 널리 비쳐 어둠은 걷히고 삼라만상이 모두 분명하게 나타날 것이옵니다."

삼봉의 지혜에 군신 모두가 탄복했다. 바야흐로 태평성대가 눈앞에 보이는 듯했다. 태조는 삼봉의 주청을 쾌히 가납했다.

이처럼 새 왕조가 창업하며 저마다 높은 벼슬을 제수받고 희희낙락할 즈음 개경의 한 사저 대청마루에서 절치부심하며 통음하는 이가 있었다. 왕조 개국에 누구보다도 공이 많았던 이방원이었다. 조영규, 조영무, 이숙번 등 수십 명의 사병 심복들이 집결해 격분을 삭이고 있었다. 격앙한 이방원이 벌떡 일어나 칼을 뽑아 들었다.

"삼봉 정도전, 내 이놈을 결단코 가만 놔두지 않을 것이로다."

이방원의 이 한마디는 1차 · 2차 왕자의 난으로 이어지면서 개국 초 조선왕조를 피로 물들여 혈해시산血海屍山을 이루었다. 누가 권력을 무상하다 했던가. 태조의 시름도 이때부터 깊어지기 시작했다.

급보를 접한 태조 이성계는 억장이 무너졌다. 다섯째 왕자 방원芳遠(후일 태종)이 세자 방석과 그의 형 방번을 죽이고 왕조 개국 일등 공신인 정도전, 남은, 심효생 등을 철퇴로 주살했다는 것이다. 격분한 태조가 평소 지니고 다니던 신궁 백우전을 얼른 집어 들었지만 몸이 말을 듣지 않았다. 이미 태조는 병이 깊었던 것이다. 1398년 8월 25일, 조선을 개국한 지 7년 만의 일이었다.

태조는 모든 것이 허망해졌다. 왕위를 둘째 왕자 방과(정종)에게 물려주고 왕사인 무학대사와 양주 회암사를 향해 길을 떠났다. 생각을 거듭할수록 기가 막혔다.

"도대체 임금 자리가 무엇이길래 어린 동생들까지 죽여야 한단 말인가. 내 이럴 줄 알았으면 호랑이 같은 방원이를 세자로 책봉하는 건데……. 그러나 때는 이미 늦은 것을 어찌 하겠는가."

얼핏 태조의 독백을 가까이서 들은 무학이 조심스럽게 답했다.

"상왕 전하, 부디 마음을 내려놓으소서. 돌이켜보면 인간사 모두가 공망한 것 아니겠사옵니까. 이제부터는 난마같이 얽힌 정사를 모두 잊으시고 남은 여생을 편히 쉬소서."

이때 둘은 지금의 망우리 고개를 넘고 있었다. 당시 태조의 나이 65세, 무학의 나이 72세였다. 멀리 검암산이 시야에 들어왔다. 둘은 눈빛만 마주쳐도 속내를 꿰뚫는 사이였다.

"이젠 뒷방 늙은이 신세가 뭐 바랄 게 있겠소. 천천히 죽어 묻힐 신후지지身後之地(살아 있을 때 미리 잡아두는 묏자리)나 있으면 미리 봐둘까 하오."

이런 연유로 무학과 함께 잡아둔 자리가 오늘날의 건원릉健元陵이다. 태종 8년(1408) 태조가 74세로 승하하자 태종은 하륜, 김인귀 등 풍수에 능한 조정 대신들을 총동원해 능 터를 결정하니 이미 무학대사가 점찍어둔 바로 그 자리였다.

조선왕조는 정궁인 경복궁을 중심으로 100리 안에다 왕과 왕비의 무덤을 조성했다. 4km가 10리이니 40km에 해당한다. 능제를 지낸 임금이 서둘러 출발하면 하루에 도착할 수 있는 거리였다. 왕릉 가운데 도성에서 100리가 넘는 영녕릉(여주 세종대왕·효종대왕), 장릉(영월·단종대왕), 융릉(수원·사도세자), 건릉(수원·정조대왕) 등에 얽힌 사연은 그때 가서 쓸 것이다.

정사와 야사를 통해 만나는 태조의 일생은 파란만장 그대로다. 1335년 화령부(현재의 함경남도 영흥)에서 이자춘과 최씨(최한기의 딸) 사이에서 차남으로 태어난 태조는 나면서부터 무골이었다. 선조로부터 물려 받은 타고난 무인인 그는 전쟁에서 단 한 번도 패한 적이 없는 용맹한 장수였다. 역성혁

왜 건원릉에만 갈대가 무성할까. 능상의 갈대는 태조의
고향 함흥에서 직접 옮겨온 것이다. 그는 세상을 떠나면서
고향의 흙을 옮겨 함흥의 갈대를 이식하라 했고 사초도
하지 말라고 당부했다. 그의 유언이 6백 년이 넘도록
지켜지고, 무탈하게 살아 있는 갈대가 경이롭기만 하다.

명의 기회 앞에서 무자비하게 피 흘리며 왕조를 창업했지만, 권력의 정상에서는 자식들의 골육상쟁으로 필부필부匹夫匹婦만도 못한 고통과 회한 속에서 생을 마감했다.

일찍이 정적 관계였던 포은 정몽주는 태조를 일컬어 "풍채는 헌걸차고 씩씩하여 화산華山의 용골매요, 지략은 깊숙하고 두드러져 남양南陽의 와룡臥龍이다"고 받들었다.

태조는 황해도 곡산에서 운명을 가르게 되는 계비 신천 강씨를 만난다. 당시 벼슬아치들은 고향에 둔 부인을 향처鄕妻라 했고 서울에 사는 부인은 경처京妻라고 불렀다. 전쟁터를 누비는 무장들에게 이것은 오늘날의 '바람기'가 아닌 현지 수발자인 조력자 개념이었다.

천운을 타고나 왕조를 창업한 태조도 시국을 판단함에 중대한 오류를 범하니, 계비 강씨의 요청으로 왕조 개국의 일등 공신인 방원을 제쳐두고 어린 방석을 후일의 임금으로 내세운 것이다.

만일 이때 태조가 계비 강씨와 정도전 등의 소청을 물리치고 호랑이 같은 방원을 세자로 책봉했더라면 국초의 조선이 얼마나 평탄했겠느냐는 돌이킬 수 없는 탄식이 나온다. 이로 인해 계비 소생 방번과 방석은 비명에 죽고『조선경국전』을 쓴 삼봉 정도전도 절명하고 말았다. 태조가 이 역사를 되풀이한다면 다시 그런 결정을 할까하는 생각이 눈 쌓인 건원릉 입수入首(산의 정기가 묘지로 들어오는 봉긋한 곳) 지점에서 스쳐간다.

서울과 경기도 일원에 산재한 조선왕릉을 답사하다보면 궁금한 점이 생길 것이다. 왜 건원릉에만 갈대가 무성할까. 능상의 갈대는 태조의 고향 함흥에서 직접 옮겨온 것이다. 그는 세상을 떠나면서 고향의 흙을 옮겨 함흥의 갈대를 이식하고 사초(무덤에 떼를 입혀 잘 다듬는 일)를 하지 말라고 당부했다. 그의 유언이 6백 년이 넘도록 지켜지며 아직도 무탈하게 살아 있는 갈 대가 경이롭기만 하다.

때마침 동구릉東九陵(사적 제193호)을 찾은 날은 100여 년 만에 내린 폭설이 계속되는 강추위로 녹지 않고 그대로 쌓여 있었다. 유네스코 세계문화유산 등재 이후 왕릉 관리가 더욱 강화돼 능상의 촬영은 반드시 관리사무소의 사전허가를 받아야 한다. 사람이 죽고 나서 너 나 할 것 없이 땅속에 묻히는 것은 다를 바 없다. 여름엔 비를 맞고 겨울엔 눈을 맞아야 하는 이치 또한 임금이나 평민이나 동일하다.

천하의 무학대사가 잡은 건원릉의 좌향은 무엇일까 궁금해 나경을 펼쳐 들었다. 나경은 패철, 뜬쇠로도 불리며 좌(머리 부분)와 향(다리 부분)을 맞춰 보는 나침반이다. 계좌정향으로 서쪽으로 15도 기운 정남향에 가깝다. 능 위의 입수는 축丑방향이고 물이 들어오는[得水] 방향은 곤신향坤申向(서남쪽) 이며 물이 나가는[破水] 방향은 병향丙向(남동쪽)으로 풍수에서 말하는 천하 길지 대명당이다.

경기도 구리시 동구릉로 197번지 검악산에는 조선의 임금과 왕비, 추존 왕과 왕비를 예장한 동구릉이 있다. 서울에 있는 왕실의 정궁인 경복궁 동쪽에 아홉 기의 왕릉이 있다 하여 이름 붙여진 동구릉에는 모두 17위位 의 왕과 왕비가 있으나 능호는 아홉 개만을 사용하고 있다. 조선왕릉 모두 가 두 자씩의 능호이나 개국 태조 능에만 석 자를 붙인 건원릉이다.

여기에는 조선왕조를 창업한 태조고황제의 건원릉을 중심으로 동쪽 언덕에 목릉(제14대 선조와 원비 의인왕후·계비 인목왕후), 현릉(제5대 문종과 현덕왕후), 수릉(추존 문조익황제와 추존 신정익황후)이 자리 잡고 있다. 건원릉 서쪽으로는 휘릉(제16대 인조 계비 장렬왕후), 경릉(제24대 헌종과 원비 효현왕후·계비 효정왕후), 원릉(제21

대 영조와 계비 정순왕후), **혜릉**(제20대 경종 원비 단의왕후), **숭릉**(제18대 현종과 명성왕후)
이 별개의 내룡맥을 타고 안장돼 있다.

조선왕릉과 풍수는 무관하지 않은 곳이 단 한 곳도 없다. 특히 무학대사
는 신라 말의 도선국사에서 고려의 지공대사, 나옹선사로 이어지는 한국
풍수의 정통맥으로 사찰과 왕릉 풍수에 도통했다. 조선왕릉을 빠짐없이
답산踏山하면서 왕조 초기에는 과거시험의 잡과에 속했던 풍수지리도 재
미있게 풀어갈 생각이다.

동구릉은 조선의 왕과 왕비 17위의 유택이 마련된 우리나라 최대 왕릉군이다. 경복궁의 동쪽에 9개의 능이 모여 있다 해서 이름이 붙여졌다. 1408년 태조가 승하하자 풍수에 능한 조정 대신들을 총동원해 좋은 묏자리를 물색하여 능지로 정한 건원릉에 다른 능이 조성되면서 지금의 모습이 되었다. 태조 건원릉을 중심으로 문종 현릉, 선조 목릉, 현종 숭릉, 영조 원릉, 문조 수릉, 헌종 경릉, 인조 계비 장렬왕후 휘릉, 경종 원비 단의왕후 혜릉이 있다.

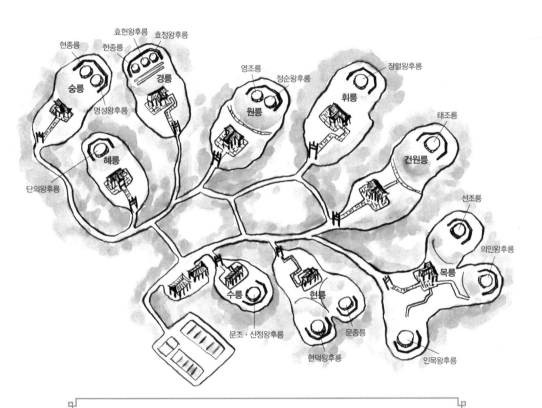

동구릉(사적 제193호)은 경기도 구리시 동구릉로 197번지에 위치해 있다.
지하철을 이용할 때는 중앙선 구리역에서 마을버스 2, 6번으로 환승해 동구릉에서 내린다.
버스를 이용할 때는 1, 1-1, 9-2, 88, 202번을 타고 동구릉에서 내린다.
자가용을 이용할 때는 구리 시내에서 퇴계원 방향 43번 국도로 약 2km정도 가면 된다.
문의: (031) 563-2909, (031) 564-2909

단일 성씨의 혈통이 5백 년이 넘도록 왕업을 이은 것은 세계 왕조
역사상 조선왕조가 유일하다. 왕조 개국 이후 왕실의 후손들은 4백만
명을 헤아린다. 이들 모두가 태조 이성계와 그의 원비 신의고황후의
혈손들이다. 한 여인에게서 비롯된 창생의 위업이다.

태조 원비 신의고황후

제릉

한 여인의 혈손으로
5백 년 왕업을 잇다

　자고로 이 세상에 여인의 몸을 거치지 않은 사람은 없다. 한 시대를 아우르며 치열하게 살다 간 왕후장상이나 영웅호걸도 결국은 한 여인의 아들딸이었다. 그들도 어릴 적엔 따뜻한 어머니 품속에서 극진한 보살핌과 정성으로 자라 나라를 위해 큰일을 하고 청사에 명성을 남겼다. 이래서 세상은 남자가 지배하지만 그 남자는 여자가 지배하는 것이라 했던가.

　하나의 왕조가 발흥하여 쇠망하는 역사적 섭리는 하늘의 뜻에 따른 것이지 결코 인력으로는 불가한 일이라 했다. 단군조선, 고구려·신라·백제의 고대국가가 그러했고, 견훤과 궁예를 멸하고 고려를 개창한 태조 왕건 역시 다를 바 없다. 이들 왕조의 지속과정에는 신하가 임금을 시해하고 국왕을 교체하는 등 수없는 국가적 변란이 난무했지만 용상에 오르지는 못했다. 제왕은 아무나 되는 게 아니었다.

　태조 이성계가 창업한 조선왕조는 27대 왕으로 519년을 존속했다. 단일 성씨의 혈통이 절대 왕권을 유지하며 5백 년이 넘도록 왕업을 이은 것은 세계왕조 역사상 조선왕조가 유일하다. 현재 5백만 명에 육박하는 전주 이씨 족친 중 왕조 개국 이후 왕실 후손들은 4백만 명을 헤아린다. 이들 모두가 태조 이성계와 그의 원비元妃 신의고황후神懿高皇后(1337~1391)의 혈손들이다. 한 여인에게서 비롯된 창생蒼生의 위업이다.

신의왕후 안변 한씨는 안천부원군(증 영문하부사) 한경의 딸로 고려 충숙왕 복위 6년(1337·정축) 9월, 고려 동북지방인 함경도 안변에서 태어났다. 예로부터 안변은 산천이 영험하고 상서로운 명산대천으로 알려진 곳이다. 한씨 생가 인근 풍류산 명당에 신의왕후 삼조三祖의 묘를 쓴 뒤부터 경사가 줄을 이었고 가문이 번창하기 시작했다. 증조부는 한유(증 문하시랑찬성사)였고 조부가 한규인(증 문하좌정승)으로 당시 동북지역의 오래된 토호 문벌이었다.

태조는 일찍이 한씨와 정혼하여 함흥 운전리에서 세거했다. 동서고금을 막론하고 전쟁에 임하는 장수의 몸은 국가를 위한 존재다. 이성계는 북방의 여진족을 무찌르고 남방에서는 왜구를 토벌해야 하는 무장이었다. 한곳에 정착하는 문신처럼 가정을 보살피며 소생을 훈육시킨다는 것은 애당초 불가능한 일이었다. 한씨의 질곡 같은 삶은 그로부터 시작되었다.

오늘은 북간도를 휘젓고 내일은 몽골 초원을 질주하는 남편이었다. 동가식서가숙으로 싸움터를 전전하는 태조가 어느 때는 몇 달 만에 집을 찾았고, 어느 해는 1년 넘어서야 나타나기도 했다. 유일한 낙은 가는 곳마다 백전백승한다는 승전소식이었다. 태조보다 두 살 아래였던 한씨는 모든 것을 운명으로 받아들이며 감수했다. 타고난 자식 복으로 태조가 함흥 집에 유숙할 때면 수태하여 어느덧 6남 2녀가 되었다. 먹이고 입히는 양육

건사 모두가 한씨의 몫이었다.

이성계의 무훈으로 부인에게 내려지는 작은 택호宅號도 받았다. 공민왕 13년(1364) 이성계가 동북면 병마사로 삼선·삼개의 난을 토평한 공으로 봉익대부밀직부사직에 오르고 단성양절익대 공신의 호를 받을 때 원신택주元信宅主로 봉해진 것이다. 그러나 우왕 때에는 이성계의 군막이 있는 포천 재벽동 전장田莊에 우거하고, 위화도 회군 당시는 다시 동북면으로 피신해 초막에서도 은신했다. 아녀자로선 감당키 힘든 형극의 험로였다.

이런 여필종부女必從夫의 한씨에게도 풀 수 없는 여인의 한이 응어리져 있었다. 남편이 황해도 곡산에서 부호의 딸 신천 강씨를 측실로 맞이한 것이다. 말 없는 돌부처도 돌아앉는다는 시앗이 아니던가. 뒷날에는 두 아들 방번, 방석과 딸 경순까지 낳았다는 소식을 전해 들었다. 한씨는 추호의 내색 없이 자기 소생의 자식들 뒷바라지에 신명을 바쳤다.

당시 고려사회의 제가법齊家法으로는 태조의 측실 맞이가 흠결이 아니었다. 지방 관료나 변방 출신 장수가 개경에 봉직하며 고향의 조강지처를 동행할 수 없을 때는 현지처를 득배하는 것이 관례였기 때문이다. 이때 고향의 첫 부인은 향처라 했고 서울의 젊은 부인은 경처로 불렸다. 향처는 시골에서 시부모 봉양하고 자식 키우느라 삭신이 무너졌고, 경처는 부임지마다 함께하며 의관을 보살피고 호강을 누렸다.

한씨의 낙은 태조의 여섯 아들과 두 딸을 키우는 것이었으나 성장하면서 태조를 닮은 호랑이 같은 아들들마저 한씨 곁을 떠났다. 모두 고려 조정에 급제해 벼슬길에 나섰기 때문이다. 특히 남편이 환생한 것처럼 꼭 빼닮은 다섯째 방원은 태조를 따라 팔도를 누비고 다녔다.

제릉은 지금은 갈 수 없는 북녘 땅에 있다. 태조고황제와 함께 신의고황후로 추봉, 종묘 정전
제1실에 한씨 신주가 함께 봉안돼 있다.

여필종부 한씨에게도 풀 수 없는 여인의 한이 응어리져
있었다. 남편이 황해도 곡산에서 부호의 딸 신천 강씨를
측실로 맞이한 것이다. 돌부처도 돌아앉는다는 시앗이
아니던가. 한씨는 추호의 내색 없이 자기 소생의 자식들
뒷바라지에 신명을 바쳤다.

첫째 방우芳雨(진안대군)는 찬성사 지윤의 딸과, 둘째 방과芳果(영안대군·정종)는 좌시중 김천서의 딸과, 셋째 방의芳毅(익안대군)는 찬성사 최인규의 딸과, 넷째 방간芳幹(회안대군)은 찬성사 민선의 딸과, 다섯째 방원芳遠(정안대군·태종)은 여흥부원군 민제의 딸과 각각 혼인했다. 여섯째 방연芳衍(덕안대군)만이 일찍 세상을 떠나 한씨의 가슴에 못으로 박혔다.

큰딸(경신공주)은 상당부원군 이저에게 하가했고, 막내딸(경선공주)은 청원군 심종에게 출가했다. 한씨는 시집가는 두 딸에게 "오직 남편의 뜻만을 쫓을 것이며 지아비를 위해서라면 목숨을 두려워해서는 아니 된다"고 신신당부했다. 그리고는 야산을 주름잡는 젊은 수범도 세월이 흘러 이빨이 빠지면 토굴 속의 암범을 찾게 되는 것이라고 가르쳤다.

공양왕 말년의 고려 내정은 누구도 장담 못할 혼란의 와중이었다. 친명파였던 포은 정몽주가 태조와 등을 돌려 살해를 음모하고, 다섯째 방원은 이들과 맞서 개혁세력을 이끌었다. 천성이 어질고 유순했던 한씨는 정국이 요동치는 급보가 날아들 때마다 가슴이 철렁 내려앉고 억장이 무너졌다. 권력이란 정체가 무엇이기에 저토록 무고한 생명이 헛되이 죽고 피를 보아야만 하는가.

마침내 한씨가 중병에 들었다. 백약이 무효였다. 진중陣中에서 보고를 접한 이성계가 지그시 눈을 감더니 다섯째 아들에게 명했다. 장군 이성계에게도 한씨에 대한 온갖 회한이 겹쳐왔다.

"방원아, 네가 가서 어미를 돌보도록 하라. 아무래도 이번이 마지막 길이 될 것이다. 쯧쯧, 가엾은지고……."

방원이 집에 도착했을 때 이미 한씨는 세상을 떠난 뒤였다. 조선왕조 개국을 불과 열 달 앞둔 공양왕 3년(1391) 9월 23일, 한씨의 나이 55세였다. 방원은 땅을 치며 앙천통곡했다. 한씨가 누워 있는 시상판의 갈대를 쥐어 뜯으며 적란운이 뭉쳐 다니는 서녘 하늘을 응시했다.

"하늘도 무심하구나. 먹지도 입지도 못하고 남편과 자식만을 위해 살다 간 한 여인의 일생이 어찌 이리도 허망할 수 있단 말인가. 이내 몸이 자식 된 도리로 장차 무슨 일을 해야 할 것인가."

한씨는 황해북도 개풍군 대련리 율촌栗村 언덕에 홀로 안장됐다. 효성이 극진했던 방원이 묘시 아래 초막을 짓고 3년간 시묘살이에 들어갔지만 마지막 효도조차 뜻대로 안 되는 세상이었다. 당시는 효孝보다는 충忠이 우선이었기 때문이다. 방원은 왕명을 받고 목은 이색을 따라 서장관 신분으로 명나라에 사신으로 가야만 했다.

덧없는 것이 세월이다. 한씨가 세상을 떠난 이듬해(1392) 7월 17일, 이성계는 조선을 개국하고 태조로 등극했다. 다음 날 한씨는 절비節妃로 추존되고 제릉齊陵으로 능호를 올렸다. 능의 동쪽 마을에 제궁齊宮을 창건하여 초경사肖慶寺라 이름하고 불교 교종에 예속시킨 뒤 전田 200결을 배속시켰다. 제릉은 정종의 후릉과 함께 지금은 갈 수 없는 북녘 땅에 있다.

그러나 죽어 면류관을 쓴들 무슨 소용이며 비단옷 입고 밤길을 걸어 본들 알아줄 사람 누구이겠는가. 태조 등극 이후 모든 부귀영화는 경처였던 계비 강씨의 차지였다. 향처였던 절비 한씨는 백골로 진토되어 가고 그 소생들마저 엄동설한의 찬밥 신세로 전락했다.

만사가 그러하듯 잠시 뒤의 죽음소차 섬칠 수 없는 게 인간사이다. 일련의 개국 초 정국의 소용돌이가 혈육 간의 살상을 부르고 역사의 물꼬를 돌려놓을 줄은 아무도 예단하지 못했다. 평생 동지가 적이 되어 등 뒤에서 비수를 꽂고, 불구대천의 원수가 천군만마로 대사를 도모하는 격동기 속에서도 세월은 무심하게 흘러갔다.

태조가 상왕이 되고 영안대군이 제2대 정종으로 등극한 1398년 11월, 절비 한씨는 신의왕후로 추존되었다. 다섯째 아들 정안대군이 제3대 태종으로 왕위에 올라서는 승인순성신의왕태후承仁順聖神懿王太后로 다시 추봉(1408)되었다. 이어 태종 10년(1410)에는 태조의 신주에 부제祔祭되어 종묘(국보 제227호)에 배향됐다. 이때 계비 강씨가 묻힌 정릉은 태종에 의해 파헤쳐졌고 능침석은 옮겨 청계천에 다리로 놓아 백성들이 밟고 다녔다.

태조는 신의왕태후의 화상을 인소전에 봉안하고, 정종은 사찰에서 기신제를 베풀었으며, 태종은 세자(세종)로 하여금 흥덕사에 가 소향하게 하였다. 숙종 9년(1683)에는 내명부 제諸왕후 시책 중 신의왕태후와 원경왕태후(태종 비 여흥 민씨)만의 태太 자가 미편하다 하여 태太 자를 제하고 개책改冊하였다.

신의왕후에 대한 왕실의 숭모는 끊임없이 이어져 순조 24년(1824)에는 첨지 한철제의 주청으로 줄생지 안변 익위사翊衛社에 탄상구기舊基 비각이 완성됐다. 광무 3년(1899)에는 고종황제가 태조고황제와 함께 신의고황후로 추봉해 올렸다. 종묘 정전 제1실에 태조와 함께 신주가 봉안되어 있다.

어느 날 용상에 앉은 태종이 시립한 대신들 중 양촌 권근(1352~1409)을 쏘아보며 물었다.

"경은 짐의 어미 되는 신의왕후를 어찌 여기고 있는가."

노老 대신 권근은 부들부들 떨었다. 일찍부터 태종의 성정을 잘 아는지라 자칫 잘못했다가는 당장 목이 달아날 판이다. 권근이 얼른 부복했다.

"신 권근 엎드려 돈수백배하옵고 용안을 우러러 감히 아뢰옵니다. 신의 왕후마마께옵서는 천자天資가 현숙하고 아름다우며 곤덕坤德이 유순하고 발라서 일찍이 용연龍淵에 빈嬪이 되어 창업을 이루게 하셨사옵니다. 성철聖哲을 탄강케 하사 대통을 끝없이 전하니 신이新異한 공과 아름다운 의범 또한 옛 사람과 비교하여 부끄러움이 없사옵니다. 일찍이 왕업의 기초를 마련한 자취는 조종祖宗에서 비롯되었으나 자손을 잘 낳은 경사는 실로 신의왕후마마께 유래하옵니다. 전하, 부디 굽어 살펴주시옵소서."

태조 원비 신의고황후의 제릉(북한 보존급문화재 제556호)은 개성(황해북도 개풍군 대련리)에 있다. 갈 수 없는 북녘 땅이다. 신주는 종묘 정전 제1실에 봉안돼 있다.

태조 계비 신덕고황후 정릉

정릉은 왕릉 치고는 초라한 무덤이다. 능을 감싸는 병풍석과 난간석이 없고 석물들도 초라하다. 현종 때 종묘에 배향될 때까지 270여 년 동안 정릉은 촌부의 무덤만도 못한 잊혀진 폐묘였다.

과욕이 화를 부르고
쌓인 한이 비 되어 내리니

　한 시대를 풍미한 역사적 인물들의 묘 앞에 설 때마다 별의별 생각을 다하게 된다. 무덤 속 주인과 종류는 다양하다. 임금이 묻힌 왕릉에서부터 영의정 판서 등을 지낸 고관대작, 풍전등화 같은 누란의 위기에서 나라를 구한 장군, 간교한 세치 혀를 잘못 놀려 무고한 인재들을 죽게 한 희대의 간신, 국권을 넘겨주고 당대의 일신영달에 눈멀었던 매국노. 심지어는 일생을 종노릇하다 섬기던 상전 앞에 묻힌 노비와 살아생전 타고 다니던 말과 소의 무덤도 있다.

　이들 망자亡者에 대한 평가는 역사에 기록된 바에 의지할 수밖에 없다. 국가와 민족을 위해 의연히 살다간 선인들의 무덤 앞에 서면 정중하게 예의를 갖추게 되고, 시류에 영합하며 막행막식한 소인배들 앞에서는 안타까운 탄식이 나온다. 후손들에게 짐을 주지 않고 본이 되도록 살아야겠다는 자기성찰과 함께 역사는 참으로 준엄하고 두려운 존재라는 생각이 드는 것은 누구나 갖게 되는 인지상정이리라.

50

서울시 성북구 아리랑로 19길 116번지. 북악터널을 지나 정릉삼거리에서 우회전한 뒤 아리랑고개로 진입하면 바로 '정릉 입구'라는 이정표가 나온다. 좌우의 상점들과 아파트의 좁은 길을 가다보면 막다른 길목에 이르는데 이곳이 세계문화유산으로 등재된 정릉貞陵이다. 29만 9,574m²(90,621평)의 사을한沙乙閑 산록에 단릉單陵으로 조성된 이 능은 태조 이성계가 끔찍이도 아끼고 사랑했던 계비 강씨가 영면해 있는 곳으로 사적 제208호로 지정돼 있다.

계비 신덕고황후神德高皇后 신천(또는 곡산) 강씨(1356~1396)는 황해도 출신으로 당시 권문세가였던 판삼사사 상산부원군 강윤성의 딸이다. 강윤성은 막강한 재력을 바탕으로 태조의 등극 거사에 직접 참여했고 조선 개국 후에도 무소불위의 영향력을 행사했다.

강씨는 왕자 방번, 방석(초봉세자)과 경순공주를 두었으나 원비 안변 한씨의 다섯째 왕자 방원과의 정적 관계로 대립하다가 후사마저 끊기게 된다. 개국 초 조선 천지를 뒤흔든 제1차 왕자의 난으로 모든 자식들을 잃게 되었다.

여기서 계비 강씨의 생몰연대에 대해 새롭게 밝혀둘 것이 있다. 지금까지 다수의 역사기록에 그의 출생연도가 미상으로 알려져 왔으나 그는 고려 공민왕 4년인 1356년(병신) 6월 14일 생이었다. 태조보다 21세 연하로 1396년 8월 13일, 41세를 일기로 갑자기 승하했다. 이 같은 사실은 전주 이씨 왕실계보를 기록한 『선원보감』에 밝혀져 있다.

개국 초 조선왕실의 권력구조는 난마같이 얽혔다. 원비 한씨의 장성한 여섯 왕자가 있었지만 계비는 자신의 소생으로 왕실 대통을 이으려 했다. 이에 동조한 것이 신권주의臣權主義(지금의 내각책임제와 유사)를 부르짖던 개국

능침 앞의 장명등. 고려 묘제의 영향을 받은 석조 조형물로 죽은 자의 무명을 밝혀주는 상설이다.

태조가 11세의 어린 방석을 세자로 책봉하자
정안대군은 속이 뒤집혔다. 왕자의 난으로 신덕왕후의
자식은 물론 따르던 아까운 인재들도 몰살당한다.
신덕왕후가 종묘에 배향되던 날은 정릉 일대에 많은
비가 내렸는데, 이때의 비를 원을 씻어주는 비라
하여 세원지우라 불렀다.

공신 정도전, 남은 등이었다. 아버지를 도와 나라를 건국하는 데 목숨을 걸었던 정안대군이 크게 반발했고, 왕위 계승에 은근히 뜻을 두었던 넷째 방간도 술렁였다. 끝내 태조가 11세의 어린 방석을 세자로 책봉하자 정안대군은 속이 뒤집혔다.

이런 판국에 계비가 돌연사한 것이다. 죽은 사람이야 뒷일을 알 바 아니겠지만 이 후 자신의 소생은 물론 따르던 아까운 인재들도 몰살 당했다. 뒤늦게 안 태조가 땅을 쳤지만 이미 대세는 기운 뒤였다. 계비를 경복궁에서 내다보이는 곳(현재 영국대사관 자리)에서 장사 지내고 정릉이라 능호를 내렸다. 오늘날 중구 정동의 유래가 여기서 유래된다. 자신도 죽으면 함께 묻히려 했으나 이 또한 뜻대로 되지 않았다.

정릉은 왕릉 치고는 초라한 무덤이다. 능을 감싸는 병풍석과 난관석도 없고 석물들도 초라하다. 태종으로 등극한 정안대군이 정릉을 여러 차례 이장하면서 정자각을 헐어버렸다. 석물들은 실어다 광교 돌다리로 놓아 오가는 사람들이 밟고 다니게 했다. 이즈음 아무렇게나 옮겨 쓴 묏자리가 현재의 정릉이니 오죽했겠는가. 풍수에 능한 태종이 미워하는 계비 묘를 명당에 잡을 지관은 아무도 없었기 때문이다. 현종 10년(1669) 우암 송시열의 상소로 종묘에 배향될 때까지 270여 년 동안 정릉은 촌부의 무덤만도 못한 잊혀진 폐묘였다.

능상에 올라 나경으로 좌향을 재어보니 서쪽에서 동쪽을 바라보는 경좌갑향庚坐甲向이다. 나경은 24방위로 나뉘어 있으며 1방위가 15도씩으로 360도 원을 이루는 풍수전문가의 나침반이다. 정릉은 좌청룡이 우백호를 감싸안으며 좌측에서 물이 내려와 우측으로 흘러가는 좌수우도左水右倒의 국세다. 산정기를 능으로 밀어주는 입수入首 용맥이 갈라져서 능 앞의

정릉은 좌청룡이 우백호를 감싸안는 좌수우도의 국세다.

능 입구에는 속세와 성역을 가르는 금천교가 있다.

바람을 막아주는 안산案山(능 앞의 책상격 산)이 형성되지 못했다. 좌청룡이 내려와 작국作局한 금대국세錦帶局勢다. 풍수에서 좌청룡은 남자와 벼슬을 의미하고, 우백호는 여자와 재물을 상징한다.

왕실에 변고가 있을 때마다 조정에서는 여러 가지 호號를 내렸다. 묘호廟號는 임금이 승한 후 조정 대신들이 지어 바친 것으로 태조, 세종, 영조 등이 이에 해당한다. 왕 자신들도 살아서는 몰랐던 것이다. 이와 함께 존호尊號는 임금의 덕을 기려 사후에 지어 올리는 것으로 왕비는 휘호徽號라 했으며 종묘에 모셔진 신주에 새겨져 있다. 정릉, 태릉, 홍릉 등은 능호陵號라 부른다. 이와는 달리 시호諡號는 임금이 공을 세운 신하에게 내리는 칭호로 충무공, 문정공 등이며 문중의 영광이었다.

조선 능제陵制의 구분은 능의 배치에 따라 달랐다. 왕과 왕비 봉분을 별도로 조성한 능을 단릉이라 하고 쌍릉은 한 언덕에 왕과 왕비를 나란히 모신 형태를 일컫는다. 한 언덕에 왕과 왕비, 계비를 배치한 경우는 삼연릉으로 부르고 동원이강릉은 하나의 정자각 뒤로 다른 줄기에 별도의 봉분을 조성한 경우로 조선왕릉에서만 볼 수 있는 다양한 왕실 묘제다. 우상좌하(오른쪽에 왕, 왼쪽에 왕비)라는 유교예제도 눈여겨볼 문화유산이다.

태조가 강씨 부인을 만나던 당시의 유명한 일화가 전해진다. 호랑이 사냥을 나섰던 태조가 목이 말라 우물을 찾았다. 마침 물 길러 나온 처녀가 있어 물 한 바가지를 청했다. 버들잎을 띄워 건네주는 물을 후후 불며 천천히 마신 뒤 연유를 물으니 "급히 물을 마시다 탈이 나실까 염려돼서 그랬다"고 대답했다. 그 처녀가 바로 계비 강씨다.

신덕왕후라는 휘호를 되찾아 종묘에 배향되던 날은 정릉 일대에 많은 비가 내렸는데, 이때의 비를 원을 씻어주는 비라 하여 세원지우洗寃之雨라 불렀다고 한다. 신덕고황후는 후일 고종황제가 추존하여 올린 호이다. 정릉의 기신제향忌辰祭享은 세종대왕의 다섯째 왕자인 광평대군파 후손들이 매년 9월 23일마다 봉행하고 있다.

정릉은 태조 계비 신덕고황후의 능으로 원래는 태조가 직접 정한 정동(현재의 영국 대사관 자리)에 위치해 있었다. 그러나 태종이 즉위하면서 정릉은 파헤쳐져 현재의 자리로 이장되고, 정자각은 헐렸다. 또한 석물들은 청계천 광통교를 복구하는 데 사용해 백성들이 밟고 다니게 하고, 그 밖의 목재나 석재들은 태평관을 짓는 데 사용했다. 현종 10년(1669) 우암 송시열의 상소로 종묘에 배향될 때까지 정릉은 잊혀진 무덤이었다.

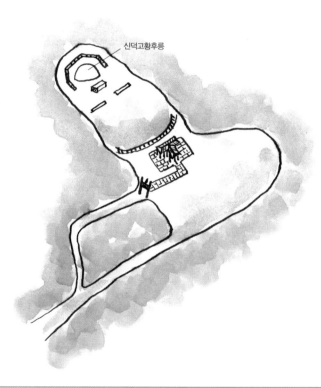

신덕고황후릉

정릉(사적 제208호)은 서울특별시 성북구 아리랑로 19길 116번지에 위치해 있다.
지하철을 이용할 때는 4호선 성신여대 입구에서 162, 1212번 버스로 환승해 정릉 입구에서 내린다.
버스를 이용할 때는 1012, 1014, 1211, 1212번을 타고 정릉 입구에서 내린다.
자가용을 이용할 때는 북악터널을 지나 정릉 삼거리에서 우회전해 아리랑고개로 진입하면
이정표가 나온다.
문의: (02) 914-5133

옛 왕조가 멸하고 새 왕조가 들어서는 역사의 소용돌이 속에서
수많은 인명이 살상되는 참화가 있었다. 부귀영화를 좇아 철새처럼
날아들었다가 떠나가는 권력의 부침 또한 덧없는 것임을 체득한 지
오래였다. 정종은 천하대세를 읽을 줄 알았다.

정종대왕

후릉

역사의 소용돌이 속에서
권력을 내놓고 천수를 얻다

무릇 대사를 도모하거나 창업함에는 혼란과 무질서가 수반되기 마련이다. 고금을 막론하고 포부나 지략이 대등한 책사들이 결집해 호각지세를 겨루기 때문이다. 하물며 한 나라를 개국함에야 일러 무엇하겠는가. 조선왕조를 개창한 초기 정국이 그러했다.

분란의 단초는 초대 임금 태조를 이어 대통을 승계할 차기 왕권의 후계구도였다. 당시 권력구조는 매우 복잡했다. 임금의 성을 바꾸는 역성易姓 혁명으로 나라를 새로 세우다보니 개국공신들이 너무 많았다. 모두에게는 살아서의 일신영달과 후대 가문의 영고성쇠가 걸린 일생일대의 중대사였다.

태조는 원비 신의왕후 안변 한씨와의 사이에 방우, 방과, 방의, 방간, 방원, 방연의 여섯 아들을 두었다. 이 중 다섯째 아들 정안대군 방원은 조준, 배극렴, 정도전, 남은 등과 함께 새 왕조 창업의 지대한 공로자였다. 포은 정몽주가 태조 이성계를 제거하려 하자 이를 먼저 알아채고 선죽교에서 포은을 격살한 호랑이보다 더 무서운 아들이었다. 태조는 자신을 닮은 정안대군을 멀리하며 경계했고, 신의왕후는 태조가 등극하기 1년 전인 공양왕 3년(1391) 55세로 승하했다. 이게 탈이었다.

태조는 변방 장군 시절 황해도 곡산에서 만난 계비 신덕왕후를 무척 아끼며 애지중지했다. 방번, 방석의 두 아들과 막내딸 경순공주까지 낳아 신덕왕후의 권세는 개국공신을 능가하며 하늘을 찔렀다. 권력을 좇는 권신 무리들이 강비의 슬하를 에워쌌다. 국왕과 신하의 권력 분배를 주장하는 정도전, 남은, 심효생 등 이른바 신권파들이었다. 이들은 강력한 정적인 정안대군을 무시하고 아예 개국공신 책록에서도 빼버려 매장시켰다. 이것은 더 큰 재앙이었다.

종묘와 사직의 안정을 위해서는 세자 책봉이 중대사였다. 용상에 앉은 태조가 시립한 대신들을 응시하며 옥음을 내렸다.

"오늘은 조선의 장래를 결정짓는 중대한 날이오. 종사의 앞날을 위해 경들의 의견을 기탄없이 주청해 주기 바라오."

조정은 단박에 두 편으로 갈라졌다. 급진개혁파 정도전, 남은 등은 조선 개국과정에서 신덕왕후의 공이 상당하므로 강씨의 소생 의안대군을 세자로 책봉해야 한다고 조아렸다. 이미 태조의 속내를 간파한 진언이었다. 이때 조준, 배극렴 등 노대신들이 나서 부당함을 아뢰었다. 왕조 창업의 수훈은 물론, 중앙집권적 왕권강화를 위해서도 정안대군의 세자 책봉이 당연하다고 직언했다. 조영무, 이숙번 등도 나서 목숨 걸고 가세했다.

순간 태조의 용안에는 의안대군의 세자 책봉을 간청하는 계비 강씨의 얼굴이 떠올랐다. 세자 자리는 어린 의안대군에게로 돌아갔다. 정도전은 정안대군의 마지막 보루인 사병까지 혁파해 무장해제시키려 했다. 더욱 치를 떤 건 정안대군의 부인 여흥 민씨였다.

마침내 정안대군이 봉기했다. 태조 7년(1398) 8월 25일. 조영무 이숙번 등의 무리를 이끌고 야음을 틈타 기습, 이들 개혁파 수뇌부와 계비 소생 무안대군과 의안대군마저 일거에 도륙해 버렸다. 거사 직전 민씨는 정안대 군에게 손수 갑옷을 입혀주며 "천운이 동행하사 기필코 성사하실 것"이라 고 독려했다. 이때 계비 강씨는 2년 전에 승하한 뒤여서 자신의 두 왕자와 개혁파들에게 아무런 도움이 되지 못했다.

뒤늦게 참극을 전해 들은 태조는 경악했다. 세상만사 모두가 허망해졌 다. 둘째 아들 영안대군에게 왕위를 넘기고 고향 함흥으로 떠날 채비를 서 둘렀다. 일찍부터 등과해 고려 왕실에서 예의판서와 밀직부사를 지낸 큰 아들 진안대군(1354~1393)은 이미 세상을 떠나고 없었다. 영안대군이 울면 서 태조 앞에 부복해 아뢰었다.

"아바마마, 소생은 아我 조선 개국에 아무런 공이 없사옵니다. 부디 대공 을 세운 정안대군을 세자로 책봉하시어 국본을 튼튼히 하소서."

"무어라, 방원이한테 보위를 넘기라고? 천부당만부당한 소리다. 결단코 방원이만은 안 되니 그리 알아라."

1398년 9월, 태조의 어명으로 영안대군이 보좌에 등극하니 곧 제2대 정종대왕定宗大王(1357~1420)이다. 보령 42세였다. 정종은 천하대세를 읽 을 줄 알았다. 옛 왕조가 멸하고 새 왕조가 들어서는 역사의 소용돌이 속 에서 수많은 인명이 살상되는 참화를 지켜봤다. 부귀영화를 좇아 철새처 럼 날아들었다가 떠나가는 권력의 부침 또한 덧없는 것임을 체득한 지 오 래였다.

정종 원비 정안왕후定安王后 경주 김씨(1355~1412)는 더욱 현명했다. 고

후릉은 북녘 땅 개성에 있고, 신주는 종묘 영녕전 서협 제5실에 입묘돼 있다.

“과연 용상은 아무나 앉는 자리가 아니며,
나로서는 분수에 넘치는 자리로구나. 과분한 욕심과
미련으로 촌각을 지체하다가는 남은 목숨마저
위태롭고 아우와 같은 꼴이 되지 않겠는가.”

정종의 산릉제향은 태조 건원릉 정자각에서 매년 10월 24일 봉행하고 있다. 전주이씨 대동종약원에서는 북한의 후릉 현지 제향을 추진 중이다.

려 왕실의 판예빈시사 김천서의 딸로 정종보다 2년 연상이었던 김씨는 시동생 정안대군의 대담한 기질과 야망을 누구보다도 잘 알고 있었다. 정종과의 사이에 친소생은 없었으나 금슬이 좋았고 여섯 후궁(숙의 충주 지씨, 숙의 행주 기씨, 숙의 남평 문씨, 숙의 이씨, 숙의 해평 윤씨, 성빈 지씨)에게서 태어난 15군君 왕자 8옹주를 친자식처럼 대해 내명부를 감동시켰다. 정안왕후는 침소에 들 때마다 남편 정종을 졸랐다.

"전하, 하루라도 빨리 보위를 내놓으소서. 그 길만이 우리 부부와 전하의 소생이 천수를 누리며 목숨을 보전하는 길입니다. 조정에 들어찬 정안대군 무리들의 안하무인 언행과 무서운 눈길을 보시옵소서. 한시가 급하옵니다."

정종도 알았다. 등극 후 아우 정안대군의 뜻대로 조정을 개편하고 사병을 몰수하여 삼군부에 편입시킨 다음 관제를 개혁했다. 태조가 정도한 수도 한양이 왕자의 난을 맞은 드센 터라 하여 개경으로 다시 천도했다. 서울 5부에 학교를 설립하고 집현전을 존치해 장서관리와 경서강론을 감당케 하는 등 교육에도 힘썼다. 모든 정사는 정안대군에게 일임한 채 격구와 오락으로 소일하며 보신책으로 일관했다.

정종 2년(1400)에 또 난리가 났다. 태조의 넷째 아들 회안대군 방간(?~1421)이 정안대군의 전횡에 불만을 품고 지중추부사 박포의 이간질에 충동되어 제2차 왕자의 난을 일으킨 것이다. 박포의 난으로도 불리는 이 난은 정안대군에 의해 곧바로 평정되었으나 수많은 인명살상과 희생이 뒤따랐다. 형 방간은 유배되고 박포는 능치처참을 당했다.

정종은 겁이 덜컥 났다. 불현듯 다음 차례는 자신일지도 모른다는 두려움과 함께 정안왕후의 당부가 떠올랐다.

'과연 용상은 아무나 앉는 자리가 아니며 나로서는 분수에 넘치는 자리로구나. 과분한 욕심과 미련으로 촌각을 지체하다가는 남은 목숨마저 위태롭고 아우 회안대군 꼴이 되지 않겠는가.'

박포의 난을 진압한 정종 2년 3월, 정안대군을 세제世弟로 봉하고 정종은 정사와는 더욱 무관하게 사냥, 온천, 연희 등으로 유유자적한 세월을 보냈다. 정종의 소생이 15명이나 있었으나 모두 원비가 아닌 후궁 소생이어서 왕위 승계와는 무관한 입지였다. 그러나 언제 꺼질지 모르는 살얼음판 정국도 오래가지 못했다. 정안대군을 추종하는 막강한 권력 실세들이 왕위 등극을 조급하게 서둘렀기 때문이다.

그해 겨울, 마침내 정안대군의 책사 하륜이 정종의 선위禪位를 노골적으로 권유했다. 정종은 이에 따랐다. 무혈 쿠데타였다. 제3대 태종대왕으로 등극한 정안대군은 상왕 정종을 극진히 보살피며 남은 여생을 궐 안에서 호강하도록 보장했다. 상왕과 금상의 형제 간 우애는 한층 돈독해졌고 나라는 기강이 바로 서며 비로소 평온을 되찾았다.

정종은 개경 안 인덕궁에 기거하며 옛일을 회상했다. 부왕 태조를 따라 지리산 왜구 토벌(1377)에 나서 무훈을 세웠던 일, 순군부만호로 국정 폐해가 극심했던 고려 말 간신 염흥방(?~1388)을 국문해 충성을 다한 일, 해주까지 침입한 왜적에 맞서 목숨 걸고 수도를 방어(1389)한 공으로 임금으로부터 치하받던 때, 충청도 예산에서 왜적을 생포해 첩보를 올리던 쾌거(1390) 등을 떠올리니 큰 위안이 되었다. 허나 그 당시만 해도 아버지가 새 왕조를 창업해 군왕이 되리라고는 생각해본 적이 없었다.

태종 12년(1412) 정안왕후가 58세로 예척禮陟하자 조정에서는 개풍군 흥교면 흥교리에 명당 자리를 택지해 정중히 예장했다. 정종은 만월대에 올라 송악산을 바라보며 원비 잃은 슬픔을 달랬다.

덧없는 세월 앞에야 왕후장상인들 별 도리 있겠는가. 우여곡절 끝에 태종의 셋째 왕자, 성군 세종이 등극한 지 2년째 되던 해(1420)에 기력이 쇠진한 정종이 승하했다. 보령 63세로 재위 2년 2개월 7일(상왕 18년)이었다. 상왕으로 물러난 태종은 땅을 치며 통곡했다. 성품이 단엄하고 지행이 인자하고 방정했던 왕으로 왕실에 어려움이 있을 때마다 늘 자기편에서 힘이 돼주었던 둘째 형님이 아니었던가. 당시까지도 병권을 장악하고 있던 태종은 금상 세종에게 분부해 조정의 최고 예우를 갖추도록 했다. 정종은 정안왕후와 함께 안장됐고 능호는 후릉厚陵으로 올렸다.

당시는 새 임금이 보위에 오르고 세자를 책봉하거나 국왕이 진명해도 명 황제에게 고해야 할 때다. 정종이 훙서하자 명에서는 공정恭靖이란 시호를 내렸다. 이후 정종은 260여 년간 공정왕으로 불리다가 숙종 7년(1681)에야 비로소 정종이란 묘호를 받았다.

추후 조선 조정에서는 정종대왕에게 의문장무온인순효대왕懿文莊武溫仁順孝大王, 정순왕후에게는 순덕온명장의정안왕후順德溫明莊懿定安王后라는 시호를 동시에 올렸다. 신주는 종묘 영녕전 서협 제5실에 양위가 입묘入廟돼 있다. 『정종실록』도 원래 『공정왕실록』이었으나 숙종 때 정종으로 추봉追封되며 뒤늦게 『정종실록』으로 불리게 되었다.

후릉은 제릉(태조고황제 원비 신의고황후릉)과 함께 북녘 땅 개성에 있어 지금은 갈 수 없는 조선왕릉이다. 정종의 산릉제향도 능침엘 갈 수 없어 부왕인 태조 건원릉 정자각에서 매년 10월 24일 봉행하고 있다. 전주 이씨 대동종약원에서는 북한의 후릉 현지 제향을 추진 중이다. 국가에서도 남북통일이 되는 그날 유네스코 세계문화유산 조선왕릉 40기에 추가 지정되기를 기대하고 있다.

정종대왕의 후릉(북한 보존급문화재 제551호)은 개성(황해북노 개풍군 흥교리)에 있나. 세릉과 같이 북녘 땅이라 갈 수 없어 매년 10월 24일 태조 건원릉 정자각에서 산릉제향을 봉행하고 있다.

순탄한 영웅의 일생이란 없듯이 태종도 그러했다. 그는 권력의 속성을
누구보다도 잘 알았다. 권력이란 아버지와 아들, 어머니와 아들,
형제자매 사이에도 결코 나누어 가질 수 없다는 것을.

태종대왕 이방원

헌릉

피를 묻히고 손발을 잘라
국초의 기반을 세우다

　고려 말 공민왕 당시의 국제 정세는 매우 혼란스러웠다. 상국으로 섬기던 원(1271~1368)은 망국의 길에 접어들어 북으로 쫓겨서 갔고, 이미 중원대륙에서는 한족인 주원장이 명(1368~1644)을 건국해 감당하지 못할 충성을 고려에 요구했다. 원은 이민족으로는 최초로 중국 전역을 제패한 몽골족이다. 이후 한족이 아닌 이민족이 중국 대륙을 지배하기는 청(1616~1912)을 세운 만주족이 두 번째다.

　국내 정세는 더욱 복잡했다. 망해 가는 원을 떠받드는 최영 중심의 수구세력과 신흥대국 명을 지지하는 이성계 주축의 개혁세력 간 첨예한 대결이었다. 이즈음 공민왕이 동성애를 나누던 미소년들에게 살해당하고 우왕이 등극하자, 조정에서는 우왕이 왕씨가 아닌 요승 신돈의 아들이라며 패가 갈렸다.

　이때 고려 조정의 결정권은 포은 정몽주가 쥐고 있었다. 포은은 송헌 이성계와 함께 친명파로 폐가입진廢假立眞(가짜 왕씨인 신돈의 아들을 폐하고 진짜 왕씨를 세움)에도 뜻을 같이했다. 그러나 위화도 회군으로 이성계가 정국을 장악하자 포은은 그를 제거하려 했다. 아버지를 따라 전쟁터를 누비던 이성계의 다섯째 아들 이방원이 먼저 눈치를 챘다. 이방원이 최후의 결심을 하고 정몽주에게 회심의 시 한 수를 던졌다.

이런들 어떠하며 저런들 어떠하리
만수산 드렁칡이 얽혀진들 어떠하리
우리도 이같이 얽혀져 백 년까지 누리리라.

이른바 〈하여가何如歌〉다. 새 왕조 창업의 뜻을 둔 이방원의 속내를 간파한 정몽주가 〈단심가丹心歌〉로 고려 조정에 대한 충절을 분명히 했다.

이 몸이 죽고 죽어 일백 번 고쳐 죽어
백골이 진토되어 넋이라도 있고 없고
임 향한 일편단심이야 가실 줄이 있으랴.

역사적 두 인물의 교린우호는 이렇게 끝이 났다. 이후 이방원의 심복 조영규, 조영무, 이숙번 등이 개성 선죽교에서 정몽주를 격살해 버렸다. 1391년 4월 조선왕조 창업 3개월 전의 일로 이때 이방원의 나이 25세였다. 최영도 처형당한 뒤여서 정몽주의 죽음은 곧 고려왕조의 멸망으로 이어졌다.

이후 정안대군 이방원은 수차례의 숙청 위기와 반전을 거듭한 끝에 제1·2차 왕자의 난을 정치적 발판으로 제3대 임금 태종太宗(1367~1422)으로

헌릉 앞 안산과 조산을 이루고 있는 수체형의 대모산이 우람장중하다.

태종은 어느 누구도 왕실 측근에 함부로 범접하는 것을
용납하지 않았다. 세종 4년 56세로 승하하면서
세종에게 다음과 같이 유언했다.
"나는 이 세상에 잔재해 있는 모든 악몽과 슬픔을
뒤집어쓰고 갈 것이니 너는 청사에 길이 남는
가장 훌륭하고 어진 성군이 되어라."

등극했다. 그 태종을 만나러 헌릉獻陵에 가는 날엔 올해 들어 유별나게 춥던 겨울 날씨가 풀렸다. 박석고개를 넘어 성남 방향의 헌릉로를 따라가다 내곡 IC에서 좌회전하면 매표소 앞에 최근 세운 유네스코 세계문화유산이란 표석이 반긴다. 사적 제194호로 지정된 이곳은 119만 3,071m²(360,904평) 규모로 제23대 순조대왕의 인릉과 함께 있어 헌·인릉이라 부른다. 천하를 호령하던 6백 년 전 임금을 살아서 만날 순 없지만 이렇게라도 알현하니 감개무량하기 그지없다. 안산과 조산朝山(안산을 감싸주는 먼 산)을 이루고 있는 헌릉 앞 수체형水體形(물결처럼 아래로 흐르는 듯한 산 능선)의 대모산이 우람장중하다.

순탄한 영웅의 일생이란 없듯이 태종도 그러했다. 고려 우왕 9년(1383) 17세 약관의 나이로 문과에 급제한 이후 밀직사대언으로 봉직했고, 목은 이색과 함께 서장관으로 명나라에 가서는 외교력을 발휘하기도 했다. 이후 부왕 태조 휘하에서 용맹을 떨치며 난국의 정객들을 끌어모았다. 그는 권력의 속성을 누구보다도 잘 알았다. 권력이란 아버지와 아들, 어머니와 아들, 형제자매 사이에도 결코 나눠 가질 수 없다는 것을.

태종의 재위 18년(1400~1418) 동안의 치적은 놀랍다. 당시는 조선이 개국한 지 10년도 안된 상황이었다. 고려왕조를 부활시키려는 유민세력이 도처에서 궐기했다. 왕권이 약화되면 민심은 언제든지 고려로 되돌아 갈 수 있는 난세였다. 태종은 극약 처방을 내렸다. 전 왕조의 멸망 원인을 국력 쇠약과 불교(밀교) 부패라고 확신한 그는 전국 242개 사찰만 남기고 모두 폐쇄한 뒤 소속된 토지와 노비를 몰수하는 등 척불숭유 정책을 폈다. 개국공신일지라도 왕권을 분산시키려는 소위 신권주의자들은 가차 없이 처단했고 외척의 권력 개입도 용서치 않았다.

땅의 기운이 쇠한 개경에서 한양으로의 천도, 사병 혁파, 거북선 개발, 신문고 설치, 호패법 실시 등 가히 혁명적인 발상으로 국초의 기반을 반석 위에 올려놓았다. 태종은 특히 외척과 사돈들을 믿지 않았다. 재위하는 동안 선위 파동을 네 번이나 일으키며 다른 마음을 먹은 신하들과 친인척들을 골라냈다.

이 판에 임금의 의중을 잘못 파악한 세자 양녕대군의 외삼촌 넷(민무구, 민무질, 민무휼, 민무회)은 사약을 받고 자진自盡하는 참극을 당한다. 양녕이 왕재가 아니라고 판단한 태종은 충녕대군(세종)에게 양위하며 사돈이면서 충녕대군의 장인이 되는 심온을 사사시켜 버렸다. 그리고는 어느 누구도 왕실 측근에 함부로 범접하는 것을 용납하지 않았다.

세종 4년(1422) 5월 10일에 56세로 승하하면서 태종은 세종에게 다음과 같이 유언했다.

"나는 이 세상에 잔재해 있는 모든 악몽과 슬픔을 뒤집어쓰고 갈 것이니 너는 청사에 길이 남는 가장 훌륭하고 어진 성군이 되어라."

조선시대 임금이 운명하면 그 예장 절차가 국법에 따른 최고 예우로 매우 엄중했다. 곧바로 왕의 시신을 보존하는 빈청과 함께 장례 일습을 진행하는 국장도감, 명산에 왕릉을 조영할 산릉도감이 설관됐다.

백성의 어버이인 군왕의 서세는 일반인과 달리 그 죽음에 대한 용어도 극존칭을 사용했다. 승하昇遐, 훙서薨逝, 예척禮陟, 선어仙馭, 등하登遐, 안가晏駕 등이었으며 장례에 따른 제반 호칭도 지극히 정중했다. 조선 개국 초에는 고려 능제를 일부 원용援用했으나 4대 세종대왕이 능제를 간소화시킨

헌릉은 병풍석이 아주 가깝게 밀착된 데다 난간석으로 두 능이 연결되어 있다. 두 분 사이의 불화를 누구보다도 잘 알았던 세종이 사후에라도 화해토록 난간석을 연결해 놓았다.

조선왕릉 중 가장 규모가 큰 헌릉은 문·무인석도 2쌍씩 있다.

『국조오례의』를 새로 제정하면서 그 후 왕릉 조성은 이에 따랐다.

태종대왕 능상에는 십이지상과 함께 둘레석 난간석 혼유석 촛대석 석등 문인석 무인석 등이 세워졌고, 능침 아래에는 정자각 신도비 수복방이 건립됐다. 신도비神道碑는 주상의 행장行狀과 치세를 장대한 대리석에 음각한 석비로 비각을 세워 이를 보호했다.

태종이 훙서하자 모든 장의 법도는 순차에 따라 지엄하게 시행됐다. 상복 차림의 조정 대신들이 대행代行(임금이나 왕비가 승하한 뒤 시호를 정하기 전 이르던 칭호)을 안치한 빈청에 집결해 대성통곡하며, 곧바로 등극한 사왕嗣王과 함께 며칠씩 식음을 전폐했다. 사왕은 황망 중에도 어전 회의를 열어 대행에게 헌상할 시호를 작호토록 하고, 글 잘하는 중신을 지명한 뒤 시책문을 위시하여 애책문과 신도비명을 지어 올리도록 했다.

시립한 중신들은 선왕의 시호諡號(생전 치적과 덕행을 기려 붙이는 이름으로 태조 태종 세종 영조 정조 등)를 지어 금상에게 올렸다. 시책諡冊은 평평하게 깎은 여러 개의 옥 조각이나 대나무를 가지런히 꿰맨 것으로 여기에 새기거나 쓴 글을 시책문이라 한다. 애책문哀冊文은 오늘날의 추도사에 해당하며 애절하기 그지없다. 신도비神道碑는 임금과 왕비의 선대 가계, 업적, 왕자 공주의 혼인 관계 등을 상세히 기술한 것으로 별도의 기록물인 능지와 그 내용이 흡사해 세종 이후부터 능지로 대체되었다.

태종대왕의 시책문과 애책문을 지은 신료 이름은 기록에 없으나 그 문장이 매우 유려하다. 신도비명은 태종 재위시 성균관 대사성을 지내고 세종 때 고위 관직을 두루 역임한 춘정春亭 변계량卞季良(1369~1430)이 작문했다. 춘정은 목은 이색, 양촌 권근의 문인으로 특히 걸출한 문장에 통달해 세종대왕은 춘정을 20년 동안 대제학 자리에 머물도록 배려했다. 『고려

사』개수에 참여했고 『춘정집』 3권 5책이 전한다. "고애자사왕신도孤哀子嗣王臣裯는 삼가 재배하옵고 머리를 조아리며 말씀 올립니다謹再拜頓首上言(이하 한글 번역문)"로 비롯되는 시책문을 요약하면 이렇다.

"생각하건대 큰 덕과 높은 공이 지난날부터 멀리 뛰어나시며, 큰 이름과 높은 책문冊文도 의당 후인後人에 보일 것이므로 떳떳한 법을 공경히 좇아 아름다운 시호를 올리옵니다.

공손히 생각하건대 황고皇考 성덕신공聖德神功 태상왕께서는 총명하시고 신성하시며 용맹 있고 지혜로우며 너그럽고 어지셨습니다. 고려의 운수가 다하였음에 하늘이 당부하심을 아시고 태조대왕을 보익하여 만세의 기틀을 열었습니다.

무武의 위엄은 바람과 천둥보다 엄숙하였고 글로 다스림은 해와 달보다 밝으셨습니다. 나타나지 않는 데까지 그 기미를 밝게 하시고 종사宗社의 편안함을 이루셨습니다. 신臣(세종)이 외람되이 왕위를 이어 오로지 장수하시기를 기약하였는데 어찌 급히 승하하시어 유언을 남기셨사옵니까. 슬픔을 견디기 어려워 울부짖으며 현양할 의식을 거행하고자 하옵니다.

삼가 옥책문을 받들어 존호를 성덕신공聖德神功 문무광효대왕文武光孝大王이라 하옵고 묘호廟號를 태종太宗이라 올리옵니다. 엎드려 바라옵건대 밝으신 존령은 충감으로 보살피시고 길이 많은 복을 주시어 자손을 무궁하게 보전하소서. 천지와 더불어 영원무궁하소서."

이어 애책문은 "세종 4년(1422) 임인년 5월 10일 병인일 성덕신공 태상왕께서 신궁新宮에서 훙서하셨습니다."로 시작되는데 다음은 요약문이다.

"무릇 우리 동방은 왕王 씨가 삼한을 통일하여 오백 년에 가까워질 즈음 임금은 어둡고 정사는 어지러워져 귀신은 원망하고 백성들은 이탈했습니다. 이에 하늘은 아름다운 덕을 갖춘 위인으로 하여금 큰 터를 닦게 하셨습니다. 공손히 생각하건대 우리 태상왕께옵서는 천명을 밝게 하시며 성스러운 조상을 도우며 만백성을 어루만져 주셨습니다. 은혜는 새와 물고기에게도 미쳤고 송축하는 소리는 전국에서 들려 왔습니다.

아아, 슬프옵니다. 덕은 성인과 같으시고 공은 신과 같아 예법이 일어나고 음악이 제작되어 문화는 밝았으며 섬의 오랑캐들도 복종하게 되어 집안과 나라가 평안하였습니다. 재위하신지 이기二紀(20년)에 모든 정사에 골몰한 나머지 정양하는 데 뜻을 두시어 신성한 인군人君에 전위하셨습니다. 오래 사시면서 길이 남은 여생을 잘 보내실 줄 알았는데 어찌 하루아침에 병환을 얻으셨사옵니까. 망극한 울부짖음으로 신민들의 박복함을 슬퍼하며 마치 해가 영원히 사라지는 것 같사옵니다.

성상의 슬픔이여, 궁한 사람이 돌아갈 곳조차 없는 듯하옵니다. 조정祖庭에 공손히 예를 다하고 책보冊寶를 올려 찬양하옵니다. 궁궐에 먼지가 날리고 신민들은 피눈물을 흘립니다. 상여를 잡고 발을 구르며 교산橋山(태종과 세종의 부자)을 바라보며 백성들이 하늘을 원망하옵니다.

슬프고 슬프옵니다. 명의 길고 짧은 것은 기수가 정해져 있어 비록 성인일지라도 피하기 어려움을 슬퍼합니다. 공적의 지대한 것은 해와 달 같이 높은 것이옵니다. 아아, 슬프옵니다嗚呼哀哉."

태종대왕의 신도비는 헌릉獻陵 내의 신도비각 안에 있다. 변계량이 지은 방대한 양의 명문銘文을 간추리면 다음과 같다.

"하늘이 장차 큰 소임을 덕 있는 사람에게 내리려 할 때는 반드시 성자와 신손을 낳아서 큰 운수를 열고 넓은 복록을 길게 누리게 하는 법이다. 우리 조선의 태조 강헌대왕康憲大王께서 큰 대업을 일으키심에 우리 태종으로 아들을 삼으시고 우리 전하(세종)로서 손자를 삼으셨다. 아, 거룩한 일이다. 어찌 인위로 능히 된 것이겠는가. 하늘이 하심이로다.

우리 신의왕태후(태조 원비)께서 지정至正 27년(공민왕 16년 1367) 5월 16일 태종을 함흥부 후주厚州 사제私第에서 낳으셨는데 우리 태조의 다섯째 아드님이시다. 나면서부터 신이神異하셨고 글 읽기를 좋아하셔서 학문이 날로 진보되어 나이 20이 못되어 고려의 과거에 급제하셨다.

임신년(조선 건국 해 1392) 봄 공양왕의 신하 정몽주 등이 모함하여 태조대왕의 형세가 매우 위급하셨다. 태종께서 사기事機에 대응하여 변고를 제어해서 그들의 괴수를 제거하자 모략이 깨어졌다.

공정왕(정종) 2년(1400) 11월 적자嫡子가 없으신 공정대왕이 우리 태종께 전위하시며 사직의 안정함이 모두 태종대왕의 공적이라 하셨다. 신하들의 의론을 물리치고 태종 5년 '한양은 태조께서 도읍하셨던 곳'이라 하여 한양으로 환도하셨다. 신료 중 하나가 '고려 왕씨 후예로 민간에 숨어 사는 자가 있다'고 죽이기를 청하자 '제왕의 일어남은 스스로 천명이 있는 것이다. 왕씨 후예로 생존한 사람은 그들로 하여금 각자 생업을 편안케 하라'고 하교하셨다.

태종 18년(1418) 6월 세자 시禔(양녕대군)가 덕이 없다하여 폐했다. 우리 전하가 총명하고 효제孝悌하며 학문을 좋아하여 게으름이 없으며 백성들이 촉망하게 여겼으므로 세자로 책봉하여 그 해 8월 선위하셨다.

세종 3년(1421) 9월 전하(세종)께서 책보를 받들어 태상왕의 호를 올리고

신도비명은 임금과 왕비의 선대 가계, 업적, 왕자 공주의 혼인 관계 등을 상세히 기술한 것으로 태종 재위시 성균관 대사성을 지내고 세종 때 고위 관직을 두루 역임한 춘정 변계량이 작문했다.

능 뒤의 생룡이 용트림하듯 내려오다 입수 지점에서 화강암을 만나 우뚝 섰다.

10월에는 태종에게 품품稟하여 원자元子(문종)를 책봉해 세자로 삼았다. 간사한 자를 물리치셨으며 이단을 배척하고 사신邪神에게 제사하는 것을 금했다. 문교文敎를 밝히고 무비武備를 엄하게 하여 백성이 편하고 물자가 풍성했으니 제왕의 도야말로 훌륭하셨도다.

세종 4년(1422) 임인년 4월 처음 병에 드시어 다음 달 5월 10일 이궁離宮에서 승하하셨다. 우리 전하께서 애통함을 이기지 못하여 사흘 동안 음식을 폐하셨다. 명 황제는 애통해하며 조회를 철폐하고 제문祭文을 내렸다. '왕은 뜻이 도탑고 후하고 지성스럽고 총명 현달하였다. 조정을 공경히 섬김에 충성스럽고 순종하는 마음이 종시 바뀌지 않더니 부고가 멀리서 들림에 진실로 깊은 감회와 슬픔을 느끼는 바이오.'

신臣이 가만히 생각해 보건대 우리 태종대왕의 성한 덕과 높은 공이 진실로 백왕百王의 위에 우뚝 높이 뛰어나시다. 배필(원경왕후 민씨)의 어지심으로 내조의 공 또한 촉도蜀塗(고양씨 어머니) 신지莘摯(무왕의 어머니 태사)와 더불어 아름다웠도다. 전하께서 신 계량에게 명하심에 신이 명을 받자와 조심스럽고 떨려 감히 사양하지 못하고 삼가 머리 조아려 절하옵고 명銘을 올리는 바이다."

태종의 능은 자신보다 2년 앞서 승하한 원경왕후元敬王后 민씨(1365~1420·여흥부원군 민제의 딸)와 동원이봉同原異封의 쌍릉으로 조성돼 있다. 살아생전 왕과 왕비의 사이는 살벌했다. 태종은 원경왕후와의 사이에 4남 4녀를 둔 뒤 후궁들에게서 8남 13녀를 두었다. 왕실 번창과 외척의 세력 분산을 위한 큰 뜻이었지만 원경왕후로서는 견딜 수 없는 일이었다. 더군다나 매형을 도와 나라를 세우는 데 공이 큰 친정 남동생 넷을 죽인 남편이 아닌가.

헌릉에 오면 다른 왕릉에서는 볼 수 없는 특이한 조형물과 만나게 된다. 우선 거대한 봉분 규모에 압도되고 능을 둘러싼 병풍석이 아주 가깝게 밀착된 데다 난간석으로 두 능이 연결되어 있다. 여기서 후세 사람들은 세종의 효심을 읽을 수 있다. 두 분 사이의 불화를 누구보다도 잘 알았던 세종이 사후에라도 화해토록 난간석을 연결해놓은 것이다. 문·무인석 등 석물도 두 쌍씩 세워 능의 위엄을 갖추도록 세심히 배려했다.

기록에 따르면 헌릉의 좌향은 건좌(동에서 남으로 45도)손향(서에서 북으로 45도)으로 서북향인데 나경을 꺼내 정밀 측정하니 분명히 해좌사향이다. 좌와 향이 각각 15도씩 차이가 나는 것이다. 건좌와 해좌는 나경에 표시된 바로 옆의 좌坐(시신의 머리를 모시는 곳)이지만 후손들의 운세는 크게 달라지는 위치여서 결코 소홀히 할 수 없는 풍수만의 비결이다. 그 옛날 왕릉이나 사대부 묘를 조성하면서는 광중壙中(시신이 묻히는 지점)과 봉분의 좌향을 얼마든지 달리 썼다. 특히 왕릉은 국가 기밀에 해당하는 중대사였으므로 실제 좌향과 봉분 좌향을 위장법으로 사용했던 것이다.

능상에 올라보니 해亥입수에 신申득수 병丙파수로 겹을 이루는 내·외 청룡과 길게 둘러친 내·외백호가 절묘하다. 지금은 비닐 천막촌이 들어서 좌우가 심히 손상되어 초기의 헌릉 풍수 환경과는 크게 변형됐다.

그 우백호 자락에 인릉이 자리하고 있다. 더욱 놀라운 건 거대한 능 뒤의 생룡이 용트림하듯 내려오다 입수 지점에서 화강암을 만나 우뚝 서 버린 것이다. 입수와 광중 사이의 매장석은 정기석精氣石이라 하여 풍수에서는 아주 귀하게 여기는 돌이다. 헌릉에 와서는 이 돌을 찾아봐야 한다.

헌인릉 은 태종 헌릉과 순조 인릉이 함께 있어서 붙여진 이름이다. 헌릉은 태종과
태종 원비 원경왕후의 동원이봉릉으로 앞쪽에서 봤을 때 왼쪽이 태종, 오른쪽이 원경왕
후의 능이다. 헌릉은 난간석으로 두 능이 연결된 특이한 모습을 하고 있는데, 이는 세종
이 살아생전 사이가 좋지 않았던 부모가 사후에라도 화해토록 난간석을 연결해 놓은 것
이다. 인릉은 순조와 순원왕후의 합장릉이다. 파주 장릉 왼쪽 산줄기에 있던 것을 지금의
자리로 천장한 것이다.

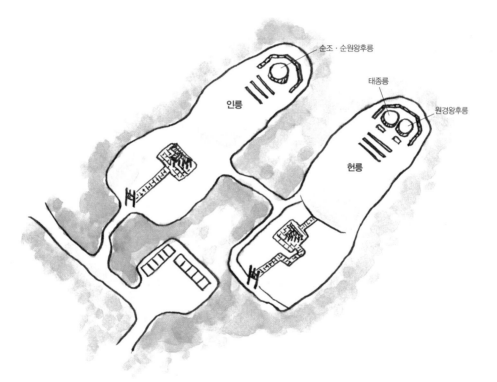

헌인릉(사적 제194호)은 서울특별시 서초구 헌인릉길 34번지에 위치해 있다.
대중교통을 이용할 때는 3호선 양재역이나 2호선 강남역에서 407, 408, 440, 462, 471번
버스로 환승해 헌인릉 또는 강남 서초구 예비군 훈련장에서 내린다.
자가용을 이용할 때는 내곡 IC에서 좌회전하여 이정표를 따라간다.
문의: (02) 445−0347, (02) 3412−0118

하늘은 반만 년 역사의 우리나라에 시대마다 위대한 인물을 탄생케 해
강토를 지켜내고 유장한 민족사를 이어가도록 배려했다. 칠흑 같은 밤하늘에
별같이 빛나는 역사적 인물 중 단연 최고의 영웅은 세종대왕이다.

성군 세종대왕

영릉

성군의 지치로
태평성대를 이루다

사람과 사람이 의사를 소통하는 방법에 말과 글이 있다. 글씨를 쓸 줄 모르는 문맹자도 말은 잘할 수 있어 얼마든지 의견을 개진할 수 있다. 그러나 군부대에서 온 아들의 편지나 재미있는 역사 책은 읽을 수가 없다.

우리 역사에 세종대왕世宗大王(1397~1450)이 등극하지 않았다면 우리는 아직까지도 이두吏讀 문자를 쓰고 있을 것이다. 삼국시대에 발달하기 시작해 통일신라시대에 그 표기법이 완성된 이두는 중국 한자의 음音(소리)과 훈訓(뜻)을 빌어 그 당시 우리말의 문장 구성법에 따라 토를 붙인 불완전 문자다. 이두가 얼마나 어렵고 난해한지는 다음의 예문으로 알 수 있다.

'너 나 없이 다짐하며'를 이두로 표기하면 '汝吾無亦侤音爲旀(여오무역고음위며)'가 된다. 소리와 뜻 가운데 '너 나 없이 다짐하며'만 편의대로 취한 것이다. 온갖 시달림과 부역으로 생존조차 위협받던 무지한 백성들이 이 문자를 어찌 알겠는가. 팔자 좋게 태어난 왕손이나 귀족 중에서도 한자를 통달하다시피 공부해야만 사용할 수 있는 극히 제한된 기록수단이었다. 그

럼에도 이두는 고려 조정은 물론 조선 초기까지 생명력이 이어졌다. 임금이 신하에게 내리는 글과 신하나 백성들이 왕에게 올리는 상언류上言類도이두였다.

나라말이 중국과 달라 백성들이 펴고자 하는 뜻을 제대로 펴지 못하는 것을 안타깝게 여긴 세종대왕이 훈민정음을 창제하면서 모든 문제는 한꺼번에 해결됐다. 이두로 기록되던 각 분야의 모든 영역이 훈민정음으로 대체되면서 이두는 존재 가치를 잃게 된 것이다.

예나 지금이나 한 국가의 국운융창은 그 당시 최고 지도자의 영도력에 의해 좌우된다. 군 통수권자로 절대 권력을 행사하던 전제군주시대에는 더 말할 나위가 없다. 하늘은 반만 년 역사의 우리나라에 시대마다 위대한 인물을 탄생케 해 이 강토를 지켜내고 유장悠長한 민족사를 이어가도록 배려했다. 칠흑 같은 밤하늘에 별같이 빛나는 역사적 인물 중 단연 최고의 영웅이 세종대왕이라는 데에도 누구도 주저하지 않는다.

태조 6년(1397) 4월 10일 한양 잠저潛邸에서 태종과 원경왕후 민씨의 셋째 왕자로 태어난 세종의 어휘는 도裪다. 왕조 개국 후 태어난 정통 왕자였고 충녕대군 시절부터 손에서 책을 놓지 않았으며 성격은 침잠하고 과묵하여 말수가 적었다고 『조선왕조실록』에 기록돼 있다. 모습은 씩씩하고 아름다웠으며 위엄이 있는 태도는 천금 같았고 풍채가 좋았던 것으로 전해지고 있다. 충녕이 형인 양녕대군과 효령대군을 제치고 제4대 임금으로 등극하기까지는 수많은 곡절과 풍파가 뒤따랐다. 부왕 태종은 살아서 임금 자리를 아들에게 물려주고 왕권이 안정되는 것을 확인하려 했다. 세자로 책봉된 양녕이 왕기王器가 아니라고 판단한 태종은 재위 18년(1418)

왕조시대 군주의 치적을 운위할 때 우선시하는 덕목이 있다. 문민 통치에 의한 민생 안정, 정변 내란 전쟁 없는 태평성대의 구가, 국경 방어 보전 및 영토 확장 등이다. 세종대왕은 재위 32년 동안 이 모든 위업을 이루었다.영릉 재실은 산릉제를 준비하는 곳이다.

문무를 고루 숭상하여 태평성대를 이루었다. 능침 앞의 문인석.

6월 폐세자시키고 두 달 후인 8월, 곧바로 충녕대군을 보위에 올렸다. 조정은 양녕과 충녕파로 갈려 으르렁댔다. 이 과정에서 또 적지 않은 인재들이 삭탈관직당하고 유배길을 떠나야 했다.

태종은 상왕으로 있는 4년 동안에도 병권兵權만은 놓지 않고 절대 왕권에 걸림돌이 되는 대신이나 친인척들을 모조리 제거했다. 세종에게서 성군의 기미를 찾은 태종은 왕조의 앞날을 낙관하며 이렇게 말했다.

"명주明主(밝고 현명한 임금)를 얻어 국정을 맡기고 보니 걱정 없음이 천하에 나 같이 복된 이가 없을 것이다. 어찌 오직 천하뿐이리오. 고금을 통해서도 또한 나와 같이 걱정 없는 이가 없으리라."

이렇듯 천하를 도모하던 태종도 가는 세월 앞에는 어쩔 도리가 없었다. 세종 4년(1422) 홍서하면서 만고 효자였던 세종에게 극진한 슬픔을 안겨준다. 그러나 우리 민족에게는 세종이 부왕의 영향력에서 벗어나 소신의 지치至治(더 이상 잘할 수 없는 통치)시대를 여는 원년이 된다.

세종은 1418년 왕위에 올라 1450년 54세로 홍어薨御할 때까지 32년 동안 보위에 있었다. 세종의 재위 시절은 수구세력인 개국공신들이 거의 세상을 떠난 뒤여서 과거제도를 통해 발굴된 신진 두뇌들이 마음껏 국정에 참여한 시기다. 집현전을 통해 평생 학문에만 전념토록 뒷받침해 '백성을 가르치는 바른 소리'인 훈민정음 창제라는 역사적 대업을 이루어 놓는다. 소헌왕후 청송 심씨와의 사이에서 8대군 2공주를 비롯하여 후궁과 궁인들에게서 12군 2옹주를 두었다. 조선왕조 역사상 유례없는 왕실의 번창이었다.

사학계서는 왕조시대 영명한 애민愛民 군주의 치적을 운위할 때 우선시하는 덕목이 있다. △문민 통치에 의한 민생 안정 △정변, 내란, 전쟁 없는 태평성대의 구가 △국경 방어, 보전 및 영토 확장 등이다. 세종대왕은 재위 32년 동안 이 모든 위업을 이루었다.

세종이 치세하는 동안 이미 나라 안팎에서는 동방의 요순堯舜(중국에서 가장 훌륭한 황제)시대가 도래했다며 모두가 기뻐했다. 관리는 그 직분에 충실했고, 백성은 본업에 편안했으며, 조정은 부조리가 없이 맑고 깨끗하게 잘 다스려졌다. 정치, 경제, 국방, 사회, 과학, 문화, 농업, 의학, 음악 등 세종의 통치가 골고루 미치지 않은 분야가 없었다. 정치 탄압이나 징계도 거의 사라져 공직자는 국가를 위해 헌신했고 양민들은 생업에 충실했다. 바야흐로 태평성대였다.

세종의 업적은 필설로 형언할 수가 없다. 국가의 오례(길례, 흉례, 군례, 빈례, 가례)와 서민의 사례(관례, 혼례, 장례, 제례)를 새로 정립해 간소화했고『농사직설』,『삼강행실도』,『팔도지리지』,『의방유취』 등과 법률, 역사, 유교, 문학, 어학, 천문, 지리, 의학, 농업기술에 관한 수많은 서적들을 발간했다. 또 성곽 수축과 전함 수리로 국방을 튼튼히 했고, 두만강과 압록강 유역에 4군 6진을 설치해 오늘날의 국경으로 확정 짓는 한편 일본 대마도도 정벌해 항복 받았다. 신라가 삼국통일하며 참전 대가로 당나라에 내 준 철령(함경남도 안변군 신고산면과 강원도 회양군 하북면과의 경계에 있는 고개. 높이 685m) 이북의 영토를 조선이 수복하는 역사적 쾌거였다. 고구려가 차지했던 광활한 동북 지역의 강토를 국지적으로나마 회복한 것이다. 세계 최초의 측우기와 혼천의, 해시계, 물시계 등을 제작하고 박연으로 하여금 아악을 정리케 하는 한편, 세금을 공평하게 했으며 노비에 대한 사형私刑도 금하도록 했다.

세계에서 가장 과학적이고 논리적인 체계를 갖춘 훈민정음을 손수 창제해 반포할 때(1446)는 상국인 명이 반역으로 다스리려 했지만 세종은 굴하지 않았다. 최만리 등 사대事大 신하들의 반대와 상소가 빗발쳤으나 전혀 동요됨이 없었다. 문자의 독립은 곧 중국으로부터의 문화적 자주독립이었고 종묘(나라)와 사직(백성)이 천년만년을 누리는 탄탄대로였기 때문이다.

중년에 생긴 소갈증(당뇨)으로 고생한 세종은 세종 27년(1445) 세자 문종에게 정사를 맡기고 정치 일선에서 물러났다. 1450년 2월 17일 아끼던 막내 왕자 영응대군 사저에서 세종이 승하하사 만소백관 신하와 백성들은 물론 하늘도 울고 땅도 울었다.

이토록 명철한 임금이 예척禮陟한 것이다. 온 나라가 깊은 슬픔에 빠졌지만 그대로 조정은 정신을 차리고 궁중 법도에 따라 국장 절차를 진행해야 했다. 예법에 정통한 예조판서가 빈전도감都監을 맡고 산역山役과 풍수지리에 밝은 대신이 산릉도감으로 뽑혀 여법하게 시행했다.

순 한문의 세종대왕 신도비명銘을 한글로 대역對譯한 원문을 200자 원고지로 환산하면 120매가 넘는 분량이다. 신도비명은 세종 때 예문관대제학과 공조판서직에 올랐던 정인지鄭麟趾(1396~1478)가 지었으나 시책문과 애책문을 쓴 신료의 벼슬과 이름은 명기하지 않았다.

시책문諡冊文은 "고애자 사왕(문종) 신臣은 삼가 재배하옵고 머리를 조아려 말씀 올리옵니다. 그윽이 생각하건대 천지 같으신 큰 덕을 감히 형용하여 다 말할 수 없사옵니다. 신자臣子의 지극한 정리에 조심하고 상헌常憲에 따라 아름다운 칭호를 올리나이다."로 비롯된다. 이어지는 시책문을 보자.

"황고皇考 대왕께서는 바른 도리에 통하심이 넓고 깊으셔서 슬기롭고 도리에 밝으셨습니다. 마음이 밝고 뛰어나게 지혜로우시며 항상 학문에 종사하시어 정치 잘하는 근본을 연구해 강목綱目을 넓게 펴셨습니다. 유교를 숭상하시어 풍화風化(풍습)를 일으키셨고 농사를 권면하시고 형벌을 측은히 여기셨으며 조상을 존대하고 친척을 공경하는 데 정성을 다하셨습니다.

구족九族이 모두 넉넉히 베푸심에 고르심을 받았고 백성은 모두 옹희雍熙한 다스림으로 편안하였습니다. 예법이 구비되고 음악이 조화되었으며 문화 정치는 일월처럼 빛났고 상서로운 일이 자주 나타나니 칭송하는 소리가 다투어 일어났습니다. 바야흐로 하늘같이 만 년을 계실 줄 알았는데 어찌 하루아침에 하늘이 무너질 줄 뜻하였사오리까. 길이 부여付與하신 어려움을 움켜잡고 부르짖으며 가슴을 치고 발을 굴러 슬퍼함을 이길 수 없사옵니다. 조금이나마 슬퍼 사모하는 마음을 풀고자 삼가 옥책을 받들어 높이 시호를 올리나이다.

영문예무英文睿武 인성명효대왕仁聖明孝大王이라 하옵고 묘호를 세종世宗이라 하였사옵니다. 아름다우신 영혼께서는 크게 드리는 책冊을 깊이 보시고 대대로 변함없는 큰 이름을 드리우도록 굽어 살펴 주옵소서. 순전한 복을 펴 주시어 무궁한 보조寶祚를 도와 주시옵소서."

이때부터 백성들은 조선 4대 임금을 세종대왕으로 부르게 되었다. 이후부터는 억울한 일이 있을 때마다 훈민정음으로 상소를 올려 부패한 신료들을 질타해 모골을 송연케 했다. 애책문哀冊文은 그 내용이 애달프면서도 명징明澄해 전달력이 더욱 강렬하다.

"임금님의 관에 휘장을 거두고 상여 실은 수레가 바퀴를 멈추니 흰 상여 줄은 서리 같이 둘러 있고 붉은 명정銘旌은 구름같이 인도합니다. 우뚝우뚝 자미궁紫微宮을 향하여 어두컴컴한 현대玄臺로 나아갑니다. 비통하게 부르짖음이여, 만백성의 소리가 슬프고 엷은 안개가 가리었는가. 해와 달빛도 참담합니다.

성상聖上이시여, 길이 땅을 두드리게 하는 슬픔을 더하게 하시고 영원토록 하늘이 끝나는 슬픔을 아프게 하시옵니까. 신령의 노니심이 아득하오매 움켜잡을 수가 없사옵니다. 거룩하신 가르침은 항상 우러러서 모범으로 삼겠사옵니다. 슬기로운 말씀을 금란金鑾에 내려 주시고 찬란한 빛을 취염翠琰에 나타내 주시옵소서.

공손히 생각하옵건대 세종께서는 성스러움이 하늘이 내리신 것으로 슬기롭고 도리에 밝으시고 항상 학문을 닦아 어지심과 효도하심을 정성스럽게 보존하셨습니다. 주기主器는 바꾸지 못하는 데 세자가 현명하지 못하므로 특별히 세자 자리에 오르시어 온 세상이 바라시는 정리에 따르셨사옵니다. 음악을 만드시고 예법을 정하셨으며 저울질하심에 터럭만큼도 틀림이 없으셨고 토지 경계를 바르게 하여 부세를 고르게 하셨습니다. 부역을 가볍게 하시고 공물을 박하게 하셨으며 감옥에 갇힌 자를 불쌍히 여기셨고 뽕나무 심기와 농사를 권장하셨사옵니다. 늙은 사람을 잘 부양케 하셨고 곤궁한 이들은 은혜로 새롭게 하셨으며 옆 자리에 어진 선비를 맞이하시어 허심탄회하게 충성스런 말을 받아 들이셨사옵니다. 혹 험한 것을 믿는 자는 깎아 없애고 군사를 다스리고 병기도 장만하여 변방을 굳게 하여 성을 쌓으니 백성이 베개를 높이 하여 편안하였고 경계 침입이 없어 봉화烽火가 끊겼사옵니다.

이제 30년이 넘어 태평한 정치와 거룩하신 적공이 탁연히 비할 데가 드물어 오래 사시기를 바랐사온데 어찌 금상의 자리를 갑자기 버리시나이까. 아아, 슬프옵니다. 근심하고 수고로우심이 오래 쌓여 드디어 환우를 얻으시게 되자 세자에게 명하시어 모든 서정을 참예하고 결단하게 하셨습니다. 한없이 부지런하심을 잠깐 쉬시고 생명을 보살피려 하심인 줄 알았는데 이렇게 떠나시오니 갑자기 해가 어둑어둑 빠지고 하늘이 망망함을 그 뉘에게 호소하오리까.

궁궐 문을 잠가서 문소리가 적막하옵고 임금님 자리에 먼지가 앉음에 응어리진 눈물 흘리는 일이 이다지도 허무하옵니까. 뜨거운 눈물이 수면의 고기가 뚫릴 만큼 흐르고 곡소리는 뇌성처럼 커서 주체할 길이 없사옵니다. 청오青鳥(푸른 까마귀)가 묘지를 점치고 황룡이 앞길을 인도해 대모산大母山(서울시 강남구 수서동)을 향해 천천히 나아갈 적 광주 한강을 지나 곧장 가옵니다. 들판이 텅 비었으며 물조차 목메어 울고 바위굴이 어두워 구름도 가지 못하옵니다.

오호통재嗚呼痛哉 오호애재嗚呼哀哉려니 애통하고도 슬프옵니다. 헌릉(태종대왕)과 이어진 산줄기에 영릉英陵(세종대왕)을 모셔 부자가 같은 언덕에 있사옵니다. 말갈기같이 봉분을 마치옴에 용안을 깊이 우러를 길이 없사옵니다. 긴 밤은 길고 긴데 깊고 먼 곳은 아득하고 아득하옵니다. 아아, 슬프옵니다. 거룩한 성인의 생애도 끝남이 있사옵고 어진 이의 수명도 간혹 인색하여 요절하기도 합니다. 하늘의 뜻을 헤아리기에 믿기가 어렵사옵고 까마득한 하늘의 이치도 측량할 길이 막연하옵니다.

돌아보건대 임금께서는 만고에 빛나는 지극한 정사를 펼치셨사옵고 천지가 우러르는 성덕盛德을 나타내셨습니다. 그 공적 오래오래 청사靑史에 빛나면서 민멸泯滅(형적이나 모습이 아주 없어지는 것)하지 않을 것이오며 하늘과 짝이 되니 끝이 없을 것이옵니다. 아아, 슬프옵니다."

성군 세종대왕의 치적 중 가장 큰 업적은 글자가 없던 조선 백성들에게 소리 나는 대로 적어 의사를 전달하고 기록할 수 있게 한 훈민정음의 창제다. 그러나 시책문과 애책문을 상세히 살펴봐도 이에 관한 언급이 어디에도 없다. 당시 기득권층 관료나 사대부들은 무지렁이 백성들의 학문적 지평 확대를 두려워했다. 백정이나 노비까지도 쉽게 깨칠 수 있는 훈민정음의 대중적 확산은 훈구 세력에 대한 도전이고 위협이었기 때문이다. 이 같은 관점에서 세종대왕 시책문과 애책문은 당시 상류사회의 분위기를 엿볼수 있는 귀중한 사료이기도 하다.

세종대왕의 신도비는 조선 왕실의 능제를 가늠하는 데 중요한 분기점이 된다. 영릉英陵은 세종 때 제정된 『국조오례의』에 따라 최초로 조영된합장 능인 데다 신도비와 능지의 기술 내용이 중복된다 하여 세종 이후에는 신도비 건립이 폐지되었기 때문이다.

『국조오례의』는 고려 말부터 행해오던 중국식 『주자가례』를 간소화시킨 조선의 독자적 예법이다. 이처럼 세종대왕은 농사짓는 역법曆法에서부터 해시계, 측우기 등의 과학기구 발명, 인쇄술의 발전 등을 통해 중국으로부터의 문화적 독립을 끊임없이 추구해 왔다. 다음은 세종대왕의 상세한 치세 내용과 훈민정음 창제 사실이 처음 기술된 신도비명銘을 요점만 간추려 압축한 것이다.

"세종대왕께서는 궁에 계실 때부터 천성이 학문을 좋아하여 손에서 책을 놓지 않으셨다. 침잠 과묵하시며 씩씩하고도 아름다운 위의가 계셨다. 매일 이른 새벽 정장을 갖추고 평명平明에 조회를 받은 다음 정사를 살피셨

세종대왕의 치적 중 가장 큰 업적은 글자가 없던 조선 백성들에게 소리 나는 대로 적어 의사를 전달하고 기록할 수 있게 한 훈민정음의 창제다. 영릉 세종전 앞의 훈민정음 표석.

세종의 업적은 필설로 형언할 수가 없다. 영릉 입구에 세워진 세종대왕상.

다. 경연에 임어하신 후 내전으로 드시면 서사書史를 보심에 집중하셨고 다스리지 못한 일이 없으셨다. 중외에 산재한 사찰과 사단社壇을 혁파하고 노비 모두를 관가에 귀속시켰다. 이에 선종禪宗과 교종敎宗의 양파로 그쳐 이단 교도들이 자취를 감추었다. 세종 2년(1420) 봄 비로소 집현전을 설치하고 문학하는 선비들을 뽑아 모음은 고문顧問으로 대비하려는 제도였다.

세종 3년 9월 태종대왕께 태상왕의 존호를 더했다. 성균관에 납시어 문묘에 배알하고 문사를 뽑았다. 금과 은이 우리나라 토산물이 아닌데도 명明에서 과도한 공물을 요구하자 아우 공녕군恭寧君 인祵을 보내 이의 변경을 관철시켰다. 함길도 북문 연강沿江(두만강) 주군州郡은 본래 우리 선조께서 왕업을 이룩하신 고장인데 오랑캐에게 점령당했다. 회령 부령 종성 온성 경흥 경원 등 육진을 개척하여 옛 강토를 회복하였다.

세종 27년(1445) 걱정 근심으로 미령하시어 금상(문종) 전하에게 명하셔서 모든 정사를 결제케 하셨다. 이듬해(1446) 훈민정음을 창제하셔서 성聲과 운韻의 분변分變을 구진具盡(모든 것을 다 갖춤)하였다. 한어漢語를 위시해 번어藩語(변방의 각국 언어)와 모든 글의 번역에도 통치 못함이 없었으니 고금동서에 초출超出한 바였다. 세종 30년(1448) 원손元孫(단종)을 봉하여 왕세손으로 삼으셨다. 여러 신하를 예우하시되 착한 점을 가상히 여기시고 모자라는 점을 긍휼이 여기셔 형륙刑戮을 받는 자가 없었다. 여러 자제를 의방義方으로 교도하셨고 적서嫡庶와 존비尊卑에 대해서도 의장儀章과 은교恩敎의 등급이 분명하셨다.

학문을 좋아하시고 사리를 통달하시어 결코 호화롭거나 교만한 습성이 없으셨다. 손실損失의 법칙을 개혁하여 공법貢法을 공평하게 하셨고 유사有司에 명하여 종鍾과 경磬을 주조케 하시고 음률을 조화시켜 아악을 일신했다.

영릉은 『국조오례의』에 따른 조선 최초의 왕릉으로 석물들도 단출하다. 합장릉으로 혼유석은 왕과 왕비를 따로 배치했다.

세종은 보령 54세로 훙어할 때까지 32년 동안 보위에
있었다. 세종이 치세하는 동안 이미 나라 안팎에서는
동방의 요순시대가 도래했다며 모두가 기뻐했다.
집현전을 통해 '백성을 가르치는 바른 소리'인
훈민정음 창제라는 역사적 대업을 이룬다.

백성과 함께 즐길 악곡을 마련하고 조종祖宗의 공덕을 펼쳐 정대업악定大業樂을 짓게 하셨다. 역사를 참작하여 『오례의』를 엮어 문화의 갖춤을 다하고 비로소 양로 연례를 창설하셨다. 100세 이상 노인에게는 달마다 주육을, 80세 이상에게는 차별 있게 작위를 내려 주시니 그야말로 은휼이 미치지 않는 곳이 없었다. 가뭄이나 수재민을 구휼할 때는 실제에 치중하고 공문 따위로 그치지 않았다.

해시계와 측우기 등을 만들게 해 한양의 해돋이와 해넘이를 분간케 하시고 심지어 의학 서적까지 세밀 교정은 물론 새 활자 만듦에도 임금 뜻을 쓰시지 않은 곳이 없었다. 전함을 더욱 수리하고 화통은 더 만들며 갑병甲兵을 훈련시켜 국방을 엄밀히 하셨다. 법률은 밝게 판결하고 소송은 공평하게 형벌은 정확하게 술은 경계토록 하셨다. 기예技藝의 백공百工(온갖 기술자와 장인)일지라도 그 기능을 정밀하게 발휘토록 하셨다. 일의 크고 작음에 구애치 않고 대신들과 협의한 뒤 실행했으므로 잘못되는 일이 없었다.

세종 32년(1450) 2월 옥체 미령하심에 의약 치료를 다하고 명산대천에 기도를 드렸건만 끝내 차도가 없으시고 17일 별궁에서 승하하셨다. 거룩하신 임금의 대덕으로 만년 수壽를 길이 누리실 것을 바랐는데 문득 만백성을 버리시고 가시었다. 대소 관료 신하로부터 복예僕隸(노비) 하천배下賤輩까지도 소리 내 호곡하지 않는 이가 없었다. 명 황제도 몹시 슬퍼하여 사신을 보내 제사 드리고 고명장誥命狀을 보내왔는데 시호를 장헌莊憲이라 하였다. 고명의 내용은 이렇다.

'고故 조선왕은 인자하고 겸손하며 총명하고 통달하여 선善을 좋아하고 사리에 밝아 세밀하고 정묘로왔다. 인후한 풍도에 온 나라 백성이 믿고 따르며 빛나는 공적은 천하에 뚜렷하였다. 조선에 나라 있은 이래로 왕과 같은

이가 드물도다.'

신臣이 가만히 생각하건대 조화의 교묘함은 만물에 나타나고 성인의 정대
正大한 마음씨는 치정治政에서 나타난다. 오직 우리 세종임금께서는 생이지
지生而知之하신 성인으로 중극中極을 세워 인륜의 정점에 이르셨고 훌륭한
이름이 사해 팔방에 넘쳤다. 신이 가까이 모신지 10년이고 육조六曹로 정부
에 드나듦이 20여 년이다. 친히 대왕의 빛나는 성덕을 가까이 함에 넓고도
크나큰 업적을 이룩하시고 천명을 다해 중용을 추구하셨다. 참으로 동방의
요순堯舜이시다.

신은 원래 필력이 무추無楸(치밀하지 못함)하고 문장이 비졸鄙拙하여 능히 훌
륭하게 칭송할 솜씨가 없다. 어찌 하늘과 땅의 광대함을 그대로 그려내며
해와 달이 소명昭命함을 똑바로 본뜰 수 있겠는가. 그러나 받든 어명을 군이
사양할 길이 없어 삼가 머리 숙여 절하옵고 명銘을 지어 올리는 바이다. 하
늘과 땅과 더불어 그 빛이 오래오래 가오리다."

세종은 4년 앞서 승하한 소헌왕후(청송 심씨)를 부왕(태종)이 잠든 헌릉
서쪽에 안장하고 훗날 자신도 묻히려 했다. 승하 후 국풍國風(왕릉 터를 잡는 풍
수)들이 물이 나는 흉지라고 만류했으나 세종의 유명이어서 하는 수 없이
합장으로 장사 지냈다.

세월이 흘러 정변과 참극이 수습된 예종 1년(1469), 마침내 영릉英陵은
현재의 경기도 여주군 능서면 영릉로 269-50번지로 천장된다. 『국조오례
의』에 따른 조선 최초의 왕릉으로 병풍석을 없애고 난간석만 세웠으며 석
물들도 단출하다. 합장릉으로 혼유석은 왕과 왕비를 따로 배치했다.

영릉은 풍수를 운위함이 외람된 천하제일의 명당이다. 원래 이곳은 세

100

영릉 뒤의 용맥. 북성산을 용틀임하며 엎치락뒤치락 기복한 내룡맥이 우렁차다. 세종대왕을 이곳에 모신 이후 조선왕조의 운세가 100여 년이나 연장되었다고 한다.

북현무, 남주작, 좌청룡, 우백호, 안산, 조산 모두의 자리매김이 인위적으로 배치한다 해도 불가능한 천혜의 명당에 자좌오향의 정남향이다. 자좌오향은 3대를 적선해도 차지하기 힘들다는 대길 터다.

조 때 대제학을 지낸 광주 이씨 이계전과 영의정을 지낸 이인손의 문중묘였다. 평안도 관찰사로 있던 이인손의 맏아들 이극배를 예종이 불러 자리 양보를 청하니 가족들과 상의해 응해 주었다. 당시 이인손의 묘를 파묘하니 "이 자리에서 연을 날려 높이 오르거든 연줄을 끊고 그 떨어지는 자리에 묘를 모셔라"는 글귀가 나왔다. 그대로 따르니 연은 서쪽 십 리 밖에 떨어졌고 이장한 후에도 광주 이씨 문중은 번창했다.

북성산을 용틀임하며 엎치락뒤치락 기복起伏한 영릉의 내룡맥이 우렁차다. 북현무 · 남주작 · 좌청룡 · 우백호 · 안산 · 조산 모두의 자리매김이 인위적으로 배치한다 해도 불가능한 천혜의 명당에 임壬입수 곤坤득수 손巽파수 자좌오향子坐午向(정북을 등지고 정남을 바라보는 방향)의 정남향이다.

자좌오향은 3대를 적선해도 차지하기 힘들다는 대길 터다. 영릉가백년英陵加百年이라 하여 세종대왕을 이곳에 모신 이후 조선왕조의 운세가 100여 년이나 연장되었다고 한다.

영녕릉은 세종 영릉과 효종 영릉을 합쳐 부르는 것이다. 세종 영릉은 원래 광주 헌릉 서쪽에 소헌왕후와 합장되었으나 예종 1년 현재의 위치로 천장되었다. 합장릉으로 조선왕조의 능제가 가장 잘 나타나 있으며 천하제일의 명당이다. 효종 영릉은 인선왕후와 함께 있는 상하연봉릉이다. 효종 영릉 역시 원래는 건원릉 서쪽에 예장되어 있었으나 병풍석에 틈이 생기고 물이 차면서 세종 영릉 옆으로 천장되었다.

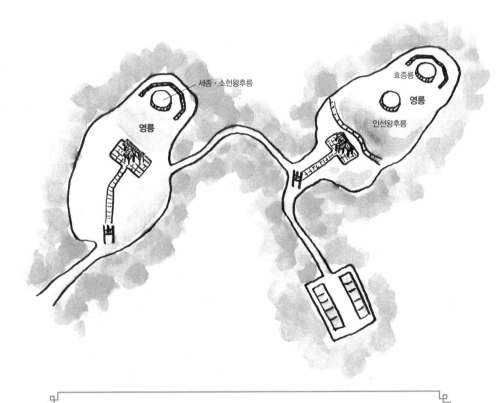

세종 · 소헌왕후릉

영릉

효종릉

영릉

인선왕후릉

영녕릉(사적 제195호)은 경기도 여주군 능서면 영릉로 269-50번지에 위치해 있다.
대중교통을 이용할 경우 여주 버스터미널에서 이천 방향 111번 버스를 타고 공군부대 앞에서 내린다.
자가용을 이용할 때는 여주IC에서 왕대리 방향 42번 국도를 타고 가면 이정표가 나온다.
문의: (031) 885-3123~4

세종이 승하하자 문종은 당시 등창을 앓고 있으면서도 3일 동안 음식을
입에 대지 않고 슬퍼함이 지나쳤다. 애통해 하며 삼년상을 치른 것이
초상 때와 같았다 하니 몸이 남아났겠는가. 이것이 죽음을 앞당기고
왕실의 비극으로 이어짐을 왜 몰랐을까. 염려는 현실로 다가왔다.

문종대왕

현릉

효심은 지극하나
병약하여 대사를 그르치다

문종대왕文宗大王(1414~1452)이 영면해 있는 현릉顯陵은 동구릉 안 건원 릉 동쪽에 있다. 두 능침이 가깝게 있으나 능이 조성된 언덕이 다른 것을 동원이강릉이라 하는데 문종대왕과 현덕왕후顯德王后(1418~1441)의 왕릉이 대표적이다. 능이 두 개이나 별도의 능호를 사용하지 않고 현릉顯陵이라 부르는데, 여기에는 무섭고도 섬뜩한 역사적 사실이 동행한다.

문종은 태종 14년(1414) 10월 3일 세종대왕과 소헌왕후의 장남으로 태 어났다. 8세 때 세자로 책봉된 후 성균관에서 장래의 군왕수업을 철저히 받으며 무엇 하나 부족함 없이 성장했다. 때는 세종의 비할 데 없이 훌륭 한 왕도정치로 민심은 편안했고 백성들은 태평성대를 누리고 있었다.

세자는 부왕 세종을 닮아 예의범절이나 법도에 조금도 어긋남이 없었 고 독서가 지나쳐 손에서 책을 놓지 않았다. 하루 종일 한가한 시간이라고 는 조금도 없었다고 왕조실록은 기록하고 있다. 효성이 지극하여 세종의 탕약과 수라상을 직접 챙기고 밤늦도록 병 시중을 들다가 "물러가라"는 명이 있기까지는 자리를 뜨지 않았다.

세종은 오히려 이런 세자가 늘 걱정이었다. 할아버지 태조가 어떻게 창업하고, 아버지 태종이 어떻게 지켜낸 왕조인데 저래 가지고 어떻게 종묘와 사직을 지켜낼 것인가. 더구나 범같이 혈기왕성하고 야심 찬 둘째 수양대군(세조)과 셋째 안평대군의 틈바구니에서 과연 제대로 왕업을 이어갈 수 있을 것인가.

일찍 가례嘉禮(왕실의 혼인)를 올려 왕실의 안정을 도모하려 했으나 그 또한 뜻내도 뇌시 않았다. 첫 번째 세자빈으로 잭몽된 김씨가 '온당치 못한 행실'로 쫓겨나고, 두 번째 세자빈 봉씨 역시 궁녀들과의 '적절치 못한 행실'로 폐출되고 만다. 이럴 때마다 세종은 언행이 너무 신중하고 과단성이 없는 데다 남녀 간 음양 이치를 소홀히 하는 세자 향珦을 크게 염려했다.

봉씨가 폐위되자 당시 양원良媛(세자궁에 속한 종삼품 내명부의 품계)이었던 권씨(현덕왕후·증 의정부좌의정 권전의 딸)가 세자빈으로 진봉進封되는데 후일 이것이 단종 폐위의 단초가 될 줄을 누가 알았겠는가. 권씨는 문종과의 사이에 경혜공주를 낳은 뒤 25세가 되던 해 단종을 출산했으나 산고를 이기지 못하고 3일 만에 승하했다. 어린 단종의 왕위를 찬탈하면서 세조는 단종이 정비 소생의 적손嫡孫이 아님도 트집으로 내세웠다.

문종의 세자 시절은 29년이나 지속되었다. 그는 측우기와 해시계 등 각종 과학기구의 제작에 참여할 정도로 천문, 율력律曆, 성운聲韻에 정통 박식했고 초서와 예서에도 능했다. 다섯째 왕자인 아우 광평대군이 젊은 나이에 서세하자 그의 외아들 영순군을 궁중에 데려다 친자식처럼 보살피는 등 효행우애가 백성들로 하여금 본이 뇌었다.

즉위 초부터 온갖 질환에 시달려온 세종은 마침내 즉위 24년 신하들의 빗발치는 반대를 물리치고 모든 정무를 세자에게 맡긴 채 일선에서 물러났다. 세자는 몸이 상하는 줄 알면서도 과중한 업무와 싸워 나갔다. 이런 시국 상황을 수양대군과 한명회, 권람 등은 조심스럽게 지켜보고 있었다. 조선 초, 역사에 무서운 피바람이 몰아쳐 올 소름끼치는 조짐이었다.

세종은 자신의 죽음이 가까웠음과 세자 또한 왕위에 오래 있지 못할 것을 알았다. 수족처럼 아끼던 집현전의 신하 성삼문, 박팽년, 이개, 하위지, 유성원, 신숙주 등을 은밀히 불러 고명顧命(임금이 신하에게 유언으로 뒷일을 부탁하는 것)으로 문종과 세손(단종)을 부탁했다. 추운 겨울 학문 연구에 몰두하다 잠이 든 그들에게 슬그머니 곤룡포를 벗어 덮어주던 세종이었다.

1450년 보위에 오른 지 32년 만에 세종이 승하하자 곧바로 세자가 승계하니 제5대 임금 문종이다. 문종은 당시 등창을 앓고 있으면서도 3일 동안 음식을 입에 대지 않고 슬퍼함이 너무 지나쳤다고 행장行狀에 기록돼 있다. 초하루와 보름 상식 때 애통해 하며 삼 년 상을 치른 것이 초상 때와 같았다 하니 몸이 남아났겠는가. 후일 이것이 죽음을 앞당기고 왕실의 비극으로 이어졌다.

문종은 재위 2년 3개월 만에 경복궁 정침에서 승하했다. 뛰어난 치적은 없었으나 선왕의 유업을 계승하며 옛 신하들을 바꾸지 않고 관례대로 따랐다. 군신 간 언론을 넓히고 문을 숭상하되 무를 중히 여기며 궁중의 쓸데없는 비용을 절감하도록 독려했다. 몸을 돌보지 않은 채 국사에 전념하다 돌연히 떠난 정국은 급속히 얼어붙었다. 이때 대통을 이어받은 단종의 나이는 12세였다.

부왕에 대한 효성이 남달랐던 문종이 승하하자 생전의 유언대로 영릉

현릉은 계좌정향으로 태조 건원릉과 같은 좌향이다. 능 뒤 입수지점에서 병목을 이루는 결인처와
득수·파수가 고루 갖춰졌다.

현덕왕후의 능은 인좌신향으로 역마살이 드리우며 좌청룡이 푹 꺼져 능 앞을 비껴간다.
현덕왕후 권씨 능엔 난간석만 있고 왕후릉에서 문종릉을 바라보고 있다.

(원래 세종의 영릉은 현재의 헌·인릉 오른쪽에 위치) 오른쪽으로 장지를 정하였으나 물이 나고 바위가 있어 취소했다. 서둘러 건원릉 동쪽을 능지로 새로 정해 안장하니 오늘날의 현릉이다.

이에 앞서 권씨는 문종이 등극하기 전 단종을 출산한 뒤 산후병으로 세상을 떠나 경기도 안산에 예장된 후 능호를 소릉昭陵이라 했다. 그 후 단종이 즉위하면서 문종과 합장되었고 왕과 왕비의 신주도 종묘에 배향되었다. 이때부터 건원릉과 현릉은 동이릉東二陵으로 불리다 아홉 임금의 왕릉으로 늘어나면서 동구릉으로 불리게 된 것이다. 현릉의 수난은 여기서부터 시작된다.

어린 단종이 즉위하면서 조선 천지에 경천동지할 변고가 생겼다. 숙부 수양대군이 단종의 왕위를 빼앗고 무시무시한 공포 정권을 수립한 것이다. 끝내는 어린 임금도 사사당하고 과거 급제를 통해 기용된 유능한 인재들 역시 무더기로 몰살당했다.

일부함원 오월비상一婦含怨 五月飛霜이라고 여인이 한을 품으면 삼복더위 오뉴월에도 서리가 내린다 했다. 세조의 꿈에 형수인 현덕왕후가 나타나 "나도 네 아들을 데려가야겠다"고 독설을 뿜은 뒤 멀쩡하던 세자(추존 덕종)가 죽었다. 저주를 퍼부으며 침을 뱉은 얼굴과 온몸은 불치의 피부병이 되어 재위 기간 내내 세조를 괴롭혔다. 여기에다 기름을 부은 게 현덕왕후 친정의 단종 복위 운동이다. 역모가 발각되자 세조는 족친을 멸해 버렸고 합장으로 된 현릉을 파헤쳐 형수의 유골만 물가에다 매장했다. 현덕왕후의 휘호를 추폐追廢하고 종묘에서도 신주를 철거해 버렸다. 그 후 중종 8년(1513) 문종의 신주만 홀로 제사 받는 것이 민망하다 하여 다시 복위되고 현릉 동쪽에 천장되어 오늘에 이르고 있지만 6백 년 세월이 흘렀다 해서 그 한이 과연 사그라졌을까 싶다.

이후 조선의 왕실 계보를 유심히 살펴보면 불행하게도 정비 소생의 적장자嫡長子가 대통을 잇지 못한다. 삼봉 정도전이 경복궁 터를 북악산 밑에 잡을 때 무학대사는 이미 태조에게 이 사실을 보고했다는 기록이 있다.

현릉은 축丑입수 신申득수 손巽파수 계좌정향으로 태조 건원릉과 같은 좌향이다. 능 뒤 입수지점에서 병목을 이루는 결인처와 득수·파수가 고루 갖춰졌다. 그러나 현덕왕후릉에 오면 풍수적 판단이 달라진다. 인좌신향(서남향)으로 역마살이 드리우며 좌청룡이 푹 꺼져 기복해 능 앞을 비껴간다. 바로 저 용맥 끝에 조성된 수릉(추존 문조)에는 기가 실리나 왕후 능에는 도움이 안 되는 국세다. 문종릉에는 병풍석과 난간석이 있으나 현덕왕후릉에는 난간석만 있다.

무학대사는 경복궁의 풍수가 낙산으로 이어지는 좌청룡이 약해 장자입국長子立國은 어렵다고 보았다. 이를 보완하기 위해 동쪽(아들·벼슬을 상징)에 흥인문을 세우면서 산 모양의 갈 지之 자를 더해 흥인지문興仁之門이라 하게 된 것이다. 인仁은 동쪽을 의미하며, 의義를 상징하는 돈의문은 서쪽에, 화기를 내포한 예禮의 숭례문은 남쪽에, 지혜를 뜻하는 지智의 홍지문은 북쪽에 세웠다. 믿음(信)을 뜻하는 보신각은 사대문의 중앙에 위치하고 있다. 정궁인 경복궁을 비롯해 창덕궁, 창경궁 등 궁궐 조영造營에도 이 같은 풍수원리가 적용되지 않은 곳은 단 한 곳도 없다.

> 문종대왕의 현릉(사적 제193호)은 동구릉에 있다. 현릉은 현덕왕후와 동원이강릉으로 조성되어 있다. 〈동구릉 37쪽〉

하늘도 천지신명도 어쩔 도리가 없을 때가 있다. 숙부 금성대군이
계획한 복위 운동이 발각되어 실낱같은 단종의 명을 재촉했다.
세조는 아예 후환을 없애겠다며 의금부도사 왕방연에게 사약을 지어
내려보냈다. 단종이 한 많은 생을 마감하게 되니 보령 17세였다.

단종대왕

영월 장릉

사고무친 어린 임금
애달픈 곡절은 강물에 녹아 있네

왕릉에 가면 제향을 모시는 정자각에 이르기 전, 박석을 깔아 놓은 참도參道라는 길이 있다. 좁다란 길이지만 유심히 살펴보면 세 갈래로 구분돼 있다. 중앙이 가장 높고, 왼쪽이 약간 높으며, 오른쪽은 가장 낮다. 중앙은 신도神道라 하여 산릉제향 시 오직 대축관大祝官만 밟을 수 있고 왼쪽은 임금이 걷는 왕도王道이며 오른쪽은 한 발짝 물러서서 세자가 따라 걷는 길이다.

수년 전 국가 중요무형문화재 제56호 종묘제례 교육전수자로 단종대왕端宗大王(1441~1457) 능침인 영월 장릉莊陵 제향에서 대축관으로 봉무한 적이 있다. 단종의 존호가 적힌 축문을 두 손으로 받쳐 들고 여러 헌관과 제관들에 앞서 신도를 걷는데 자꾸 눈시울이 뜨거워졌다. 일국의 제왕이 어찌 이리도 참담한 생애를 살다가 비명횡사로 죽어가야 했나 하는 안타까움에서였다.

축문을 읽는 걸 독축讀祝이라 하는데 그날의 독축은 매우 구슬퍼 일반 참배객까지 애처로운 마음에 한숨을 몰아쉬었다. 일반 사가에서 독축을 할 때에도 음성을 너무 높지 않고 낮지도 않게, 가성이나 괴성을 삼가고, 왜 일찍 돌아가셨느냐고 원망하고 그리워하는 목소리로 읽어가면, 부복한 일가친척들의 억장이 녹아난다. 단종의 능 제향은 매년 10월 3일이다.

예로부터 부모는 팔자라 했다. 어떤 부모의 몸을 빌어 태어나느냐에 따라 절반의 성공 여부가 판가름 난다는 말이다. 어느 누군들 돈 많고 권세를 누리며 출세한 부모를 만나고 싶지 않겠는가. 그러나 천륜으로 맺어지는 부모 자식 간의 인연은 세상 누구에게도 선택권이 없다. 다만 숙명일 따름이다.

단종은 부모를 잘못 만났다. 어머니 현덕왕후 권씨는 세종 23년(1441) 7월 23일 단종을 낳은 뒤 3일 만에 산고로 승하하고, 아버지 문종은 29년 동안 세자로 있다가 왕위에 오른 지 2년 3개월 만에 훙서했다. 국가를 경영하고 인군人君을 통솔하려면 건강 유지가 우선임에도 문종은 분에 넘치는 효도와 소심한 성격으로 대사를 그르쳤다고 후대 사가들은 탄식한다.

부모가 자식을 낳았다고 해서 부모 노릇을 다하는 건 아니다. 양육하고 교육하며 성인이 될 때까지 지켜줘야 하는 것이 부모의 의무다. 더구나 단종은 사고무친이라 해도 과언이 아니었다. 서조모가 되는 혜빈 양씨(세종의 후궁)의 젖을 먹고 자랐고 친혈육이라곤 어린 누이 경혜공주 밖에 없었다. 이런 시국을 세종의 둘째 왕자 수양대군과 셋째 왕자 안평대군은 예의 주시하고 있었다.

당시 정치권력의 핵심이었던 영의정 황보인과 우의정 김종서는 안평을 암묵적으로 지지했다. 천성적으로 호방한 기질에 과단성을 타고난 수양이

단종은 사육신의 복위계획이 발각되자 노산군으로 강봉된 후 머나먼 영월 땅에 유배되어 오도 가도 못 하는 신세가 되어 버렸다. 정순왕후 여산 송씨와도 떨어져 단종의 외로움은 극에 달했다.

장릉 앞에는 정순왕후의 사릉에서 옮겨 심은 소나무 정령송이 쓸쓸히 서 있다.

이를 좌시할 리 없었다. 한명회, 권람 등 권모와 지략에 능한 책사와 홍달손, 양정, 류수 같은 힘센 무사들이 그의 수하로 규합되었다.

한 치 앞을 가늠할 수 없는 절박한 판세에서 갑자기 문종이 예척하자 12세의 어린 단종이 왕위를 계승(1452)한 것이다. 돌봐 줄 사람도 없는 요즘의 초등학교 5학년 어린이가 보위에 오른 것이다. 할 수 없이 단종은 부왕이 믿던 대신들을 의지하게 됐고, 왕권은 흔들리며 이른바 내각책임제 격인 신권통치로 기울었다. 이 판세에서 먼저 치고 나온 게 수양의 계유정난(1453)이다.

이후 조정에는 피바람이 몰아쳤다. 친동생이자 수양의 정적이었던 안평대군은 아들과 함께 사사 당하고 수백 명에 가까운 인재들이 견딜 수 없는 고문 끝에 목숨을 잃었다. 임금 자리가 무엇이고 권력이 무엇인지도 알 수 없는 단종은 숙부의 옷소매를 부여잡고 "그저 살려만 달라"고 애원했다. 정권을 새로 잡아 벼슬자리에 오른 정인지, 한명회, 권람 등이 단종 앞에 나아가 왕위를 내놓으라 하자 얼른 "그렇게 하라"고 대답했다.

단종은 왕위에 오른 지 3년 만에 곧바로 상왕이 되었다. 사육신의 복위 계획이 정창손과 그의 사위 김질의 고자질로 발각되자 노산군으로 강봉된 후 머나먼 영월 땅 청령포에 오도 가도 못하는 신세가 되어 버렸다. 부왕의 국상 중임에도 숙부의 강권으로 가례를 올린 정순왕후 여산 송씨와도 떨어져 단종의 외로움은 극에 달했다.

이럴 때마다 단종은 영월 관풍매죽루에 올라 자신의 기막힌 신세를 한 편의 시로 달래곤 했다.

소쩍새 울다 지친 새벽 봉우리엔 조각달만 밝고

단종은 영월 땅 청령포를 바라보며 자신의 기막힌 신세를 한탄했다.

단종을 죽여 동강 물에 던져 버리고 시신을 거두는 자는
삼족을 멸하라는 세조의 엄명이 떨어졌다. 이토록 서슬 퍼런
시국에도 의인 하나가 있었으니, 물 위에 떠 있는 시신을
수습해 눈 덮인 겨울날, 노루가 앉아 있던 자리만 녹아 있어
그 자리를 파고 묻었다. 신좌을향으로 조선의 왕릉 가운데
건원릉, 영릉과 더불어 3대 명당으로 꼽고 있다.

피를 흘린듯 봄 골짜기에는 떨어진 꽃들이 붉은데

귀머거리 하늘은 아직도 이 애달픈 호소 듣지 못하고

어찌하여 근심 많은 이내 사람의 귀만 홀로 밝단 말인가.

하늘도 천지신명도 어쩔 도리가 없을 때가 있다. 실낱같던 단종의 명을 재촉한 건 경북 순흥 땅에 귀양 가 있던 여섯째 숙부 금성대군이 이보흠과 계획한 또 다른 복위 운동의 발각이었다. 세조는 아예 후환을 없애겠다며 의금부도사 왕방연에게 사약을 지어 내려보냈다. 이리하여 단종이 한 많은 생을 마감하게 되니 보령 17세, 요즘 나이로 고등학교 1학년 생이었다.

왕방연은 단종의 사형을 집행하고 돌아오며 각혈할 것 같은 슬픔에 잠겼다. 어쨌든 자신이 가져간 사약으로 인해 어린 임금이 생목숨을 끊은 것이 아닌가. 그는 영월 동강가에 앉아 피를 토하는 시 한 수를 지어냈다.

천만 리 머나먼 길에 고운 님 여의옵고

내 마음 둘 곳 없어 냇가에 앉았으니

저 물도 내 안 같아야 울어 밤길 녜놋다.

그 후 왕방연은 서울에 와 벼슬을 내던지고 고향인 경기도 구리에서 배 농사를 지으며 여생을 마쳤다. 단종이 승하한 10월 24일이면 배를 한 바구니씩 상에 올리고 제사를 올렸다. 어린 임금을 유배지로 호송하며 어명이 무서워 물 한 모금 못 올린 한 때문이었다. 유난히 달고 물이 많아 이 지역에서 나는 배를 '먹골배'라 부르게 된 연유다.

세조는 단종을 죽여 동강에 던져 버리고 시신을 거두는 자는 삼족을 멸해 버리겠다고 했다. 이토록 서슬 퍼런 시국에도 의인 하나가 있었으니 영월 호장戶長(향리직의 우두머리) 엄흥도다. 그는 "옳은 일을 하다가 화를 입는 것은 달게 받겠다"면서 물 위에 떠 있는 단종 시신을 수습해 영월 동을지 산에 암장해 놓았다. 그리고 눈 덮인 겨울날, 노루가 앉아 있던 자리만 녹자 그 자리를 파고 묻었다. 건乾입수 임壬득수 진辰파수 신좌(서에서 북으로 15도)을향(동에서 남으로 15도)으로 풍수학인들은 이 자리를 조선의 왕릉 가운데 태조 건원릉, 세종 영릉과 더불어 3대 명당으로 꼽고 있다.

단종은 240여 년이 지난 숙종 24년(1698)에야 비로소 복위되어 시호를 받고 영녕전에 부묘祔廟되었다. 중종이나 효종 때에는 몇몇 신하가 복위 상소를 올렸다가 목숨을 잃을 뻔 했다. 모두가 세조의 후손이 왕위를 이었기 때문이다.

숙종 때 대제학 서종태가 장릉을 복원하며 정자각 상량문에 다음과 같이 썼다.

"구불거리는 산세는 멀리 그 줄기가 갈라졌고 봉황이 나르며 용이 오르는 기상을 머금었다. 뭇 산이 둘러쳐 옹위함이 임금께 절하는 듯하다."

한때는 경기도 남양주시에 있는 정순왕후의 사릉과 합장하자는 의견이 있었지만 6백 년 역사의 왕릉을 후세인들의 판단으로 옮긴다는 건 가당치도 않은 일이라고 사학계가 발끈했다. 현재 장릉 앞에는 사릉에서 옮겨 심은 소나무 정령송精靈松이 쓸쓸히 서 있다.

영월 장릉은 세조의 명으로 아무도 거두지 못했던 단종의 시신을 영월 호장 엄흥도가 수습해 동을지산에 암장해 놓았다가 눈 덮인 겨울날 노루가 앉아있던 자리만 녹자 그 자리를 파고 묻은 것이다. 이후 몇 번 단종 복위운동이 있었으나 좌절되었다가, 숙종 24년에야 겨우 복위되면서 지금의 왕릉으로 정비되었다. 장릉은 조선왕릉 중 태조 건원릉, 세종 영릉과 함께 3대 명당으로 손꼽히는 곳이다.

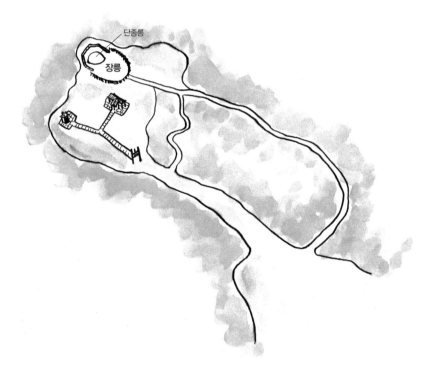

장릉(사적 제196호)은 강원도 영월군 영월읍 영흥리 산133-1번지에 위치해 있다.
대중교통을 이용할 때는 영월~장릉행 시내버스를 탄다. 버스는 오전 7시부터 오후 8시까지 20분 간격으로 운행된다.
자가용을 이용할 때는 제천IC에서 영월 나들목을 지나 장릉 방향으로 우회전(59번 국도)하면 장릉이 나온다.
문의: (033) 374-4215

사람이 생목숨을 끊는다는 게 쉬운 일이 아니다. 때로는 극한 상황에서
더욱 강인해지는 것이 인간의 오기다. 더구나 한을 품은 여인의 일생은
섬뜩하기까지 하다. 정순왕후는 7대 왕에 걸쳐 64년을 독신으로 지내면서
왕실과 권력의 부침을 두 눈을 부릅뜨고 똑똑히 지켜보았다.

단종 왕비 정순왕후

사릉

여인의 철천지한
푸른 솔에 시퍼렇게 살아

절대왕권 시절 왕실의 혼인은 가례라 하여 온 나라가 떠들썩한 행사였다. 특히 왕세자의 가례는 새로 정한 『국조오례의』에 따라 검소하면서도 엄격하게 치러졌다. 나라의 경사 덕분에 일부 죄인들은 방면되어 고향으로 돌아가고 유배지에서 고생하던 권신들도 풀려나 정치 무대에 복귀했다.

세자빈으로 간택된 명문가 규수는 만백성의 부러움 속에 차기 국모 수업을 철저히 받았다. 그러나 막상 부원군(임금의 사돈)으로 낙점받은 당사자는 기쁨보다 걱정이 태산 같았다. "어린 딸이 구중궁궐에 들어가 왕실법도를 잘 익혀내고 층층시하 내명부에서 끝까지 버텨낼 것인가", "대통을 이을 왕자를 건강하게 출산하여 왕비로 책봉될 수 있을 것인가." 대갓집 혼사가 아니더라도 예나 지금이나 딸자식을 둔 부모의 심정이야 무엇이 다를까 싶다.

32년 동안 지치至治에 가까운 세종대왕의 태평성대가 끝나고 문종에서 단종, 세조로 이어지는 조선 초기의 왕권 교체는 급박하게 전개된다. 불과

124

3년여(1452~1455) 만에 3대 왕이 바뀌고, 이 과정에서 수많은 인명이 살상되고 무시무시한 공포 무력 정권이 들어섰다. 왕이 된 조카 단종은 12세의 어린 나이였고 계유정난(1453)을 일으켜 권력을 거머쥔 숙부 수양대군은 42세의 중년이었다.

수양대군은 형인 문종의 국상 중인데도 왕실의 대통을 이어야 한다면서 단종의 혼인을 서둘렀다. 수양과 아무런 친분이 없는 송현수의 딸이 왕비로 책봉되니 바로 정순왕후定順王后(1440~1521)다. 이때 단종은 14세, 왕비는 15세였다. 이미 조정 대신들과 백성들은 송현수 가족사의 불행을 예감하고 있었다.

정순왕후의 봉왕비封王妃 교명敎命에는 다음과 같이 기록되어 있다. "수많은 성씨 가운데에서 가리고, 두루 아름다운 덕행을 갖춘 사람을 구한 나머지 그대 송宋 씨가 성품이 온유하며 그윽하고 아름다운 덕이 드러난다. 진실로 궁중의 정위正位에 거하여 마땅하고, 일국의 국모로 임할 만하므로 이제 효령대군을 사신으로 보내 왕비로 삼는 바이다."

14세의 신랑과 15세의 신부가 무엇을 알았을까. 결혼을 해서 좋은 것보다는 불안하고 위태로운 나날들이었다. 마침내 믿고 의지하던 황보인, 김종서 등 높은 대신들이 대역죄를 범했다 하여 죽고, 조정은 숙부와 그의 지지자들로 완전히 교체되었다. 임금 자리를 내놓으라기에 얼른 "그렇게 하라"고 했더니 순식간에 단종은 상왕이 되고 왕비는 의덕왕대비懿德王大妃가 되었다.

성삼문 박팽년 이개 하위지 유성원 유응부 등 뜻있는 신하들이 억지로 임금이 된 세조를 죽이고 어린 상왕을 다시 임금 자리에 앉히려다 발각돼 참혹한 죽음을 맞이했다. 예상대로 화는 상왕과 왕대비에게 미쳤다. 모든 것이 살아있는 상왕 때문이라며 노산군과 부인으로 강봉시킨 뒤, 상왕을 머나먼 강원도 땅 영월 청령포로 귀양 보내 생이별을 시켰다. 이런 상황임에도 어느 누구 하나 입을 열지 못하고 지켜만 보고 있었다.

정들자마자 억지로 헤어지게 된 남편이 유배지에서 사약을 받고 죽었다는 소식을 뒤늦게 귀동냥으로 들었다. 정순왕후의 비참한 일생은 이때부터 골이 더욱 깊어졌다. 아버지(송현수)도 역모에 가담했다는 죄목으로 세상을 떠났다. 딸 낳아 곱게 길러 왕실에 시집보낸 죄밖에 없는 착한 친정아버지였다. 이때는 정순왕후도 보령 18세가 되어 세상 돌아가는 물정을 훤히 알고 있을 때였다.

사람이 생목숨을 끊는다는 게 쉬운 일이 아니다. 때로는 감당할 수 없는 극한 상황에서 더욱 강인해지는 게 인간의 오기다. 더구나 한을 품은 여인의 일생은 섬뜩하기까지 한 것이다.

이후 정순왕후는 6대 왕(단종, 세조, 예종, 성종, 연산군, 중종)에 걸쳐 64년을 독신으로 지내면서 왕실과 권력의 부침浮沈을 똑똑히 지켜보았다. 해코지한 사람들로서는 항상 마음을 졸일 만한 무서운 일이었다. 당시 수명으로는 환갑만 넘겨도 장수한다고 할 때다. 정순왕후는 82세(1440~1521)를 살면서 별의별 꼴을 다 보았다.

남편을 낳고 3일 만에 승하한 시어머니 현덕왕후가 새로 임금이 된 시숙부 세조의 꿈에 나타나 저주를 퍼부은 뒤 왕실에는 큰 변고가 생겼다. 새로 책봉된 세자 장暲이 시름시름 앓다가 죽은 것이다. 단종과는 사촌지간으로 세 살 위였던 추존 덕종대왕이다.

꿈에서 현덕왕후가 세조에게 침을 뱉은 자리는 피가 나도록 파고 긁어

한 여인이 차마 눈 감지 못하고 누워 있는 곳이 사릉이다. 눈 내린 사릉은 그 쓸쓸함을 더한다.

정순왕후를 달래 도성 안에서 살라고 했지만
듣지 않았다. 동대문 밖에 초막을 지어 평생 소복을
입고 소찬만 먹으며 목숨을 연명했다. 이른 새벽이면
뒷산 동망봉에 올라 남편이 죽은 영월 동쪽 하늘을
바라보고 하염없이 눈물 흘리며 통곡했다.
이 광경을 지켜본 백성들도, 산천초목도 슬퍼했다.

정순왕후가 단종을 그리며 오르던 자리. 현재
낙산공원으로 단장돼 동망정이란 팔각정지만
먼 하늘을 바라보고 서있다.

도 가려워 전의가 약을 지어도 낫지 않았다. 참다 못한 세조가 동구릉에 합장돼 있는 시어머니의 유골만 파내 냇가에 매장하는 꼴을 보았다. 그러면서 세조가 승하한 뒤 새로 등극한 예종이 1년여 만에 훙서하는 왕실의 이변을 지켜봤다. 세조 등극에 큰 역할을 한 인수대비(추론 덕종 왕비)가 손자인 연산군의 머리에 받혀 절명하는 역사의 뒤안길에도 죽지 않고 살아 있었다.

조정에서는 정순왕후를 달래 도성 안에서 살라고 했지만 듣지 않았다. 동대문 밖에 나가 정업원淨業院(현 동대문구 청룡암 자리)을 지어 평생 동안 조정에서 내리는 곡물과 옷감을 거절하고 주민들이 십시일반으로 보태주는 양식으로 겨우 목숨을 부지했다.

이른 새벽이면 뒷산 동망봉에 올라 남편이 죽은 영월 동쪽 하늘을 바라보고 하염없이 눈물 흘리면서 통곡했다. 이 광경을 지켜본 성 밖 백성들도 따라 울었고 산천초목도 슬퍼했다고 역사는 기록하고 있다. 정순왕후가 오르던 그 자리는 현재 낙산공원으로 단장돼 동망정東望亭이란 팔각정자만 먼 하늘을 바라보고 서 있다.

이런 여인이 죽어서도 차마 눈 감지 못하고 누워 있는 곳이 경기도 남양주시 진건읍 사릉로 180번지에 있는 사릉思陵이다. 중종 16년(1521) 백발노파 정순왕후가 승하하자 조정에서는 대군부인의 예를 갖춰 장사를 지냈다. 이때에도 단종의 왕위가 복위되지 않아 부인의 예우만 해준 것도 고맙게 여겨야 할 처지였다.

장지는 시누이 경혜공주의 남편인 해주 정씨 정종鄭悰의 분중 산 한쪽을 얻었다. "한 움큼의 흙무덤으로 양주 땅에 계시어 거친 산줄기에 잡초가 무성하니 꼴 베는 촌부도 눈물을 떨구고, 길 가던 행인도 슬퍼 심기를 상했다"고 한다. 숙종 24년(1698) 단종이 복위되면서 정순이란 시호를 받고 함께 복위되지만 풀지 못한 철천지한은 능역의 푸른 솔과 함께 시퍼렇게 살아있다.

사릉을 찾은 날엔 눈보라가 휘몰아치며 칼바람이 귓불을 아리게 했다. 계좌정향으로 정남향에 가까운데 그 당시 명당을 골라 쓰게 했을 리가 없다. 수년 전 사릉에 있는 소나무를 영월 장릉에 옮겨 심으며 정령송精靈松이라 명명命名하고 한이라도 풀라 했지만 서로 위안이라도 되었을까 싶다. 현재 사릉에는 전통 수목 양묘장이 함께 있어 일반인의 출입이 금지되고 있다.

조선왕릉을 하나하나 찾아갈수록 사람의 나고 죽음은 무엇이고, 권력의 떴다 가라앉음이 무상하다는 생각이 든다.

사릉 은 단종 왕비 정순왕후의 능이다. 단종의 누이인 경혜공주의 남편 정종의 가족 묘역을 얻어 장사를 지냈다. 정순왕후는 대군부인의 예로 장례를 치렀다가 단종이 복위되면서 함께 복위되었기 때문에 다른 왕릉에 비해 단출하게 꾸며져 있고 석물들도 크기가 작다. 동대문 밖 청룡암 자리에 정업원을 짓고 평생을 단종만 생각하며 일생을 보냈다고 하여 사릉思陵이라고 묘호를 붙였다. 사릉은 비공개릉이다.

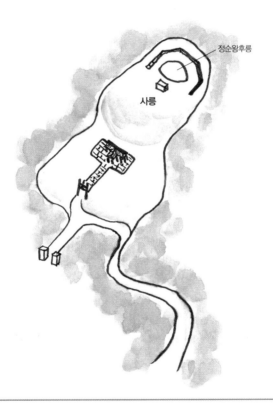

정순왕후릉

사릉

사릉(사적 제209호)은 경기도 남양주시 진건읍 사릉로 180번지에 위치해 있다.
대중교통을 이용할 때는 국철 도농역에서 23번 버스, 경춘선 금곡역에서 77, 55, 7-7번 버스로 환승한다.
자가용을 이용할 때는 경춘국도 금곡에서 사릉리 방향 390번 도로를 따라가다 좌회전하면 우측으로 이정표가 보인다.
문의: (031) 573-8124

세조는 그가 사는 52년 동안 영욕의 세월을 모두 경험했다. 왕자로
태어나 정권의 실세들에게 따돌림당하는 좌절도 맛보았고, 임금이 되어
천하 권력을 쥐고 흔들기도 했다. 겹치는 가족사의 불행이 두려움으로
다가올 때마다 그의 철권정치는 조정을 더욱 숨 막히게 했다.

세조대왕 수양대군

광릉

피를 묻혀 천하를 얻어도
마음은 가시밭길이라

사람이 죽을 때가 되면 '않던 짓'을 하고 착해진다고 했다. 사후세계가 두려움으로 다가오기 때문이다. 세상을 겁 없이 산 사람도 병들어 신음하다 보면 꿈자리가 사납고 헛것이 보이며 마음이 뒤숭숭해지기 마련이다. 과연 극락과 연옥, 천당과 지옥은 존재하는 것일까. 양심兩心(두 가지 마음)과 양심良心(바른 마음)의 사이에서 어떤 마음을 존중하며 살아왔는가.

성군 세종대왕과 소헌왕후 심씨 사이에서 둘째 왕자로 태어난 세조世祖 (1417~1468)는 저승에서까지 원망을 듣는 임금이다. 조카의 왕위 찬탈, 잔혹한 사육신 도륙, 무력 강압통치의 1인자란 수식어가 홍서한 지 550여 년이 지나도록 붙어 다닌다. 세조가 다시 태어나 그 같은 입장에 또다시 서게 된다면 이 같은 원망과 저주를 각오하고라도 다시 왕위에 오를지는 아무도 모를 일이다.

세조도 말년 들어 부쩍 겁이 많아졌다. 막상 권력의 정상인 임금의 자리에 올라보니 별것도 아닌데 왜 그리 많은 사람을 살상했는지 괴롭기만 했다. 돌이켜보면 어린 조카 단종을 죽이고 왕위에 오르면서 아버지와 형님이 아끼던 신하들의 목숨을 너무나 많이 끊었다.

저승에 가 호랑이보다 더 무섭고 독수리보다 더 용맹스러웠다는 증조할아버지(태조)를 어떻게 우러를 것이며, 불같은 성품의 할아버지(태종) 앞에 어찌 조아리고 나서겠는가.

세조는 절을 지어 참회하기로 했다. 옛 고려 때 절인 흥복사 터에 어명으로 새 절을 창건케 한 뒤 원각사라 이름 짓고 탑과 비를 세웠다. 서울 종로 탑골공원 안에 있는 오늘날의 원각사지로 10층 석탑은 국보 2호로, 비는 보물 3호로 각각 지정돼 있다.

유교를 치도이념으로 내세워 건국한 당시의 조선 국왕이 성 안에 절을 짓는다는 건 혁명적 발상이었다. 집현전과 유생들의 반발이 거셌지만 그래도 세조는 강행했다. 그 후 세조의 증손자가 되는 망주亡主 연산군이 연방원聯芳院이란 기방으로 만들어 기생들을 농락하고, 역시 증손자 되는 중종 때에는 절마저 헐어 지금은 흔적조차 없어져 버렸다.

그러나 문종과 단종시대의 정치적 격변기를 면밀히 탐구해온 사학자들 중에는 세조가 일으킨 계유정난(1453)에 대해 정당성을 주장하는 의견도 만만치 않다. 병약한 문종이 승하하며 의정부의 핵심인 김종서, 황보인 등에게 유언으로 단종을 부탁했는데 이들의 권력 독점이 지나쳤다는 것이다. 처음에는 집현전 학자인 정인지, 최항, 신숙주 등과 후일 사육신이 되어 죽는 성삼문, 하위지까지 정난에 중립을 지켰거나 세조에게 동조할 정도였다.

조선왕조는 개국 초부터 국왕을 중심으로 한 왕도정치를 표방했다. 당시 정치세력은 정통성 있는 왕족을 앞세우거나 등에 업어야 대의 명분을 얻을 수 있었다. 신하의 권력이 아무리 강해도 왕 위에는 오를 수 없는 것이 사회적 분위기였다. 이때 조정의 훈구세력들은 수양대군과 안평대군 중 정치적 야심이 적은 안평을 밀고 있었다. 나머지 왕자들은 일찍 세상을 떠났거나 어렸기 때문에 이들 두 왕자의 적수가 되지 못했다.

이후 역사는 세조의 편으로 기울었다. 세조의 정변과정에서 뜻을 달리한 수많은 인재들이 혹독한 고문 끝에 죽거나 귀양 가고 벼슬에서 쫓겨났다. 친동생 둘(안평·금성대군)과 계모 혜빈 양씨(세종 후궁)와 그의 아들인 이복동생(한남군·영풍군)도 목숨을 잃었다. 이 모든 것이 병들어 쇠약해져가는 세조에게는 큰 고통이었고 후회스런 일들이었다.

어느 해 여름, 세조는 강원도 평창 상원사의 문수보살이 용하다 하여 그곳을 찾았다. 땀에 찬 미복微服(임금이 몰래 밖을 살피러 다닐 때 입는 옷)을 벗어 놓고 절 입구 우물에서 등목을 하고 있을 때였다. 난데없이 어린 동자 하나가 나타나 등을 밀어 주었다. 손길이 어찌나 곱고 시원한지 기특하여 동자에게 일렀다.

"동자야, 너는 어디 가서 임금의 등을 보았다고 말해서는 아니 된다."

어린 동자가 세조의 등과 목을 골고루 문지르며 대답했다.

"전하께서는 절대로 상원사에 와서 문수동자를 친견했다고 발설해서는 아니 되십니다."

세조가 깜짝 놀라 뒤를 돌아보니 아무도 보이지 않았다. 그 후 세조의 피부병은 씻은 듯이 나았다. 형수인 현덕왕후가 꿈에 나타나 저주하며 침을 뱉은 이후, 피가 나도록 긁어도 낫지 않던 고질적인 피부병이었다. 세조의 피부병을 낫게 한 그 우물은 지금도 상원사 입구에 있다. 대장경을 인

광릉은 세조 왕비 정희왕후와 같은 능선 아래 다른 언덕에 안장된 동원이강릉이다. 두 능의 중간
지점에 정자각을 세운 조선 최초의 능으로 정자각 앞이 갈림길이다.

정희왕후릉의 무인석 아래에는 큼직한 옥새석이 자리하고 있다. 능 앞의 옥새석은 최고의 길격으로
왕권을 상징한다.

능 뒤 입수 용맥은 결인을 잘 이루었고 좌청룡, 우백호, 북현무, 남주작의 사신사가 겹겹인 데다
안산과 조산이 첩첩이다. 여기에다 입수와 파수의 물길 하나 소홀함 없이 사격을 두루 갖췄다.

세조는 세상을 떠나면서도 마음을 놓지 못해
능 관리를 철저히 당부했다. 능호를 광릉이라 올린 뒤
조선왕조 내내 일반인의 출입을 엄격히 통제했다.
광릉은 현재까지도 풀 한 포기, 돌 하나의 채취가
엄격히 금지되고 있다.

쇄하고 간경도감을 설치해 금강경언해를 간행한 그의 치적도 불은佛恩에 감동한 마음의 시주였다.

세조는 그가 사는 52년 동안 한 인간으로 겪을 수 있는 영광과 불행을 모두 경험했다. 왕자의 신분으로 태어나 정권의 실세들에게 따돌림당하는 좌절도 맛보았고, 임금이 되어 천하 권력을 쥐고 흔들기도 했다. 세자로 책봉한 아들 의경세자가 죽었을 때는 하늘을 우러러 원망했고, 둘째 며느리(예종 왕비·한명회 딸)와 손자가 세상을 떠났을 때는 땅을 치기도 했다. 까닭을 알 수 없이 겹치는 가족사의 불행이 두려움으로 다가올 때마다 그의 철권정치는 조정을 더욱 숨 막히게 했다.

세조는 14년의 재위기간 동안 군제개혁을 통한 국방력 강화, 호패법의 재실시, 백성을 위한 토지개혁제인 직전제 실시, 『경국대전』편찬 등 많은 치적을 남겼다. 그러나 대의명분을 잃은 왕위 찬탈에 이러한 업적도 묻혀버리고 말았다. 역사에 가정은 부질없는 일이라지만 세조와 안평이 단종시대를 지켜만 보고 있었다면 원로대신들과 집현전 젊은 학자들 간 치열한 권력 다툼이 어찌 되었을지 사학자들의 염려는 크다.

세조는 세상을 떠나면서도 마음을 놓지 못해 능 관리를 철저히 당부했다. 능호를 광릉光陵이라 올린 뒤 조선왕조 내내 일반인의 출입을 엄격히 통제했다. 경기도 남양주시 진접읍 광릉수목원로 354번지에 있는 광릉은 사적 제197호로 지정돼 있으며 현재까지도 풀 한 포기, 돌 하나의 채취가 엄격히 금지되고 있다.

광릉은 세조 왕비 정희왕후貞熹王后(1418~1483)와 같은 능선 아래 다른 언덕에 안장된 동원이강릉이다. 두 능의 중간지점에 정자각을 세운 조선 최초의 왕릉으로 세조의 유언에 따라 현실玄室(임금 시신을 안치하는 석실)을 꾸미지 않고 회격灰隔(관을 구덩이 속에 놓고 그 사이를 석회로 메워 다짐)으로 대신했다. 봉분에 병풍석도 쓰지 않고 난간석만 두른 조선 능제의 일대 변혁을 광릉에서 찾아볼 수 있다.

촬영 허가를 받아 능상에 오르니 세조의 능은 자子입수 을乙득수 미未파수 자좌오향의 정남향이고 정희왕후의 능은 축좌미향의 서남향이다. 동일 능역 내에 있으면서도 내룡맥에 따라 이처럼 좌향이 달라지는 게 풍수적 물형이다. 천신만고 끝에 차지한 왕권의 번창을 위해 당대 최고의 국풍이 터를 골랐음은 불문가지不問可知의 일이다.

능 뒤 입수 용맥은 결인結咽(병목 현상을 이루어 기를 모았다가 밀어주는 산세)을 잘 이루었고 좌청룡, 우백호, 북현무, 남주작의 사신사가 겹겹인 데다 안산과 조산이 첩첩이다. 여기에다 득수得水와 파수破水의 물길 하나 소홀함 없이 사격砂格을 두루 갖췄다. 정희왕후릉 무인석 아래에는 큼직한 옥새석이 자리하고 있다. 능 앞의 옥새석은 최고의 길격吉格으로 왕권을 상징한다. 이후 조선왕실의 대통은 세조와 정희왕후의 혈손으로 이어졌다. 정희왕후는 세조의 계유정난이 사전 기밀누설로 위기에 처하사 손수 갑옷을 입혀주며 격려해 성사시킨 여장부였다.

광릉 은 정자각을 중심으로 좌우 언덕에 세조와 정희왕후의 능이 각각 단릉으로 조성된 동원이강릉이다. 원래는 정희왕후 승하 후 세조릉과 다른 언덕에 왕후릉을 조성했다가, 성종이 먼저 건립한 세조릉의 정자각을 두 언덕 사이로 옮겨 장사 지내게 함으로써 지금의 광릉이 되었다. 간략한 의례로 백성의 노동을 줄여야 한다는 세조의 유언대로 봉분에 병풍석을 두르지 않았다. 조선조 내내 출입이 엄격히 통제되어 지금까지 보존이 매우 잘되어 있다.

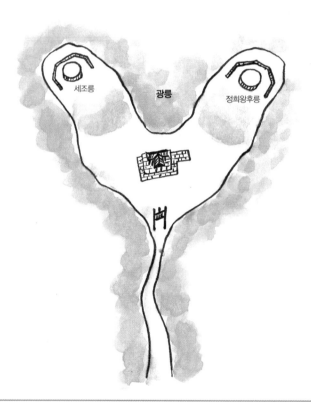

광릉(사적 제197호)은 경기도 남양주시 진접읍 광릉수목원로 354번지에 위치해 있다.
지하철을 이용할 때는 1호선 의정부역에서 21번 광릉내행 버스로 환승한다.
버스를 이용할 때는 7-5, 707번을 타고 광릉내에서 하차한 뒤 21번 의정부행 버스로 환승한다.
자가용을 이용할 때는 광릉수목원에서 이정표를 따라가면 된다.
문의: (031) 527-7105

세조의 맏아들 장은 어려서부터 예절이 바르고 착했다. 의경세자로
책봉되면서 차기 임금으로 대통을 잇게 되었으나 타고난 체질이 허약해
잔병치레가 잦은 것이 걱정이었다. 마침내 세자가 병이 들어
짧은 20년 생애를 마감하니……

추존 덕흥대왕

경릉

마음의 병은 백약도 무효라
아들 덕에 왕으로 추존되니

세조의 맏아들 장暲(1438~1457)은 어려서부터 예절이 바르고 착했다. 할아버지 세종으로부터 현동賢同이란 아명을 하사받고 일곱 살 때는 정의대부正義大夫(조정에서 종친에게 내리는 종2품 벼슬)에 제수되면서 도원군桃源君으로 책봉되었다. 신중한 성격으로 학문에 몰두해 왕실 어른들은 물론 성균관 스승들로부터도 많은 칭찬을 들었다. 특히 해서체에 뛰어나 주위 사람들이 부러워했다. 한 가지 걱정이라면 타고난 체질이 허약해 잔병치레가 잦은 것이었다.

도원군 성장기에는 나라 안도 태평이었다. 할아버지가 나라를 잘 다스려 백성들은 편안했고 큰아버지 문종은 차기 임금으로 군왕 수업에 열중이었다. 세 살 아래의 사촌동생 홍위弘暐(단종)와도 친한 사이였다. 일찌감치 차차기 임금인 세손世孫으로 정해져 부럽기는 했지만 가끔 궁궐에 들어가면 안부도 물으면서 세상 이야기를 나누곤 하였다. 다만 큰어머니 현덕왕후가 일찍 세상을 떠난 것이 불쌍하게 생각되었다.

도원군 나이 13세 때 나라에 큰 변고가 생겼다. 할아버지가 돌아가시고 큰아버지가 임금이 되었으나 원래 몸이 약했던 큰아버지마저 2년 4개월 만에 돌아가시더니 사촌동생 홍위가 왕위에 올랐다. 이때부터 도원군의 집에는 한명회, 권람, 홍윤성, 양정 등 많은 사람들이 몰려와 밤늦게까지 심각한 논의를 하다가 돌아갔다. 어머니 윤씨(정희왕후)의 입단속과 표정으로 보아 급박한 정국 상황을 대충은 짐작하고 있었다.

16세 되던 해에는 나라에 더 큰 변고가 생겼다. 아버지가 김종서, 황보인 등 조정 대신들을 죽이고 병조판서(현 국방부장관)를 겸한 영의정이 된 것이다. 모든 권력은 아버지 휘하로 장악되었다. 2년 뒤인 18세(1455) 때에는 사촌동생이 임금 자리를 내놓아 마침내 아버지가 왕위에 올랐다. 그해 7월에는 의경세자懿敬世子로 책봉되면서 차기 임금으로 대통을 잇게 되었다.

그런데 가슴 벅차고 행복해야 할 의경세자의 나날은 괴로움의 연속이었다. 궁중의 보살핌 속에 엄격히 행해지는 세자수업 또한 고역이었다. 잠시 눈만 감으면 노산군으로 강봉돼 영월 청령포로 귀양 간 사촌동생 홍위가 어른거렸다. 때로는 인간으로 차마 상상 못할 고문 끝에 죽어간 조정 대신들이 내지르는 고함소리가 귓전을 맴돌기도 했다.

더욱 견딜 수 없는 건 큰어머니가 꿈에 나타나 자꾸 어딘가를 함께 가자고 앞장서는 것이었다. 어느 날 밤엔 인자한 모습으로 구름 위를 함께 나는가 하면, 난데없는 낮 꿈엔 소름 끼치는 흉한 몰골로 나타나 "세자 자리를 내놓으라"고도 했다. 이럴 때마다 의경세자는 헛소리를 하며 소스라치게 놀라 깼고 의관은 식은땀에 젖어 쥐어짤 정도였다.

참다못한 세자가 부왕 세조에게 상의하니 아버지도 마찬가지라고 했다.

인수대비릉은 왕릉 규모를 빠짐없이 갖췄다. 인수대비는 왕비의 신분으로 승하했기 때문이다.

가슴 벅차고 행복해야 할 의경세자의 나날은 괴로움의
연속이었다. 궁중의 보살핌 속에 엄격히 행해지는
세자수업 또한 고역이었다. 잠시 눈만 감으면 노산군으로
강봉돼 영월 청령포로 귀양 간 사촌동생 홍위가
어른거렸다. 더욱 견딜 수 없는 건 큰어머니가 꿈에 나타나
자꾸 어딘가를 함께 가자고 앞장서는 것이었다.

어머니 정희왕후도 힘들어 했다. 동생 해양대군(예종)도 그러했다. 여동생 의숙공주도 편할 리가 없었다. 온 가족이 혼령에 시달리는 것을 보다 못한 세조가 동구릉에 형님(현릉)과 합장돼 있는 형수의 유골만을 파내 냇가에 묻어 버렸다. 그렇다고 세조의 가족이 현덕왕후의 영적인 괴롭힘에서 벗어난 건 아니었다.

마침내 세자는 병이 들었다. 20세 되던 해 7월 한여름에 우연히 걸린 감기가 도져 병세가 심각해졌다. 8월 동궁東宮(세자가 거처하는 궁궐 내의 집)에서 나와 세조의 옛집으로 옮긴 뒤 어의의 진맥과 탕제로 정양을 받았으나 백약이 무효였다. 세조는 영산재靈山齋(산 사람의 명을 비는 불교의식)에 능한 21명의 승려를 경회루로 불러 지성공양을 드리게 했지만 아무 소용이 없었다. 세자는 다음 달인 9월 2일 죽고 말았다. 이 같은 의경세자의 짧은 20년 생애는 사실史實에 기록된 바다.

세조와 정희왕후는 땅을 치며 통곡했다. 화사 최경과 안귀생을 불러 죽기 전에 그려 놓은 의경세자의 초상화를 보며 하늘을 원망했다. 정무와 저자(시장)를 닷새나 파하고 수라상을 거르면서 30일을 소복으로 지냈다. 그러나 민심은 이와 달랐다. 모두가 단종의 왕위를 빼앗고 무고한 신하들을 죽인 업보라고 여겼다.

덕종대왕은 소혜왕후昭惠王后(1437~1504) 청주 한씨와의 사이에 2남 1녀를 두었다. 이 소혜왕후가 바로 예종, 성종, 연산군 3대 왕에 걸쳐 역사의 전면에 등장하는 그 유명한 인수대비다. 인수仁粹는 성종이 왕위에 오르면서 어머니에게 지어올린 휘호이다. 덕종보다 한 살 위였으며 경문에 조예가 깊어 범어·한문·국문의 3자체로 불경을 사경하기도 했다.

인수대비의 친정아버지 좌의정 한확(1403~1456)은 더욱 범상찮은 인물

의경세자는 대군 묘 제도인 원으로 조성되었다가 아들 자을산군이 성종으로
즉위하면서 소혜왕후와 함께 덕종으로 추존되어 경릉으로 승격되었다.

이었다. 일찍이 그의 누이(인수대비 고모)가 명나라 성조成祖의 여비麗妃로 간택돼 조선 조정의 '명나라 통'으로 양국 간 외교마찰이 있을 때마다 무난히 해결했다. 세조는 이런 한확과 사돈을 맺었던 것이다. 한확은 세조가 등극하자 주청사(중국에 보냈던 사신)로 명나라에 가서 왕위 찬탈이 아닌 양위임을 명분으로 내세워 윤허를 받고 귀국했다.

왕위에 오르지 못해 임금이 못된 의경세자는 어떻게 덕종대왕德宗大王이 되었을까. 왕조시대에는 비록 사신은 즉위하시 못하고 죽있어도 아들이 임금이 되면 사후에 추존하여 묘호를 올리고 종묘에 배향했다. 조선왕조에는 추존대왕이 모두 넷 있는데 덕종(제9대 성종의 생부)과 함께 원종(제16대 인조의 생부), 진종(제22대 정조의 계부), 장조(사도세자·제22대 정조의 생부)이다.

의경세자의 장지는 경기도 고양시 덕양구 서오릉로 334-92번지(사적 제198호)에 대군 묘 제도인 원園으로 조성되었다. 이후 둘째 아들 자을산군이 성종으로 즉위하면서 세자빈 소혜왕후와 함께 덕종으로 추존되어 원이 경릉敬陵으로 승격(1471)되었다.

경릉도 한 영역에 두 능선을 택해 각각 안장한 동원이강릉 형식을 따르고 있다. 그러나 능 앞의 홍살문을 들어선 참배객들 간 논란이 분분하다. 덕종릉이 오른쪽에 있고 인수대비릉이 왼쪽에 있어서다. 이른 바 좌상우하左上右下(남자가 위, 여자가 아래), 혹은 남좌여우男左女右(남자가 왼쪽, 여자는 오른쪽)라고 하는 묘역의 배치문제는 풍수학인들의 간산 길에서도 논쟁의 불씨가 된다.

묘시의 방향 설정은 망자의 위치에서 판정하는 것이 예법이다. 남자의 왼쪽에 여자가 있는 것이 남좌여우이다. 그러나 후손들의 입장에서는 반대다. 예를 들어 조부모의 산소 앞에 섰을 경우 왼쪽이 할아버지이고 오른쪽이 할머니가 되는 것이다. 반대인 경우도 얼마든지 있다. 망자와 산운이 어긋나거나 풍수 물형의 혈穴이 겹칠 때는 부우祔右 또는 부좌祔左라고 비석에 표기돼 있어 유심히 살펴야 한다.

간좌곤향(서남향)의 덕종릉은 병풍석은 물론 난간석도 없는 세자릉 그대로이나 계좌정향의 인수대비릉은 왕릉의 규모를 빠짐없이 갖췄다. 인수대비는 왕비의 신분으로 승하했기 때문이다. 덕종릉은 왕으로 추존되면서도 왕릉 석물에는 손을 대지 못했다.

인수대비가 내린 사약을 받고 폐비 윤씨가 죽은 뒤 그의 아들 연산군(덕종의 손자)이 왕위에 오르며 생모 윤씨 묘를 왕릉으로 꾸몄다. 그러나 연산군의 패역으로 폐위되면서 다시 묘로 전락되었다. 예나 지금이나 자식을 잘 둬야 부모가 대접을 받는 세상이다. 덕종대왕은 아들(성종) 덕분에 사후 왕으로 추존되었다. 역사는 이토록 준엄한 것이다.

서오릉 은 서쪽에 다섯 기의 능이 있다고 해서 붙여진 이름이다. 처음 서오릉이 능지로 선택된 것은 추존 덕종대왕의 경릉 터로 정해지면서였다. 이후 예종 창릉, 숙종 명릉, 숙종 원비 인경왕후 익릉, 영조 원비 정성왕후 홍릉이 들어서면서 지금의 모습이 되었다. 서오릉에는 왕릉 외에도 2원, 1묘가 있어서 동구릉 다음으로 가장 큰 조선의 왕 릉군이다. 이 중 1묘는 숙종의 후궁으로 파란만장한 삶을 살다간 희빈 장씨의 무덤이다. 근처에 중종 원비 단경왕후 온릉도 있으나 비공개릉이다.

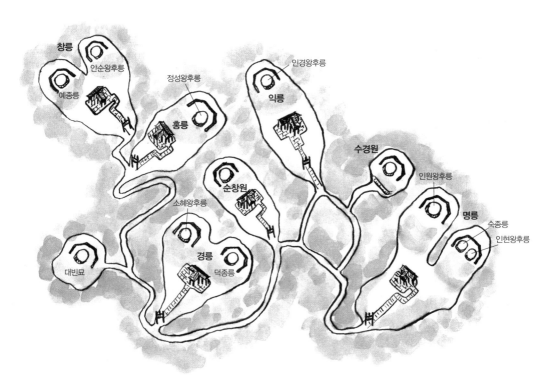

서오릉(사적 제198호)은 경기도 고양시 덕양구 서오릉로 334-92번지에 위치해 있다.
대중교통을 이용할 때는 3호선 녹번역에서 702A, 9701번 버스로 환승하거나,
6호선 구산역에서 9701번 버스로 환승한다.
자가용을 이용할 때는 녹번 삼거리나 연신내 사거리에서 서오릉로를 따라간다.
문의: (02) 359-0090

예종은 어릴 적부터 효성이 지극했다. 부왕 세조가 승하하면서 지나치게
슬퍼한 나머지 수라를 자주 거르고 병상에 눕는 날이 빈번해졌다.
시름시름 앓던 예종이 이듬해 승하하니 왕이 된 지 1년 2개월 만이었다.
천하를 얻고도 몸 하나를 챙기지 못해 모든 것을 다 잃게 되었다.

예종대왕

창릉

탄탄대로 왕좌도
건강을 잃으니 다 잃더라

사람이 한평생을 살아가면서 돈을 잃는 것은 조금 잃는 것이고, 명예를 잃는 것은 많이 잃는 것이며, 건강을 잃는 것은 다 잃는 것이라 했다. 그래서 옛 현철賢哲들은 천하를 얻고도 몸 하나를 챙기지 못하면 대사를 그르치고 만다고 경책警責했다. 조선 제8대 임금 예종睿宗(1450~1469)이 그러했다.

무력으로 정권을 잡은 세조는 등극하자마자 큰 아들 장을 의경세자로 책봉(1457)하고 대통을 이으려 했으나 3개월 뒤 원인 모를 병으로 세상을 떠나니 세자 나이 스물이었다. 당황한 세조는 곧바로 둘째 왕자 해양대군 황晄을 세자 자리에 앉히고 차기 왕 수업을 시켰다. 그때 해양대군은 형인 의경세자보다 12세 연하인 8세였다.

세조는 만사가 불안했다. 사람이 위기에 처할수록 가장 믿고 의지할 수 있는 건 최측근이다. 세조는 심복 중의 심복인 한명회(1415~1487)의 셋째 딸을 세자빈으로 책봉하여 조정의 권력구도를 견고히 했다. 이가 바로 예종과의 사이에 인성대군을 낳고 17세로 승하한 장순왕후다. 인성대군은 태어난 지 세 살이 되어 죽으니 장순왕후는 자신의 목숨복도, 자식복도 지지리 없는 여인이다.

세조는 자신의 죽음을 직감했다. 임금이 된 뒤 14년째 되던 1468년 9월 7일, 측근들을 불러놓고 세자에게 양위를 선포했다. 대신들은 결사반대 했지만 세조는 이튿날 세상을 떠났다. 정희왕후가 그날 즉시 19세의 세자를 등극시켜 왕위 대통을 잇게 하니 예종대왕이다.

왕조시대에도 성년 나이는 20세였다. 20세 미만의 세자가 대위大位에 오르면 왕실 최고 어른이 섭정을 하게 되는데, 이 당시 왕실의 최고 수장은 명실 공히 예종의 모후인 정희왕후였다. 이런 연유로 조선 최초의 수렴청정垂簾聽政이 비롯되는 것이다. 용상龍床(임금의 평상의자) 뒤에 발을 쳐놓고 어린 임금 대신 정무를 처결하는 수렴청정은 많은 폐단과 함께 이후로도 여러 차례 계속됐다.

조선 초기 '철의 여인'으로 회자되는 정희왕후의 정치권 등장은 후일 왕권구도에 결정적 영향을 미친다. 정정공 윤번의 딸인 그녀는 파평 윤씨로 고려 예종 때 나라를 구한 윤관 장군의 후손이다. 계유정난 당시 사전 정보 누설로 세조가 거사를 망설이자 손수 갑옷을 입혀주며 출정을 단행케 한 결단력이 강한 여장부였다.

조정의 권신들을 완전 장악한 어머니의 후광으로 임금이 된 예종은 비록 어리긴 했지만 탄탄대로였다. 어머니가 시키는 대로만 하면 만사형통이었기 때문이다. 먼저 세상을 떠난 부인의 아버지가 영의정 한명회여서 마음이 놓였고, 계비로 맞이한 안순왕후 역시 우의정 한백륜의 딸이어서 걱정할 게 없었던 것이다.

창릉은 계비 안순왕후와 동원이강릉으로, 좌상우하의 전통 장법 형식으로 조영됐다.

조정의 권신들을 완전히 장악한 어머니의 후광으로
임금이 된 예종은 비록 어리긴 했지만 탄탄대로였다.
어머니가 시키는 대로만 하면 만사형통이었기 때문이다.
먼저 세상을 떠난 장순왕후의 아버지가 영의정
한명회였고, 계비로 맞이한 안순왕후 역시 우의정
한백륜의 딸이어서 걱정할 것이 없었다.

그러나 하늘은 모든 것을 한 사람에게 내주지 않았다. 태어날 적부터 약질이었던 예종은 성장하면서도 잔병치레가 많았다. 먼저 죽은 형처럼 큰어머니와 사촌형이 자주 꿈에 나타나 힐끗 쳐다볼 때마다 등골이 오싹하고 소름이 끼쳤다. 때로는 가위에 눌려 소리를 지르고 온몸이 구름 위를 둥둥 떠다니는 것만 같았다.

예종은 어릴 적부터 효성이 지극했다. 부왕 세조가 승하하면서 지나치게 슬퍼한 나머지 수라를 자주 거르고 병상에 눕는 날이 빈번해졌다. 예감이 불길해진 정희왕후가 임금을 친히 보살피고 전의를 시켜 극진히 치료했지만 이미 드리워진 죽음의 그림자는 거둘 수가 없었다. 시름시름 앓던 예종이 이듬해 승하(1469)하니 왕이 된 지 1년 2개월 만이었다. 거기다 딸인 의숙공주도 하성부원군 정현조에게 시집갔으나 일찍 죽고 말았다.

정희왕후는 기가 막혔다. 자식이 부모보다 먼저 죽는 걸 참척慘慽이라 하는데, 어찌 이 꼴을 세 번이나 당해야 한단 말인가. 세조의 삼 년 상이 끝나기도 전에 또 국상이 난 데다 왕손들마저 모두 어리니 왕실과 조정의 이목은 그녀의 일거수일투족에 쏠려 있었다.

이때 왕실의 사정은 급박했다. 왕위에 오르지 못하고 세상을 떠난 의경세자와 인수대비 사이에는 월산대군(16세)과 자을산군(13세)이 있었다. 예종과 계비 안순왕후는 왕위 서열 1위인 제안대군을 낳았으나 겨우 3세였다. 누구를 왕위에 앉혀도 왕권의 흔들림은 불을 보듯 뻔한 일이었다.

그러나 정희왕후는 대세 판단이 빠른 흔들림 없는 여걸이었다. 이미 한명회의 넷째 딸과 가례를 올려 겹사돈이 된 자을산군을 택해 보위를 잇게 하니 바로 제9대 성종대왕이다. 월산대군은 이미 박씨 부인과 혼인해 권력의 핵심 축에서 비껴났고 제안대군은 너무 어렸던 것이다. 이것이 왕실

안순왕후는 예종보다 다섯 살 위였으며 시어머니 정희왕후와 손윗동서 인수대비 사이에서 힘겹게 여생을 마쳤다.

혼인과 권력 간의 함수관계이다. 이리하여 청주 한씨는 덕종, 예종, 성종의 3대 왕에 걸쳐 4명의 왕비를 배출하는 가문의 융성기를 맞는다.

예종은 14개월의 짧은 재위기간 동안 남이 장군과 영의정 강순의 역모 사건으로 최대의 정치적 위기를 맞기도 했다. 남이는 태종의 넷째 딸인 정선공주의 아들로 예종과는 내당숙뻘이 되는 촌수였다. 세조 당시 이시애의 난을 평정해 27세에 병조판서직에 오른 무장이다. 그러나 병약했던 예종은 이런 남이를 싫어했다.

때마침 병조참지로 있던 유자광이 남이와 강순을 역모로 밀고하자 예종은 남이를 역신으로 몰아 치죄했다. 한명회, 신숙주 등 훈구세력과 신진세력 간의 대결이기도 했던 이 사건으로 30여 명의 무인관료가 목숨을 잃었다.

역사적 평가야 후세인의 몫이지만 전제군주시대, 정치판에 뛰어든다는 것은 목숨을 거는 일이나 다름없었다. 정당한 재판 없이 어명 한마디에 한 사람의 생명이 형장의 이슬로 사라졌기 때문이다. 이는 남이 뿐만이 아니었다.

왕손 노릇하기도 위태로운 때였다. 세월이 흘러 예종의 아들 제안대군도 자랐다. 철이 들고 보니 자기가 오를 임금 자리에 사촌형(성종)이 앉아있는 것이었다. 자칫 언행을 잘못했다가는 목이 달아날 판이다. 풍월정을 지어놓고 자연을 노래하며 정치와 무관하게 산 덕분에 제안대군은 천수를 누릴 수 있었다.

임영대군(세종의 넷째 왕자)의 아들 구성군도 마찬가지였다. 구성군은 세조가 아껴 이른 나이에 영의정까지 오른 왕손이었다. 워낙 인물이 뛰어나 자신의 아들인 덕종과 예종을 덮고도 남음이 있었다. 왕실의 혼란을 우려한

전주 경기전 내에 있는 예종의 태실.

창릉 입구의 배위석. 능제를 지내기 전 임금이 절하는 곳이다.

정희왕후가 귀양을 보냈다가 결국엔 사약을 내려 자결하도록 했다. 조선 왕조 내내 왕의 후손들이라 해서 호사를 누리고 사는 법은 거의 없었다.

역사의 뒤안길에 장녹수란 여인을 기억하는 사람들이 있다. 출중한 외모와 가무로 연산군의 총애를 받으며 국사를 어지럽힌 요부다. 가노家奴에게 시집갔다가 종3품 숙용淑容 자리까지 오른 장녹수는 제안대군 집의 여종이었다. 이토록 세조 이후의 왕실 체통은 여지없이 일그러지고 만다.

요절한 임금 예종은 역시 요절한 형 덕종과 함께 서오릉 경내의 창릉昌陵에 인寅입수 병丙득수 유酉파수로 안장돼 있다. 동원이강릉으로 계비 안순왕후와 좌상우하左上右下의 전통 장법 형식으로 조성됐다. 두 능 모두 간좌곤향艮坐坤向으로 서남향이다.

안순왕후安順王后(1445~1498)의 출생연도는 일반 역사기록에는 나와 있지 않다. 그러나 왕실족보에는 예종보다 다섯 살 위였으며 시어머니 정희왕후와 손윗동서 인수대비 사이에서 힘겹게 여생을 마쳤다는 기록이 전해지고 있다. 며느리(제안대군 부인) 김씨가 마음에 안 들어 내쫓고 박씨를 새로 들였으나 제안대군은 끝내 김씨를 못 잊어 다시 재결합하는 상황을 지켜봐야 했다.

예종대왕의 창릉(사적 제198호)은 서오릉에 있다. 창릉은 계비 안순왕후와 좌상우하의 동원이강릉으로 조성되었다. 〈서오릉 151쪽〉

왕의 여자들은 권력의 향방을 가늠하는 중요한 잣대가 되곤 했다.
장순왕후는 당시 최고 권력가였던 한명회의 셋째 딸로 아들 인성대군을
낳았지만 산후병으로 이듬해 17세에 모자가 함께 세상을 떠났다. 대통을
이어야 한다는 친정아버지의 꿈을 이루진 못했지만 세자빈의 예로
장사지냈다.

예종 원비 장순왕후

공릉

여인의 시름을 마다하고
일찍 세상을 뜨니

세상은 남자가 움직이지만 세상을 움직이는 남자는 여자가 움직인다고 했다. 특히 남성 전횡의 시대였던 조선왕조에서는 이 말이 더욱 적중했다. 낮은 벼슬아치가 고위직 관료를 직접 만날 수 없을 때 '안방마님'이나 '그의 여인'을 통해 뜻한 바 소기의 목적을 달성하곤 했던 것이다. 이럴 때마다 '베갯잇 송사'라 하여 의기가 투합되거나, 뇌물만 적절히 공여하면 일이 잘되는 건 맡아놓은 당상이었다.

조선왕조 27대왕 519년 역사의 초기에 속하는 단종, 세조, 덕종(추존), 예종, 성종, 연산군 시대의 왕실 여인들만큼 치열하고 처절한 삶도 없었다. 불과 40여 년의 통치기간 동안에 조선 전사全史가 투영될 만큼 온갖 권모와 결탁이 포개져 있기 때문이다. 여섯 명의 임금이 교체되는 과정에서 왕위에 오르기 전, 남편이 죽고 설상가상으로 반정까지 일어났다. '왕의 여자'들의 한숨과 굴곡진 삶이 드라마틱하게 전개되었다.

이 모두가 재위기간이 짧거나 임금이 단명하는 데서 비롯된다. 성종 이후는 그때 가서 다루기로 하고 먼저 정순왕후(단종), 정희왕후(세조), 인수대비(덕종), 안순왕후(예종 계비)의 인생 역정을 들여다보자. 왕실의 '4대 독비獨妃' 이야기로 모두가 동시대를 살면서 난마같이 얽힌 인과관계가 한 맺힌 이슬로 응어리져 있다.

왕실의 4대 독거 왕비가 태어나게 된 배경은 이렇다. 어린 장조카 단종이 왕위에 오르자 숙부 세조는 왕위를 빼앗고 죽여 버려 어린 정순왕후를 생과부로 만들었다. 세조는 장남 의경세자를 왕위에 앉히려 했으나 20세로 요절하니 인수대비가 홀로 되었다.

세조는 둘째 아들 예종이 왕위에 오르기 전 당시 최고 권력가였던 한명회의 셋째 딸을 세자빈으로 맞았는데 추존된 장순왕후章順王后(청주 한씨·1445~1461)다. 장순왕후는 아들 인성대군을 낳았는데 산후병을 이기지 못하고 이듬해인 17세 되던 해 모자가 함께 세상을 떠났다. 왕실법도에 따라 다시 간택한 왕비가 안순왕후인데 이번에는 예종이 일찍 죽어 역시 혼자가 되었다.

부모로서 차마 겪지 못할 참혹한 꼴을 당한 세조마저 천추의 한을 품은 채 재위 13년 3개월 만에 승하하니 정희왕후도 독거신세가 되었다. 이 모두가 18년 만에 생긴 왕실 내명부의 변고였다. 이때 왕실의 최고 어른은 당연히 정희왕후였다. 왕실에 과부가 넷이다 보니 네 여인의 감정은 미묘하게 교차했다.

이때 정순왕후는 동대문 성 밖 정업원에서 홀로 연명하며 한 많은 여생을 보내고 있었다. 때를 잘못 만나 임금이던 남편 단종을 잃고 친정마저 별문지화를 낭한 싼에 무슨 희망이 있었고 낙을 바랐겠는가. 매일 새벽 뒷산 동망봉에 올라 먼저 간 단종을 그리며 통곡하는 게 일과였다.

다만 이 모든 원인을 제공한 시숙부 세조의 집안 되어가는 꼴을 지켜보고 있을 따름이었다. 무섭고도 섬뜩한 일이었다. 생몰연대에서도 확인할 수 있듯이 정순왕후는 82세라는 기록을 세우며 장수했다. 조정에서도 후환이 염려스럽긴 했으나 대를 이을 자식도 없고, 대항 세력권에서도 벗어나 천수를 누리도록 내버려두었다.

누구보다도 속이 뒤집어진 건 인수대비였다. 친정아버지 한확이 세조의 등극에 공이 커 조정에서는 그녀를 무시하지 못했으나 현실적으로는 남편이 일찍 죽어 사가私家에 나가 살고 있는 실정이었다. 아들 둘(월산대군·자을산군)이 있었지만 왕위는 이미 시동생(예종)에게 넘어가 젊은 나이에 뒷방 늙은이 신세로 전락한 뒤였다.

그나마 조정의 실세 한명회의 넷째 딸(성종 원비 공혜왕후)이 둘째 며느리여서 큰 위안이었다. 당대의 최고 권세가 한명회도 셋째 딸이 예종 원비였다가 일찍 죽은 게 한이어서 인수대비와 사위되는 자을산군에 대한 예우와 보살핌이 극진했다. 여기에는 또 다른 태산을 움직이려는 인수대비와 한명회의 큰 뜻이 움트고 있었던 것이다.

반면 안순왕후의 처지는 더욱 딱했다. 아버지 한백륜이 우의정으로 명문가 청주 한씨 출신이었으나 당시 한명회의 세력을 덮을 자는 아무도 없었다. 남편 예종이 장수만 했어도 어린 남매(제안대군·현숙공주)가 있어 앞날이 보장됐겠으나 즉위 14개월 만에 세상을 뜨니 왕실 내에서의 위상과 영향력은 급격히 추락했다.

여자로서 더더욱 참기 어려운 건 손위 동서 인수대비의 욱일승천하는 기세였다. 사가에 있을 때는 자신더러 중전마마라 했는데 자을산군이 왕이 되면서는 갑자기 대비마마가 되어 버린 것이다. 자신은 뒷전이 되어 버

공릉은 홀로 예장된 단릉이며 왕릉에서 볼 수 있는 다수의 석물들이 생략됐다.

공릉은 장순왕후의 짧은 생애와 함께 별다른 행적이
없어 조선왕릉 중 가장 단순한 능 가운데 하나다.
그녀의 요절은 왕실 대통의 지각변동을 가져와
한 인간으로서의 삶의 몫이 무시할 수 없음을
여실히 보여준다.

홍살문 앞의 금천교를 지나 능상에 오르면 술좌진향의 명당으로 당대의 국풍이 잡은 자리임에
의심의 여지가 없다.

공릉의 예감. 능제 봉행 후 축문을 태우는 곳이다.

리고 시어머니 정희왕후와 조정을 좌지우지하는 상전에 오른 것이다.

정희왕후만이 아무것도 꺼릴 것이 없었다. 남편 덕에 출세한 조정 대신들이 머리를 조아리며 돈수백배했고, 어린 왕의 수렴청정을 하면서 그녀의 말 한마디는 곧 어명이 되었다. 조정을 장악하고 있는 한명회의 두 딸을 이미 며느리와 손자며느리로 맞아들여 권력의 누수는 염려하지 않아도 됐다. 외손자가 왕이 될 판인데 딴 마음을 먹을 자, 그 누구이겠는가.

병약했던 예종이 승하하자 정희왕후는 한명회를 불러 상의했다. 종묘사식의 후사를 결정짓는 중대사였다. 이때 인수대비의 장남 월산대군은 16세였으나 소양공 박중선의 딸(순천 박씨)에게 장가를 가 버린 탓에 처가 덕은 기대할 수 없는 처지였다.

여기서 정희왕후와 한명회의 정치적 술수가 맞아 떨어졌다. 두 사람은 흔들림 없는 왕권 유지를 위해 13세의 자을산군을 그날로 등극시키니 바로 성종이다. 조선왕조를 통해 왕이 승하한 날 차기 왕으로 등극한 건 성종이 처음이다. 인수대비 입장에선 누가 왕이 되더라도 자신의 소생임은 마찬가지였다.

이런저런 시름을 마다하고 먼저 세상을 떠난 이가 장순왕후다. 비록 대통을 이어야 한다는 친정아버지의 꿈을 이루지 못했지만 경기도 파주시 조리읍 삼릉로 89번지에 세자빈의 예로 장사지냈다. 능호는 공릉恭陵으로 홀로 모셔진 단릉이며 왕릉에서 볼 수 있는 다수의 석물들이 생략됐다.

후일 친동생이면서 조카며느리 촌수가 되는 공혜왕후의 순릉과 제21대 영조의 상남 진종 소황제(추존)과 효순소황후의 영릉이 조성되면서 공·순·영릉 또는 파주삼릉으로 불리고 있다. 사적 제205호로 벽제화장터에

서 문산 방향으로 가는 도중 오른쪽의 이정표를 유심히 살펴야 바로 찾아
갈 수 있다.

홍살문 앞의 금천교禁川橋(왕릉과 속계를 가르는 풍수상의 물길)를 지나 능상에
오르니 술좌진향戌坐辰向의 동남향으로 당대의 국풍이 잡은 자리임에 의심
의 여지가 없다.

공릉은 장순왕후의 짧은 생애와 함께 별다른 행적이 없어 조선왕릉 40기
중 가장 단순한 능 가운데 하나다. 그러나 그녀의 요절이 가져다 준 왕실
대통의 지각변동은 한 인간으로서의 삶의 몫도 무시하지 못한다는 측면에
서 타산지석으로 삼아야 할 바가 크다.

파주삼릉은 파주에 있는 세 능을 말하는 것으로 공순영릉으로 불리기도 한다. 처음 이곳에 자리 잡은 것은 예종 원비 장순왕후의 공릉이다. 이후 친동생이면서 조카며 느리이기도 한 성종 원비 공혜왕후의 순릉과 제21대 영조의 장남 추존 진종소황제와 효순소황후의 영릉이 옆에 조성되면서 현재의 모습이 되었다. 공혜왕후는 왕비의 신분이었기 때문에 세자빈의 신분으로 승하한 장순왕후의 공릉에 비해 능의 구성물이 더 많다. 근처에 인조 장릉도 있으나 비공개릉이다.

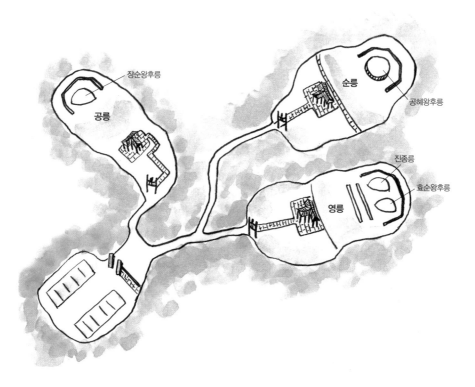

파주삼릉(사적 제205호)은 경기도 파주시 조리읍 삼릉로 89번지에 위치해 있다.
지하철을 이용할 때는 3호선 구파발역에서 30, 31번 버스로 환승해 파주삼릉 입구에서 내린다.
버스를 이용할 때는 760, 909, 9709, 9710번을 타고 파주삼릉 입구에서 내린다.
자가용을 이용할 때는 벽제화장터에서 문산 방향으로 가면 오른쪽에 이정표가 나온다.
문의: (031) 941-4208

성종대왕은 운이 좋은 군주였다. 어떤 왕손은 마땅히 오를 왕위에
등극했다가 목숨을 잃기도 하고 똑똑하고 잘났다는 이유로 유배지에서
사약을 받고 죽기도 한다. 이런 판국에 어른들의 계략과 흥정에 의해
만백성의 어버이가 되었으니 천운을 타고난 사나이가 된 셈이다.

성종대왕

선릉

천운으로 왕좌에 앉아
태평성대를 이루다

사람에게 운運이라는 게 있을까.

생각지도 않던 일이 기대 이상으로 잘 풀리고, 하는 일마다 척척 맞아 떨어질 때 운이 좋다고 말한다. 조선 제9대 임금 성종대왕成宗大王(1457~1494)은 운이 좋은 군주였다. 어떤 왕손은 마땅히 오를 임금 자리에 등극했다가 목숨을 잃고, 또 다른 왕손은 똑똑하고 잘났다는 이유로 유배지에서 사약을 받고 죽는 판국에 어른들의 계략과 흥정에 의해 만백성의 어버이가 된 이도 있다.

옛날 임금의 이름은 백성들이 알지 못하는 어려운 벽자僻字로만 골라 썼다. 임금의 이름으로 쓴 한자를 백성들이 잘못 알고 함부로 썼다간 왕실을 능멸했다 하여 문초를 당하기도 했다. 때로는 글자를 만들어 쓰기도 했고 옥편에 없는 한자도 있다. 성종의 이름은 혈娎(기쁠 혈)이었다.

성종은 1457년(세조 2년) 세조의 맏아들 의경세자와 인수대비의 둘째 아들로 태어났다. 세조는 아버지를 일찍 여읜 손자 혈이 불쌍해 자을산군으로 봉하고 세 살 위의 형 정婷(월산대군)과 함께 궁궐 안에서 양육하도록 며느리에게 배려했다. 세자로 책봉된 왕자 외에 다른 왕자가 장성하여 가례를 올리면 사가를 마련해 나가 살도록 하는 것이 궁중의 법도였다.

날씨가 화창한 어느 봄날, 자을산군은 월산대군을 따라 여러 환관들과 더불어 궁내 연못가를 산책하고 있었다. 멀쩡하던 하늘에 갑자기 천둥과 번개가 치면서 폭우가 쏟아졌다. 동시에 천지가 진동하는 뇌성과 함께 벼락이 떨어져 옆에 있던 환관 하나가 즉사했다. 모두가 순식간에 일어난 일이었다.

혼비백산한 환관과 시녀들은 달아났고 월산대군도 넋을 잃었다. 그러나 자을산군은 안색 하나 변하지 않고 의연하게 서서 적란운이 걷히고 소나기가 그치기를 기다렸다. 이 소식을 전해들은 세조와 인수대비는 크게 기뻐하면서도 다시 한번 가슴을 쓸어내렸다. 자신이 지은 죄를 자식이 대신 받는 업보業報라는 것이 과연 세상에 있는 것인가 하는 마음이었다.

이때 영의정 한명회는 이토록 범상치 않게 성장해가는 자을산군을 눈여겨두었다. 이미 셋째 딸을 해양대군(예종)에게 시집보내 왕실과 혈연의 끈을 옭매어 놓았지만 아무래도 마음이 놓이지 않았다. 지모와 책략에 뛰어난 그였다. 이미 월산대군은 소양공 박중선의 딸(순천 박씨)과 가례를 올린 뒤여서 11세의 자을산군에게 12살이던 넷째 딸을 시집보내니 후일 성종의 원비인 공혜왕후이다.

자을산군이 11세에 장가를 들고 보니 장인의 셋째 딸이 숙부 해양대군의 부인이어서 작은아버지이면서 동서지간이 되고, 작은어머니이면서 처형이 되는 이상한 촌수가 되었다. 12세 때 숙부가 임금이 되었는데 건강이 좋지 않아 모두 걱정이었다. 13세 되던 해(1469) 겨울에 갑자기 20세의 나이로 예종이 승하하자 할머니가 왕위에 앉혀 당일로 제왕이 되었다. 생각지도 않았던 주상主上의 자리였다.

예종의 아들이면서 사촌지간인 제안대군은 당시 3세여서 왕이 되기가 어려웠지만, 3세 위의 건강한 형 월산대군을 제치고 임금이 된 까닭이 장가를 잘 간 덕분이란 것은 나중에서야 알았다. 20세가 될 때까지 할머니 정희왕후가 시키는 대로만 하면 걱정할 게 없었다. 정희왕후는 한명회, 신숙주 등 원상院相들과 국정 전반을 논의해 얻은 결론을 어린 왕에게 지시했는데 성종은 그대로 따르기만 하면 되었기 때문이다. 그때 할머니는 52세였고, 어머니 인수대비는 33세였다.

13세에 등극한 성종은 참으로 행복했다. 20세가 될 때까지 할머니가 수렴청정한 덕에 정무에 관한 책임은 자신에게 없었다. 근심이라면 공혜왕후로 책봉한 한씨와의 사이에 소생이 없는 것이었다. 몸이 약한 왕비가 시름시름 앓다가 19세로 세상을 뜨니 국모 자리가 비었다. 슬픔에 잠긴 성종을 할머니가 위로하며 숙의였던 후궁 윤씨를 계비로 승격하니 이 여인이 바로 연산군의 생모 폐비 윤씨다.

대궐의 법도는 지엄하다. 비록 어린 나이로 왕위에 올랐더라도 보령 20세가 넘으면 모든 권력은 주상에게로 넘어간다. 임금은 지존至尊이다. 할아버지, 할머니는 물론 사가의 부모까지도 신하일 뿐이다. 이는 국모가 된 왕비의 친정부모도 다를 바 없어 곱게 키운 딸을 만나면서도 칭신稱臣을 하는 것이 마땅한 도리였다.

성종은 영특한 임금이었다. 하루아침에 권력이 자신에게로 넘어오자 놀라운 통치력을 유감없이 발휘했다. 7년의 국정 수습기간 동안 보아온 온

선릉 왼쪽 언덕에 동원이강릉으로 예장된 정현왕후릉. 사방이 빌딩 숲으로 둘러싸인 노른자 땅에 산소를 공급하며 '강남의 허파' 역할을 하고 있다.

사람이 승승장구하며 만사가 뜻대로 이루어지게 되면 오만해지고 방탕해지기 마련이다. 동서고금을 막론하고 권력과 돈은 주색과 상관관계를 이룬다. 성종은 여자를 좋아해 공혜왕후와 계비 윤씨 외에도 10명의 후궁을 거느려 16남 12녀를 두었다.

선릉 신로를 따라 가면 능상에 오른다.

정자각 옆에는 능참봉이 머물던
수복방이 있다.

갖 폐단을 기억하고 재위 중에 바로 잡으며 기강을 새로이 했다. 긴 세월 수렴청정하며 조정의 막후 실력자였던 할머니도, 사사건건 참견하며 제동을 걸던 어머니도 지켜보는 도리밖에 없었다.

우선 성종은 왕위에 오르지 못하고 요절한 아버지를 덕종으로 추존하고, 숙부가 등극하면서 회한의 세월을 보낸 어머니에게 인수대비란 휘호를 올렸다. 명나라에 사신을 보내 회간왕懷簡王이란 덕종의 시호도 받아 오게 해 어머니의 한을 풀어주고 원을 능으로 격상시켰다. 30세도 안된 왕의 치적에 탄력이 붙은 것도 이때부터다.

성종은 원상제도를 폐지하고 왕명출납과 서무 결재권을 친히 행사했다. 원상제는 세조가 사후 왕권의 흔들림을 염려해 최측근 재상들을 원상으로 임명한 뒤 국정을 논의케 했던 최고의 권력기관이었다. 한명회, 신숙주 등으로 구성된 원상들의 지나친 간섭이 성종에게는 눈엣가시였다. 이들의 견제세력으로 김종직을 수장으로 하는 신진 사림士林을 중용해 왕도정치를 실현해 나갔다. 또한 고려 충신 정몽주와 길재의 후손을 파격적으로 등용해 조정을 놀라게 했다.

성 밖 선농단先農壇에 가 친히 풍년을 비는 제사를 올리고 왕비에게는 손수 누에를 치도록 했다. 선농단 제사 후 소를 잡아 푹 곤 국물에 밥을 말아 파를 섞어 소금 간으로 함께 먹으니 백성들은 감복했다. 오늘날 서민음식으로 즐겨 먹는 설농탕의 유래가 여기서 비롯된다.

유교를 통치이념으로 개국한 조선왕조지만 당시까지만 해도 고려 유습이 남아 일부 친인척 간의 혼인이 사회적 문제로 대두됐다. 성종은 외가 6촌 이내 결혼을 법으로 금지시켰고, 재혼한 여자의 자손은 관직 등용을 금지했다. 숙질과 당형제 간에 다투거나 송사하면 변방으로 내쫓기까지 해 윤리 강상을 엄하게 세웠다.

한 달에 두 번씩 군대를 사열해 국방태세를 점검하고 형벌이 남용되지 않도록 탐관오리들을 다스렸다. 특히 문치文治에도 주력해 개국 이후 100여 년에 걸쳐 반포된 법전, 교지, 조례, 관례 등을 총망라시킨 『경국대전』을 완성했다. 이후 『경국대전』은 왕조 통치이념의 근간이 되었다. 이 밖에도 『삼국사절요』, 『동국여지승람』, 『동문선』 등을 편찬해 문물의 전성기를 이뤘다.

바야흐로 세종대왕 이후 두 번째로 맞이하는 태평성대였다. 태조에서 태종의 역성혁명·무단정치가 세종의 출현으로 막을 내리면서 흉흉했던 민심은 고려를 잊고 조선 백성으로 살아가게 됐다. 더불어 단종에서 세조로 상징되는 왕위 찬탈의 악명도 성종대에 와 비로소 옛일이 되었다. 백성들은 성종을 어버이처럼 따랐고 살림살이도 풍요로워졌다.

사람이 승승장구 만사가 뜻대로 이뤄지게 되면 오만해지고 방탕해지기 마련이다. 동서고금을 막론하고 권력과 돈은 주색과 상관관계를 이룬다. 군왕무치君王無恥라 하여 임금이 여러 여자를 취하는 것은 흉이나 흠결이 되지 않았다. 주상이 왕비나 후궁과 동침할 때는 침소 밖에서 상궁과 내시들이 불침번을 섰다. 혹시라도 있을지 모르는 복상사나 변고에 대비하기 위해서였다.

'왕의 여자' 중에서 왕자라도 태어나면 왕실의 번창이라 하여 가벼운 죄인을 방면하고 세금도 감면해 주었다. 성종은 여자를 좋아해 공혜왕후와 계비 윤씨 외에도 10명의 후궁을 거느려 16남 12녀를 두었다. 증조부인 세종대왕 이후 최대의 왕실 번창으로 조정에서는 잔치가 끊이지 않았다.

집정 후기에는 몰래 궁을 빠져나와 기방까지 출입하며 유흥에 빠져들었다.

이럴 때마다 속이 뒤집히는 건 계비 윤씨였다. 독수공방으로 지내는 날이 허다했고 후궁들 몸에선 군과 옹주들이 자꾸 태어났다. 어쩌다 성종과 마주치기라도 하면 앙칼지게 대들고 호되게 닦달하기까지 했다. 성종은 이런 윤씨가 싫었다.

어느 날 성종이 모후 인수대비 전에 불리어 갔다.

"주상, 그 용안에 나 있는 손톱자국에 대해 소상히 말하시오."

추상같은 분부였다. 일찍이 청상과부가 되어 자신을 임금 자리에 앉힌 하늘 같은 어머니가 아니던가.

"어마마마, 별것 아니옵니다. 그저 소자의 불찰로……."

"내 이미 자초지종을 다 알고 묻는 것이오. 주상은 바른대로 답하시오."

성종은 더 이상 지체할 수가 없었다. 잠자리에 들기 전 윤씨가 손톱으로 긁어 낸 상처임을 이실직고했다. 평소 윤씨의 시기 질투를 못마땅해 하던 인수대비가 진노했다. 이는 곧 계비 윤씨의 폐비로 이어졌고 폐서인이 되어 퇴출된 후 사약을 받아 죽고 만다.

옛말에 첩이 첩 꼴을 못보고 서방의 계집질엔 돌부처도 돌아앉는다고 했다. 판봉상시사 윤기견의 딸로 숙의에서 계비 자리까지 오른 윤씨는 자신이 후궁(첩) 출신이면서도 첩(후궁)의 꼴을 못 보아 자멸의 길을 자초하고 만 것이다.

윤씨의 폐비와 함께 인수대비는 숙의로 있던 또 다른 윤씨(우의정 윤호의 딸)를 계비로 삼으니 정현왕후다. 정현왕후는 진성대군(중종)의 생모로 어미 없는 연산군을 친자식처럼 키워 내명부와 조정의 존경을 받았다. 여인의 투기심과 시샘의 종말을 폐비 윤씨를 통해 터득했던 것이다.

정현왕후는 서울 강남구 성종릉(선릉) 왼쪽 언덕에 예장됐다. 성종릉과 함께 동원이강릉 형식을 취하고 있으나 용맥과 물길이 전혀 다르다. 서울 지하철 2호선 선릉역과 9호선 선정릉역은 성종릉의 이름을 그대로 따서 부르는 것이다. 선릉宣陵에는 성종(임좌병향 계癸입수 신申득수 진辰파수)과 그의 계비 정현왕후(간좌곤향)와 함께 아들 중종(건좌손향)의 정릉이 자리하고 있어 선·정릉으로 부른다. 서울 강남구 선릉로 100길 1번지에 위치한 7만 2,778평의 사적 제199호다. 사방이 빌딩 숲으로 둘러싸인 노른자 땅에 산소를 공급하며 '강남의 허파' 역할을 하고 있는 요지 중의 요지다.

성종은 1494년 희대의 폭군인 아들 연산군에게 어쩔 수 없이 왕위를 넘겨주고 재위 25년 만에 승하하니 보산寶算 38세였다. 성종의 바람기로 인한 내명부의 반란은 또 다른 피바람을 예고한다.

성종의 선릉과 중종의 정릉은 임진왜란(1592)의 국란 중 회복 불능의 치욕을 겪고 만다. 진귀한 부장품을 노린 왜군들이 능침을 파헤치고 현실玄室(왕의 시신이 안치된 광중)을 훼손한 것이다. 왕조 창업이래 처음 당한 전대미문의 참담한 수모였다. 이 천인공노할 도굴 만행으로 왕실존엄은 추락했고 백성들은 왜인들을 금수만도 못하게 여겼다.

선정릉은 성종의 선릉과 중종의 정릉을 합쳐 부르는 것으로, 부자 왕릉이다. 현재 지하철 2호선 선릉역과 9호선 선정릉역을 말한다. 선릉은 성종과 계비 정현왕후의 동원이강릉이나, 용맥과 물길이 전혀 다르다. 중종은 원래 장경왕후 옆에 묻혀 있었는데 계비 문정왕후가 지금의 위치로 천장한 것이다. 천장할 당시 문정왕후도 옆에 묻히려 했지만 흉지여서 포기하였다.

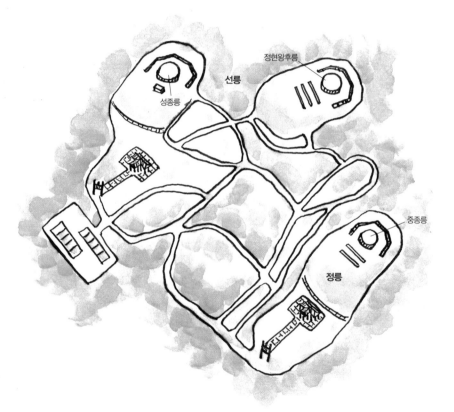

선정릉(사적 제199호)은 서울특별시 강남구 선릉로 100길 1번지에 위치해 있다.
지하철을 이용할 때는 2호선 선릉역과 9호선 선정릉역에서 도보로 이동이 가능하다.
버스를 이용할 때는 472, 3219, 4412, 6411번이 있다.
자가용을 이용할 때는 선릉역 앞에서 좌회전을 하면 이정표가 보인다.
문의: (02) 568-1291

공혜왕후의 갑작스런 죽음은 왕실 내명부의 물갈이로 반전되면서
또다른 골육상쟁을 불러와 요동치게 된다. '한씨 왕비시대'가 끝나고
'파평 윤씨 왕비시대'로 교체되면서 조정은 다시 한 번
걷잡을 수 없는 소용돌이에 빠져들고 만다.

성종 원비 공혜왕후

순릉

한씨 왕비시대가 끝나고
내명부의 골육상쟁을 부르다

자식 앞에 장사 없고 자식 이기는 부모 없다 했다. 천하의 권세와 부귀 영화를 거머쥔들 낳아 기른 자식의 죽음 앞에서는 모두가 허망한 것이다. 산해진미가 입에 당길 리 있을 것이며 무슨 말과 위로가 귀에 들어오겠는 가. 일인지하 만인지상一人之下 萬人之上의 자리에 있는 영의정 한명회도 그 러했다.

"마마, 억지로라도 수라를 드시고 기운을 차리셔야 하옵니다. 이 나라 종묘사직의 앞날이 마마께 달렸사온데 어서 툭툭 털고 일어나셔야지요."

성종 8년(1474) 4월 한명회와 부인 민씨는 벌써 몇 달째 구현전求賢殿에 서 넷째 딸 공혜왕후恭惠王后(1456~1474)의 병구완을 하고 있었다.

"어머님, 단 물이 소태보다 더 써서 못 넘기겠습니다. 아무래도 일어나 기가 어려울 것 같습니다."

공혜왕후 한씨가 친정어머니 민씨를 힘없이 바라보며 겨우 대답했다. 그리고는 슬며시 눈을 내리 감았다. 민씨 부인이 기겁을 하고 깜짝 놀라 남편 한명회를 찾았다. 뒤이어 시할머니 정희왕후와 시어머니 인수대비, 시숙모 안순왕후 삼전三殿이 황급히 달려왔다. 겨우 다시 눈을 뜬 공혜왕후가 말을 이었다.

"죽고 사는 것은 명에 달려 있는 것이나 단지 한스러운 것은 세 윗전의 기대를 저버려 끝까지 효도하지 못하고 부모님께 근심을 끼쳐 송구할 뿐이옵니다."

마지막 유언이었다.

한명회는 땅을 치며 앙천통곡했다. 이 무슨 인산이 감당 못할 끔찍한 재앙이란 말인가. 일찍이 예종 원비로 시집보낸 셋째 딸 장순왕후도 17세로 죽었는데 이번에는 19세의 넷째 딸을 잃은 것이다.

14년 만에 두 딸을 앞세우는 참척이 두렵기도 했지만 겉으로는 의연했다. 각혈할 것 같은 불행한 남의 가족사를 자칫 계유정난 당시 '살생부 주살사건'과 연결할까 봐서였다. 비록 자신의 외손으로 왕통을 잇는 대망이 무산되긴 했지만 권력은 여전히 그의 손안에 있었다. 그러나 이후 역사는 한명회 편으로 기울지 않았다.

세상인심이란 참으로 냉혹하고 비정한 법이다. 살아생전엔 그 사람 없이는 안될 성 싶다가도 죽고 나면 곧 잊히고 마는 게 인지상정이다. 의로운 한 사람의 죽음이 나라 발전의 저해요인으로 작용하는가 하면, 지탄받는 장수의 죽음이 역사 발전의 동력요인으로 부상되기도 한다. 권력의 정상에 서 있을 때는 천하가 내것일 듯 싶지만 태양이 하루 종일 중천에 떠 있는 것은 아니다.

왕조시내 국모는 내명부의 지존으로 한시도 비워둘 수 없는 자리였다. 수렴청정 중이던 정희왕후는 숙의로 있던 후궁 파평 윤씨를 계비로 앉혔

사람은 죽어서도 신분이 있다. 공혜왕후는 성종이 등극한 후 왕비 신분으로 승하해 난간석과
문·무인석 등 조형물이 완벽히 갖춰져 있다.

다. 성종은 후사 없이 떠난 공혜왕후를 잊고 미색이 출중한 윤씨에 빠져들어 세자를 낳으니 곧 연산군이다. 13세의 어린 나이로 임금이 된 성종은 점차 장성하면서 후궁들을 끼고 살았다. 자신 이외에도 열 명의 후궁을 더 두게 되자 계비 윤씨의 눈에서는 생불이 났다.

그러나 성종의 할머니인 정희왕후와 어머니 인수대비의 생각은 달랐다. 세조 이래 왕자가 귀하고 일찍 죽는 데 근심이 태산 같았던 것이다. 조정 대신들 문중의 규수를 골라 후궁으로 들였다. 대신들은 혼기가 찬 여식들을 두고 고심했지만 싫은 내색도 못하고 따를 수밖에 없었다. 곱게 키운 딸을 임금의 첩으로 보내는 게 안타까울 뿐더러 자칫하면 가문이 몰락하는 멸문지화의 길이기도 했기 때문이다.

계비 윤씨는 세조가 왕위에 늦게 올라 후궁(근빈 박씨)이 하나밖에 없는 연유로 시할머니가 자신의 마음을 헤아릴 줄 모르고, 시어머니는 남편(추존 덕종)이 일찍 죽어 첩 꼴을 당해보지 않아 남의 일로 생각한다고 여겼다. 남편 시앗 꼴은 못 보아도 아들 시앗은 눈감아준다고 했다.

왕실 대권을 쥔 두 과부와 질투심에 불타는 윤씨와의 반목은 곧 내명부의 지각 변동으로 비화됐다. 윤씨는 성종을 보기만 하면 볶아댔고 마침내는 손톱으로 얼굴을 긁어 깊은 상처를 내고 말았다.

이 사건으로 인해 계비 윤씨는 폐비가 되어 끝내는 사약을 받아 죽고 또 다른 숙의였던 정현왕후가 연산군을 키웠다. 성종은 연산군을 왕재로 보지 않았으나 승하 당시 장성한 왕자가 없어 어쩔 수 없이 왕위를 이어받게 한다. 이로 인한 무수한 인명살상과 학정의 피폐는 필설로 형언할 수가 없다.

역사의 아이러니라 할까. 권력을 한손에 잡고 쥐락펴락했던 천하의 한

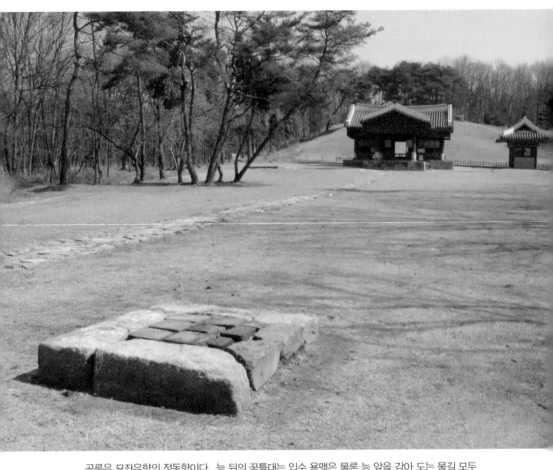

공릉은 묘좌유향의 정동향이다. 능 뒤의 꿈틀대는 입수 용맥은 물론 능 앞을 감아 도는 물길 모두
누가 봐도 길지 임에 틀림없다.

명회도 죽은 뒤 견딜 수 없는 능욕을 당하고 만다. 윤씨의 폐비 사건에 가담했다 하여 연산군에게 부관참시(관을 파내고 시체를 들어내 다시 토막내는 형벌)라는 극형에 처해진다. 중종 때 신원이 되기는 하지만 당시 후손들이 당했을 고통은 헤아릴 수 없는 것이다.

이 모두가 공혜왕후의 요절에서 비롯된 것이라면 역사는 애달파지고 만다. 나라에 큰일하려는 지도자나 인재들에겐 건강을 지켜야 한다는 측면에서 타산지석으로 삼아야 할 바다.

공혜왕후는 경기도 파주시 조리읍 삼릉로 89번지 순릉順陵에 안장돼 있다. 사적 205호로 12세 위 친언니이자 시숙모가 되는 장순왕후(예종 원비)의 공릉과 추존 진종 소황제(영조의 장남)의 영릉이 있어 공·순·영릉, 또는 파주삼릉으로도 불린다. 남편인 성종(선릉)과는 멀리 떨어져 외롭겠지만 오른쪽 언덕에 언니가 가까이 있어 위안이 될 것이란 생각은 산 자들의 정서일 것이다.

왕릉 풍수에 조예를 쌓으려면 당시의 시대상과 권력 배경에 관통해야 한다. 비록 장순왕후와 공혜왕후가 20세도 안된 어린 나이에 죽어 불쌍할 것 같지만 두 왕후의 친정아버지는 나는 새도 단박에 떨어뜨린다는 권세가 한명회였다. 당대 최고수 신풍神風들이 알아서 설설 기며, 천하제일의 명당 터를 골랐음은 명약관화한 일이다. 이래서 역사와 풍수는 동행하는 것이다.

사람은 죽어서도 신분이 있다. 공혜왕후는 성종이 등극한 후 왕비 신분으로 승하해 난간석과 문·무인석 등 조형물이 완벽히 갖춰져 있다. 묘좌유향의 정동향으로 능 뒤의 꿈틀대는 입수 용맥은 물론 능 앞을 감아 도는 물길 모두 누가 봐도 길지임에 틀림없다.

그러나 언니는 세자빈 신분으로 죽어 초라하기 그지없는 능으로 극명한 대조를 이룬다. 세자빈으로 죽은 딸의 무덤을 왕릉으로 꾸미는 월권은 당시 한명회로서도 어쩔 수 없는 것이었다.

이런 관점에서 볼 때 전대의 역사를 후대의 판단으로 교정하거나 새로운 정의를 내리는 것은 가당치도 않은 일이다. 이를테면 연산군과 달리 광해군의 폐위가 부당하다 하여 지금에 와 복위시킨들 역사적 정당성과 가치를 누가 인정하겠느냐는 것이다.

공혜왕후의 갑작스런 죽음은 왕실 내명부의 물갈이로 반전되면서 또다른 골육상쟁을 불러와 조선은 다시 한번 요동치게 된다. 지금까지 청주 한씨가 독점해오던 '한씨 왕비시대'가 끝나고 '파평 윤씨 왕비시대'로 교체되면서 조정은 또다시 걷잡을 수 없는 소용돌이에 빠져들고 만다. 폐비 윤씨(연산군 생모), 정현왕후(중종 생모), 장경왕후(인종 생모), 문정왕후(명종 생모)가 내명부를 휘저으며 조선 중기의 역사는 도탄에 빠지고 만다. 이들 모두가 파평 윤씨다.

성종 원비 공혜왕후의 순릉(사적 제205호)은 파주삼릉 중 하나이다. 순릉은 공혜왕후가 왕비의 신분으로 승하해 조형물이 완벽하게 갖춰진 단릉이다. 〈파주삼릉 171쪽〉

왕릉 참배 예절

『예기禮記』에 "현자제 필수기복賢者祭 必受其福"이란 구절이 있다. '어진 사람이 제사를 지내면 반드시 복을 받는다'는 뜻으로 조상의 제사를 잘 모시면 후손이 잘된다는 경책이 담긴 경구다. 『예기』는 중국 오경五經 중 하나로 예의 이론과 실제를 기록한 책이다.

고대로부터 선조들은 왕릉을 자주 참배하면 조상에 제사드리는 것보다 더 큰 복과 행운을 가져온다고 믿었다. 왕은 억조창생 중 오직 한 사람으로 선택된 인군人君이었고, 신보다 높은 격으로 떠받들어졌기 때문이다. 따라서 예기의 '어진 사람'은 왕릉 참배를 많이 한 사람을 은유적으로 지칭하고 있다. 문화재청에서 발간한 『조선왕릉 답사수첩』에도 '왕릉을 모두 참배하고 나면 좋은 일이 있다'고 암시하고 있다.

남한에 있는 조선 왕릉 40기가 유네스코 세계

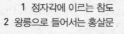

1 정자각에 이르는 참도
2 왕릉으로 들어서는 홍살문

문화유산으로 등재되면서 각 곳에 산재한 왕릉 출입도 까다로워졌다. 이제는 우리만의 역사유산이 아닌 세계인이 함께 보고 보존해야 할 보편적 문화가치가 공인됐기 때문이다. 유네스코에 등재된 각국의 문화유산이라도 보존상태가 허술하고 등재 당시의 원형이 훼손되면 언제든지 해촉될 수 있음을 유의해야 한다.

왕릉 참배에는 두 가지 방법이 있다. 먼저 매표소에 들러 안내 팸플릿을 교부받고 휴식과 산보의 시간을 즐기는 것이다. 능 앞에 세워져 있는 표지판의 안내문을 숙지하고 능에 얽힌 역사적 사실과 비화를 메모하는 습관도 중요하다. 이때 홍살문에서 정자각에 이르는 참도를 걸을 때는 반드시 지켜야 할 예의범절이 있다. 참도는 2단과 3단으로 나눠져 있는데 2단 참도는 왼쪽(신도)이 오른쪽보다 높다. 3단 참도는 중앙(신도)이 가장 높으며 왼쪽(임금)·오른쪽(세자) 순으로 높낮이에 차이가 있다.

신도는 산릉제향 시 대축관大祝官만이 지날 수 있는 통로로 누구도 밟아서는 안 되는 신성한 길이다. 이 참도를 따라가면 능제를 봉행하는 정자각과 만나게 된다. 정자각은 위에서 보면 정丁 자

1 능제를 봉행하는 정자각
2 황제의 능침에만 세우는 일자각
3 정자각의 동입서출 예법

모양이라 하여 정자각으로 불리는데 왕릉의 제사를 올리는 곳이다. 경기도 남양주시 홍릉(고종)과 유릉(순종)은 정자각이 아닌 일日자각 임을 지나쳐선 안 된다. 고종황제가 칭제건원하며 청나라의 속국이 아닌 독립국을 선포(광무 1년·1897)한 후 능제도 황제국의 예제에 따랐기 때문이다. 일자각은 황제의 능침 앞에만 세울 수 있는 제각이다. 특히 홍·유릉에는 영친왕 이은의 영원英園과 마지막 황세손 이구의 회인원懷仁園이 한 용맥 안에 자리하고 있어 조선왕실의 능·원·묘 제도 파악에 중요 단서를 제공해주고 있다. 정자각은 항상 오른쪽(동쪽) 계단을 통해 올라갔다가 왼쪽(서쪽) 계단으로 내려가는 게 바른 예법이다. 이른바 동입서출東入西出이다.

일반 참례객들은 정자각 체상祭床 앞에서 참배한다. 보통 재배를 하나 왕릉에는 국궁사배라 하여 네 번 절을 해 예의를 표한다. 허리를 반쯤 굽히는 반절과 목례도 무방하다. 참배를 마친 후 정자각 뒤를 돌아 비각 안 명문銘文을 살펴보며 고단했던 왕의 일생을 반추해본다. 이때 능과 정자각의 경계를 이루는 빨간 목책을 넘어서는 안 된다.

문화재청에서는 언론취재나 학술연구 목적 등 공익성을 띤 능침 개방 외에는 출입을 엄격히 통제하고 있다. 사전출입을 허가받아 전속 문화해설사와 동행해야 한다. 최근에는 왕릉풍수를 연구하는 여러 학회 모임의 능상 답사요구가 쇄도하고 있으나 철저히 금하고 있다. 각 왕릉 곳곳에는 CCTV가 설치돼 있어 산불 예방과 무단출입자 감시 등에 활용되고 있다.

왕릉에 대한 관심도와 호감이 증가되면서 성인들의 동호회 모임이나 학생들의 역사기행 발길도 잦아지고 있다. 왕릉 관리소 측에서는 특히 학생들의 출입 금지구역 무단 월경과 기물파괴, 낙서 등을 방지 계도하고 있다. 아울러 능역에서의 성인들 오락행위와 고성방가도 철저히 금지되어 있다.

세계문화유산 등재 이전 난개발로 들어선 왕릉 주변의 불법 건물과 난립한 식당들도 경관을 크게 해치고 있다. 왕릉이 자리한 대부분 지역은 복잡한 도심을 벗어난 명소들이어서 인파가 붐비는 관계로 당국과 업자 간 해결 방안을 찾기가 쉽지 않다. 효릉(제12대 인종)과 폐비 윤씨(연산군 생모)의 회묘가 있는 서삼릉은 일부 능역이 농협 소유여서 일반인의 참배가 극히 제한되고 있는 것도 안타까운 경우다.

이 같은 현안들은 유네스코 세계유산위원회가 이미 지적한 사항들이어서 당사자들 간의 대승적 해결을 기대할 수밖에 없다. 이제 조선왕릉은 인류 전체의 자연유산으로 국제사회의 감시와 보호를 받는다. 그 민족의 역사와 문화 속에 인류 공통의 지적知的 자산이 인증되는 것이므로 국가적 브랜드 가치가 훨씬 높아진 것이다. 5백 년이 넘은 왕조의 무덤이 한 기도 훼손되지 않고 모두 남아 있는 곳은 세계에서 우리나라가 유일하다.

고향의 할아버지 할머니 묘를 찾아 옷깃을 여미듯 왕릉을 답사할 때 갖춰야 할 예절은 따로 있다. 자랑스러운 우리 민족의 문화유산이라는 공통의 화두에 공감하는 것이다. 그 같은 자긍심은 조선왕릉에만 국한되어서는 안 된다. 경주에는 신라왕릉이 있고 부여 공주에는 백제왕릉이 있다. 머지않은 장래 북한 지역의 고구려왕릉을 답사하면서도 왕릉을 찾는 예절은 다를 수가 없다. 아울러 중국 동북 3성의 광개토대왕릉이나 발해왕릉에 대한 참배 예절을 갖춰야 함에도 늘 같은 마음이다.

왕조, 산을 넘다
연산군~광해군

연산군은 광기 넘치는 패륜아였다. 인두겁을 쓰고 인간이 자행할
수 있는 온갖 광란과 포악한 짓을 일삼다가 왕위에서 쫓겨나 31세로
죽었다. 사람이 사람에게 저지를 수 있는 만행의 끝을 보이고 비참한
최후를 맞았다. 능에서 만난 임금이 아닌, 묘에서 만난 폐주다.

폐
주

연산군 묘

역사에 부끄러운
광기 넘치는 폐주를 만나다

　　개과천선의 기미가 추호도 없고, 동정의 여지가 전무한 자를 일러 인간 망종亡種이라고 한다. 연산군燕山君(1476~1506)은 광기 넘치는 패륜아였다. 인두겁을 쓰고 인간이 자행할 수 있는 온갖 광란과 포악한 짓을 일삼다가 왕위에서 쫓겨나 31세로 죽었다. 사람이 사람에게 저지를 수 있는 만행의 끝을 보이고 비참한 최후를 맞았던 것이다. 사학계 일부에선 그를 조선 제10대 임금으로 기억해야 하는 역사가 부끄럽다고까지 말한다.

　　'능에서 만난 임금'이 아니라 '묘에서 만난 폐주廢主'다. 500여 년의 시공을 초월한 무례일 수도 있겠으나 그의 재위 11년 9개월이 너무나도 안타까워서이다. 서울 도봉구 방학동 산77번지에 있는 연산군 묘에서 그를 만나 묻고 싶었다.

　　"임금이시여, 보령이 스물이면 천하대세를 직관할 때도 되었으련만 후일의 역사가 두렵지도 않으셨나이까."

될성부른 나무는 떡잎부터 알아본다고 했는데 연산군은 어려서부터 왕재王材가 아니었다. 8세 때 세자로 책봉됐지만 공부보다 놀기만 좋아하며 게을렀다. 성종은 저런 세자에게 어찌 나라를 맡길 것인지 늘 근심이었다. 당대 최고학자 허침과 조지서에게 왕자의 수업을 시강토록 맡겼다.

두 스승의 시강법은 서로 달랐다. 허침은 막무가내의 연산군을 달래가며 융통성 있게 훈교했다. 강직한 조지서는 사제지간의 도리를 내세운 뒤 세자의 태만과 그릇됨을 부왕에게 아뢰겠다며 엄하게 훈도했다. 연산군은 이런 조지서를 극도로 기피하고 나중에 가만두지 않겠다며 별렀다. 우려는 현실이 되어 버렸다.

성종이 재위 25년 12월 24일, 38세로 승하하자 19세의 연산군이 보위에 올랐다. 성년이 되는 20세가 며칠 남지 않아 인수대비의 수렴청정 없이 곧바로 왕권을 행사했다. 왕이 된 연산군은 허침을 영의정으로 앉히고 조지서는 목을 베어 죽여 버렸다. 스승을 죽인 패륜무도를 접한 대신들과 백성들은 경악했다. 그러나 이것은 사부살생으로 시작된 폭정의 불길한 조짐에 불과했다.

연산군은 4세 때 생모 폐비 윤씨가 사약을 받아 죽은 줄도 모르고 계비 정현왕후(중종 생모)를 친어머니로 알고 자랐다. 성종도 연산군의 못된 성품을 잘 아는 터라 조정과 내명부의 입단속을 철저히 했다. 자신이 죽은 후 100년까지 이 사실을 논의조차 못하도록 왕명으로 유언했다. 예나 지금이나 비밀을 간직하려는 자가 어리석다.

연산군은 왕이 된 이듬해 성종의 능지陵誌를 보고 비로소 출생의 내막과 폐비 윤씨의 비참한 최후를 처음 알게 되었다. 왕손의 번성이 곧 종묘사직의 번창이었던 것이 왕실의 법도였다. 마땅히 왕비는 군왕의 바람기를 탓하지 않으며 인내해야 하는 것이었다. 하지만 윤씨는 성종이 여러 후궁을 두고 자신을 멀리하는 것을 참지 못했다.

생모의 분사憤死를 뒤늦게 안 연산군은 우선 귀양 가 위리안치圍籬安置된 외할머니 신씨와 외삼촌 셋을 풀어주고 윤씨 사당과 신주를 봉안해 성종 묘정廟庭에 배향토록 했다. 자신의 어머니의 잘못은 생각하지 않고 극악무도한 살인마로 돌변했다. 사람을 죽여도 그냥 죽이질 않았다. 필설로 옮기기조차 끔찍한 포락炮烙(단근질하기), 착흉斲胸(가슴 빠개기), 촌참寸斬(토막토막 자르기), 쇄골표풍碎骨飄風(뼈를 갈아 바람에 날리기) 등이 그의 사형수단이었다. 모두가 『연산군일기』 첫머리 사평史評에 있는 기록들이다.

연산군은 재위하는 동안 두 번의 사화를 일으켜 아까운 인재들과 죄 없는 사람들을 닥치는 대로 죽였다. 여기에는 조정 권력을 장악하기 위한 훈구파(보수)와 사림파(진보)의 목숨 건 대결도 한몫했다. 학문을 싫어했던 연산군은 글 잘하는 선비들에게 모욕감을 느꼈고 왕 노릇 하기가 부자유스럽다고 생각했다. 이 틈새를 파고들어 재위 4년 만에 일어난 선비들의 무자비한 죽임이 무오사화다.

『성종실록』 편찬 작업을 함께하던 이극돈(훈구파)과 김일손(사림파)은 오래전부터 돌이킬 수 없는 원수지간이었다. 김일손의 스승 김종직이 쓴 조의제문弔義帝文의 실록 삽입 여부를 두고 둘은 사생결단을 벌였다. 세조의 왕위 찬탈을 비난한 조의제문은 훈구파 태두인 유자광을 통해 연산군의 귀에 들어갔다. 유자광은 세조가 총애한 인물로 교활한 지혜와 책략이 출중했다. 연산군은 격노했다. 즉시 김종직을 부관참시하고 사림파 선비들을 난역부도亂逆不道한 죄로 얽어 끔찍한 국문을 자행했다. 이로 인해 능지처참과 참

연산군 묘(맨 뒤)와 함께 있는 다섯 기의 묘. 태종의 후궁인 의정궁주 조씨(가운데)와 연산군의 딸과 사위 구문경(맨 아래)의 묘이다.

연산군은 왕이 된 이듬해 성종의 능지를 보고 자신의 출생 내막과 폐비 윤씨의 비참한 최후를 알게 되었다. 어머니의 잘못은 생각하지 않고 극악무도한 살인마로 돌변했다. 조정은 연산군 마음대로였고 어명 한마디면 안 되는 게 없었다.

형을 당하고 유배, 파직, 곤장, 좌천된 사람의 수는 헤아릴 수 없었다. 김일손은 죽고 이극돈도 좌천당했다. 무오년에 일어난 이 옥사는 사초史草가 원인이어서 사화士禍와 구분지어 무오사화史禍라고도 부른다.

왕들의 행적과 치적을 날짜별로 기록한 것을 실록이라 하는데 연산군은 폐위되어 『연산군 일기』라고 부른다. 후일 단종과 신덕왕후 강씨(태조 계비)까지도 복위되는데 연산군과 광해군만은 유일하게 폐주로 남는다. 『연산군 일기』에조차 조정에는 살아남은 자가 별로 없어 텅텅 비었다고 기록하고 있다. 그는 자질이 총명하지 못해 문리文理 능력과 사무 능력조차 없는 위인이라고 첨언되어 있다.

이후부터 조정은 연산군 마음대로였고 어명 한마디면 안되는 게 없었다. 조선 강역의 서원에는 글 읽는 소리가 멈췄고 선비들은 난세를 피해 숨어들었다. 이제부터 남은 일은 주색잡기와 사치 방종이었다.

성균관을 유흥장으로 만들고 공자 등의 위패를 장악원으로 옮겨 오랫동안 제사도 폐지했다. 간신 임사홍과 그의 아들 임순재를 채홍사採紅使와 채홍준사採紅駿使로 삼아 전국의 처녀들과 좋은 말들을 징발했다. 각 도에 운평運平이란 기생 양성소를 두고 용모와 재예가 뛰어난 기생들을 서울로 불러들였다. 세조가 참회지심으로 창건한 원각사를 폐사시켜 연방원으로 개조하고는 이들을 상주시켰다. 국비로 먹이고 입히며 분탕질을 치니 조정 살림은 금세 바닥이 났다.

연산군은 새로운 명칭과 이름도 잘 지었다. 이들 기생들을 흥청興淸, 계평繼平, 속홍續紅으로 나눠 직급을 정한 뒤 왕과 동침한 기생은 천과흥청天科興淸, 왕을 가까이 모신 기생에겐 지과흥청地科興淸, 흥청의 보증인에겐 호화첨춘護花添春이란 직위를 부여했다. 돈을 절제 없이 흥에 겨워 함부로 쓰는 것을 '흥청망청'이라 하는데 여기서 유래된 말이다. 기생 흥청이 나라를 망하게 했던 것이다.

미색이 반반하면 여염집 규수를 가릴 것 없이 억지로 끌어들여 정절을 짓밟았고, 당숙 제안대군(예종 아들)의 여종 장녹수와 놀아나며 국고를 탕진해 나라살림을 위태롭게 했다. 연산군은 이것으로도 충족이 안돼 얼굴 반반한 여염집 규수를 뽑아다 무차별 겁탈하고 친족들과 상간도 서슴지 않았다. 큰어머니 되는 박씨를 궁으로 불러들여 겁간한 것이다. 박씨는 수치심을 견디지 못해 자결하고 말았다. 월산대군의 부인이었던 박씨는 34세의 나이에 청상과부가 된 박원종의 누이였다. 이것을 빌미 삼아 후일 박원종은 연산군을 몰아내고 중종 반정에 큰 공을 세운다.

또한 사냥놀이를 위해 양주, 파주, 고양 등의 1백 리 거리 민가를 철거하고 금표비를 세운 뒤 허가 없이 통행하는 자는 중형으로 다스렸다.

할머니 인수대비는 땅이 꺼지도록 걱정하며 한숨으로 지샜다.

'태조대왕 창업으로 이뤄 놓은 열성조에 어디서 저런 망나니가 나왔단 말인가.'

친자식처럼 키운 정현왕후도 어쩔 도리가 없었다. 13세 때 연산군과 가례를 올려 왕비가 된 거창 신씨는 남편의 황음무도를 참견하다가 견디지 못할 굴욕과 망신만 당했다.

조정에는 간신들만 득실거리고 감히 왕의 학정을 들고 나서는 자가 아무도 없었다. 급기야 백성들이 연산군의 포학을 꾸짖고 비정을 공박하는 글을 언문(한글)으로 써 거리마다 방을 붙였다. 왕은 즉시 전국에 언문 교습을 중단시키고 언문 서적을 찾아내 불태워 버렸다. 이 당시의 분서焚書 만

서삼릉에 자리하고 있는 연산군의 생모 폐비 윤씨가 묻힌 회묘. 일반인의 접근이 불가능하다.

회묘에 가면 두 번 놀란다. 조선 역대 어느 왕릉 못지않은
규모임에도 '왕릉'이 아니라 '묘'라는 사실과 이런 '능' 앞에
정자각은커녕 사가 묘에서도 흔히 볼 수 있는 비석조차 없다.
이 모두가 자식을 잘못 둔 탓이다. 폐비 윤씨와 연산군은
그 어머니에 그 아들이었다.

행이 가져온 한글 발전의 공백은 오늘날까지도 통한으로 남는다.

연산군의 패도만행은 무오사화가 있은 지 6년 후 갑자사화(1504)로 이어진다. 이번에는 간신 임사홍이 연산군의 처남 신수근과 짜고 정적 제거를 위해 왕에게 고자질했다. 중종반정 2년을 앞둔 4월의 일이었다.

"전하, 생모이신 폐비께옵서는 엄숙의와 정숙의 두 사람이 참소하여 원통하게 죽게 된 것이옵니다."

연산군은 바로 두 숙의를 불러다 궁궐 안에 꿇어앉혀 박살내 각脚을 뜬후 젓을 담가 흔적마저 없애 버렸다. 이복동생인 정숙의의 두 아들 안양군과 봉안군도 귀양 보낸 뒤 사약을 내려 죽였다. 할머니 인수대비가 "어찌부왕의 후궁을 그리 참혹하게 죽이느냐"고 패륜을 꾸짖자 갑자기 머리로들이받아 며칠 후 세상을 떠나게 했다. 이때 죽은 조정 대신들과 연루된 삼족三族들은 무오사화에 비할 바가 아니었다.

격분한 월산대군 부인 박씨의 동생 박원종이 성희안, 유순정, 홍경주 등과 모의해 폭정을 종식시킨 게 중종반정이다. 신하들이 들고 일어나 왕권을 뒤엎은 조선조 최초의 쿠데타 사건이다. 잘못된 권력이 바로 잡히려면 무고한 희생이 수반되는 게 역사다. 이 반정으로 희생된 인명들을 논하자면 역사는 또다시 비참해지고 만다.

1506년 9월 중종반정이 일어난 다음날, 연산군은 이복동생이자 19세의 새 임금인 진성대군 앞에 무릎 꿇고 아뢰었다.

"나에게 큰 죄가 있는데 특별히 임금의 은혜로 죽지 않게 되었습니다."

폐주는 죄인이 입는 붉은 옷에 갓을 쓰고 허리띠도 두르지 않은 채 창경궁의 쪽문인 선인문으로 쫓겨났다. 죄수복에 찢어진 갓을 쓰고 앉아있는 연산군의 가마가 김포 들녘을 지나자 길가에 줄지어 구경하던 촌로들과 학동들이 큰소리로 외쳤다.

"어이, 그 가마에서 내려!"

어제까지 용상에 앉아 주지육림酒池肉林에 절어 있던 임금이었다.

연산군은 강화 서북쪽에 있는 섬 교동도로 쫓겨가 위리안치 되었다. 사방을 가시울타리로 둘러치고 외부 출입과 사람의 접촉을 엄금하는 게 위리안치다. 무소불위의 권력을 휘두르던 어제까지의 임금에게 얼마나 견딜 수 없는 일상이었겠는가.

음식과 예우는 차치하고라도 주변의 부릅뜬 눈과 손가락질로 연산군은 무너져 갔다. 가슴속에서는 용암보다 더 뜨거운 불덩이가 치솟았고 눈만 감으면 끔찍한 괴물들이 쫓아다녔다. 결국 연산군은 석 달 만에 죽었다.

조정에서는 혹이 떨어져 나간 격이었다. 유배지 주위에 시신을 묻고 잔정이라도 들까봐 잡인의 출입마저 금지시켰다. 세월이 흘러 7년 후, 사가에서 모진 목숨 연명하던 폐비 신씨가 이복 시동생이자 친정 조카 사위되는 새 임금 중종에게 눈물로 간언했다.

"자식도 다 죽고 연고조차 없어졌으니 유골이라도 가까이 있게 해주십시오."

이런 연유로 연산군은 처외가 땅으로 이장하게 되었다. 매년 4월 2일 연산군 숭모회에서 제향을 올린다.

때로는 한 사람의 행보가 역사의 지평을 돌려놓는 경우가 종종 있다. 이후 거창 신씨 문중은 임사홍과 함께 멸문지화를 당했고 명문거족의 꿈을 접어야 했다. 모두가 사위 하나 잘못 얻은 업보의 산물이었다.

이런 연산군도 어머니를 추모하는 모정은 눈물겨웠다. 문장에 능한 연산군이 일기에 전하는 시만 해도 130여 수나 된다. 한번은 어머니 묘에 다녀와 이런 시를 지었다.

어제 효사묘에 나아가 어머님을 뵙고
술잔 올리며 눈물로 자리를 흠뻑 적셨네
간절한 정회는 그 끝이 없건만
영령도 응당 이 정성을 돌보시리.

연산군은 성종이 내린 '회묘'란 묘명을 회릉懷陵으로 격상시키고 유좌 묘향의 정동향인 회룡고조혈에 천장했다. 그때 조성해 놓은 석물들이 오늘날까지 전하고 있는 것이다. 그러나 덧없는 한때의 영화는 순간의 포말泡沫로 스러지는 법이다. 연산군이 폐위되면서 능은 다시 묘로 격하되었다.

인구에 회자되는 저명인사나 유명인을 만나게 될 때는 흥금의 설렘과 기대가 있기 마련이다. 세상을 떠난 역사적 인물들을 만나러 능이나 묘에 갈 때도 미묘한 심사와 감회가 엇갈리긴 마찬가지다. 때로는 망자와의 상봉을 기피하고 싶을 때가 있다. 특히 막행막식莫行莫食하며 제멋대로 인명을 살상한 인간 백정 앞에 서면 섬뜩해지기까지 한다.

연산군은 하도 악명 높은 임금이어서 사지死地 구덩이에 매장했을 줄 알았는데 예상이 빗나갔다. 14,301m²(4,326평)의 봉긋한 혈장穴場에 3대를 적선해야 들어갈 수 있다는 자子입수 곤坤득수 묘卯파수에 자좌오향의 정남향이다. 다만 묘혈을 휘감은 좌청룡과 우백호의 국세局勢가 멀어 후손늘이 고독을 면키는 어렵겠으나 이만한 자리도 과분하다 싶다.

연산군 묘의 내력을 추적하다 보면 뜻밖에도 왕실 혼인과 권력과의 연결고리가 극명하게 드러난다. 이곳에는 의정궁주 조씨와 연산군의 딸과 사위 구문경의 묘까지 다섯 기가 있다. 조씨는 세종 4년(1422)에 뒤늦게 태종의 후궁으로 간택되었다. 그해 태종이 훙서하자 빈으로 책봉되지 못하고 궁주 작호를 받은 뒤 쓸쓸하게 죽었다. 효자였던 세종대왕은 이 지역을 넷째 왕자 임영대군의 사패지로 내리고 조씨를 봉사奉祀토록 했다.

임영대군은 딸을 영의정 신승선에게 시집보냈다. 신승선의 딸이 바로 연산군의 부인이다. 따라서 폐비 거창 신씨는 임영대군의 외손녀가 된다. 신승선은 또 아들 신수근(좌의정)의 딸을 진성대군에게 시집보냈다. 후일 중종으로 등극하는 진성대군은 이복형인 연산군을 처고모부로 불렀다.

다시 서삼릉을 찾았다. 희릉(중종 제1계비 장경왕후), 효릉(제12대 인종), 예릉(제25대 철종)의 세 능이 궁궐의 서쪽에 있다 하여 서삼릉이라 일컫는다. 이곳에 연산군의 생모 폐비 윤씨가 묻힌 회묘가 있다. 지금은 농협 산하 젖소 개량사업소가 점유하고 있어 학술연구나 언론취재 목적이 아니고서는 일반인의 접근이 불가능한 비공개 지역이다.

회묘에 가면 두 번 놀란다. 조선 역대 어느 왕릉 못지않은 규모임에도 '왕릉'이 아니라 '묘'라는 사실과 이런 '능' 앞에 정자각은커녕 사가 묘에서도 흔히 볼 수 있는 비석조차 없다는 것 때문이다. 근무자의 안내 없이는 '희한한 능' 쯤으로 지나치기 십상이다. 이 모두가 자식을 잘못 둔 탓이다. 폐비 윤씨와 연산군은 그 어머니에 그 아들이었다.

각종 역사서를 통해 만나는 연산군의 광기는 후세인들에게 본이 될 바가 없다. 그러나 그의 비참한 말로와 역사를 통한 난도질을 목격하며 반면교사反面教師로 삼아야 할 바가 적지 않다.

연산군 묘 는 유배지인 교동에 있다가 거창군부인 폐비 신씨의 간곡한 요청으로 지금의 위치로 천장되었다. 서편에 연산군, 동편에 부인의 묘가 쌍분으로 되어 있다. 무덤 주변에는 연산군의 딸과 사위의 무덤도 있으며, 태종의 후궁 의정궁주 조씨의 묘도 있다. 연산군은 복위되지 못해 능이 아닌 묘로 불린다.

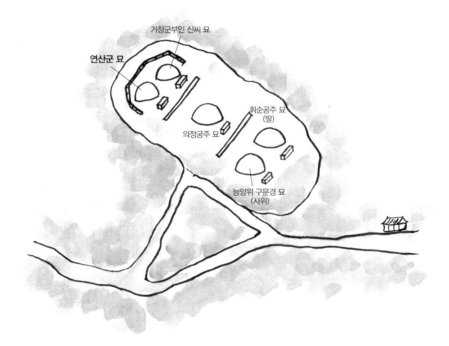

연산군 묘(사적 제362호)는 서울특별시 도봉구 방학동 산77번지에 위치해 있다.
대중교통을 이용할 때는 1·4호선 창동역에서 1144번, 1161번 버스로 환승하거나,
4호선 쌍문역에서 130번 버스로 환승해 정의공주 묘에서 하차한다.
사가용을 이용할 때는 노봉노서관에서 방학로 방항으로 가면 언산군 묘가 나온다.
문의: (02) 3494-0370

중종대왕

정릉

연산군의 폭정을 참다못해 일어난 반정으로 원치 않던
왕위에 오른 임금이 중종이다. 남의 덕에 왕이 되다 보니
임금 자리에 있는 동안 신세를 갚느라 힘겹기만 했고,
척신들의 등쌀에 마음 편한 날이 없었다. 더하여 고약한
마누라를 얻어 죽어서도 편한 자리에 묻히지 못하니…….

원치 않는 자리에 올라
죽어서도 편히 잠들지 못해

능 이름을 놓고 설전을 벌인 적이 있다.

경기도 화성에 있는 정조의 능을 융건릉이라고 우겨대는 것이다. "그럼 그곳에 함께 있는 정조의 생부 사도세자의 능은 무엇이냐"고 물으니 그제야 꼬리를 내렸다. 사도세자(추존 장조)의 능은 융릉隆陵이고 정조의 능은 건릉健陵이어서 두 능을 합쳐 융·건릉이라고 부른다. 조선왕조의 42기 능 가운데 이름이 석 자인 것은 태조의 건원릉健元陵뿐이다.

능 이름이 같은 경우도 많다. 제4대 세종의 영릉英陵과 제17대 효종의 영릉寧陵, 사후에 추존된 진종의 영릉永陵이 그렇다. 이름은 동일하나 한자가 다르다. 제6대 단종의 장릉莊陵과 추존된 원종의 장릉章陵, 제16대 인조의 장릉長陵도 있다.

서울 강남구 삼성동에 있는 선릉도 원래는 선·정릉이다. 제9대 성종의 선릉宣陵과 제11대 중종의 정릉靖陵이 함께 있는 부자 왕릉이다. 서울 성북구에 있는 정릉貞陵은 태조 계비 신덕왕후의 능이다.

중종中宗(1488~1544)이 예장된 정릉에 가면 안됐다는 생각부터 든다. 3명의 왕비와 7명의 후궁에 9남 11녀를 두었건만 어이해서 단릉單陵으로 쓸쓸히 혼자 있는지 혼란스럽다. 조선왕릉 중 태조 건원릉과 단종의 장릉도 단릉이긴 하지만 정릉과는 그 사연이 다르다. 중종은 장가를 잘못 가 죽어서도 외로운 신세가 된 것이다.

중종의 원비 거창 신씨는 연산군 폭정의 수괴 신수근의 딸이라 하여 반정 세력이 폐비시켜 생이별하게 만들었다. 이가 바로 온릉의 난경왕후다. 제1계비 파평 윤씨는 제12대 인종을 낳고 산후병을 못 이겨 일주일 만에 승하하니 희릉의 장경왕후다. 제2계비인 태릉의 문정왕후 역시 파평 윤씨로 제13대 명종의 생모가 된다. 문정왕후는 고약한 마누라였다.

1544년, 19세로 등극한 중종이 보령 57세로 재위 38년 2개월 만에 승하했다. 처음 중종은 서삼릉에 있는 장경왕후 옆에 묻혀 희릉이라 했는데 계비 문정왕후가 이 꼴을 못 본 것이다. 결국 명종 17년(1562) 시아버지(성종)와 시어머니(정현왕후)가 있는 선릉 왼쪽에 억지로 이장했다. 문정왕후 자신도 이곳에 묻히려 했지만 흉지임을 알고 마음을 접었다. 결국 중종과 이들 세 왕비의 능 모두 단릉이 되었다.

차라리 임금 노릇 하지 말고 죽어 편한 자리나 묻히지 하는 안타까움 또한 앞선다. 정릉은 한줄기 소나기만 지나가도 정자각 앞이 질퍽거리는 물 논이나 다름없다. 장마로 물이 불어났을 때는 홍살문 근처에 배까지 띄워 보기에도 민망했다는 기록이 실록에 있다. 조선왕릉 가운데 능강陵岡(능침 앞의 두툼한 인공 언덕) 아래까지 물이 차는 흉지 중의 흉지는 정릉밖에 없다.

정릉은 해亥입수 정丁득수 유酉파수에 건좌손향의 동남향인데 사룡맥死龍脈으로 침수를 피할 수 없는 물형이다. 좌향을 제대로 잡으면 냇가 바로

물을 머금은 정릉의 둘레석. 조선왕릉 가운데 능강 아래까지 물이 차는 흉지 중의 흉지는 정릉밖에 없다.

정릉은 한줄기 소나기만 지나가도 정자각 앞이 질퍽거리는 물 논이나 다름없다. 장마로 물이
불어났을 때는 홍살문 근처에 배까지 띄워 보기에도 민망했다.

옆을 파도 물이 나지 않고, 재혈裁穴을 잘못하면 산 중턱을 건드려도 물이 나는 게 풍수의 법도다. 이 또한 고약한 마누라를 만난 탓이다.

중종은 등극 과정도 극적이지만 재위 기간 중에도 편할 날이 없었다. 연산군의 패악질이 절정에 달했던 1509년 9월 2일, 서울의 밤은 급박하게 돌아갔다. 반정 주도세력 박원종, 성희안, 유순정, 홍경주 등은 두 패로 나뉘어 정현왕후를 급히 찾았다. 성종 계비로 진성대군의 생모인 정현왕후 앞에 엎드려 연산군을 폐하고 진성대군을 새 임금으로 추대하겠다고 아뢰었다.

순간, 정현왕후는 가슴이 덜컹 내려앉았다.

"아니 될 말이오. 우리 아이가 그 자리를 어찌 감당한단 말입니까."

정현왕후가 극구 사양했지만 반정세력도 물러서지 않았다.

"군신들이 협책하여 대계가 이미 정해졌으니 고칠 수 없사옵니다. 어서 윤허하여 주시옵소서."

같은 시각 진성대군의 사저에서는 또 다른 반정세력들이 영문도 모르는 진성대군을 연輦(임금이 타는 가마)에 태우며 입궐하기를 재촉했다. 진성대군은 이복형인 연산군이 눈치라도 챘다면 참혹한 죽음을 당하는 건 불을 보듯 뻔한 일이어서 겁부터 덜컥 났다.

"이게 무엇들 하는 짓이오! 나는 임금도 싫고 이대로 사는 것이 좋소."

이때 진성대군은 연산군 처남으로 좌의정 신수근의 딸인 거창 신씨와 가례를 올리고 대궐 밖에 나가 평범한 왕손으로 숨죽여 살고 있었다.

절체절명 위기의 순간에 시대적 인물이 내리는 판단은 가문의 영고성쇠와 유장한 국운과도 직결될 때가 있다. 반정에 앞서 박원종이 신수근을 찾아가 단도직입적으로 물었다.

"좌상대감은 누이와 딸 중 누가 더 중요하다고 생각하십니까."

얼른 낌새를 알아 챈 신수근이 버럭 화를 내며 대답했다.

"비록 임금이 포악하긴 하지만 세자가 총명하니 염려할 바가 못 되오."

그의 이 한마디는 번성하던 거창 신씨 문중을 몰락의 길로 전락시켰다. 반정은 성공했다. 자신과 동생(신수영)은 반정 세력에게 참살당하고 누이는 폐비되어 기구한 목숨을 이어갔다. 딸 역시 왕비로 책봉된 지 일주일 만에 폐비되어 한 많은 칠십 평생을 망연자실 살아가게 된다.

반정으로 왕위에 오른 중종은 성종의 둘째 왕자로 어휘가 역(懌)이다. 남의 덕에 왕이 되다 보니 임금 자리에 있는 동안 신세를 갚느라 힘겹기만 했고, 원치도 않는 척신들의 등쌀에 마음 편한 날이 없었다.

중종은 등극한 뒤 연산군의 폐정을 바로 잡고 부왕인 성종조의 태평성대를 이어가려고 진력했다. 그러나 조정은 반정공신인 훈구파 세력들의 성토장이어서 임금은 항상 밀리기만 했다. 위기를 느낀 중종이 훈구파의 견제세력으로 들이민 게 신진 사림파의 조광조였다.

왕의 절대적 신임을 배경으로 등장한 사림파는 급진적이고 과격한 정책으로 사사건건 훈구파들과 부딪쳤다. 사림파는 '욕심 많은 소인배들'이라며 훈구파를 무시했고, 훈구파는 사림파를 '철없는 야생 귀족들'로 업신여기며 으르렁댔다.

지나친 과욕은 언제나 화를 부르게 되어 있다. 사림파들이 주장한 반정공신들의 위훈(僞勳) 삭제 상소는 훈구파들을 격노하게 만들었다. 하루 종일 쉴 틈 없는 조광조의 강론으로 중종도 이들 사림파가 싫어졌다. 이 틈새를 이용해 훈구파가 사림파를 제거한 게 기묘사화다. 훈구파들은 궁궐 안 정원의 나뭇잎에 '주초위왕走肖爲王'이라 쓰고 글자에만 감즙을 발랐다. 며칠 후 감즙을 바른 부위만 벌레가 갉아 먹자 희빈 홍씨(홍경주의 딸)를 시켜 임금께 전했다. '조씨가 왕이 된다'는 뜻으로 중종은 모함인 줄 알면서도 이들에게 사약을 내렸다.

이런 와중에도 중종은 비변사를 설치해 북방야인과 왜구들을 토벌하고 민생안정을 도모했다. 이로 인한 국방체제 정비와 군비 절감 등은 후대 왕들에게도 본이 되었다. 향약鄕約을 통한 지방자치와 주자도감 설치도 큰 치적으로 남아 있다.

임진왜란 때 선릉과 정릉이 왜군에 의해 훼철되며 두 왕릉이 능멸당한 굴욕은 앞선 선릉편에서 기술한 바와 같다. 특히 중종대왕 유골은 노상에 드러나 있어 왕실과 조정을 절망케했다. 중종 재위시 벼슬했던 생존자들이 나서 진위 여부를 판별하려 했으나 육안으로는 식별 불가능한 중대사여서 거둬들였다. 국방을 소홀히 해 왜군에게 당한 왕릉 잔혹사이다.

중종대왕의 정릉(사적 제199호)은 선릉과 함께 있다. 정릉은 단릉으로 소성뇌었으나 물 논이나 다름없는 흉지이다. 〈선정릉 183쪽〉

단경왕후 거창 신씨는 책봉 7일 만에 최단명 왕비가 되었다. 폐출되어
쫓겨나면서 진성대군과 사저 시절 즐겨 입던 다홍치마를 입고 나왔다.
그 후 경복궁에서 내다보이는 인왕산 큰 바위에 자신의 다홍치마를
걸어 놓았다. 임금과 폐비는 치마바위를 함께 보며 하염없이 눈물지었다.

중종 원비 단경왕후

온릉

생이별 최단명 왕비되어
잊혀진 여인으로 한평생 보내니

어쩌다 할머니 산소에 가면 노을 지는 먼 하늘을 바라보며 먹먹해질 때가 있다. 떼쓰며 우는 손주를 따뜻한 등에 업어주던 할머니를 떠올리면 봉분의 풀 한 포기라도 더 뽑게 된다. 이 모두가 할머니와 함께한 사연이 각별해서다. 그러나 이름 모를 무덤 앞을 지나면서는 무덤덤할 뿐이다.

이처럼 피할 수 없는 인정의 굴곡은 묘지마다의 사연이 남달라서이다. 죽은 자는 말이 없지만 그가 묻힌 무덤가에는 구구절절 곡절이 무명 실타래처럼 두툼하기만 하다.

경기도 양주시 장흥면 일영리 산19번지 온릉溫陵의 구석구석에는 한 여인의 한이 알알이 박혀 있다. 온릉은 제11대 중종대왕의 원비 거창 신씨 단경왕후端敬王后(1487~1557)가 영면해 있는 외롭기 그지없는 단릉이다. 사적 제210호로 지정된 이곳에 오면 원망부터 앞선다. 도대체 권력의 속성이 무엇이고 개인의 일신영달이 무엇이기에 한 여인의 일생을 이리도 참담하게 비틀어 놓을 수 있는가 하고 말이다. 그러나 역사는 이 여인의 한을 기억의 저편에 밀쳐 두고 있다.

사람이 남의 덕을 지나치게 입게 되면 평생 동안 신세를 갚느라 헤어나질 못하게 된다. 오죽했으면 빚쟁이는 생일날 고깃국도 못 끓여 먹는다고 했을까. 혹시 돈을 꾸어준 사람한테 들키기라도 하면 빚도 못 갚는 주제에 생일까지 챙기느냐는 소리라도 듣지 않을까 하는 자격지심 때문이었을 것이다. 중종이 그러했다.

중종은 왕위에 오르기 전 한 살 위인 거창 신씨와 가례를 올린 뒤 궁궐 밖의 사저에 나가 행복하게 살고 있었다. 12세의 신랑과 13세의 각시였지만 남달리 금슬이 좋아 조정은 물론 백성들로부터도 칭송이 자자했다. 어머니가 왕실의 큰 어른인 정현왕후(성종 계비)였고, 12세 위의 연산군은 이복형이면서 처고모부여서 임금 자리만 노리지 않는다면 남부러울 것 없는 삶이었다.

단경왕후의 친정 역시 당대 최고의 권문세가였다. 아버지(신수근)가 좌의정이었고 고모부가 임금(연산군)이요, 고모가 중전(폐비 신씨)이었다. 우의정이었던 할아버지(신승선)는 임영대군(세종의 넷째 왕자)의 사위여서 날 적부터 종친의 혈통이었다. 희성稀姓에 속했던 신씨 문중이 일찍부터 조정에 진출할 수 있었던 것은 이 같은 왕실과의 인연도 한몫했다.

그러나 세월은 수상殊常했고 위태로웠다. 진성대군과 신씨 부부 역시 연산군의 황음무도와 온갖 패악으로 숨죽이며 살아야 했다. 폭군의 비위에 거슬리기라도 하면 살아남는 자가 없을 때다. 권불십년權不十年에 순천자順天者는 흥하고 역천자逆天者는 망한다고 했다. 백성은 달도 차면 기울고 물이 끓으면 넘친다는 천리법도를 믿고 기다렸다.

1506년 9월 2일, 마침내 학정의 마지막 날이 왔다. 박원종, 성희안, 유순정 등의 반정세력이 요동치는 민심을 등에 업고 연산군을 용상에서 쫓아낸 것이다. 조선왕조 창업 이래 115년 만의 지각변동으로 신하가 임금을 폐위시킨 최초의 반정 사건이었다.

난세에 영웅이 나고 전시에 돈을 번다고 했다. 뜻밖에도 왕위는 진성대군에게 돌아갔다. 꿈에서도 생각 않던 주상 자리였다. "임금도 싫고 이대로 살다가 죽겠다"는 진성대군을 억지로 입궐시켜 이튿날 등극시켰다. 어찌나 다급했던지 곤룡포에 면류관을 써야 하는데, 익선관을 쓰고 용상에 앉았다.

연산군이 돌연 폐위되며 궐위闕位된 건 임금 자리뿐만 아니었다. 중전 신씨도 폐비되어 국모 자리도 비게 된 것이다. 반정세력들이 엉겁결에 진성대군의 부인인 부부인府夫人(정일품의 대군부인) 신씨를 중전으로 책봉하니 단경왕후다.

사람이 좋은 자리를 오래 유지하려면 주변이 깨끗하고 떳떳해야 한다. 단경왕후는 중전으로 책봉되는 날부터 가슴에 피멍이 들었다. 이미 친정 아버지와 숙부(신수영)는 반정세력에 등을 돌렸다 하여 참살당했고 조정 안에 신씨의 비호세력이라곤 한 사람도 남김 없이 제거된 뒤였다.

이런 단경왕후의 근심은 하루도 못 갔다. 중전으로 책봉된 이튿날 반정공신 유순, 김수동 등이 다른 공신과 대신을 거느리고 중종 앞에 부복하여 아뢰었다. 임금은 저들 덕에 이 자리에 앉아있는 처지였다.

"전하, 의거하던 때 신수근을 죽인 것은 큰일에 성공하기 위함이었습니다. 지금 신수근의 딸이 궁중에 들어와 있는데 만일 그를 왕비로 오래 두면 인심이 위태롭고 의혹이 생길 것입니다. 종묘사직에 관계되는 일이오

온릉은 야트막한 곡장과 단출한 석물을 세운 초라한 왕비릉이다. 임좌병향의 남향이어서 햇볕은
잘 드나 좌우가 약한 데다 능 앞의 안산이 가깝다.

후세 사람들은 단경왕후의 애끊는 심회는 제쳐두고
있다. 단경왕후는 운우지정을 아는 철든 나이에
중종과 생이별했다. 옛 선인들이 이르기를 세상에서
가장 불행한 여인은 '잊혀진 여인'이라 했다.

니 은정을 끊고 내보내소서."

중종으로선 기가 막힐 노릇이었다. 왕이 되고자 함도 아니었는데 자기네들이 임금 자리에 앉혀 놓고 사이좋게 살던 부부를 생이별시키려는 것이다. 주상은 체면을 마다 않고 이들에게 사정했다.

"아뢴 일은 심히 당연하나 조강지처를 어찌 그와 같이 하리오."

물러설 반정세력이 아니었다. 왕권이 안정되어 중전 세력이 커지면 아비를 죽인 대신들을 그냥 놔둘 리 없다는 것을 그들은 잘 알고 있었다. 반정세력들은 7일 동안 임금 앞에 엎드려 조르다가 급기야는 협박하기까지 이르렀다. 중종 역시 조정에 아무런 세력기반이 없어 무력할 뿐이었다. 이들이 자신을 내치면 연산군 같은 신세가 될 수도 있는 절체절명의 위기 상황이었다. 마침내 주상의 어명이 떨어졌다.

"종묘사직이 지중하니 어찌 사정에 얽매이겠는가. 내 경들의 뜻을 가납해 마땅히 중의를 좇으리라."

이리하여 신씨는 책봉 7일 만에 쫓겨나는 최단명 왕비가 되었다. 이때 중종의 보령 열아홉이었고 단경왕후의 나이 스물이었다. 신씨는 폐출되어 쫓겨나면서 진성대군과 사저 시절 즐겨 입던 다홍치마를 입고 나왔다. 그 치마에 얼굴을 묻고 혼절하도록 울었다. 여염집 비천한 작부만도 못한 신세가 되어버린 자신이 한없이 부끄럽고 비통했다.

신씨는 폐출되면서 친정집으로 옮겨 구차한 몸을 의탁했다. 지금의 인왕산 중턱이었다. 중종은 새 왕비와 후궁들 사이에 9남 11녀를 낳고 살면서도 조강지처를 못 잊어 했다. 신씨는 중종이 저녁노을이 질 때면 인왕산 쪽을 바라보면서 슬픔에 잠긴다는 말을 전해 들었다. 그 후 경복궁에서 내다보이는 인왕산 큰 바위에 자신의 다홍치마를 걸어 놓았다. 임금과 폐비는 치마바위를 함께 보며 하염없이 눈물지었다고 한다.

중종은 명나라 사신을 맞으러 거둥할 때마다 일부러 신씨의 친정집 근처에 머물며 타고 온 말을 사저로 보냈다. 이때마다 신씨는 사람이 먹기도 귀한 흰 쌀죽을 쑤어 말에게 먹여 보냈다. 눈물 반 물 반이었다고 한다.

유장한 세월 앞에는 높은 권세와 부귀공명도 부질없는 법이다. 명종 12년(1557) 신씨가 세상을 떠나니 71세였다. 20세의 꽃다운 청춘에 임금과 생이별하고 생과부로 산 지 51년 만이었다. 사후 조정은 신씨의 복귀문제를 놓고 182년을 갑론을박했다. 결국 영조 15년(1739) 단경왕후로 복위시켜 종묘에 배향하나 소태처럼 쓰디쓰고 원통하게 살다 간 한 맺힌 매듭은 누가 풀어 줄 것인가.

온릉은 야트막한 곡장과 단출한 석물을 세운 초라한 왕비릉이다. 임좌병향의 남향이어서 햇볕은 잘 드나 좌우가 약한 데다 능 앞의 안산이 가깝다. 후세 사람들은 정순왕후의 애달픈 사연은 가슴 아파하면서도 단경왕후의 애끓는 심회는 제쳐두고 있다. 정순왕후는 어린 나이에 단종과 생이별하였지만 단경왕후는 운우지정雲雨之情을 아는 철든 나이에 중종과 생이별했다. 옛 선인들이 이르기를 세상에서 가장 불행한 여인은 '잊혀진 여인'이라 했다.

중종 원비 단경왕후의 온릉(사적 제210호)은 서오릉 근처 경기도 양주시 장흥면 일영리 산19번지에 있다. 온릉은 단릉으로 1970년 도로확장 때 재실이 없어지고 비공개릉이다.

〈서오릉 151쪽〉

장경왕후는 참으로 박복한 여인이다. 대통을 이을 왕자를 출산하고도
영화를 누려보기는커녕 젖조차 물려보지 못하고 세상을 떠났다. 국본과
자신의 목숨을 바꾼 것이다. 핏덩이 자식을 두고 죽는 한은 골수에
맺혀 눈마저 감지 못한다고 했으니…….

중종 제1계비 장경왕후

희릉

대통을 이을 왕자를 낳고도
박복한 운명에 눈도 못 감아

　세상에서 사람이 겪는 고통 중 견줄 데 없는 모진 고통은 아이를 낳는 일이라 했다. 오죽하면 산고産苦라 했을까. 그래서 만삭의 임산부가 출산을 하러 산실에 들어갈 때 자기가 신었던 신발을 눈여겨본다고 한다. "내가 과연 저 신발을 다시 신을 수 있을까" 하고.

　제11대 중종대왕 제1계비 장경왕후章敬王后(1491~1515)는 참으로 박복한 여인이다. 대통을 이을 왕자를 출산하고도 영화를 누려보기는커녕 젖조차 물려보지 못하고 세상을 떠났기 때문이다. 국본國本(세자)과 목숨을 바꾼 것이다. 핏덩이 자식을 두고 죽는 한은 골수에 맺혀 눈마저 감지 못한다고 했는데 장경왕후가 그러했다.

　중종 10년(1515) 2월 25일. 장경왕후가 효혜공주를 낳은 지 5년 만에 산기가 있자 대궐 안은 잔치 준비로 분주했다. 중종은 물론 궐 안팎의 대소신료들도 떡두꺼비 같은 왕자가 탄생하기를 학수고대했다. 마침내 우렁찬 고고성과 함께 원자가 태어나니 제12대 인종이다. 나라의 경사였다. 중

230

종은 곧바로 가벼운 죄인들을 방면하고 하급직의 승급을 명하는 등 성은을 베풀었다.

그런데 난산이었다. 출산과정에서 몇 번을 기절했다가 깨어난 왕후는 몸을 푼 뒤 한참 만에야 겨우 눈을 떴다. 이미 기력이 쇠진한 데다 과다출혈이었다. 급히 전의를 불렀으나 소생가망이 없다는 것이었다. 전갈을 받은 중종이 내전에 들러 마주했지만 몸조차 가누지 못하고 축 늘어져 있었다. 모든 것을 직감한 임금이 "마지막으로 하고 싶은 바가 무엇이냐"고 물었다.

"은총을 입은 바가 지극히 크온데 더 번거롭힐 말씀이 없사옵니다."

이튿날 왕비의 산후 여증은 더욱 위중해졌다. 시녀들의 부축을 받고 겨우 일어나 지필묵을 찍어 금상께 서찰을 올렸다.

"어제는 심사가 혼망하여 잘 깨닫지 못하고 아뢰지를 못했습니다. 지난해 여름, 바야흐로 몸(인종)을 가지고 있을 때이옵니다. 꿈에 한 사람이 나타나 '이 아이를 낳거든 억명億命이라 함이 좋겠다' 하므로 이를 써서 벽에다 감춰두고 남에게 발설하지 아니하였나이다."

중종이 벽을 찾아보니 사실이었다. 한없이 측은하고 억장이 무너졌지만 서산낙일 지는 해를 막을 자는 그 누구도 없었다. 왕비는 인종을 낳은 지 일주일 만인 3월 2일 경복궁 별전에서 승하했다. 하늘도 무심하여라. 유난히도 심성이 곱고 어질었던 왕후가 죽자 온 산하는 큰 슬픔에 잠겼고 천지신명을 원망하며 앙천통곡했다.

자고로 갑남을녀甲男乙女나 필부필부匹夫匹婦가 역사의 축을 돌려놓을 순 없다. 하지만 역사는 권력의 칼자루와 재물의 곳간에서 예기치 않던 궤도로 급선회할 수도 있다. 25세로 요절한 장경왕후의 족적이 찬란할 리는 만무하지만 이 여인의 죽음이 불러온 역사의 일파만파는 상상을 초월하고도 남는다.

경기도 고양시 서삼릉길 233-126번지에 있는 조선왕실 능역에는 효릉(제12대 인종), 예릉(제25대 철종)과 함께 장경왕후의 희릉禧陵이 있어 서삼릉으로 회자된다. 6만 5,970평의 사적 제200호로 지정된 이곳에는 대군, 군, 공주, 옹주 등 왕손의 탯줄을 매장한 태실 54기와 연산군의 생모 폐비 윤씨의 회묘도 함께 있다. 전국 각지의 풍수명당에 산재해 있던 태실들을 왕실의 정기를 끊기 위해 일제가 강제 집결시킨 것이다.

간좌곤향의 서남향인 희릉의 잉상孕上(능침 뒤의 산정기가 응결된 곳)에 다다르면 애절한 물음이 앞선다.

"그토록 귀한 왕세자를 낳으시고 품에 한번 안아보지도 못한 채 세상을 뜨셨으니 얼마나 원통하십니까. 혹여 왕비마마께서는 당신의 사후에 일어난 끔찍한 역사의 소용돌이를 알고나 계시옵니까."

장경왕후 파평 윤씨는 성장과정이 불우했다. 영돈녕부사 윤여필의 딸이고, 고조부 윤번尹璠이 세조의 장인이며 정희왕후의 친정아버지다. 8세 때 어머니(순천 박씨)가 죽자 얼마나 울었던지 사훼(나뭇가지처럼 야위고 마름)지경에 이르렀다고 내명부의 문서에 전하고 있다. 이 참상을 전해 들은 월산대군 부인이 손수 데려다 양육하게 된다.

월산대군은 성종의 친형으로 중종에게는 큰아버지다. 그 월산대군의 부인(승평부인·정일품)이 파평 윤씨로 장경왕후의 친정 고모였던 것이다. 월산대군은 순천 박씨를 후실로 두었는데 박원종의 누이였다. 연산군이 절세

희릉의 능침 뒤는 천지인을 상징하는 석조 계단이 3단으로 조성되어 있다.

왕비는 인종을 낳은 지 일주일 만에 경복궁 별전에서
승하했다. 유난히도 심성이 곱고 어질었던 왕후가 죽자
온 산하는 큰 슬픔에 잠겼고 천지신명을 원망하며
앙천통곡했다. 이 여인의 죽음이 불러온 역사의
일파만파는 상상을 초월하고도 남는다.

문·무인석이 쓸쓸한 단릉인 희릉을 지키고 있다.

장정왕후는 죽어서도 수난을 겪었다. 처음에는 헌릉
오른편 산록에 능침을 조성하고 능호를 희릉이라 했다.
그러나 풍수적 정쟁에 휘말려 진명한 지 23년 만에
현재의 서삼릉으로 천장됐다. 7년 후 중종이 승하하자
희릉 옆에 동원이강릉으로 조영하였으나 문정왕후가
둘 사이를 갈라 중종을 선릉 옆 정릉으로 천장하였다.

미인이었던 박씨를 겁탈하자 박씨는 자결하고 말았다. 악에 받친 박원종이 반정을 일으켜 연산군을 폐위하고 중종을 용상에 앉혔다.

중종이 등극하자 박원종 등 반정세력은 연산군의 처조카 딸이 되는 중종 원비 단경왕후 신씨를 일주일 만에 강제로 폐비시켜 궁궐에서 내쫓았다. 그리고는 자신의 매형 집에서 성장해 숙의로 있던 파평 윤씨를 제1계비로 앉히니 바로 장경왕후다. 왕실의 혈연과 혼인관계는 이렇게 얽히고 설켜 한 시대를 풍미하며 권력을 장악해왔다.

윤씨가 왕비로 책봉되자 오빠 윤임(1487~1545)이 권력의 핵심으로 부상하며 정국은 또다시 한치 앞을 내다볼 수 없게 되었다. 이즈음 장경왕후가 원자를 낳고 훙서한 것이다. 조정은 윤임의 9촌 조카딸이 되는 문정왕후를 제2계비로 맞았다. 여기서 다시 역사는 뒷걸음질치고 국정은 농단되고 만다. 더불어 장경왕후의 요절은 거족이었던 파평 윤씨 문중을 대윤과 소윤이란 불구대천의 원수지간으로 갈라놓은 앙금의 단초가 되었다.

장경왕후는 죽어서도 수난을 겪었다. 승하 후 처음에는 헌릉 오른편 산록에 능침을 조성하고 능호를 희릉이라 했다. 그러나 사후의 안식도 오래가지 못했다. 좌의정 김안로가 장경왕후의 묏자리가 풍수적으로 흉지라며 이장을 내세워 정쟁을 일으킨 것이다. 문정왕후와 원수지간이었던 김안로가 계모 문정왕후 슬하에서 자라는 인종을 보호한다는 명분이었다. 김안로는 장경왕후가 낳은 효혜공주를 며느리로 맞아 중종의 부원군 신분이었다.

결국 장경왕후는 진명盡命한 지 23년 만인 중종 32년(1537) 현재의 서삼릉으로 천장됐다. 7년 후 중종이 승하하자 유명에 따라 희릉 옆에 동원이강릉으로 조영하고 정자각을 왕과 왕비의 능 사이로 옮겨 세웠다. 김안로의 권력 전횡으로 장경왕후와 그의 소생 인종과도 원수가 되어버린 문정왕후가 이 상황을 그냥 넘길 리 만무했다.

왕위에 오른 인종을 닦달하고 들볶아 8개월 만에 죽게 한 뒤 아들이 명종으로 즉위하자 세상은 온통 문정왕후의 것이었다. 친정 9촌 아저씨 윤임을 사사시키고 동생 윤원형을 권력의 핵심으로 내세워 국정을 뒤흔드니 민심은 이반되고 나라 재정은 바닥나고 말았다.

기어이 문정왕후는 9촌 숙모뻘 되는 장경왕후와 남편 중종 사이를 갈라놓았다. 명종 17년(1562) 중종을 현 서울시 강남구 삼성동의 선릉 옆 정릉으로 천장했다.

이런 속내를 알고 장경왕후의 희릉을 참배하노라면 속절없는 인간 수명이 야속하기만 하다. 장경왕후 희릉의 수난은 최근까지 이어지고 있다. 농협 산하 젖소개량사업소가 들어서면서 입수 용맥이 회복 불가능하게 훼손되었다. 그러나 어느 누구도 이의 부당함을 말하지 않는다. 현실적 경제 논리 앞에 풍수 환경을 운위하면 쓸데없는 도참설로 폄하되기 십상이다.

서삼릉

은 도성 서쪽에 있는 세 개의 능을 의미한다. 처음 서삼릉이 능지로 선택된 것은 헌릉 서쪽에 안장되었던 중종 제1계비 장경왕후의 희릉이 옮겨오면서부터다. 원래는 중종의 정릉도 있었으나 문정왕후에 의해 강제로 천장되었다. 인종과 인성왕후의 효릉, 철종과 철인왕후의 예릉이 자리 잡으면서 지금의 왕릉군이 형성되었다. 이외에도 3원, 46묘와 일제에 의해 강제 집결된 태실 54기가 들어서 있다. 인종 효릉은 현재 비공개릉이다.

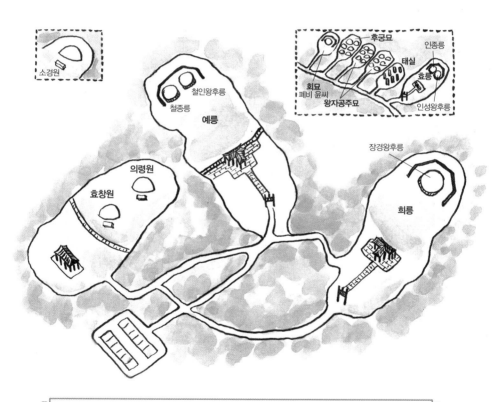

서삼릉(사적 제200호)은 경기도 고양시 서삼릉길 233-126번지에 위치해 있다.
지하철을 이용할 때는 3호선 삼송역에서 41번 마을버스로 환승한다.
버스를 이용할 때는 567, 7733번을 타고 3호선 삼송역에서 내려 41번 마을버스로 환승한다.
자가용을 이용할 때는 삼송리 검문소 앞에서 좌회전해 농협대학을 지나면 이정표가 나온다.
문의: (031)962-6009

문정왕후가 17년 만에 경원대군을 출산하니 후일 명종이다. 문정왕후의
대망은 이루어져 호랑이 등에 날개를 단 격이었다. 세자만 제거되면
자신의 소생이 대통을 잇게 되는 것이다. 이후로 역사 앞에 저지른 추악한
죄악상은 5백 년 세월이 지난 현재까지도 용서받지 못하고 있다.

중종 제2계비 문정왕후

태릉

여인으로 천하를 호령해도
악한 왕후로 천하에 남아

토지 많아 무엇해 나 죽은 후에

삼척광중三尺壙中 일장지一葬地 넉넉하오며

의복 많아 무엇해 나 떠날 때에

수의 한 벌 관棺 한 채 족足치 않으랴.

인간의 영화와 부귀공명이 덧없고 공망함을 표현한 〈허사가虛辭歌〉 중의 한 소절이다. 사람이 인두겁을 쓰고 태어나 한생을 영위하면서 평생 동안 부릴 수 있는 욕심의 끝은 어디까지일까. 그래서 각자覺者들은 '백 년도 살지 못하는 인생이면서 늘 천 년 세월을 근심한다生年不滿百 常懷千歲憂'고 경책해왔건만 막상 권좌에 앉고 곳간이 차오르면 표변해 버리고 만다.

제13대 명종 재위 시 영의정이었던 윤원형은 권력 독점에 장애가 되는 삼종숙(9촌·고조는 같고 증조가 다른 숙질 간) 윤임은 물론 친형 윤원로까지 죽여 버렸다. 이 윤원형이 후일 사가들이 희대의 악후惡后로 손꼽는 문정왕후文

定王后(1501~1565)의 친동생이다. 대윤(윤임)과 소윤(윤원형)으로 갈라선 이들 친족은 5백 년이 지난 현재까지도 불편한 사이가 되어 그 앙금을 해소하지 못하고 있다.

누구나 '태릉泰陵' 하면 '태릉선수촌'부터 떠올린다. 마치 동명同名이다시피 명사화되어 버린 태릉선수촌은 제11대 중종대왕의 제2계비 문정왕후가 예장된 태릉이 있어서 붙여진 이름이다. 서울시 노원구 화랑로 681번지 사적 제201호로 지정된 163만 2,281m²(49만 3,765평)의 광활한 이곳 능역에는 문정왕후의 아들인 명종의 강릉康陵까지 있어 원래는 태·강릉으로 불러야 맞다.

임좌병향(동으로 15도 기운 남향)의 태릉 사초지에 오르면 거대한 능침과 우람 장중한 상설象設(석조물)이 참배객을 압도한다. 태릉에는 백성들의 노역을 줄이기 위해 세조가 금지시킨 능침의 병풍석이 웅장하게 둘러쳐 있다. 잡귀가 범접 못하게 쥐, 소, 호랑이 등을 양각한 12지상이 각 방위를 지키고 있다. 문정왕후 생전의 위세가 그대로 다가오는 듯하다.

언감생심이지만 태릉에 가면 필히 묻고자 함이 있었다.

"왕후마마, 조선 천하가 마마의 손안에 있었는데 무엇이 부족하여 삼종숙과 친오라버니까지 사약 내려 죽이고, 열심히 공부하여 벼슬길에 오른 선비들마저 처형하셨나이까. 역사를 통해 마마의 행장行狀을 배운 후학들이 어찌 평가하고 있는지 아시는지요."

중종에게 용상은 벅찬 자리였다. 왕위에 오르려면 세자 때 왕도교육을 철저히 받는데 중종은 이복형인 연산군이 세자로 책봉돼 그럴 기회가 없었다. 옛 어른들은 배고픈 설움보다 더한 것이 못 배운 설움이라 했다. 왕도 지식이 부족하고 경륜이 일천하면 학문연마에 평생을 전념한 신하들에게 밀리고 무시당할 수밖에 없었다. 반정으로 등극한 중종이 부족한 학문과 치세를 보강하고자 사림파 거두 조광조 일파를 끌어들였는데 오히려 이들은 왕을 깔보았다. 이에 중종이 신물을 내고 사림파를 내친 것이 기묘사화다.

여기에다 중종은 마누라(왕실에서 부인에게 사용한 극존칭) 복까지 척박했다. 원비 단경왕후 거창 신씨는 왕비 책봉 7일 만에 억지 생이별하고, 제1계비 장경왕후는 인종을 낳은 지 일주일 만에 산후병으로 사별했다. 그 후 중종은 11년 동안 계비 책봉을 않고 후궁들과 지냈다. 경빈 박씨가 반정 일등공신 박원종의 양녀였고, 희빈 홍씨 역시 반정공신 홍경주의 딸이었다. 그러나 국모 자리는 비어 있었다.

중종 12년(1517) 또 다른 파평 윤씨가 13년 연상의 중종과 태평관에서 가례를 올리고 17세 나이로 제2계비 자리에 오르니 문정왕후다. 당시 왕실은 정희왕후(세조 왕비) 때부터 정현왕후(성종 계비)에 이르기까지 파평 윤씨가 내명부를 장악하고 있어 윤씨 문중의 영향력은 조정 곳곳에 미쳐 있었다.

중종은 폐비의 아픔과 상처의 슬픔도 있고 해서 젊은 문정왕후를 아끼며 가까이했다. 그동안 후궁 손에 맡겨졌던 세자 인종의 양육도 그녀에게 위탁했다. 어엿하게 왕기王器로 성장해가는 세자를 보며 문정왕후는 초조하였다. 내게도 대통을 이을 왕자가 태어나면 좋으련만.

문정왕후의 대망은 이뤄졌다. 중종 29년(1534) 17년 만에 경원대군을 출산하니 후일의 명종이다. 조정 대신들의 경하 속에 중종의 기쁨은 태산

임좌병향의 태릉 사초지에 오르면 거대한 능침과 우람 장중한 상설이 참배객을 압도한다. 태릉에는 백성들의 노역을 줄이기 위해 세조가 금지시킨 능침의 병풍석이 웅장하게 둘러쳐 있다. 또한 잡귀가 범접하지 못하도록 쥐, 소, 호랑이 등을 양각한 12지상이 각 방위를 지키고 있어 문정왕후 생전의 위세가 그대로 다가오는 듯하다.

효자였던 명종은 모후가 진명하자 유언을 마다하고 명당을 꼴라 현재의 태릉에 안장했다.
태릉을 감싸고 있는 숲과 송림은 '신의 숲'으로 불릴 만큼 완벽하게 잘 보존되고 있다.

보다도 컸다. 문정왕후는 호랑이 등에 날개를 단 격이었다. 경원대군이 태어나면서 문정왕후의 태도는 돌변했다. 갑자기 세자가 눈엣가시가 되어버린 것이다. 세자만 제거되면 자신의 소생이 대통을 이을 수 있었다. 그로부터 세자의 신변에는 목숨을 노리는 해괴망측한 괴변들이 꼬리를 물고 일어났다. 궐내 세력판도도 문정왕후 쪽으로 기울었고 왕권을 능가하는 치맛바람에 조정 대신들이 벌벌 떨었다. 문정왕후는 오빠 윤원로와 동생 윤원형을 끌어들여 부동의 권력기반을 구축했다.

이로 인해 소성은 두 동강났다. 세자를 보호하려는 대윤파(윤임, 김안로)와 경원대군을 차기 임금으로 옹립하려는 소윤파(윤원로, 윤원형)가 정면대결하며 국정은 어지러워졌다. 대윤 윤임은 장경왕후의 오빠였고 김안로는 장경왕후의 딸 효혜공주를 며느리로 맞았다. 소윤 윤원로와 윤원형은 경원대군의 외삼촌이다.

이들이 역사 앞에 저지른 추악한 죄악상은 추상같은 기록으로 빠짐없이 전해져 5백 년 세월이 지난 현재까지도 용서받지 못하고 있다. 때로는 온갖 만행을 저지른 독재자나 악역의 당사자들이 후세에 본보기로 도마 위에 오를 때가 있다. 그때마다 이들이 등장한다. 남을 해코지하고 나쁜 짓을 하면 죽어서도 편치 못하다는 것을 반면교사로 삼아 타산지석의 교훈을 얻을 수 있기 때문이다. 이 같은 선조들의 과욕과 막행막식의 죄업은 모조리 후손들의 몫으로 남겨진다.

문정왕후는 조선왕조 최고의 여군주로 천하를 호령하면서도 단장의 고통을 여러 차례 겪었다. 그중 돌이킬 수 없는 흉사가 서삼릉의 중종릉을 천장하고 나서 일어났다. 명종 17년(1562) 중종릉을 현재의 서울 강남구 삼성동 정릉 자리에 옮기고 자신도 묻히려 했으나 이슬비만 내려도 능역이 질퍽거리고 장마 때는 정자각 앞에 배를 띄워야 했다. 당시 문정왕후가 신임하던 고승 보우를 봉은사 주지에 임명하고 원찰로 삼으려 했음인데 정릉 자리가 흉당이었던 것이다.

천장 1년 후 시름시름 앓던 손자 순회세자가 13세로 요서夭逝했다. 왕후의 낙심과 절망은 견줄 데가 없었다. 상심이 지나치면 곧 병이다. 2년 뒤에는 문정왕후가 65세로 승하했다. 또 2년이 지나서는 명종이 훙서했다. 문정왕후, 명종, 순회세자의 3대에 걸친 왕실 가족사의 불행은 대통 승계에 천지개벽을 가져오게 된다. 당시로선 상상도 못했던 후궁 손인 군君이 왕위(선조)를 잇게 되는 것이다.

인종과 명종의 통치행위 일체는 문정왕후를 빼고서는 성립이 되지 않는다. 갖은 꼬투리로 인종을 들볶아 8개월 만에 죽게 하고, 대통을 이은 명종이 어리다 하여 8년간 수렴청정하며 나라를 마음 내키는 대로 휘저었다. 이른바 훈신·척신의 대결이 문중 싸움으로 비화되면서 조선 중기를 또다시 혼란의 소용돌이로 빠져들게 한다.

효자였던 명종은 모후가 진명하자 유언을 마다하고 명당을 골라 현재의 태릉에 안장했다. 태릉을 감싸고 있는 숲과 송림은 '신의 숲'으로 불릴 만큼 완벽하게 잘 보존되고 있다. 학생들의 소풍지로 각광받으며 일반인과 역사 탐방객들의 답사기행이 끊이지 않고 있다. 그러나 문정왕후의 일생을 요약해 실은 소개 책자를 읽으며 그들은 어떤 생각을 할지 궁금하다.

태강릉 은 중종 제2계비 문정왕후의 태릉과 아들 명종의 강릉을 합쳐 부르는 것이다. 문정왕후는 중종의 정릉을 보우가 주지로 있던 봉은사 곁으로 천장하고 그 곁에 묻히려 했으나 흉당이어서 뜻을 이루지 못했다. 명종이 능호를 신정릉新靖陵이라고 했다가 태릉으로 고쳤다. 태릉은 왕비의 단릉이라 믿기 힘들만큼 웅장한 능으로, 조성 당시 문정왕후의 세력이 얼마나 컸는지를 짐작케 한다. 강릉은 명종과 인순왕후의 능이 동원쌍봉릉으로 조성되어 있다. 강릉은 비공개릉이다.

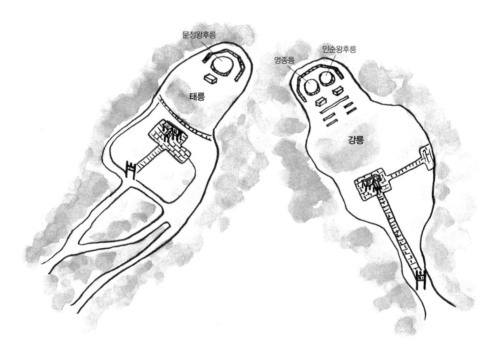

태강릉(사적 제201호)은 서울시 노원구 화랑로 681번지에 위치해 있다.
대중교통을 이용할 때는 1·6호선 석계역, 6·7호선 태릉입구역, 6호선 화랑대역에서
73, 1155, 1156번 버스로 환승해 태릉 강릉에서 내린다.
사가용을 이용할 때는 태릉신수촌을 지나 진빙 500m 앞 우측에 있다.
문의: (02)972-0370

인종대왕은 수신은 경지에 달했으나 제가와 치국평천하는 이루지 못했다.
용상에 앉아 잘못된 권력구조를 바로 잡고 뒤엉킨 왕실 궤도를 수정할 수
있었음에도 효도에 지나치게 집착한 나머지 국사를 그르치고 말았다.

인종대왕

효릉

천운으로 살아남았지만
여덟 달 최단 재위 왕이 되니

좋은 사람을 호인好人이라 한다. 매사에 우호적이고 협조적이어서 인생길을 동반하기가 편하다. 그러나 사람 좋다고 함부로 대하다간 일격을 당할 수도 있다. 그런데 무골호인으로 한없이 좋은 사람이 있다. 이래도 좋고 저래도 좋아 호구糊口로 불린다. 인격을 능멸하거나 무시당해도 '허허'대고 웃고 만다. 사람이 살아가면서 호인으로는 살되 호구는 되지 말아야 할 것이다.

제12대 인종대왕仁宗大王(1515~1545)은 수신修身은 경지에 달했으나 제가齊家와 치국평천하治國平天下는 이루지 못했다. 개인의 앞날이나 국가의 장래를 함부로 예단할 수는 없지만 인종이 건강하여 과단성 있게 통치했다면 조선 중기는 보기 드문 성군의 시대가 도래했을 것이라고 사가들은 애석해 한다. 용상에 앉아 잘못된 권력구조를 바로 잡고 뒤엉킨 왕실 궤도를 수정할 수 있었음에도 효도에 지나치게 집착한 나머지 국사를 그르치고 말았다는 아쉬움이다.

인종의 성품은 가히 성인 경지에 가까웠다고 각종 기록들은 전하고 있다. 3세 때부터 독서를 시작한 뒤 늘 조용히 앉아 이치를 탐구하고 밤을 새워 몰두하기가 다반사였다고 한다. 평소 농지거리를 하지 않았고 얼굴을 찡그리거나 웃는 모습도 없어 세자를 시강하는 스승조차 어려워했을 정도다. 자신을 칭찬하는 기미가 엿보이면 문득 기쁘지 않은 안색을 지어 경계하곤 했다.

인종의 이런 성격 형성은 그의 성장 배경에서 기인된다. 생모인 장경왕후가 인종을 낳은 지 일주일 만에 승하했고 세 살 때 계모로 들어온 문정왕후는 전처의 아들이라 하여 원수 대하듯 했다. 문정왕후는 자신의 소생(명종)이 등극하는 데 걸림돌인 인종을 죽이려고 끊임없이 섬뜩한 음모를 획책했다. 역사의 행간을 면밀히 살펴보면 그나마 죽지 않고 살아남은 게 천운이라 할 수 있을 지경이다. 모두가 어미 잃은 슬픔이었다.

계모의 학대와 이전투구 양상의 외척들 간 혈투로 마음 약한 인종은 단 하루도 편할 날이 없었다. 이럴 때마다 세자는 "이 모든 것이 자신이 살아 있어서 그렇다"고 자학했다. 더구나 그는 신진 사림세력 조광조 일파의 도학사상에 깊이 몰입돼 모든 탓을 자신에게서 찾고 있었다.

동궁 시절 있었던 일이다. 대궐 동쪽에 있는 동궁은 세자가 거처하는 궁궐로 해 뜨는 정기를 받는 곳이며 세자의 별칭이기도 하다. 한밤중 세자빈(인성왕후) 박씨와 잠을 자고 있는데 갑자기 동궁 침소가 시뻘건 화염에 휩싸였다. 누군가가 여러 마리의 쥐꼬리에 화선을 달아 외길 통로를 낸 뒤 동궁으로 쫓아 보낸 것이다. 꼬리에 불이 붙어 뜨거움을 참지 못한 쥐가 갈 곳은 동궁 안 뿐이었나.

세자는 모든 것을 직감했다. 미우나 고우나 자신을 키워준 계모 문정왕

효성이 지극한 인종은 능호도 효릉으로 지어 올렸다. 인종의 능침엔 병풍석과 난간석을 둘렀으나 32년을 더 살다가 64세로 승하한 정비 인성왕후 박씨의 능(오른쪽)은 난간석만 있는 동원쌍봉릉이다.

비보 풍수로 조형된 능 앞의 언덕이 명당의 기운을 살린다.

후에게 효도하는 길은 죽어주는 것뿐이라고 생각했다. 이글거리는 불길에 놀라 급히 빠져 나갈 것을 재촉하는 세자빈에게 결연히 분부했다.

"나는 여기 있을 테니 어서 빈궁이나 피하도록 하시오."

촌각이 생사를 가르는 일촉즉발의 순간이었다. 잠시를 지체하다간 화형으로 이어지는 찰나였다. 이때 밖에서 애타게 세자를 찾는 중종의 목소리가 들려왔다.

"세자는 어서 나오지 않고 무얼 하는가. 속히 빠져 나오도록 하라."

세자는 다시 생각했다. 자신이 불에 타 죽는 것이 문정왕후에겐 효도일지 모르겠으나 부왕에겐 불효에 불충까지 더해진다는 것을. 그 후 불을 지른 범인이 누구인 줄 백성들까지 훤히 알았지만 어느 누구도 어쩌지 못했다. 새어머니를 얻으면 아버지도 새아버지가 된다고 했다. 중종도 어쩔 도리가 없었다.

중종 22년(1527) 2월 26일에는 작서灼鼠의 변이 일어났다. 쥐를 잡아 사지와 꼬리를 자르고 입, 눈, 귀를 불로 지져 동궁의 해방亥方(서북향) 쪽 은행나무에 걸고 세자를 저주하는 방서榜書를 걸쳐 놓은 사건이다. 해亥는 돼지에 속하고, 쥐와 돼지는 비슷한 형상으로 본다. 세자가 1515년 2월 25일 을해생으로 돼지띠였다. 소름끼치는 끔찍한 일이었다. 10년 후 김안로의 아들 김희(세자 매형)가 저지른 사건으로 밝혀졌지만 엉뚱하게 중종의 후궁인 경빈 박씨(반정공신 박원종 양녀)와 아들 복성군이 누명을 쓰고 사사당했다.

인종은 비길 데 없는 극진한 효자였다. 어린 세자 때부터 해뜨기 전 일어나 하루도 빠짐없이 중종 침전에 문안드리고 수라상도 직접 챙겼다. 중종이 승하하자 세자는 머리카락을 흩뜨린 채 맨발로 땅에 엎드려 6일 동안 물 한 모금 입에 대지 않았다.

남칠여구男七女九라 하여 남자는 7일, 여자는 9일을 굶으면 죽는다고 했다. 국상으로 지나치게 훼상한 나머지 뼈만 앙상하게 남아 지팡이를 짚어야 겨우 일어설 수 있었다. 국가를 통치하는 지도자의 건강은 국운과 직결되는 법이거늘 이래가지고서야 어찌 천하를 도모할 수 있었겠는가.

인종은 몸을 가누지 못하면서도 계모 문정왕후에게 문안을 빼놓지 않았다. 이때마다 문정왕후는 12세 아들 경원대군을 앉혀 놓고 "우리 모자를 언제 죽일 것이냐"고 표독스럽게 몰아쳤다. 인종에겐 세상의 온갖 부귀영화와 임금 자리도 귀찮을 따름이었다. 어서 빨리 죽어 얼굴 한 번 본적 없는 어머니 장경왕후와 부왕 곁에 묻히고 싶었다.

그러던 어느 날 문안 차 들른 내전에서 평소와 달리 문정왕후가 친절히 맞으며 떡과 음식을 권했다. 맛을 보니 이상했으나 뿌리칠 수 없어 그냥 먹었다. 극도로 쇠약해진 인종의 병세가 그 후 더욱 악화됐다. 죽음을 직감한 인종이 영의정 윤인경을 불러 유명을 내렸다.

"내가 몹쓸 병에 걸려 회복하기 어려울 것 같소. 경원대군에게 전위코자 하니 경들은 그를 책려하고 보익하여 내 뜻에 부응토록 하시오. 장지는 반드시 부모의 능소 곁에 묻어 내 소망을 들어주도록 하고 장례는 소박하게 치러 민폐를 줄이도록 하오."

이튿날 경복궁 정전에서 홍서하니 보령 31세로 왕위에 오른 지 8개월 보름 만이었다. 조선 임금 가운데 가장 짧은 재위기간이었다. 치적이라곤 파방破傍된 현량과의 복구와 기묘사화로 죽임을 당한 명현들을 신원복구한 것뿐이었다. 경원대군으로 대통을 잇기 위해 일부러 후사를 두지 않고 검약하게 산 인종을 생각하며 백성들은 성군을 잃었다고 슬퍼했다.

254

이런 임금이 예장된 곳이 서삼릉 내의 효릉이다. 능호조차 효릉으로 지어 올렸다. 사적 제200호로 계癸입수 정丁득수 유酉파수 간좌곤향(서남향)의 인종 능침엔 병풍석과 난간석을 둘렀다. 32년을 더 살다가 선조 10년(1577) 64세로 승하한 정비 인성왕후 박씨(우의정 박용 딸) 능은 난간석만 있으며 인종릉과 동원쌍봉릉이다. 인종은 후궁으로 귀인 정씨를 두었는데 가사문학의 대가 송강 정철의 큰누이다.

능침 앞 혼유석(망자의 혼이 나와 노니는 상석)에서 아뢰어 보았다.

"전하, 천신만고 끝에 즉위하셨으면 옥체 보존하셨어야지 지나친 효행으로 졸지에 흥서하신 뒤 나라꼴이 어찌 되었는지 아시나이까."

인종대왕의 효릉(사적 제200호)은 서삼릉에 있다. 효릉은 인성왕후릉과 동원쌍봉릉으로 조성되었고, 비공개릉이다. 〈서삼릉 237쪽〉

명종대왕

강릉

명종은 어머니 문정왕후의 치마폭을 헤어나지 못한 채
국정의 모든 난맥상을 지켜만 봐야 했다. 8년 동안 문정왕후의
수렴청정을 받다가 20세가 되어서야 친정을 행사하기
시작했으나 권좌에서 쉽게 물러날 모후가 아니었다.
제대로 된 왕 노릇은 2년도 채 안되었다.

살아서도 죽어서도
치마폭에서 헤어날 길 없어

제13대 명종대왕明宗大王(1534~1567)과 함께 살다 간 인물 치고 역사 앞에 당당히 설 수 있는 사람은 드물다. 임금은 어머니 문정왕후의 치마폭을 헤어날 길이 없었다. 설상가상으로 외척발호까지 극에 달해 국정은 농단되고 백성들은 궁핍과 도탄에 빠졌다. 이 당시 조정에 출사표를 던진 고위직 인물 치고 유배 한번 안 다녀왔다면 천우신조이거나 조상의 음덕이라고 조롱할 지경이었다.

왕권이 허약해 신권을 장악하지 못하면 나라가 흔들리기 마련이다. 12세의 어린 나이에 임금이 된 명종은 8년 동안 문정왕후의 수렴청정을 받다가 20세가 되어서야 친정을 행사하기 시작했다. 그러나 정상의 권좌에서 쉽게 물러날 모후가 아니었다. 국사를 처결하는 것이 마음에 안 들면 여지없이 명종을 내전으로 불러 호되게 질책했다.

"주상은 똑똑히 들거라. 너는 내가 아니었으면 어떻게 이 자리를 소유할 수 있었겠는가."

258

그래도 성이 안차면 회초리로 종아리를 때리고 뺨에 손찌검까지 했다. 이럴 때마다 명종은 어른이 되어서까지 어머니에게 얻어맞는 자신이 수치스러워 대신들 앞에 제대로 서질 못했다.

등극하던 해에는 외척들 간 이전투구로 외가 대부 항렬의 윤임이 외숙 윤원형에게 죽임을 당하는 참사(을사사화)까지 지켜봤다. 그런데 얼마 후에는 큰외숙(윤원로)까지 사약을 내려 죽이는 것이 아닌가.

문정왕후가 영의정 자리에 앉힌 외숙 윤원형은 조정의 모든 실권을 쥐고 흔들며 닥치는 대로 재물을 긁어모았다. 삼남 각지의 부패 관리들이 상납한 뇌물로 곳간은 썩어 넘쳤고, 성 내에만 집이 열여섯 채나 되었다. 윤원형은 정실부인 김씨를 쫓아내고 기생첩 정난정을 정경부인으로 삼은 뒤 문정왕후와 내통케 해 내명부를 유린하며 권력기반을 공고히 했다.

정난정은 봉은사 승려 보우를 문정왕후에게 천거했다. 문정왕후는 보우를 통해 도첩제를 실시케 하고 도승시度僧試를 부활시켜 한때 불교의 융성기를 맞기도 했다. 숭유척불의 창업이념이 추락하고 능멸당하자 사림 세력들이 참소했지만 왕후의 위세에 눌려 어느 누구도 어쩌지 못했다.

명종은 국정의 모든 난맥상을 지켜만 봐야 했다. 한번은 을사사화 때 죽은 선비들을 신원시켜주려 했다가 어머니에게 호된 경책만 당하고 말았다. 하늘도 무심했다. 삼천리강토에는 혹독한 가뭄과 기근에 괴질까지 나돌면서 민심이 흉흉해졌다. 도처에서 도적떼가 창궐했다. 경기도 양주 출신의 도적 두목 임꺽정이 황해도 구월산을 무대 삼아 3년간을 종횡무진한 게 이때다. 임꺽정은 관군들의 목을 베고 부패관리들의 곳간을 털어다 백성을 구휼했다. 민초들은 임꺽정을 숨겨주고 의적으로 추앙했다.

이 틈을 타 전라도 지역을 노략질하던 왜인들이 큰 변란을 일으켜 전남

지역을 초토화시켰다. 이 을묘대변이 임진왜란의 단초가 될 줄 누군들 짐작했겠는가. 그래도 조정에서는 사람을 죽이고 귀양을 보내는 소모적 정쟁뿐이었고, 국방의 허술함은 사방에서 드러났다. 나라꼴이 이 지경에 이르자 모든 대소신료들과 백성들은 문정왕후가 죽기만을 고대했다.

막상 문정왕후가 홍서하자 명종은 걱정이 앞섰다. 이복형 인종이 갑자기 승하(1545)한 뒤 대통을 이은 명종은 왕비와 함께 문정왕후의 눈치를 보며 보신해왔는데 세자도 죽고 어머니도 떠난 것이다. 인순왕후仁順王后 청송 심씨(1532~1575)는 청릉부원군 심강의 딸로 명종보다 두 살 위였다. 부부는 마음 둘 곳이 없었다.

그래도 명종은 마음을 추스르고 왕의 위엄을 갖추려 노력했다. 명종의 치세는 뒤늦게나마 탄력이 붙었다. 풍기 백운동서원에 최초의 사액간판을 내리고, 개국 초 윤이와 이초가 명나라에 무고하여 기록된 "태조가 고려 역적 이인임 후손"이란 내용을 수차례 주청하여 바로 잡았다. 온 백성의 지탄을 받던 외숙 윤원형을 삭탈관직하고 귀양 보내 정난정과 자결하도록 내쳤다. 승려 보우는 제주도로 유배 보내 그곳에서 장형杖刑으로 맞아 죽게 방치했다.

민심이 떠난 조정 국면을 만회하고자 이번에는 왕비의 외숙인 이량(1519~1563)을 기용했다. 그러나 명종은 인복이 없었다. 이조판서직까지 오른 이량은 윤원형 못지않은 탐욕가였다. 얼마나 축재를 일삼았는지 그의 집 문전은 곡물과 뇌물로 산더미를 이뤘고 매관매직하러 몰려든 모리배들이 저잣거리처럼 붐볐다. 험한 산중에서 늑대를 겨우 피하고 나니 호랑이를 만난 격이었다.

해좌사향의 강릉은 한북정맥의 지맥에 수락산을 종산 삼아 불암산을 주산으로 앉힌 명당 자리에 인순왕후와
동원쌍봉릉으로 조영되어 있다. 강릉의 참도 이끼는 특별하다.

강릉의 정자각. 강릉은 문정왕후의 태릉과 함께 있다. 죽어서도 어머니 곁을 헤어나지 못하고 있다.

왕릉의 산신석은 신보다 높은
위엄을 보이기 위해 능침 아래
에 있다.

이럴수록 명종은 높은 벼슬도 거절한 채 안동 도산서원에서 후학 양성에만 전념하고 있는 퇴계 이황이 간절했다. 몰래 화공을 보내 퇴계 모습을 병풍으로 만든 뒤 밤낮으로 쳐다보며 흠모했다.

명종의 몸과 마음에는 이미 깊은 병이 들어 있었다. 군왕이기 이전에 인간이었던 명종은 삶을 포기했다. 백성들은 굶주리고 조정은 탐관오리들로 가득 찼는데 퇴계 같은 만고충신은 등을 돌렸다. 사람이 만사를 포기하고 마음의 끈을 놓으면 절명으로 이어진다. 재위 22년 만에 34세로 승하하니 제대로 된 왕 노릇은 2년도 채 안되었다.

문정왕후의 태릉과 함께 사적 제201호인 명종의 강릉康陵은 서울 노원구 화랑로 681번지에 있다. 죽어서도 어머니 곁을 헤어나지 못했다. 해亥입수 곤坤득수 진辰파수 해좌사향(동남향)의 강릉은 한북정맥의 지맥에 수락산을 종산 삼아 불암산을 주산으로 앉힌 명당이다. 선조 등극 후 잠시 수렴청정하다 44세로 훙서한 인순왕후와 동원쌍봉릉으로 조영되어 있다. 강릉은 일반인에게 공개를 하지 않고 있어 학술연구나 취재 목적 외에는 접근이 금지돼 있다.

명종의 후사가 끊겨 후궁손인 하성군(선조)이 왕위를 이으며 조선왕조의 왕통계승에는 지각변동이 일어난다. 적통 대군이 아닌 후궁 손 간의 암투와 살상으로 왕실의 역사는 다시 피를 부른다.

> 명종대왕의 강릉(사적 제201호)은 태강릉 중 하나이다. 강릉은 인순왕후와 동원쌍봉릉으로 조영되었으나 비공개릉이다. 〈태강릉 247쪽〉

선조대왕은 영특한 말 한마디로 천하를 얻었다. 후궁 소생의 서자가 왕위에
올랐으니 이것이 선조에게는 열등감이었고 스트레스였다. 16세 왕위에
올라 41년을 용상에 있는 동안 편할 날이 없었다. 당쟁이란 정파싸움을
처음으로 태동시켰고, 국가적 재앙인 임진왜란을 알고도 막아내지 못한
치욕스런 인군이 되었다.

선조대왕

목릉

말 한마디로 천하를 얻었으나
왕에게도 열등감이 있었으니

말을 잘한다는 것은 쉬운 일이 아니다. 긴 말을 장황하게 늘어놓는다고 말을 잘하는 게 아니다. 자기 속내를 요점만 간추려 단시간 내에 정확히 전달하는 재간도 타고나야 한다. 말 한마디로 천 냥 빚을 갚는다 했는데 과연 그럴 수 있을까.

조선 제14대 선조대왕宣祖大王(1552~1608)은 영특한 말 한마디로 천하를 얻은 임금이다. 당시 왕실 법도로 꿈조차 꿀 수 없었던 후궁 소생의 서자가 왕위에 오를 수 있었던 등극 배경은 가히 극적이기만 하다.

어머니 문정왕후의 내정 간섭으로 임금 자리가 고달팠던 명종에겐 천추의 한 하나가 앙금처럼 남아 있었다. 아버지 중종 능을 천장하고 난 뒤 외아들 순회세자가 13세로 세상을 떠난 것이다. 가례까지 올려 세자빈을 맞아들인, 다 키운 자식이었다. 이로 상심이 깊은 탓에 문정왕후가 죽고 자신도 중병이 들었다. 건강하게 무럭무럭 자라는 이복형과 아우들의 자식이 부럽기만 했다.

대통을 이을 후사가 걱정이었다. 잘못 정했다간 내명부가 뒤집히고 조정이 결딴나는 중대사다. 명종은 이미 세상을 떠난 덕흥군(1530~1559)의 세 아들 하원군, 하릉군, 하성군을 기특히 여기며 눈여겨 두었다. 어느 날 조카들을 궐내로 불러 의중을 떠보았다. 왕관을 벗은 뒤 써보라며 나지막이 하문했다.

"인군과 어버이 중 누가 중한가."

두 형이 어관을 쓰고 어루만지며 대답했다. 다음은 막내 하성군의 차례였다. 하성군은 무릎 꿇고 명종에게 아뢰었다.

"군왕만이 쓰시는 것을 어찌 신하가 쓸 수 있겠사옵니까. 인군과 어버이가 비록 같지 않으나 충성과 효도는 만행의 근본으로 둘로 나눌 수가 없사옵니다."

명종이 탄복하며 하성군을 양자로 맞아 대통을 잇게 하니 선조다. 이토록 선조는 어려서부터 영특했다. 16세로 등극한 선조를 명종비 인순왕후가 수렴청정했으나 뛰어난 통치능력을 인정받아 곧 친정체제로 들어갔다. 만 20세까지 수렴청정해 온 왕실 규범으로 볼 때 파격적인 수혜였다.

사람들의 마음속엔 누구에게도 말하고 싶지 않은 자신만의 비밀이 있다. 막상 털어놓고 나면 별것이 아닌데도 혼자 보듬고 뒤척이며 가슴앓이해야 하는 부끄러움이나 한이다.

선조는 정비 손의 대군이 아닌 후궁 손의 군으로 태어난 것이 평생의한이었고 가슴속의 응어리였다. 이는 반상班常과 적서嫡庶의 사회적 신분이 천양지자였던 당시 계급사회에서 큰 열등감이었고 스트레스였다.

지피지기면 백전백승이라고 남을 알고 나를 알아야 만사를 이길 수 있다고 했다. 선조는 자신의 약점에 좌절 않고 이를 보강하기 위해 즉위 초부터 학문에 매진했다. 매일 경연에 나가 당대 최고의 스승들과 정치와 경사를 논하고 밤새워 경서를 탐독했다. 제자백가서를 관통해 경지를 이루고 난 뒤 사림파 조정 대신 누구와도 대적할 수 있는 이론적 바탕을 갖추게 되었던 것이다.

선조는 서자 출신이란 신분상 약점을 극복하고 왕도교육에 열중해 학문적으로 대신들을 제압한 영명한 임금이었다. 이 같은 선조의 탄탄한 내공 축적은 당시 조정을 양분해 국정을 농단하던 훈구와 척신세력을 제거한 뒤 사림세력으로 새 판을 짜는 결정적 뒷받침이 되었다.

훈구파들은 개국 이래 왕실 근친과 공생공존하며 온갖 혜택을 누려온 수구세력들로 벼슬자리를 대물림했다. 반면 척신들은 왕이나 왕비의 외척들로 객관적 실력이나 인물 됨됨이의 검증 없이 조정 요직을 독점하며 군림하던 세력들이다. 이들의 가렴주구苛斂誅求와 매관매직으로 백성들은 고혈을 짜야 했고 신고辛苦 또한 헤아릴 길이 없었다.

임금 자리에 오른 선조는 이듬해 친정권을 넘겨받으며 2백 년 동안 누적된 망국병을 청산하기 시작했다. 조정 내 훈구·척신들을 죽줄하고 사림 명사들을 대거 등용하여 권력 구조를 혁신했다. 전국 각지에 은둔해 있던 어진 선비들을 천거받아 등용하는 현량과를 부활시켜 한때 문치시대를 열기도 했다.

식자우환이라 했던가. 조정 안팎은 이미 전국 서원에서 배출된 선비들로 넘쳐났다. 명종 때 본격적으로 설립되기 시작한 팔도 각지의 서원들은 오늘날 국·공·사립학교로 우후죽순처럼 늘어났다. 수신제가 후 치국평

33세 연하의 선조 계비 인목왕후릉. 연흥부원군 김제남의 딸로 당시 19세였던 인목왕후가 2년 후 아들을 낳으니 바로 영창대군이다. 선조가 승하하고 왕위에 오른 광해군은 영창대군을 폐서인시켜 강화도로 유배 보낸 뒤 방에 불을 때 쪄 죽였고, 어머니 인목왕후는 서궁에 가둬 유폐시킨 채 12년 세월을 짐승처럼 연명케 했다.

천하를 하겠다고 각 서원 문을 나선 식자識者들은 가르쳐준 스승의 학맥을 중심 삼아 출신 지역별로 규합해 철옹성같이 뭉쳤다.

이때 조정은 사림들로부터 존경받고 있던 김효원과 명종 비 인순왕후 심씨의 동생인 심의겸 세력으로 양분돼 서로 간 감정의 골이 깊었다. 사람들은 김효원이 대궐 동쪽 건천동에 살고 있다 하여 동인이라 불렀고, 심의겸은 궁궐 서쪽인 정동에 집이 있다 하여 서인으로 지칭했다. 이것이 조선 후기 당파정치로 수많은 인명을 앗아간 당쟁의 시초다. 이 권력의 중심에 왕심王心이 있었고 왕심의 향배에 따라 대신들은 목숨을 걸어야 했다.

당시 동시대를 산 대표적 인물로는 퇴계 이황과 율곡 이이를 위시해 이산해, 정철, 심의겸, 김효원, 이순신, 권율, 이이첨, 유성룡, 황윤길, 김성일, 허균 등으로 귀에 익은 문신과 무관들이다. 난세라서 걸출한 영웅들과 희대의 간신들이 명멸했고, 이들 모두 공과를 떠나 당쟁과 연루되지 않은 인물은 단 한 명도 없다.

동인은 주리철학을 가르쳐온 영남학파 남명 조식과 퇴계 이황을 추종했고 영의정 이산해가 거두였다. 반면 서인은 주기철학을 신봉하는 우계 성혼과 율곡 이이 문하의 기호학파였으며 좌의정 정철이 태두였다. 영호남의 대결이었다.

오늘날 한국사회의 주류를 이루고 있는 학맥과 인맥 골격도 깊숙이 파고들면 이 당시 형성된 당쟁 구도에 연원을 두고 있다. 서자가 왕위를 이으면서 이른바 방계승통傍系承統이란 이변이 비롯됐고 이로 인한 걷잡을 수 없는 조정의 혼란은 당쟁정치의 발원이 된 것이다.

후일의 사가들마저 이 당시 정쟁상황을 놓고 의견이 엇갈린다. 끝없는 소모전으로 국력을 낭비한 붕당논쟁으로 격하시키는가 하면, 미숙하나마

의회정치의 태동으로 평가하는 시각도 만만치 않다.

이럴 즈음 바다 건너 왜인들의 동태가 수상했다. 일본 전국시대를 종식시킨 신흥 군부세력(도요토미 히데요시)이 조선에 사신을 보내 이런 내정 형편을 여러 차례 밀탐하고 돌아갔다. 기미를 알아챈 조선에서도 통신사를 보내 현지 상황을 염탐토록 했다. 1591년의 일이다.

통신사 대표는 서인의 황윤길과 동인의 김성일이었다. 이들은 1년 동안을 일본에 머물며 살펴본 뒤 귀국했다. 그러나 보고는 극과 극이었다. 서인 측이 "전쟁 준비에 한창이니 침략을 대비해야 한다"고 먼저 아뢰자, 동인 측은 "도요토미가 왜소하고 보잘 것 없는 데다 전쟁 준비는 없었다"고 주장했다. 당시 조정의 세력 판도는 동인이 압도적이었다. 선조 자신도 전쟁 자체가 두려워 동인 측 의견에 솔깃한 채 국방태세를 소홀히 했다.

왜적 침입을 몸소 확인하고도 국방 대책과 국익에는 눈길조차 돌리지 않았고 용호상박으로 이전투구한 추악상은 참담한 결과로 들이닥쳤다. 1592년 4월 13일, 임진왜란이 터진 것이다.

왜인들은 명나라를 칠 테니 군량미를 대고 길을 비켜 달라는 명분을 내걸었다. 전쟁은 급박한 국면으로 촌각을 다투게 됐다. 불과 보름 만에 부산포와 충주가 왜군의 수중에 떨어지더니 급기야 서울마저 함락 직전에 이르게 됐다.

선조는 명나라에 고급사告急使를 보내 황급히 구원병을 요청했다. 명은 조선을 버리지 않고 이여송에게 요동군 4만 명을 내주며 참전토록 했다. 이때 우리 땅에 상륙한 일본군 병력은 20만 명에 달했다. 중과부적이었다. 서울과 평양까지 유린당하자 선조는 의주로 피난을 갔다. 압록강만 넘으

목릉은 동원이강릉으로 부르나 각기 다른 세 용맥의 산줄기에 선조(왼쪽), 의인왕후(가운데), 인목왕후(오른쪽) 순으로 예장된 동원삼강릉 형식을 취하고 있다. 하나의 정자각에 각 능을 참도로 연결해 놓은 특이한 조영 구조다.

목릉 정자각 앞에는 맑은 물이 솟아나는 우물이 있다. 원래 묘지 앞 외명당에 솟는 물은 천심수 또는 융취수라고도 한다. 혈처를 제대로 잡아 재혈만 잘하면 천년향화가 끊이지 않는 명당길지라 할 수 있다.

면 남의 땅 중국이다. 왕이 도강하면 나라가 망하는 급전직하의 상황이다. 선조는 이여송에게 매달렸다.

"황제의 은혜를 입어 대인을 만나게 되었소. 조선의 운명은 오직 대인에게 달렸소이다."

천운이 함께하여 전쟁은 끝이 났다. 그러나 정유재란(1597)으로까지 이어진 7년 동안의 전쟁 참화가 가져온 참상은 백성이 굶주리다 못해 인육을 먹는 극한 상황으로 대변된다. 전 국토는 잿더미로 변해 초토화됐고 조정이 할 수 있는 일은 시체를 치우고 묻는 것 뿐이었다. 선조 등극 25년 만의 국란으로 개국(1392) 후 만 200년 만에 당한 국가적 재앙이었다.

선조는 서자 출신이란 열등감에 사로잡혀 대통만은 정비 출생의 대군으로 잇고자 했다. 후궁 소생의 장성한 왕자 임해군, 광해군 등이 있었지만 안중에 없었다. 그래도 후궁 소생 중에는 총애하는 인빈 김씨가 낳은 신성군을 마음에 두고 있는 정도였다. 그 세월이 25년이었고 임금의 보령 사십이었다.

이때 동인의 이산해와 서인의 정철이 광해군을 책봉하자고 모처럼 합의해 정철이 주청했는데 이것은 이산해의 계략이었다. 신성군을 점찍었던 선조가 격노해 정철을 삭탈관직하고 유배 보냈다. 서인세력의 참담한 몰락이었다.

조정을 장악한 동인은 다시 정철을 죽이자는 과격파(이산해, 이발)와 살려두자는 온건파(유성룡, 우성전)로 분열되었는데 이산해의 집이 북악산 아래여서 북인이라 했고, 유성룡의 집은 남산 밑이어서 남인으로 불렸다.

임진왜란이 일어나자 대신들은 조정 혼란을 막고 민심결집을 도모해야 한다며 세자 책봉을 결사적으로 주청했다. 하는 수 없이 선조는 권정례權停例(정식 절차를 다 밟지 않고 거행하는 의식)로 광해군을 책봉했다.

세자 문제는 이렇게 일단락되는 듯 싶었다. 하지만 선조는 임진왜란이 끝나 전후 복구사업이 한창이던 재위 35년(1602)에 33세 연하의 인목왕후仁穆王后(1584~1632)를 계비로 맞이했다. 연흥부원군 김제남의 딸로 당시 19세였던 인목왕후가 2년 후 아들을 낳으니 바로 영창대군이다.

선조와 인목왕후는 영창대군을 바라만 보아도 좋았다. 어떻게 얻은 적통대군인가. 광해군을 폐세자하고 영창대군을 새로 책봉하려는 선조의 의중을 간파한 대신들의 동태가 가시적으로 포착됐다. 당대 실권자였던 유경영이 적통론을 들고 나서 마침내 조정이 영창대군을 지지하는 소북파(유영경, 남이공)와 대북파(이이첨, 허균)로 두 동강이 났다.

이 살얼음판 정국에서 돌연 선조가 승하한 것이다. 보령 57세로 재위 41년 만이었다. 이때 영창대군의 나이는 겨우 두 살이었다. 보위는 당연히 광해군에게 돌아갔다. 선조는 숨을 거두면서 대신들에게 영창대군의 뒷날을 당부했다. 이게 화근이고 탈이었다.

광해군은 등극하자마자 무자비한 살상을 자행하며 연산군 못지않은 패륜무도와 폭정을 저질렀다. 선조가 애지중지하던 영창대군은 폐서인시켜 강화도로 유배 보낸 뒤 방에 불을 때 쪄 죽였고[蒸殺] 어머니 인목왕후는 서궁에 가둬 유폐시킨 채 12년 세월을 짐승처럼 연명케 했다.

이런 슬픈 사연과 곡절을 보듬고 두 왕비와 함께 있는 선조의 능이 목릉穆陵이다. 원래 선조는 동구릉 안 숭릉(제18대 현종) 자리에 있다가 물이 난다 하여 이장하게 되었다.

동구릉 내 목릉은 태조고황제의 건원릉 서쪽 산록에 자子입수 을乙득수 미未파수 임좌병향(동으로 15도 기운 남향)으로 안장된 금대金帶(임금의 허리띠) 국세의 명당자리다. 동원이강릉으로 부르나 각기 다른 세 용맥의 산줄기에 선조(왼쪽), 의인왕후(가운데·임좌병향), 인목왕후(오른쪽·갑좌경향) 순으로 예장된 동원삼강릉同原三岡陵 형식을 취하고 있다. 하나의 정자각에 각 능을 참도로 연결해놓은 특이한 조영 구조다. 또한 목릉 정자각 앞에는 맑은 물이 솟아나는 우물이 있다. 원래 묘지 앞 외명당에 솟는 물은 천심수天心水 또는 융취수融聚水라고도 한다. 혈처를 제대로 잡아 재혈裁穴만 잘하면 천년향화가 끊이지 않는 명당길지라 할 수 있다.

16세 왕위에 올라 41년을 용상에 있는 동안 편할 날이 없었던 임금 자리. 대신들 간 죽고 죽이는 사생결단으로 이 민족 역사에 당쟁이란 정파싸움을 처음으로 태동시킨 군주. 왕조 창업 2백 년 만에 당한 경천동지의 국가적 재앙(임진왜란)을 알고도 못 막아낸 인군으로서의 치욕. 만약 선조가 다시 태어난다면 주상자리에 앉으라는 명종의 청을 선뜻 받아들일지 알 수 없는 일이다.

선조와 의인왕후는 먼저 세상을 떠나 뒷일을 모른다 치고 인목왕후의 풀 길 없는 한은 어땠을까 싶다. 아들은 뜨거운 방에서 증살당하고 자신은 자물쇠로 잠근 토광 속에 갇혀 12년을 햇볕도 못보고 살았으니……. 살아서의 모진 한이 죽어 묘 잘 써주고 떠받든다고 풀릴 수 있을까.

선조대왕의 목릉(사적 제193호)은 동구릉에 있다. 목릉은 선조와 의인왕후, 인목왕후가 동원삼강릉으로 조성되어 있는 명당 길지다.〈동구릉 37쪽〉

광해군은 서자로 태어나 18세 세자로 책봉되고 34세 보위에 오른 뒤
15년을 용상에 있다가 조카 인조에게 쫓겨났다. 강화, 태안, 제주도로
유배지를 전전하면서 구차한 목숨을 이어온 지 18년 만에 67세로 눈을
감았다. 광해군은 조선사회의 엄격한 신분제도와 치열한 당쟁구도에
희생된 대표적 인물이다.

폐
두

광해군 묘

악행과 치적이 교차하니
당쟁에 희생되어 폐주되다

역사는 정녕 승자만의 기록이어야 하는가.

경기도 남양주시 진건면 송릉리 산59번지에는 사적 제363호로 지정된 초라한 무덤이 있다. 조선 제15대 임금으로 한때 천하를 호령했던 폐주 광해군과 부인 유씨의 쌍분이다. 영락교회 공원묘지 내 한 구석 비탈진 산기슭에 철조망으로 가로막혀 아무나 접근할 수 없는 비공개 묘이다.

오가는 길손들은 "저게 광해군 묘다"라고 손가락질하며 거들떠보지도 않는다. 천신만고 끝에 들어가보니 영락교회 1만 7천여 평 묘역의 경계가 어딘지도 모르겠고, 자칫하면 봉분 앞 급한 낭떠러지에 나뒹굴기가 십상이다. 석물조차 보잘 것없다. 아무리 패자의 무덤이라지만 왕위에 15년이나 있으면서 일국을 통치했던 임금의 유택으로 보기엔 너무나 처참하다. 불현듯 살아서의 일신영달과 죽어서의 사후평가가 엇갈리며 역사의 명암이 교차했다.

광해군光海君(1575~1641)은 제10대 연산군과 함께 신하들의 쿠데타로 폐주廢主된 두 번째 조선 임금이다. 일찍이 왕조사를 통해 당대의 정치적 야심이나 모략으로 폐위된 왕과 왕비는 여럿 있다. 신덕고황후(태조 계비), 단종, 정순왕후(단종 왕비), 단경왕후(중종 원비) 등이다.

그러나 비록 수백 년 뒤의 일이긴 하지만 생사를 넘나드는 대신들 간의 논란 끝에 복위되거나 추숭追崇되어 명예를 회복했다. 때로는 너그럽기도 한 역사의 지평이련만 유독 연산군과 광해군에게만은 관용을 허락지 않아 영원한 폐주로 남아 있다. 그렇다고 후일의 사가들이 자의로 재평가해 임금으로 추존시킬 일은 더욱 아니다. 마치 사육신 중 한 명을 빼고 새로 교체해 사학계가 들끓고 있는 것과 크게 다를 바 없다.

광해군은 조선사회의 엄격한 신분제도와 치열한 당쟁구도에 희생된 대표적 인물이다. 서자로 왕위에 오른 부왕 선조는 서자로 출생한 광해군을 왕자로 대우하지 않았고 오직 원비에게서 태어나는 적통 대군만을 기다렸다. 선조는 보령 사십이 넘고 광해군의 나이 18세가 되도록 다음 왕위에 오를 세자도 책봉하지 않고 태평했다.

13명의 서자 중 가장 재기 있고 눈에 띄는 게 광해군이었다. 한 살 위의 동복형 임해군(1574~1609)이 있었지만 성질이 포악한 데다 주벽까지 심해 걸핏하면 상민을 구타하고 재물까지 약탈했다. 인명재천이라 하여 인간의 생사 여부는 누구도 장담할 수 없는 법이다. 이런 상황에서 선조가 급서라도 하는 날이면 왕위 계승을 둘러싼 서자 간 골육상쟁으로 피바람이 불 것은 불을 보듯 뻔했다.

이때(1592) 임진왜란이 일어났다. 준비 없이 속수무책으로 낭한 소정은 보름 만에 서울을 함락당하고 선조는 평양으로 몽진蒙塵했다. 위급상황에서 선조는 대신들의 청을 뿌리칠 수가 없어 광해군을 세자로 책봉했다. 광해군은 선조가 맡긴 분조分朝 임무를 기대 이상으로 잘해내 조정은 물론 백성들에게까지 큰 신망을 얻었다.

1597년의 정유재란까지 7년 전쟁은 끝이 났으나 전쟁의 후유증은 걷잡을 수가 없었다. 전시에 다급한 나머지 군량미를 조달하거나 의병에 참여한 하층민에게까지 공명첩空名帖이나 실제 관직을 주어 양반 신분으로 격상시켰다. 임진왜란 이후 반상계급의 신분타파가 급속히 진행되면서 갓끈을 맬 줄도 모르는 급조 양반이 도처에 즐비했다.

조정은 국방대책에 골몰하기 시작했고 명나라 덕에 나라를 건졌다고 생각하는 선조의 사대事大공경은 목불인견이었다. 선조는 궁중에 진미가 있으면 "황제에게 드리려 하나 어찌할 수가 없다"고 탄식하며 조아렸다. 광해군은 이런 나라의 현실을 낱낱이 목도하며 자신을 인정 않는 명에 대한 적개심과 지나친 간섭을 골수에 각인했다.

선조는 대군 왕통에 대한 미련을 끝내 버리지 못하고 계비 인목왕후 김씨를 새로 맞아 드디어 영창대군을 낳았다. 조정은 또다시 광해군을 지지하는 대북파와 영창대군을 세자로 책봉하자는 소북파로 갈라서 목숨을 건 싸움을 시작했다.

폭풍우가 휘몰아치면 천년 묵은 고목도 잠시 자세를 낮춘다 했다. 광해군은 자신이 처한 입지를 누구보다도 잘 알았다. 설불리 나섰다간 세자는 커녕 목이 달아날 판이다.

이 박빙의 정국에서 선조가 갑자기 승하한 것이다. 선조는 눈을 감으며 광해군에게 전위하는 교서를 내렸으나 영의정 유영경이 집에 감춰 버렸

광해군은 세상을 떠나면서 어머니 공빈 김씨 묘가 보이는 곳에 묻어달라고 했다. 제주도에서 그의 주검을 옮겨와 동남향의 이곳에 매장했다. 용맥은커녕 경사가 급한 언덕배기, 산감옥이 따로 없다. 멀쩡한 가문도 이런 곳에 묘를 쓰면 손이 끊어지는 절손지지다. 혼령이라도 굽어보고 있다면 얼마나 애통할까 싶다.

오가는 길손들은 "저게 광해군 묘다"라고 손가락질하며 거들떠보지도 않는다. 석물조차 보잘 것이 없다.

다. 유영경은 인목왕후를 통해 2살 된 영창대군을 등극시키려 했으나 인목왕후가 현실성이 없다 하여 언문교지로 광해군을 보위에 앉혔다. 이것이 광해군을 폭군으로 내몰게 된 역사적 단초가 되었다.

광해군이 재위한 15년은 전후복구와 왕위계승권을 둘러싼 정면대결로 혼조昏朝가 거듭됐다. 임진왜란 와중에 어부지리로 세자가 된 뒤, 선조가 돌연 훙서하면서 등극한 광해군은 늘 임금 자리가 불안했다. 명나라 조정은 광해군이 서자인 데다 차남이라며 현장실사를 통보해 왔고, 동복형 임해군은 "동생한테 왕위를 도둑맞았다"며 노골적으로 비방하고 다녔다.

더욱 참을 수 없는 왕권 위협은 2살 된 영창대군을 왕으로 앉히겠다는 소북파의 도전이었다. 광해군보다 10살 아래의 계비 인목왕후가 낳은 영창대군이었지만 부왕의 정실부인이 낳은 대군왕자여서 명분은 충분했다.

용상을 넘보는 세력은 또 있었다. 이복동생인 정원군(인빈 김씨 3남·인조의 생부로 추존 원종대왕)의 셋째아들 능창군으로, 그가 태어난 새문동 생가에 왕기가 서렸다는 풍수대가들의 소문이 장안에 자자했다. 능창군은 어릴 적부터 총명한 데다 기상마저 비범했다.

광해군에게는 열 명의 충신보다 한 명의 간신이 절실했다. 자신으로선 차마 어쩌지 못할 혈육들인 임해군, 영창대군, 능창군을 대역죄로 몰아 죽여 버리고 눈엣가시였던 계모 인목왕후까지 폐모시켜 서궁(덕수궁)에 유폐시킨 은인들이 있었으니 바로 대북파였다. 광해군은 이들에게 결초보은했다. 재위 15년 동안 딴 세력들은 얼씬도 못하게 하고 오직 이들에게만 국정을 전담토록 했다.

자고로 친인척과 측근들이 주군을 망쳐 왔다. 동시대를 산 고산 윤선도는 "의정부, 사간원, 승정원, 홍문관, 사헌부, 이조를 맡은 위인들이 이이첨의 심복이 아닌 사람이 없다"고 개탄했다. 이이첨은 미리 낸 과거시험 문제를 자표字標로 맞추고 시권試券에 징표까지 해 네 아들 모두 장원급제시켰다. 길 가는 행인들도 이이첨을 보면 눈을 흘겼고, 이이첨의 비위에 거슬리면 집안이 망한다고 부자·형제지간에도 말을 삼갔다. 서얼 출신들은 벼슬길이 통하지 않는 사회제도에 분통을 터뜨렸고 팔도의 선비들은 과거를 조롱하며 학문을 포기했다.

이후 왕실과 조정에 불어 닥친 피바람은 사초史草에 기록된 것 이상이나. 여기에 간신 보리배들의 협잡과 권력욕까지 가세되면서 조선은 인간 도륙장의 슬픔 속에 함몰되고 만다. 이른바 살제폐모殺弟廢母로 대표되는 당시의 인간 사냥은 광해군 재위 15년 동안 대북파의 권력독점으로 영일 없이 자행됐다. 악의 세력이라고 쉽게 망하지는 않지만 무고한 인명살상에는 민심이 요동치는 법이다.

그러나 광해군의 치적도 만만치 않다. 그는 임진왜란이란 사상초유의 국란을 겪으면서 산전수전을 몸으로 익힌 능수능란한 중년 임금이었다. 임진왜란으로 황폐화된 국토를 복구하고 포로로 잡힌 왜군 병사를 통해 조총 제조술을 습득하는 개가를 올렸다. 무너진 성벽과 부서진 병기를 보수, 정비하고 군대조직을 개편해 변방 침공에 철저히 대처토록 했다.

무리한 토목공사였지만 창덕궁, 경희궁, 인경궁을 중건하고 무주 적상 산성에 사고史庫도 새로 지었다. 난리통에 유실된 문헌자료들을 수집해 『신동국여지승람』, 『동의보감』, 『양금신보』 등을 복간시키고 부왕이 결단 내리지 못한 오현五賢 선비, 김굉필, 정여창, 소상소, 이언석, 이황 등의 문묘 배향도 과감히 단행했다. 오늘날 주민등록제의 원조라 할 수 있는 호패

제도 다시 실시해 인구 동태를 파악했고 각종 문화재 보수에도 아낌없이 지원했다.

광해군의 국제외교술은 탁월했다. 비록 강토를 처절하게 유린한 왜구였지만 그렇다고 영구 원수로도 못 지내는 게 이웃나라이다. 한동안 분노를 삭인 뒤 삼포(부산포, 염포, 제포)를 개항해 일본과 조약을 맺고 국교를 텄다. 명나라와는 나라를 구해준 은공을 보답하며 군신관계를 유지했다.

이때 중원대륙에서는 천지가 이동하는 엄청난 지각 변동이 꿈틀거리고 있었다. 조선 7년 전쟁의 대리전으로 지나치게 국력을 소모한 명나라가 기진맥진하며 비틀거리기 시작한 것이다. 이 틈을 타 여진족 누루하치가 후금後金을 세우고 명나라와 접전을 벌이니 후일의 청나라다. 국지전으로 전쟁을 일삼던 누루하치가 마침내 대군을 이끌고 명으로 쳐들어갔다. 마땅히 명은 조선 임금 광해군에게 원병을 요구했다

이 당시 광해군은 동북아 국제정세를 정확히 관통하고 있었다. 명은 지는 해고 후금은 뜨는 해였다. 명의 원병요청에 명분을 세워주고 후금의 비위를 건드리지 않는 절묘한 등거리 외교만이 살 길이었다. 광해군은 강홍립 장군에게 1만 3천의 병력을 내주며 명을 돕되, 후금과 원수지게 싸우지 말라고 밀령을 내렸다. 강홍립은 명과 후금의 운명을 가르는 부차富車 전투에서 명군이 불리해지자 얼른 후금에게 투항해 버렸다. 명의 노여움을 사지 않고 후금의 침략도 모면한 섬광 같은 책략이었다.

이 전투의 패배로 국력을 회복하지 못한 명은 1644년, 마지막 황제 의종[崇禎帝]이 자살하며 개국 277년 만에 멸망했고, 곧이어 후금이 국호를 바꿔 청淸이라 했다. 한족이 아닌 이민족이 중국 대륙을 지배하기는 몽골족 원나라에 이어 여진족이 두 번째다. 남의 나라 전쟁에 잘못 파병했다가

망국의 길로 접어든 역사적 사례다.

선인들은 항상 외부의 적보다 내부의 적이 더 무섭다고 경책해왔다. 광해군이 그러했다. 대북파의 15년 장기집권으로 권력이 독점되면서 인재 등용에 형평성을 잃고 지나치게 많은 정적들이 양산됐다. 서궁에 유폐되어 죽지 못해 연명하고 있던 인목왕후도 민심이반의 큰 요인이었다. 설상가상으로 명군 원병에 군사를 동원한 뒤 도성과 궁궐 치안도 소홀하기 짝이 없었다.

1623년 봄, 세검정에서 칼을 갈던 김류, 이귀, 이괄, 김자점 등이 분연히 봉기하여 대궐을 장악하니 곧 인조반정이다. 조카에게 삼촌이 당한 것이다. 이들은 서궁에 갇혀 있던 인목왕후의 교지를 받들어 능양군(추존 원종의 장남·능창군의 큰형)을 보위에 올리니 이가 제16대 인조다. 이후 광해군의 남은 인생 역정을 필설로 헤아려 무엇하겠는가. 대북파 영수들은 자식들과 함께 몰살당했고 조정 뜰에는 혈해血海가 넘쳐흘렀다. 분기탱천한 인목왕후가 광해군의 36가지 죄목을 언문으로 적어 사사코자 했으나 인조의 간청으로 목숨만은 부지하게 됐다.

광해군은 18세 세자 책봉 이후 34세로 보위에 오른 뒤 15년을 용상에 있다가 조카(인조)에게 쫓겨났다. 강화, 태안, 제주도로 유배지를 전전하면서 구차한 목숨을 이어온 지 18년 만에 67세로 눈을 감았다.

광해군은 유배지에서 연명하는 동안 모든 것을 잃었다. 15명의 후궁이 있었으나 오직 정비 문화 유씨(문양부원군 유자신 딸)에게서만 3남 1녀를 얻었다. 세자로 책봉되었던 둘째 아들이 강화 유배지에서 땅굴을 파고 도망치려다 잡혀 26세로 사사당했다. 충격받은 폐세자빈 박씨가 바닷물에 몸을 던져 자결하고 곧이어 폐비 문화 유씨도 자진했다.

이런 절망적인 극한상황 속에서도 광해군은 낙담하거나 포기하지 않았다. 이따금씩 전해지는 복위운동 소식이 유일한 희망이었다. 제주 유배지에서 폐주를 감시하는 별장이 윗방을 차지하고 아랫방으로 내몰아도 의연한 태도를 보였다. 심지어는 '영감'이라 부르며 빤히 쳐다봐도 화를 내거나 분노하지 않았고 이럴 때마다 광해군은 속으로 절치부심했다.

"네 이놈, 세월이 아무리 뒤집어졌기로서니 어찌 감히 인군에게 이럴 수가 있다는 말이냐. 복위되는 날엔 네 놈의 삼족을 멸해 버리고 말 것이로다."

그러나 광해군의 꿈은 이루어지지 않았다. 그는 세상을 떠나면서 어머니 공빈 김씨의 묘가 보이는 곳에 묻어달라고 유언했다. 산 사람 소원도 들어준다는데 죽은 사람의 소원을 못 들어주겠는가. 조정에서는 그의 주검을 제주도에서 옮겨와 해亥입수 인寅득수 병丙파수 동남향(해좌사향)의 이곳에 매장했다. 용맥은커녕 경사가 급한 언덕배기다. 멀쩡한 가문도 이런 곳에 묘를 쓰면 손이 끊어지는 절손지지絶孫之地다. 혼령이라도 굽어보고 있다면 얼마나 애통할까 싶다.

광해군 묘 는 광해군과 문성군부인 문화 유씨의 쌍분이다. 연산군 묘과 같이 복위되지 못하여 왕릉이 아닌 군묘의 형식으로 조성되어 있으며, 두 봉분에 각각 비석과 상석이 있다. 광해군은 제주도 유배지에서 죽었는데, 그의 유언이 어머니 무덤 발치로 옮겨달라는 것이어서 지금의 위치에 안치되었다. 지금도 건너다보이는 곳에 어머니 공빈 김씨의 성묘가 자리해 있다. 광해군 묘는 비공개묘이다.

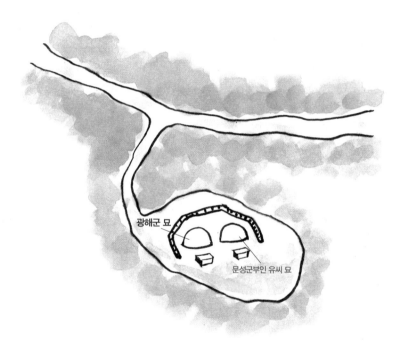

광해군 묘

문성군부인 유씨 묘

광해군 묘(사적 제363호)는 사릉(단종왕비 정순왕후 능) 근처인 경기도 남양주시 진건면 송능리 산59번지에 위치해 있다.
대중교통을 이용할 때는 국철 도농역에서 9-1, 23, 165-3번 버스로 환승해 농업기술센터, 사릉 나들목에서 내린다.
자가용을 이용할 때는 사릉 우측에서 송릉교를 건너 영락교회 공원묘지 방향으로 가면 광해군 묘의 이정표가 보인다.
문의: (031) 590-4721

광해군보다 다섯 살 아래였던 정원군은 능양군, 능원군, 능창군 세 아들을
두었는데 능창군이 역모로 몰려 죽었다. 정원군은 생떼 같은 자식을
가슴에 묻고 중병이 들어 세상을 뜨니 그의 나이 40세였다. 큰아들
능양군이 반정으로 광해군을 무력화시키니 인조다. 인조는 등극하자마자
아버지의 한 맺힌 매듭을 신원하려고 애쓰니…….

추존 원종대왕

장릉

살아생전 숨죽이고
아들 덕에 왕으로 추존되다

　절대왕권시대에 왕자나 왕실의 지친至親 신분으로 살아가기란 참으로 험난한 일이었다. 왕보다 똑똑하고 잘났다는 이유로 사약이 내려지는가 하면, 집터나 묏터가 풍수적으로 좋기만 해도 대역죄로 몰려 세상을 떠나야 했다. 조선 중기 이후 더욱 노골화된 지친 간의 골육상잔은 신권에 의해 왕권이 흔들릴 때마다 극에 달했다.

　때로는 대신들 간 권력 장악의 수단으로도 악용돼 걸출한 왕손늘의 운명은 백척간두에 선 풍전등화와도 같았다. 왕권에 위협이 되고, 도전이라도 한다 싶으면 가차 없이 처단했다. 이 싸움에는 형제 간은 말할 것 없고 부부, 부자, 모자지간에도 용납이 되지 않았다. 하늘에 태양이 둘일 수 없는 것이어서 절대 권력을 둘러싼 목숨을 건 암투는 동서고금이 다를 바 없었다.

　선조의 서자로 차남 자리에서 등극한 광해군은 늘 열등감에 지쳐 있었다. 당시의 엄격한 신분사회는 측실이 낳은 서얼 출신은 벼슬길은커녕 사

290

람 취급조차 하지 않았다. 삼한갑족三韓甲族의 출중한 문중에서 태어나 과거급제로 장상 자리에 오른 대신들마저 임금인 광해군을 낮보았다.

이런 사면초가의 외로운 군왕에게 힘을 실어주고 수족이 되어주는 세력이 있었으니 대북파였다. 광해군은 폐위되어 쫓겨날 때까지 대북파에 조정을 내맡긴 채 온갖 국정농단을 수수방관했다. 이들은 나라를 위해 큰일을 하겠다고 출사한 대소신료들을 노선이 다르다는 명분으로 어명을 빙자하여 단박에 참수하거나 사약을 내렸다.

친형 임해군과 적실왕자 영창대군까지 죽인 광해군의 귀에 이상한 소문이 들려왔다. 광해군의 이복동생인 정원군定遠君(1580~1619)이 살고 있는 새문동 집에 왕기王氣가 서려 있다는 것이다. 발 없는 말이 천리 간다고 이같은 입소문은 전국 풍수대가들을 통해 삽시간에 퍼졌다. 광해군은 오금이 저렸고 대북파는 사지가 오그라들었다. 이미 광해군은 둘째 왕자를 세자로 책봉해 놓았지만 정원군의 세력이 확대되면 언제든지 뒤집힐 수 있는 시국상황이었다.

광해군보다 다섯 살 아래였던 정원군은 선조의 열세 명 서자 중에서도 각별한 왕자였다. 생모 인빈 김씨가 선조의 총애를 받아 의안군, 신성군, 정원군, 의창군 네 왕자를 낳았는데 이 중 셋째였다. 처음부터 선조는 신성군을 아껴 왕위를 물려주려고 했으나 임진왜란 때 병사하고 말았다. 당시 정원군은 좌찬성 구사맹(능성 구씨)의 딸과 혼인하여 능양군, 능원군, 능창군 세 아들을 두었는데 선조는 능창군을 신성군에게 입양시켜 대를 잇도록 했다.

이것이 재앙이었다. 소싯적부터 신성군을 의식해왔던 광해군이 그의 양자로 간 능창군을 곱게 봐줄 리가 없었다. 거기에다 능창군은 어릴 적부터 기상이 늠름하고 무예까지 뛰어난 호쾌남아로 성장해 주변에 사람들이 모여들었다. 더구나 그가 태어난 집에 왕기까지 서렸다는 것 아닌가.

이번에는 대북파 중 소명국이 들고 나섰다. 신경희를 시켜 옥사를 일으킨 뒤 능창군을 왕으로 추대하는 역모를 꾸몄다고 무고한 것이다. 능창군은 즉시 체포되어 강화 교동에 위리안치됐고, 시시각각으로 죽음이 압박해 오자 목을 매 자결해 버렸다. 장가도 못 간 17세 나이였다. 광해군은 능창군의 집을 빼앗아 경덕궁을 짓고 아버지 정원군마저 쫓아냈다.

사람이 흉중의 화를 다스리지 못하면 죽을병이 찾아든다고 했다. 천지신명을 원망하며 앙천통곡하고 끼니조차 거르던 정원군이 마침내 중병에 들었다. 생떼 같은 자식을 가슴에 묻었으니 그 한이 오죽했으랴. 그 후 정원군의 병세는 날로 약화돼 4년 동안 바깥출입을 하지 못하고 부인 구씨(1578~1626)가 대소변을 받아냈다. 광해군 11년(1619), 천추의 한을 풀지 못한 채 세상을 뜨니 그의 나이 40세였다.

광해군은 정원군의 부고가 전해지자 사람을 보내 장사 일정을 재촉하고 조문객들을 감시했다. 생모 인빈 김씨가 예장된 풍양의 묏자리 옆이 명당이어서 묻히려 했으나 광해군과 대북파의 결사반대로 무산됐다. 결국 양주군 군장리 동록 계운궁 남쪽에 서남향(간좌곤향)으로 장사지낸 뒤 흥경원興慶園이라 이름지었다.

그러나 구중궁궐 처마 끝에 먹장구름이 낀지는 이미 오래였다. 정원군의 큰아들 능양군이 두 눈을 부릅뜨고 동생과 아버지 죽음에 치를 떨고 있었다. 또한 당시 조정은 광해군의 명과 후금(후일 청나라) 간 등거리 외교정책으로 인해 두 편으로 양분돼 있었다. 임진왜란 때 파병 은공과 역대 군신

장릉에서는 사초지 왼쪽에 있는 옥새석을 눈여겨봐야 한다. 폭력으로 왕권을 거머쥔 인조가 당대 신풍을 불러 천하 명당을 잡았음은 불문가지의 일이다.

장릉은 계단식 참도가 눈에 띈다.

김포시 풍무동 장릉 앞의 연못. 자좌오향의 대길지 명당인 장릉은 능침 뒤의 어병산이 일품이고
능 앞 금천교를 감아 도는 물길도 법수와 맞아 떨어진다.

왕권에 위협이 되고, 도전이라도 한다 싶으면 가차 없이
처단했다. 이 싸움에는 형제 간은 말할 것 없고
부부, 부자, 모자지간에도 용납이 되지 않았다.
하늘에 태양이 둘일 수 없는 것이어서 절대 권력을
둘러싼 목숨을 건 암투는 동서고금이 다를 바 없다.

의리라는 명분을 내세운 친명파와 신흥세력인 후금을 무시하면 국란을 또 당한다는 친청세력의 대결구도였다.

참다못한 능양군이 친명파 김류, 이귀, 김자점 등을 진두지휘해 대궐로 쳐들어가 광해군을 무력화시키니 인조반정이다. 정난이나 반정을 통해 왕위에 오른 다른 임금들의 경우 대신들의 강권에 못 이겨 등극하는 절차를 밟았으나 인조는 군사를 이끌고 직접 대궐로 입성해 군왕이 되었다. 후일 병자호란 때 남한산성 삼전도에서 당하는 인조의 치욕이 등극 당시 친명반청 정책에서 비롯됐음을 간과해선 안 된다.

인조는 등극하자마자 아버지의 한 맺힌 매듭을 신원하려고 했다. 흥경원에 안장된 생부를 왕으로 추존한 뒤 살아있는 생모 능성 구씨를 왕후로 존봉하려 했으나 대신들의 결사반대가 의외로 거셌다. 정원군이 서자 출신인 데다가 선조의 생부 덕흥대원군(1530~1559)도 군왕으로 추존되지 않았다는 형평성 논리에서였다. 어쩔 수 없이 정원군은 정원대원군으로, 능성 구씨 연주군부인連珠郡夫人(종1품)은 부부인府夫人(정1품)으로 가상加上하는 데 그쳐야 했고 살던 집은 계운별궁으로 칭했다.

인조 4년(1626) 연주부부인 구씨가 49세로 세상을 뜨자 경기도 김포시 풍무동 장릉로 79번지에 안장하고 원호를 육경원毓慶園이라 했다. 1년 뒤 양주 흥경원의 생부를 천장하여 오른쪽에 예장하고 흥경원으로 개봉한 후에도 인조의 추존왕에 대한 열망은 집요했다.

마침내 인조의 꿈은 이루어졌다. 보위에 오른 지 12년(1634) 만에 정원대원군은 원종대왕元宗大王으로, 연주부부인은 인헌왕후仁獻王后로 추존하고 능호는 장릉章陵으로 올렸다. 역시 반정공신 이귀 등의 소청이었다. 이

귀는 임진왜란 때 원종대왕이 선조의 몽진을 도와 호종 2등 공신에 책록되었음을 내세웠다.

아들을 잘 둔 덕에 왕으로 추존된 원종은 앞서의 행장에서 볼 수 있듯이 이렇다 할 궤적이 없다. 사적 제202호로 지정된 김포 장릉은 자좌오향(정남향)의 대길지 명당이다. 능침 뒤의 어병산御屛山이 일품이고 능 앞 금천교를 감아 도는 물길도 법수와 맞아 떨어진다. 장릉에 와서는 사초지 왼쪽에 있는 옥새석을 눈여겨봐야 한다. 폭력으로 왕권을 거머쥔 인조가 당대 신풍神風을 불러 천하 명당을 잡았음은 불문가지의 일이다.

김포 장릉 은 인조의 부모인 추존 원종대왕과 인헌왕후를 모신 쌍릉이다. 원종대왕은 처음에 양주군 군장리에 묻혔으나 인조반정 후 대원군으로 봉해지면서 흥경원으로 추숭된 것을 다시 인조가 원종대왕으로 추존하면서 지금의 위치로 천장했다. 인헌왕후 역시 김포 성산 언덕에 묻혔다가 이곳으로 옮겨왔다. 봉분은 지면과 맞닿은 부분에 아무것도 새기지 않았는데, 이는 추존 전에 조성되었기 때문이다.

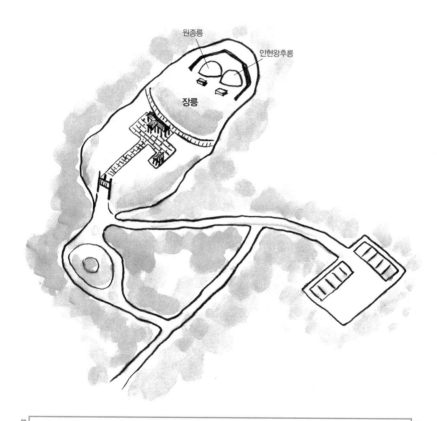

김포 장릉(사적 제202호)은 경기도 김포시 풍무동 장릉로 79번지에 위치해 있다.

지하철을 이용할 때는 5호선 송정역에서 1, 2, 6, 9, 60, 69, 1002번 버스로 환승한다.

버스를 이용할 때는 88, 672, 631, 1002, 9602번이 있다.

자가용을 이용할 때는 김포시청 정문에서 좌회전해 언덕 정상 부근에서 우회전한다.

문의: (031) 984-2897

왕릉
읽기

조선왕릉의 구조적 이해

사람은 살다가 누구나 죽는다. 왕도 죽고 백성도 죽는다. 죽은 영혼은 하늘에 있는 북두칠성으로 돌아간다고 선조들은 믿었다. 인간의 죽음을 '돌아가셨다'고 표현함은 여기서 비롯된 것이다. 옛 사람들은 북극성이 천체의 중심인 줄 알았고 북두칠성은 그 주위를 도는 것으로 인식했다. 하관 시 7개의 구멍이 뚫린 칠성판을 광중壙中 바닥에 깔고 시신을 안치함은 북쪽으로 떠나감을 돕기 위한 상징성을 나타내는 것이다.

죽음을 지칭하는 표현도 다양하여 신분에 따라 엄격히 구분됐다. 일반인은 사망·별세·서거라 했고, 사대부는 졸卒, 군자는 종終이었으며 임금에게는 승하·훙서·예척이라 높여 불렀다. 황제가 운명했을 때는 붕어 또는 등하라는 극존칭을 썼다. 그러나 인간의 죽음을 가장 지고하게 나타내는 수사가 따로 있으니 바로 역책易簀이다.

공자의 제자였던 증자(기원전 506~436)가 죽음에 임박하여 정갈한 삿자리 (갈대를 엮어 만든 자리)를 바꿔 깔았다는 고사에서 유래하며 학식과 덕망이 높은 사람의 임종을 말한다. 우리 역사에서 역책으로 생을 마감한 인물은 퇴계 이황(1501~1570)이 유일하다.

조선시대 임금의 훙서는 나라의 지각변동이었다. 대통승계 시 발생할

지도 모를 만일의 사태 방지를 위해 병조(국방부)는 군사를 동원해 겹겹이 궁궐을 에워쌌다. 곧바로 왕의 옥체를 보존하는 빈전殯殿이 설치되고 이어서 신왕의 즉위 절차가 진행되었다. 빈전의 도감都監은 유교 예제에 밝은 예조판서가 맡았다. 이와 함께 국장도감國葬都監과 산릉도감山陵都監이 동시에 설관돼 장례를 진행하였는데 왕릉의 조영造營은 산릉도감이 맡았다.

오늘날 우리가 서울 근교, 혹은 경기 일원에서 가까이 접하게 되는 조선왕릉에는 장묘문화의 정수를 보여주는 예술품이 많다. 문화사적 가치를 높게 평가받는 조형물들이어서 유네스코가 세계문화유산으로 등재한 것이다. 그러나 능을 처음 찾는 초행자들은 왕릉 구조가 너무 복잡한 데다 능마다 특성을 달리하고 있어 주마간산으로 지나치기 십상이다.

왕릉에 가면 먼저 봉분의 형태를 살펴봐야 한다. 단릉單陵은 왕의 능침을 1기로 조성한 일봉일실一封一室 능을 말한다. 건원릉(태조), 장릉(단종), 정릉(중종)의 3기가 있다. 쌍릉雙陵의 형태는 한 언덕에 왕과 왕비 봉분을 나란히 조성한 이봉이실二封二室 능으로 헌릉(태종·원경왕후)과 강릉(명종·인순왕후)이 여기에 속

1 단릉   2 쌍릉   3 삼연릉   4 동원상하봉릉

한다. 삼연릉三連陵은 하나의 명당 언덕에 왕·왕비·계비의 세 봉분을 횡으로 나란히 앉힌 삼봉삼실三封三室로 경릉(헌종·효현왕후·효정왕후)이 유일하다.

또 다른 능의 묘제도 있다. 합장릉合葬陵은 하나의 봉분 안에 왕과 왕비를 합폄한 경우로 일봉이실一封二室(세종·소헌왕후, 고종·명성황후)과 일봉삼실一封三室(순종·순명황후·순정황후)이 있다. 동원이강릉同原異岡陵은 한 개의 정자각 뒤 각기 다른 언덕에 왕과 왕비의 봉분과 석물을 따로 배치한 이봉이실 능으로 현릉(문종·현덕왕후)과 광릉(세조·정희왕후)이 대표적이다. 동원상하봉릉同原上下封陵은 매우 특이하다. 기다란 하나의 언덕에 위아래로 왕과 왕비의 능침을 배치하고 석물을 따로 세운 이봉이실 능이다. 명당의 광중 혈이 좁을 때 쓰는 장법이며 영릉(효종·인선왕후)과 의릉(경종·선의왕후)에 가면 확인할 수 있다.

왕릉 터는 뒤쪽의 주산을 앞쪽의 물길이 감싸도는 이른바 배산임수背山臨水를 기본지형으로 택지했다. 능 입구에는 재실이 자리하며 산릉제향 시 헌관과 제관이 제사를 준비하는 장소다. 능역에 들어서려면 세속과 성역을 가르는 금천교(돌다리)를 건너야 하며, 바로 앞에 잡귀의 범접을 막는

1 능지기가 머무는 수복방
2 3단 계석과 석호와 석양   3 혼유석과 장명등

300

홍살문이 있다. 홍살문을 통과해야 비로소 신성한 왕릉의 영역에 들어가는 것이다. 홍살문 우측 정사각형 배위拜位는 금상이 왕릉을 찾아 배알할 때 절하던 곳이다.

능제를 봉행하는 정자각은 박석이 깔린 참도로 연결되는데 왼쪽은 능 주인, 즉 승하한 왕이 다니는 신도神道여서 약간 높고, 우측 어도御道는 참배를 간 왕이 걷는 길이라 낮다. 정자각 좌측의 예감은 제향 후 축문을 태워 묻는 곳이며 우측에 왕의 업적이나 생애를 새겨놓은 비각과 능을 지키는 관리인이 머무는 수복방이 있으나 현재 수복방은 몇 기의 왕릉에만 보존되고 있다. 인공으로 조성된 정자각 뒷동산이 사초지인데 풍수에서는 모든 기운을 품는 에너지원으로서 강岡으로도 부르며 조선왕릉에서만 볼 수 있는 왕실 장법이다.

능상에 오르면 긴 장대석으로 경계를 지은 3단의 계석階石이 있다. 문치주의를 표방했던 조선왕조는 하계에 무인석과 석마를, 중계에는 문인석·석마·장명등을 세우고 상계에 능침을 조영했다. 이 중 무인석은 왕권의 상징으로 사대부나 일반 묘에 무인석을 설치하면 역모죄로 다스렸다. 능침 뒤에 석호와 석양은 잡귀를 쫓기 위한 상징물이다.

1 곡장 바깥 언덕 잉
2 산신석 3 배위석

능침을 둘러싸고 있는 석물은 병풍석과 난간석으로 구분되는데 12방위를 표시하는 지지地支와 동물의 형상이 조각돼 있다. 세조 이후 조선왕릉에 병풍석은 생략되고 있으나 난간석이 없는 왕릉은 없다. 역시 왕권의 상징물이기 때문이다. 능침 좌우의 돌기둥은 멀리 갔던 혼령이 다시 찾아올 때 표지석의 기능을 하는 망주석이며 능침과 장명등 사이의 장방형 상판석은 축시丑時(1~3시)에 혼령이 나와 쉬는 장소로 혼유석이다. 능침을 중심으로 동·서·북의 삼 면에는 기와를 얹은 곡장(돌담)을 둘러쳐 아름다운 곡선미와 함께 바람막이 역할을 한다. 이외에도 양이나 호랑이의 돌 조각상인 석양과 석호가 앉아있는데 악한 기운을 몰아내기 위함이지만 죽은 이의 명복을 비는 의미가 더하다. 곡장은 왕릉을 보호하기 위해 양쪽 측면과 후면을 둘러친 담장을 말하며 곡장 바깥쪽의 언덕을 잉孕이라고 한다. 잉은 왕릉이 조성된 산의 기운이 잉을 통해 능으로 전달된다.

조선왕릉에는 산신석山神石이 사초지 아래 오른쪽에 있다. 통상 인간의 지위는 신보다 낮지만, 임금은 신보다 높은 상격이어서 산신석을 능침 아래에 두었던 것이다. 일반묘에는 산신석이 묘 뒤에 위치하며 성묘할 때나 산제 봉행 시 주과포에 음복주를 부어놓고 신에게 먼저 고하는 표석이다.

왕릉에 따른 특성도 다양하다. 건원릉(태조)은 고려 능제인 현정릉(공민왕·노국공주) 제도를 바탕으로 조성되었다. 세종 때부터는 『국조오례의』에 따라 왕릉 상설을 설치했고, 현릉(문종)이 이에 따른 가장 오래된 능이다. 영조는 능제에 관심이 많아 『국조상례보편』까지 찬술했고 원릉(영조)의 석물 제도는 이의 표본이다. 서삼릉 안의 예릉(철종)은 조선왕릉의 상설제도에 따라 조영된 마지막 능이다.

3장

왕조, 반석을 다지다
인조~철종

인조는 왕손이라는 이유로 피붙이들이 죽임을 당하자 계획적인 쿠데타로
왕위에 올랐다. 왕으로서 인조의 생애는 기구하기 짝이 없다. 왕위가
불안해 잠 못 이루고, 이괄의 난으로 서울이 점령당하기도 한다. 미흡한
외교정책으로 정묘호란과 병자호란을 겪으며 삼전도 치욕을 당한다. 그리고
볼모로 잡혀간 세자와 자식들을 죽음으로 몰아 왕실의 비극을 부른다.

인조대왕

파주 장릉

계획적인 쿠데타로 왕권 잡아
극적이고 고단한 삶을 살다

유네스코 세계문화유산으로 등록된 조선왕릉 40기 중에는 동명의 능호를 사용하나 한자가 다른 왕릉이 여럿 있다. 이 중 경기도 김포시 풍무동 장릉로 79번지에 있는 장릉章陵(사적 제202호)과 경기도 파주시 조리읍 삼릉로 89번지에 있는 장릉長陵(사적 제203호)은 부자 간의 왕릉이어서 유별나다.

김포 장릉은 추존 원종대왕과 인헌왕후의 쌍분릉으로 인조대왕仁祖大王(1595~1649)의 생부와 생모의 능침이며 일반 공개돼 역사탐방객들의 발길이 잦다. 파주 장릉은 원종의 아들인 인조와 원비 인렬왕후의 합폄릉인데 비공개릉이어서 일반인의 접근이 불가능하다.

임금도 한 인간의 궤적을 비껴갈 수 없음이야 남루한 비색 촌로도 다 알 법한 일이다. 절대권력의 용상은 만민들한테야 부러움의 대상이었을지 모른다. 하지만 범부들만도 못한 때가 얼마든지 있다. 조선의 역대 군왕 중 인조만큼 극적이고 고단한 삶을 살다간 임금이 또 있을까.

왕으로서 인조의 생애는 기구하기 짝이 없다. 서삼촌庶三寸이자 금상인 광해군의 패도만행이 능양군(인조)의 집에까지 미쳐 동생은 유배 가 자결하고 아버지마저 화병으로 원통하게 죽었다. 설상가상으로 광해군을 등에 업은 대북파의 국정농단이 극에 달하자 백성들도 등을 돌려 차라리 천지변고라도 생기기를 학수고대했다.

절박한 민심에 하늘이 움직였다. 전국 각지의 민심동요가 반정 조짐으로 이어지더니 마침내 능양군을 앞세운 친명파(서인) 세력이 대궐을 점령하면서 창덕궁에 불을 질러 버렸다.

계획적인 쿠데타로 광해군 정권을 몰락시킨 인조반정 실세들이 내세운 반정 명분은 크게 두 가지였다. 첫째가 살제폐모殺弟廢母(형·동생을 죽이고 어머니를 폐모시킴)에 대한 공분이었고, 다음이 왕조 창업 이래 명을 섬겨온 신의에 대한 배반이었다. 인조 1년(1623) 3월 13일의 일로 광해군이 보위에 있은 지 15년 1개월 만이었다.

능양군이 서궁에 유폐된 인목대비를 찾아가 잠긴 빗장을 열고 어보를 거둬 전하면서 재배와 함께 통곡했다. 대비 김씨는 10년 만에 비로소 푸른 하늘을 우러러보았다. 대위大位는 마땅히 능양군의 것이었다. 다 죽어가는 목숨을 구해준 서손자庶孫子가 아닌가.

왕실의 최고 어른으로 복위한 인목대비 김씨의 명으로 곤룡포에 면류관을 쓰고 곧바로 즉위하니 제16대 임금 인조대왕이다. 그의 나이 29세였다. 혁명이나 반정이 성공하면 전조前朝의 정책은 뒤집히고 혁신 세력이 등장하여 새 질서를 수립함은 권력 이동의 수순이다. 선조 이래 50여 년간 권력을 빼앗겼던 서인 세력은 십권하자마자 대북파 핵심 세력들과 잔당들을 참수하고 무자비하게 숙청했다. 인군이나 수령 방백을 잘 만남이 백성들의 홍복이라 했거늘 지지리도 복 없는 조선의 민초들이었다.

반정을 주도한 서인들은 광해군의 명나라와 청나라 간 중립외교 노선을 포기하고 친명배청 정책을 확고히 했다. 광해군은 후금(청)을 건국해 명을 위협하던 여진족(만주족)과 실리적인 명·청 간 등거리 외교 전략으로 살얼음판 같은 정국에서 평화를 유지했다. 여기에는 서자 광해군을 조선의 임금으로 인정 않는 명에 대한 광해군의 불만도 있었지만, 위협적인 세력으로 발흥하는 청에 대한 무마책이기도 했다.

이 균형이 인조가 등극하면서 깨진 것이다. 이를 모를 리 없는 청이었다. 조정은 명과의 신의는 영세불변이라는 척화파斥和派와 명·청 간 중립노선이 현실적이라는 주화파主和派로 양분됐다. 동북아시아 세력판도를 잘못 읽은 인조의 오판으로 민족의 수난과 비극이 또 닥쳐온 것이다.

인조가 재위한 26년 55일간은 고통의 나날들이었다. 선조의 서자로 태어난 데다 무력으로 왕위를 탈취하다보니 정통성이 보장되지 않았다. 늘불안해 잠 못 이루기가 일쑤였다. 또 다른 세력이 트집을 잡아 출중한 왕자를 보위에 올려놓으면 자신에게 낭한 광해군의 신세와 다를 바 없었기 때문이다. 우려는 곧 현실로 닥쳐왔다.

인조 2년(1624) 1월, 등극 10개월 만에 이괄의 난이 일어났다. 반정공신의 논공행상에서 2등으로 밀려난 이괄의 불만이었지만, 한때 서울이 점령되고 인조가 공주로 남천南遷하는 위급상황에까지 이르렀다. 이괄은 선조의 아들 홍안군(온빈 한씨의 장남)을 왕으로 추대하고 각 도민들로 하여금 생업에 충실토록 방까지 써 붙였다. 백성들은 또 임금이 바뀌는 줄 알고 나라꼴을 한탄했다. 지방 관군이 반란을 일으켜 서울이 점령당하는 우

파주 장릉은 인조와 원비 인렬왕후의 합폄릉인데 비공개릉이다. 능선의 용맥이 예사롭지 않다.

장릉에 있는 어정. 능 제향 시 사용했던 우물이다.

강화 연미정에서 보이는 앞바다. 청군의 침략에 맞선 해상 요충지다.

청이 '형제의 의'를 요구하며 3만 군사를 이끌고 쳐들어오니 정묘호란이다. 인조는 강화도로 천도하고 끝까지 버티려 했지만 속수무책이었다. 고육지책으로 강화 연미정에서 형제의 의를 맺고 서울로 환도했다.

리 역사상 초유의 일이었다. 이후로도 인조는 좌의정 심기원이 난(인조 22년·1644)을 일으켜 반역음모로 처단되는 등 그칠 줄 모르는 왕권 도전에 신음했다.

난이야 평정되었지만 이괄과 함께 반란주모자로 처형된 한명련의 아들 한윤이 후금(청)으로 도망치며 더 큰 국난으로 이어졌다. 인조의 반청정책과 불안한 국내 정세를 샅샅이 전하며 조선 침략을 종용해 3년 뒤 정묘호란으로 이어진 것이다.

3만 군사를 이끌고 쳐들어온 청은 명과는 '군신 관계'이니 자기네와는 '형제의 의'를 맺자고 요구했다. 인조는 강화도로 천도하고 끝까지 버티려 했지만 준비 없이 당한 침략에 속수무책이었다. 고육지책으로 강화 연미정燕尾亭에서 형제의 의를 맺고 서울로 환도했다.

그렇다고 국내 조정이 편한 것도 아니었다. 국정을 주도하는 서인세력이 사분오열돼 주상조차 마음 둘 곳이 없었다. 서인이 공서功西와 청서淸西로 갈리더니 다시 공서는 낙당洛黨과 원당元黨으로, 청서는 산당山黨과 한당漢黨으로 분열됐다. 이 상황에서도 낙당의 김자점(반정공신)은 효명옹주(인조의 후궁 귀인 조씨 딸)를 손자며느리로 맞아들여 척신으로 집권한 뒤 온갖 횡포를 자행했다.

엎친 데 덮친 격으로 중국 대륙을 거의 석권해 가던 후금 세력은 형제의 의를 군신 관계로 다시 바꾸자면서 감당하기 힘든 협박을 가해왔다. 조정 내 친명파들의 결사반대로 청의 요구가 거절당하자 이번에는 10만 대군을 앞세우고 침공해왔다. 인조 14년(1636) 12월, 정묘호란이 발발한 지 9년 만에 또 일어난 국가재앙으로 병자호란이다.

왕자들을 강화도로 피난시킨 뒤 인조도 뒤따르려 했으나 엄동설한의 폭설이 길을 막아 남한산성으로 피신했다. 1만 3천 군사로 진을 쳤지만 성 안에서 버틸 식량은 50일뿐이었다. 청군은 12만으로 병력을 증강해 탄천 변에 진을 치고 산성을 포위한 채 무작정 기다렸다.

임금과 대신들은 동지섣달 엄동설한에 45일 동안 산성 안에서 버티면서도 척화·주화파 간 사생결단을 멈추지 않았다. 종국엔 조선 임금이 청나라 태종 앞에 무릎 꿇고 머리를 땅에 조아리는 고두배叩頭拜를 올리고 세자는 볼모로 잡혀 적국에 압송됐다. 이때 명은 내부 사정이 급박해 원군을 파견하지 못했다. 인조 15년(1637) 1월 30일 인조와 소현세자가 서문으로 나아가 한강 동편 삼전도三田渡에서 군신의 예를 표하고 굴복하니 이것이 삼전도 치욕이다.

이후 후금은 명을 완전히 멸망시키고 인조 22년(1644) 국호를 청으로 바꿔 중원대륙을 지배하게 됐다. 남한산성(국가사적 제57호)의 항전으로 기록되는 병자호란에서의 패배는 나라의 근간과 국기國基를 송두리째 흔들어 놓았다. 이들은 철군하며 온갖 만행과 분탕질을 쳤다. 소현세자와 봉림대군을 볼모로 잡고 척화파 대신들을 포로로 연행했다. 더욱 참을 수 없는 분노는 무고한 조선 부녀자를 닥치는 대로 끌고 가 성적 노리개로 삼았다는 것이다.

임진왜란 이후 다소 수습되던 국가 경제는 대공황에 빠져들었고, 또다시 사회기강은 걷잡을 수 없이 문란해졌다. 청에서 귀국한 부녀자의 수난과 가문의 붕괴가 새로 시작된 것이다. 생명보다 중시됐던 정절이 짓밟히고 심지어는 태중에 돌아온 아녀자가 부지기수였다.

세상에서는 이들을 '고향에 돌아온 여자'라 해서 환향녀還鄕女로 불렀다. 짐승 보듯 하며 사람 취급을 해주지 않아 끝내 자결하거나 노비 또는

청은 또다시 군신의 예를 맺을 것을 요구하며 조선을 침략하니 병자호란이다. 인조는 1만 3천 군사로
진을 치며 남한산성으로 피신했다. 청군은 12만 병력으로 탄천 변에 진을 치고 산성을 포위했다.

삼전도 비. 인조와 소현세자가 삼전도에서 군신의
예를 표하고 굴복하니 이것이 삼전도 치욕이다.

인조는 정묘호란과 병자호란을 겪으며 총융청과 수어청의 새 군영을 설치해 국경방비에 주력했다.

천민층으로 전락했다. 이 당시 행실이 바르지 못하거나 몸 파는 여자를 '화냥년'이라 불렀는데 환향녀의 비하칭이다.

비극은 왕실로도 이어졌다. 청나라 수도 심양에 잡혀 있던 소현세자와 봉림대군이 8년 만에 귀국하면서 조선왕실은 감당할 수 없는 혼란에 빠져들었다. 소현세자가 변해 버린 것이다.

애당초 청 태종은 친명파 인조를 폐위시키고 유배 중인 광해군을 복위시키려 했으나 뜻대로 되지 않았다. 청에서는 음모를 바꿔 차기 왕위에 오를 소현세자를 극진히 예우하며 새로운 서구 문명으로 세뇌시켰다. 그곳에서 천주교 선교사 샬 아담을 만나 천주교 경전을 익히고, 천문 역산서曆算書와 번역서, 과학 서적 등에도 조예를 쌓았다. 귀국하면서는 천주상까지 반입해 세자빈 강씨(동부승지 강석기 딸)와 천주교를 도입할 계획까지 수립했다.

시대를 앞서 가는 선각자가 속절없이 당하고, 이른 봄에 일찍 나오는 새싹이 얼어 죽는다는 것 또한 역사가 주는 교훈이다. 인조는 격노했다. 골수에 맺힌 아비의 철천지한을 무시하고 청국 사람으로 변해 버린 소현세자는 이미 자식이 아니라 원수였다. 거기에다 세자는 청으로 다시 돌아가 명을 정벌하는 청군의 북경 전투에 참전해 명을 멸망시키고 돌아왔다.

소현세자는 귀국 2개월 만인 인조 23년 4월 23일 변시체로 발견됐다. 온몸은 새카맣게 탔고 뱃속에서는 선혈이 쏟아졌다. 인조는 서둘러 아들 소현세자를 장사지내고 고분고분한 둘째 왕자 봉림대군을 세자로 책봉하니 후일의 효종대왕이다.

왕실의 비극은 이것으로 끝나지 않았다. 인조는 1년 뒤 폐세자빈 강씨를 폐귀인 조씨와 함께 세자 독살 혐의로 사사시키고 손자 셋을 제주도로 유배시켰다. 이때 장손 경선군(13세)과 차손 경완군(8세)은 노복들의 치독置毒으로 죽었지만 인조는 이를 모른 체했다. 인조는 며느리에게 사약을 내리며 조정 대신들을 향해 추상같은 어명을 내렸다.

"오늘 일의 뜻은 인륜을 밝히고 후환을 막으려는 데 있소. 옛말에 작은 것을 그르치면 큰일을 어지럽힌다 하였기에 나도 실상 어쩔 수가 없었소."

성리학에 반대되는 서학과 천주교에 빠져든 세자를 인조와 당시 조선사회는 용서치 않았다. 현재까지도 세자의 독살설은 미궁 속에 있지만 34세의 건장한 청년 세자를 돌연 급서케 한 사망원인은 전후 사정으로 미루어 짐작하고도 남음이다. 이 모두가 병자호란의 결과로 파생된 왕실과 백성들의 불행이었다.

이런 환란 속에서도 인조는 총융청과 수어청의 새 군영을 설치해 국경 방비에 주력했다. 양전제量田制를 통해서는 토지 제도를 바로 잡고 송시열, 송준길, 김육, 김집 등 탁월한 학자들을 배출시켜 조선 후기로 이어지는 성리학의 전성기를 마련했다. 네덜란드인 벨테브레(박연)가 표착하자 이를 환대하면서 서양 열강과 교섭하기 시작한 것도 이때다.

인조 이후 조선은 청과 군신관계를 유지하면서도 명국 연호를 사용하지 않으면서 원수로 여겼다. 전국에 산재한 사대부가의 묘비를 살피다 보면 '숭정기원후崇禎紀元後 ○○년'이란 표기를 종종 보게 된다. 이는 명나라 마지막 황제였던 의종이 사용했던 연호 '숭정'으로 황제가 죽은 지 몇 년 후라는 의미다. 인조의 수모와 한이 묘비에까지 새겨진 역사의 실증이다.

인조가 청 태종에게 고두배한 삼전도비는 매몰과 손괴를 거듭한 끝에 현재는 서울 송파구 잠실동 47번지 석촌 호숫가에 있다. 정식 비명은 '대청황제공덕비大淸皇帝功德碑'로 사적 제101호다. 청의 요구로 인조 17년(1639)에 강제 건립된 석비며 당시 만주어와 몽골어를 연구할 수 있는 중요한 자료이기도 하다.

인조는 원비 인렬왕후仁烈王后(1594~1635 · 서평부원군 한준겸 딸) 한씨와 후궁 조씨 사이에서 소현세자, 봉림대군(효종), 인평대군, 용평대군 등 모두 7남 1녀를 반출했다. 계비 상렬왕후는 소생을 누지 못했다. 인조는 17년 동안을 한습寒濕 증세의 고질병에 시달렸는데 죽어서도 편치 못했다.

인조는 먼저 승하한 인렬왕후를 파주군 문산읍 운천리 북쪽에 예장하고 자신도 그 옆에 묻혔다. 세월이 흐른 어느 날 능참봉이 능침을 순찰하다 기겁하고 놀랐다. 뱀, 전갈 등과 벌레들이 석물 틈에 집을 짓고 서식하는 게 아닌가. 영조가 황급히 서둘러 자子입수 신申득수 사巳파수 자좌오향(정남향)의 파주 땅을 다시 택지해 합폄으로 천봉(1731)하니 오늘날의 장릉이다.

먼 하늘에 뜬 저 구름이 '때로는 구중궁궐의 곤룡포가 삼간모옥의 베적삼만 못하다'고 울림으로 전해주는 듯 싶다.

인조대왕의 장릉(사적 제203호)은 파주삼릉 근처 파주시 딘현면 길헌리에 있으나 비공개릉이다. 장릉은 인조와 인렬왕후와 합폄하여 천봉한 능이다. 〈파주삼릉 171쪽〉

44세의 인조가 15세의 어린 신부를 맞으니 장렬왕후다. 그녀는 네 왕대
65년을 재세하며 줄곧 왕실의 큰 어른으로 자리했다. 평범한 일생을
살다간 장렬왕후였으나 왕실의 국상을 당할 때마다 대신들 간 이념 대결의
정점 인물로 부각됐다. 장렬왕후의 복상 기간을 놓고 벌인 예송논쟁은
당시 조정 내 권력판도 향배와 맞물려 극심한 내홍으로 치달았다.

인조 계비 장렬왕후

휘릉

예송논쟁의 정점에 선 여인
오래 살아 역사의 흠이 되다

임금은 단릉으로 있어도 능호가 올려지나 왕비는 왕과 함께 합폄되거나 곁에 묻히면 별도의 능호를 쓸 수 없다. 조선왕릉 중에는 군왕 못지않은 치열한 생애를 살았으면서도 주상 근처에 묻혀 남편 능호를 받은 왕비의 능이 여럿 있다.

정희왕후(제7대 세조 왕비)의 광릉과 정현왕후(제9대 성종 계비)의 선릉이 대표적이다. 반면 금상을 두고 앞서 요절하거나 대행大行(임금이 승하한 뒤 시호를 올리기 전 칭호)보다 오래 살아 단릉으로 존봉된 왕릉도 적지 않다. 장순왕후(제8대 예종 원비)의 공릉과 공혜왕후(제9대 성종 원비)의 순릉이 여기에 해당된다.

인조는 원비 인렬왕후 한씨가 소현세자, 봉림대군, 인평대군의 세 왕자를 남기고 다섯째 왕자(넷째도 조졸)를 출산하다 훙서하자 몹시 허망해 했다. 후궁 귀인 조씨 사이에 2남(숭선군, 낙선군) 1녀(효명옹주)를 두었지만 정이 없었고, 42세로 떠난 원비를 못 잊어 했다. 3년 뒤인 인조 16년(1638) 한원부원군 조창원(양주 조씨) 딸을 계비로 맞으니 자의대비慈懿大妃로 유명한 장렬왕후莊烈王后(1624~1688)다. 이때 장렬왕후가 15세로 44세의 인조와는 29세 차이였으며 큰아들 소현세자보다도 13살이나 어렸다.

열다섯의 어린 소녀가 층층시하의 구중궁궐에 들어와 무엇을 알았겠는가. 그래도 내명부에선 어느 누구도 범접할 수 없는 최고 어른이었다. 인조는 꽃보다 더 곱고 양순한 나이 어린 계비를 끔찍이 아꼈다. 이괄의 난, 정묘·병자년의 양대 호란 등을 겪으며 황량하게 살다간 인렬왕후와는 비교할 수 없는 대조적인 삶이었다.

장렬왕후는 인조, 효종, 현종, 숙종의 네 왕대에 걸쳐 65년을 재세하며 줄곧 왕실의 큰 어른으로 자리했다. 성정이 안온해 내명부 간 마찰이 적었고 정사에 무관심해 금상들로부터 섬김을 받았다. 흠결이라면 왕자를 탄출 못한 무육無育이었으나 이미 후사가 결정된 뒤여서 오히려 조정은 안정 기조에 들었다.

그러나 이렇듯 평범한 일생을 살다간 장렬왕후가 역사의 지평에 던진 화두는 태산보다도 장중하다. 장렬왕후는 왕실의 국상을 당할 때마다 대신들 간 이념 대결의 정점 인물로 부각됐다. 왕후가 입어야 하는 복상服喪 기간을 두고 이전투구한 이른바 예송禮訟이 그것이다.

상·장·제례문화가 간편해지고 소홀해진 작금에 와서야 그때의 예송논쟁이 한심할는지 모르겠으나 역사는 항상 당시 시각으로 소급해 규찰해야 한다. 성리학 이념으로 지탱되던 조선 중기 사회에서 제의祭儀 문제를 소홀히 한다는 건 상상조차 할 수 없었다. 반·상의 구별이 여기서 비롯됐고, 자칫 법도에 어긋나기라도 했다간 금수 취급을 당하며 사회적 매장으로 이어졌다. 사대부가마저도 신분고하에 따라 4대(고조), 혹은 3대(증조)까지의 봉사奉祀가 규범으로 정해졌다. 천민층은 조부(2대) 제향도 못 올리고 아버지 제사만 지내다가 고종 31년(1896) 갑오개혁 이후 비로소 백성 모두가 4대 봉사를 하기에 이른 것이다.

장렬왕후의 복상 기간 논쟁은 당시 조정 내 권력판도 향배와 맞물려 극심한 내홍으로 치달았다. 인조반정 이후 권력을 거머쥔 서인(송시열, 송준길)과 권토중래를 노리는 남인 간의 양보 없는 대결이었다. 끝날 줄 모르는 이념대결의 중심에는 늘 임금이 있어 서인과 남인은 기사회생을 거듭했다. 패자는 추풍낙엽처럼 낙마하거나 실각해 유배지로 떠나야 했고, 승자 역시 좌불안석이었다. 바야흐로 병자호란이 끝나 청과 맺은 군신관계로 사회도 안정을 되찾고 민심도 가라앉을 때였다. 외환이 수그러들자 내우가 고개 들고 나선 것이다.

소현세자가 죽자 장렬왕후는 '주자가례'에 따라 맏아들에게 행하는 예로 삼년상을 치렀다. 이때까지만 해도 인조가 살아있어 누구도 복상문제에 끼어들지 못했다.

첫 번째 예송논쟁은 효종이 승하하면서 불거졌다. 이때 장렬왕후는 이미 자의대비로 존봉된 뒤다. 서인들은 효종이 임금이긴 하지만 인조의 차남이므로 기년상朞年喪(1년)이 당연하다고 주장했다. 남인들은 효종이 차남이긴 하지만 대통을 이어 장남과 다름없으므로 삼년상을 치러야 한다고 정면 응수했다. 이때 용상에 앉은 현종(효종 아들)이 서인 측 주장을 채택해 남인은 실각하고 말았다.

두 번째 대결은 자의대비 며느리인 인선왕후(효종 왕비)가 훙서하면서 맞

왕릉 입구에는 능침을 휘감아 도는 물길이 있는데 그 위에 놓인 다리가 금천교이다.

휘릉은 규룡이 서리어 휘감긴 듯하고 호랑이가 앞다리를
세우고 앉은 듯하니 하늘이 아끼고 땅이 비장해둔
자리라고 기록한 명당이다. 다만 순전이 급한 단혈인 것은
용맥이 솟구쳐 어쩔수 없는 물형이다. 자식이 없어도
남이 조아리며 제사 지내는 천년향화지지다.

붙었다. 이번에도 명분은 동일하나 왕비(여자)여서 상복기간이 짧아졌을 뿐이다. 서인 측은 인선왕후가 둘째 며느리이므로 9개월[大功說]을 지내야 하고 남인 측은 중전이었으니 큰며느리와 같으므로 1년[朞年說]이 맞다고 주장을 굽히지 않았다. 이번의 왕심王心은 남인에게 쏠려 서인 세력이 위축됐다.

마지막 싸움은 자의대비 손자인 현종이 승하하면서 송시열이 예송을 다시 거론해 불붙었다. 내용이야 1·2차와 다를 바 없지만 여기에는 또 다른 복안이 깔려 있었다. 적통이지만 차남인 효종을 왕위 승계권에서 분리시키려 했던 것이다. 이런 논리대로라면 소현세자의 살아있는 셋째 아들에게 대통 승계권이 옮겨가는 것이다.

남인 측에서는 즉각 복상 문제를 빌미삼아 역모를 도모하려는 획책이라고 몰아쳤다. 현종의 뒤를 이어 등극한 어린 임금 숙종은 이것이 곧 자신을 부정하는 것임을 알아챘다. 서인의 거두 송시열을 유배 보낸 뒤 사약을 내렸다. 이후로도 조정은 전국 지방·재야 유림들 간 예송논쟁으로 장구한 세월을 허비했다.

이 같은 당파 간 논쟁의 와중에서 일생을 살다보니 자의대비가 드러낼 공과는 이렇다 할 게 없다. 본의 아니게 남의 구설수에 오르내리며 정쟁 불씨의 뇌관 역할만 해온 생애였다. 무심한 세월이 흘러 숙종 14년(1688) 신병을 얻어 홍서하니 보령 예순다섯, 계비로 입궐한 지 50년 만이었다.

장렬왕후가 승하하자 조정에서는 동구릉 내 건원릉 서쪽 내룡맥에 유좌묘향酉坐卯向(정동향)으로 장사지내고 능호를 휘릉徽陵으로 올렸다. 능지陵誌에 '규룡虯龍(뿔 없는 용)이 서리어 휘감긴 듯하고 호랑이가 앞다리를 세우고 앉은 듯하니 하늘이 아끼고 땅이 비장해둔 자리'라고 기록한 명당이다. 다만 순전(능 앞 사초지)이 급한 단혈短穴인 것은 용맥이 솟구쳐 어쩔 수 없는 물형이다. 자식이 없어도 남이 조아리며 제사 지내는 천년향화지지千年香火之地다.

인조의 계비 장렬왕후의 휘릉(사적 제193호)은 동구릉에 있다. 휘릉은 건원릉 서쪽 내룡맥에 자리한 단릉이다. 〈동구릉 37쪽〉

열혈 31세의 청년이 형을 대신해 보위에 오르니 효종이다. 효종은
청나라에 대한 아버지의 원수를 갚고 자신의 한을 풀기 위해 북벌을
계획했다. 표면적으로는 상국관계로 유연하게 대처하면서 안으로는
명의 패망 세력과 제휴해 청을 섬멸한다는 야심찬 정책이었으나
자신의 뜻을 이루지 못하고 갑자기 훙서하니······.

효종대왕

영릉

볼모의 한이 사무치나
북벌의 꿈은 이루지 못하고

조선 제17대 임금 효종대왕孝宗大王(1619~1659)은 한탄했다.

"옛말에 이르기를 마음을 같이하는 신하가 한둘만 있어도 도움이 된다 했거늘 지금은 너나없이 눈앞의 이익만을 꾀하고 있구나. 나와 함께 일할 사람이 과연 누구이겠는가. 갈 길은 먼데 해는 저물고 유숙할 곳마저 없구나."

매몰찬 혁명군주 인조의 뒤를 이어 31세로 등극한 효종은 집념이 강하면서도 정이 많은 제왕이었다. 자신의 마음을 극진히 다스리고 할 일을 삼가면서 대신들이 동행해주길 원했건만 조정은 사분오열되어 왕명도 통하지 않았다. 효종의 행장이 담긴 『영릉지寧陵誌』의 이런 기록들은 처연하기까지 하다. 사소한 정쟁에 목숨을 걸고 한 치 양보 없는 신하들의 이념대결에 임금은 고뇌가 깊어지고 회한이 쌓여갔다.

숭극崇極(임금)의 자리에 오르려면 극적인 기사회생이야 다반사이겠지만 효종처럼 형극의 연속이라면 누가 극위極位(용상)에 오를까 싶다. 효종의 41

년 생애는 숨 가빴다.

8세 때 봉림대군鳳林大君으로 봉해진 뒤 12세에 인선왕후仁宣王后 덕수 장씨(1618~1674)와 가례를 올렸다. 17세 때는 모대비 인렬왕후가 홍서하면 서 지나치게 슬퍼한 나머지 자칫 건강을 잃을 뻔했다. 18세에 병자호란이 발발하며 강화로 피난 갔으나 청군에게 조정군이 패하고 말았다. 부왕 인 조, 형 소현세자와 남한산성의 삼전도에서 청 태종에게 군신예의 치욕을 당하고 형과 함께 볼모로 잡혀가니 19세였다.

청나라의 수도 심양에 억류된 8년 동안 두 형제의 운명이 갈렸다. 조선 의 차기 국왕이 될 소현세자는 청국 생활에 잘 적응하며 당시 그곳에서 성 행하던 서양문물을 두루 섭렵하고 수용했다.

그러나 동생 봉림대군은 달랐다. 일국의 왕자 신분으로 적국의 포로가 된 신세를 통탄하며 국방이 허술해 이 지경에 이르렀다고 자조했다. 청국 군의 동향과 신흥왕조의 내부사정을 비망록에 적어 인조에게 상소하고 명·청 간 국경 갈등도 수시로 보고했다. 청이 소현세자를 전지에 내보내려 하자 자신이 가겠다고 의연히 나서 이를 중지시킨 적도 있다.

반면 청국에선 친명파 인조를 제거한 뒤 청에 호의적인 광해군을 유배 에서 풀어 복위하려는 음모를 획책했다. 소현세자를 조선 임금으로 예우 하며 외교·내치 문제까지 협의해 부자 간을 이간시켰다. 청에 절치부심하 며 와신상담하고 있던 인조와 조선 조정에서 이를 모를 리 있었겠는가. 어 느덧 대신들 간에는 세자가 청국에서 임금 노릇을 한다는 괴소문이 자자 하게 퍼졌다.

푸른 하늘에 태양이 둘일 수 없고, 권력은 부부지간은 물론 부모, 형제 사이에도 나눌 수가 없는 법이다. 볼모에서 풀려 먼저 돌아온 세자는 귀국

원형대로 보존된 효종의 재실. 산릉제향 시 제관이 복무하던 곳이다.

능 앞을 감싸 도는 내당수가 명당임을 말해준다.

두 달 만에 의문의 급사를 했다. 세자가 죽었는데도 조정은 평온했고 그후 인조는 며느리를 사사시키고 손자들마저 귀양 보내 독살당하도록 방치했다.

소현세자가 급서하자 청국에 있던 봉림대군이 곧바로 귀국해 세자로 책봉됐다. 봉림대군은 부왕에게 "부덕한 소자가 저위儲位(세자)에 오를 수 없다"며 울면서 사양했지만 "봉림에게 성스러운 덕망이 있다"면서 동궁에 거처토록 했다. 왕실 법도대로라면 생존한 소현세자의 삼남이 오를 자리였지만 인조는 안중에도 없었다.

인조 27년(1649) 5월 8일 고질병 한습으로 17년을 고통받던 부왕이 예척禮陟(왕의 죽음)하자 세자 봉림대군이 대통을 이으니 제17대 효종대왕이다. 열혈 31세 청년이었다.

효종은 보위에 오르자마자 아버지의 원수를 갚고 자신의 한을 풀기 위해 요지부동의 결심을 했다. 청나라를 치는 북벌北伐 계획이었다. 표면적으로는 상국관계로 유연하게 대처하면서도 안으로는 명의 패망 세력과 제휴해 청을 섬멸한다는 야심찬 정책이었다. 볼모로 억류돼 있는 동안 청의 군대 조직과 지휘 체계를 파악한 정보도 효종에게는 남다른 자신감이었다.

우선 친청파 척신으로 조정을 농단하던 김자점(인조반정 공신)을 파직하고 친명파 송시열, 김상헌, 송준길 등을 중용했다. 어영청御營廳에 북벌 선봉부대를 두고 주력군과 기마병은 조총과 화포로 무장시킨다는 구체적 비책까지 수립했다.

전쟁은 병력과 무기만으로 이기는 게 아니다. 반드시 돈이 있어야 승리하는 법이다. 네덜란드에서 표류해온 하멜을 시켜 서양식 무기를 제조하고 군비 확충과 군사훈련을 강화하다보니 국고가 바닥났다. 민생은 도탄에 빠지고 부역과 조세 부담만 공룡처럼 불어나 백성들의 원성이 하늘을 찔렀다.

여기에다 삼군 중 최정예군으로 선발된 어영청의 기강은 가관이었다. 양반집 자제가 고위직을 독점한 뒤 주색잡기에 허송세월을 보내며 훈련이나 고된 부역은 종들이 대신토록 했다. 하는 일 없이 밥만 축내며 세월을 보내는 걸 어영부영御營不營이라 하는데 여기서 비롯된 말이다. 8년 동안 3만 병력을 양성한다는 계획이 겨우 5,600여 명에 그치고 청의 국세가 일취월장으로 막강해져 한 맺힌 북벌계획은 수포로 돌아가고 말았다.

효종은 보수·기득 권력층의 극력 반대를 무릅쓰고 극약처방으로 암행어사를 밀파해 전국 양반 자제들 중 군역기피자를 색출하려 했다. 그러나 효종은 이 어명을 내린 지 한 달 만에 돌연 훙서하고 말았다. 임금이 된 지 10년으로 보령 41세였다. 당시 백성들은 "당저當宁(금상)까지 독살하는 금수만도 못한 것들"이라고 권문대신들을 원망했지만 역사는 '독살음모설'로 얼버무리고 있다.

효종은 김육 등의 소청을 받아들여 상평통보를 주조한 뒤 화폐로 유통시키고, 대동법을 통해서는 북벌정책의 군비증강으로 늘어난 백성들의 조세부담을 경감했다. 태음력과 태양력 원리를 응용해 24절기를 활용하는 시헌력을 채택하여 농사편의를 도모했다. 효종의 가장 큰 치적은 비록 실패로 돌아가긴 했지만 북벌정책을 추진하는 과정에서 비축된 군사력의 증강이다. 청의 군제가 도입되면서 조선군의 체계에 일대 변혁을 가져오게 된 것이다.

이렇듯 고난에 찬 효종은 죽어서도 순탄치 못하고 변고를 겪는다. 대신들 간 권력암투의 희생양으로 풍수논쟁에 휘말리는 것이다. 효종이 승하하자 조정에서는 당시 왕릉풍수의 대가였던 고산 윤선도에게 택지토록 했다. 고산이 경기도 화성 지역(융·건릉)을 소점所點하자 서인세력과 그곳에 세가를 이뤄 살던 권문대신들이 들고 일어났다. 왕릉으로 택정되면 인근 사가와 일반 묘는 모두 옮겨야 하기 때문이다. 결국 우암 송시열의 주장대로 건원릉 내 서쪽 용맥에 예장하고 영릉寧陵이라 능호를 정했다. 현재 영조대왕과 계비 정순왕후가 안장된 원릉 자리다.

효종이 예척한 지 15년 후 영릉의 병풍석에 틈이 생겼다. 남인들은 비가 오면 유수幽隧(무덤 속)에 물이 스민다고 서인들을 몰아쳤다. 고산은 남인이었고 우암은 서인이었다.

경기도 여주시 능서면 영릉로 269-59번지로 영릉을 천장하며 서인의 50년 장기집권은 몰락했다. 일찍이 이곳에는 성군 세종대왕의 영릉英陵이 있어 더없는 명당자리다. 영·녕릉으로도 불리며 사적 제195호다. 효종의 영릉은 인선왕후 장씨와 함께 동원상하연봉으로 자좌오향의 임壬입수 을乙득수 오午파수 정남향이다. 혈장穴場이 아래위로 있을 때 쓰는 풍수의 장법이다.

효종대왕 영릉(사적 제195호)은 영녕릉에 있다. 성군 세종대왕의 영릉과 함께 있는 영릉은 인선왕후 장씨와 함께 상하연봉의 동원이강릉으로 조성되었다. 〈영녕릉 103쪽〉

현종은 아버지 봉림대군이 청에 볼모로 잡혀가 심양에 억류돼 있을 때
그곳에서 태어났다. 국적이 청나라인 조선의 유일한 임금이다. 현종은
재위 15년 동안 자의대비의 예송논쟁으로 인한 극심한 당쟁에 휘말려
평생을 괴로워했다. 당쟁으로 무력한 군주가 되어 허망한 인생을 살았다.

현종대왕

숭릉

극심한 당쟁에 휘말려
무력한 임금으로 추락하니

　주어진 한평생을 살면서 까닭 없이 고단한 팔자가 있다. 조선의 제18
대 임금 현종대왕顯宗大王(1641~1674)같이 힘겨운 일생이라면 왕이라 한들
선뜻 하겠다고 나설 사람이 과연 있을까 싶다. 세상의 온갖 부귀영화를 다
누리고 어명 한마디면 산천초목이 벌벌 떨 것 같은 군왕 자리지만 현종에
게는 그게 아니었다.

　현종은 출생 배경부터가 슬프다. 아버지 봉림대군이 청에 볼모로 잡혀
가 심양에 억류돼 있을 때 그곳에서 태어났다. 국적이 청나라인 조선의 유
일한 임금이다. 어휘가 연棩으로 탄생 당시만 해도 연이 조선의 군왕 자리
에 오르리라고는 상상조차 할 수 없는 서열이었다. 세자로 책봉된 큰아버
지 소현세자와 그의 세 아들이 있었고, 아버지 봉림대군은 인조의 둘째 왕
자였다. 왕의 손자였던 연이 청나라에서 겪은 고초는 필설로 형언할 수가
없다. 여진족(만주족)의 누비옷으로 혹한을 이겨내고 어머니의 품에 안겨 아
버지와 명의 전투 현장을 누비기도 했다. 오늘은 북간도 벌판을, 내일은 몽

골 사막을 가르는 야생마와 다를 바 없는 유년시절이었다.

연이 조선으로 귀국해 인조를 처음 알현한 건 네 살 때다. 봉림대군이 북경으로 들어가며 외아들 연을 먼저 귀국시킨 것이다. 인조는 할아버지를 몰라보는 손자 연을 가슴에 품고 용상이 젖도록 낙루했다. 자신은 청에 굴복해 고두배를 하고, 세자는 청에 잡혀가 청국 사람이 다 되어 돌아온데다 손자까지 적국에서 태어나게 하다니……. 인조는 조손祖孫 3대의 기구한 운명에 한없이 오열하며 치를 떨었다.

인조는 귀국한 소현세자가 정의 구습을 탈피하지 못하고 천주학에 빠져 전파할 기미까지 보이자 까맣게 절망했다. 어전에서 감히 서구문명을 운위하며 설득하려 들자 벼루를 면상에 내리쳐 자칫 세자가 목숨을 잃을 뻔했다. 때로는 남의 불행이 나의 행운으로 연결되는 것이 비정한 세상이다. 부자 간의 이 불화가 종래는 소현세자의 갑작스런 급사로 이어졌고 뜻밖에도 금상자리는 봉림대군에게 돌아갔다.

효종은 등극하자마자 청국에 원수를 갚겠다며 친청파를 모조리 숙청하고 친명파로 조정의 새판을 짰다. 이 또한 부왕 인조에 이어 아시아 정세를 잘못 읽은, 대를 이은 오판이었다. 이 같은 효종의 북벌정책은 재위 10년 내내 변함없는 외골수 화두였다. 사람의 오기가 지나치고 한이 응어리지면 그것이 곧 병이 된다. 효종은 끝내 한을 풀지 못한 채 외아들 연에게 대통을 넘겨주고 눈을 감았다. 9세(1649) 때 세손으로 책봉된 뒤 10년 만인 효종 10년(1659), 용상에 오르니 제18대 현종대왕이다. 부왕의 북벌계획이 실효성이 없다고 판단한 현종은 즉각 중단하고 대신 훈련별대를 창설해 군비를 증강했다.

첨단 과학문명 시대를 사는 현대에도 가뭄과 수해는 어느 누구도 통제하지 못하는 하늘의 재앙이다. 현종의 치세 15년은 흉년, 가뭄, 홍수, 역질, 기근 등으로 백성 모두가 이 땅에 태어나야만 했던 것을 원망했던 시기다. 봄 가뭄에 싹조차 못 틔운 곡식이 때 아닌 가을 물난리를 만나 전답마저 쑥대밭이 되기가 일쑤였다. 지방 관리들은 기근으로 아사한 천민들을 매장하느라 업무조차 마비될 지경이었다.

설상가상으로 조정 대신들은 국상 때마다 입어야 하는 자의대비의 복상기간을 두고 목숨을 건 정쟁을 일삼았다. 민생은 알바가 아니었다. 현종이 금상으로 있는 15년 동안 그칠 날이 없었던 예송논쟁은 15세 어린 나이에 44세의 인조를 만난 자의대비가 오래 살아서 파생된 불상사들이다. 심성이 어질고 우유부단했던 현종은 자의대비의 예송논쟁으로 인한 극심한 당쟁에 휘말릴 때마다 심히 괴로워했다. 현종은 대신들에게 각혈할 것 같은 심정으로 옥음을 내렸다.

"백성들이 굶어 죽어간다는 말을 들을 때마다 슬프고 딱하여 밥이 넘어가질 않소. 차라리 빨리 죽어 조금이나마 민생의 곤췌困瘁(곤궁하고 고달픔)에 보답하고 싶소이다. 양민들의 곤궁을 생각하면 살고 싶은 마음이 추호도 없구려."

이날 대궐 안은 몸 둘 바 모르는 대신들의 통곡소리가 진동했으나 가식이었다. 이튿날부터 예송논쟁은 계속됐고 급기야는 지방 유림으로까지 확대돼 이 시대를 두 동강냈다. 결국 이 싸움은 현종이 예척한 후 아들 숙종의 추상같은 어명으로 종지부를 찍게 된다.

현종 재위기간은 의외로 북방이나 왜구의 외침이 없어 평온했던 때다. 임금과 신하가 일심동체로 종묘와 사직을 위해 전념했더라면 유례없는 태평성대를 누렸을 시기다. 일과성으로 해석할 수 있는 복상기간 문제를 권

숭릉 후면에서 바라보면 정자각까지 일직선을 이루고 있다.

왕과 왕비릉을 이어주는 연결석에 방향을 표시하는 12지지가 음각되어 있다.

현종은 15년 동안 왕위에 있다가 병고를 이지지 못하고 보령 34세로 홍서했다. 동구릉 내 유좌묘향의 서쪽 용맥에
명성왕후와 쌍릉으로 예장하니, 능상에서 정자각이 보이지 않는 조선왕릉이다.

력의 향배와 연루시켜 한 시대를 냉동시켜 버렸다. 능력 있는 군주감을 무력한 임금으로 이 시대의 정객들이 추락시켜 놓았다. 동철활자 10만여 자를 주조해 문화부흥을 꾀하기도 했으나 이 또한 하늘의 재앙과 예송논쟁에 휘말려 뜻을 이루지 못했다. 하멜 등 네덜란드인 8명이 제주도에 14년간 억류됐다가 탈출해 『하멜표류기』를 쓴 것도 이즈음이다.

현종은 궁녀들을 가까이 하지 않아 내명부에 직첩을 내린 후궁이 한명도 없다. 청풍부원군 김우명 딸 명성왕후明聖王后 정풍 김씨(1642~1683)와의 사이에 외아들 숙종과 세 공주를 탄출했을 뿐이다.

때 아닌 풍수논쟁으로 멀쩡한 효종 영릉을 여주로 천장하는가 하면 비구니 사찰을 헐어 여승들을 환속시키기도 했다. 폐묘됐던 신덕고황후 강씨(태조고황제 계비)를 종묘에 부제附祭해 정릉에 제사 지내는 날에는 세원지우洗寃之雨(원을 씻는 비)가 내리기도 했다.

현종은 청국의 유년시절 영양 부족으로 몸이 허약한 데다 평생을 악성 안질에 시달렸다. 온양온천의 행궁에 자주 들러 심신을 요양하는 일이 잦았다. 19세에 등극한 현종이 15년 동안 왕위에 있다가 병고를 못 이겨 흥서하니 보령 34세였다. 동구릉 내 경庚입수 병丙득수 묘卯파수 유좌묘향(정동향)의 서쪽 용맥에 명성왕후와 쌍릉으로 예장 후 능호를 올리니 숭릉崇陵이다. 일반 출입이 통제된 비공개릉이며 능상에서 정자각이 보이지 않는 조선왕릉이다.

> 현종대왕의 숭릉(사적 제193호)은 동구릉에 있다. 숭릉은 동구릉의 서쪽 용맥에 명성왕후와 쌍릉으로 예장되어 있으나 일반인의 출입이 통제된 비공개릉이다. 능상에서 정자각이 보이지 않는 조선 왕릉이다. 〈동구릉 37쪽〉

숙종은 여간해선 웃지 않는 신중하고도 엄격한 군주였다. 숙종 46년
재위기간 동안 마음 편히 산 대신들이 거의 없었다. 숙종은 환국정치를
절묘하게 활용했고, 임금과 신하들의 기싸움에서 승자는 언제나 임금이었다.
하지만 3왕비 1폐왕후 7후궁을 거느리며 환난도 많았으니……

숙종대왕

명릉

절대군주로 군림하였으나
내명부의 피바람은 잘 날 없어

어떤 사안을 표현하고자 할 때 그것에 대한 정확한 개념이나 깊이를 포괄적으로 조감하지 못하면 쉽게 전달하기가 어렵다. 조선왕조를 통해 붕당 정쟁이 가장 격심했던 숙종시대를 조명하려면 다양한 측면의 접근이 우선돼야 한다. 그 첫째가 걸출한 절대군주였던 숙종肅宗(1661~1720)의 성장과정과 성격 파악이다.

역대 임금의 행적을 기록한 왕의 행장기에 숙종은 '여간해선 웃지 않는 신중하고도 엄격한 군주였다'고 전하고 있다. 그래서 묘호도 엄숙할 숙肅 자를 쓴 숙종이다.

조선 제19대 임금 숙종대왕의 46년 재위기간을 동행하며 조정에 출사한 대신들은 마음 편히 산 날이 거의 없었다. 언제 다시 금상의 마음이 변해 유배당하거나 사약을 받을지 몰라 좌불안석이었기 때문이다. 오죽했으면 주상 자신도 "내 마음이 왜 이러는지 나도 모르겠다"고 자괴自愧했을까.

"나의 결점을 점검해 보면 희로喜怒가 정도를 잃어 언로가 열리지 않았소. 시행하는 것조차 마땅함을 잃어 은혜가 고루 미치지 못한 것 같소이다. 마땅히 널리 직언을 구할 것이오."

숙종은 이렇게 어명을 내려놓고 자신의 속내와 다른 치도治道를 제시하거나 상반된 주장을 전개하면 누구나 가릴 것 없이 무자비하게 징벌했다. 어떤 파당의 권력집단에도 결코 왕심을 내려놓지 않아 숙종시대에 벼슬하며 파직이나 유배를 다녀오지 않은 고관대작은 전무하다시피 하다. 숙종의 심기를 오판해 목숨을 잃은 뒤 불과 수년 후 신원된 대신들이 부지기수다. 심지어는 스승 송시열까지 사사시키고 복작시키면서 후회하기도 했다. 임금은 이런 자신의 심경을 다음과 같이 토로했다.

"칠정七情 가운데 가장 쉽게 나오고 제어하기 어려운 것이 노怒인데 나의 병통이 이 속에 있소. 지난 일을 상고해 보면 일시 분을 참지 못해 전에 없는 일을 저지르고 말았소. 이것은 나의 함양涵養한 공부가 미진하여 그렇게 된 것이오. 돌이켜 반성해보니 부끄러움만 가득할 뿐이외다."

그러나 이 병통으로 아까운 국가 동량들이 줄줄이 황천길로 향했다. 왕이야 마음을 바꿔 심기일전하면 그만이지만 횡액을 당한 신하들에겐 돌이킬 수 없는 죽음의 길이었다.

"출몰이 무상하고 쉽게 발동하여 통제하기 어려운 것으로 마음 같은 것이 또 있겠는가. 넓은 마음으로 자신을 경계해야 하는데 어찌 성내고 노여운 마음을 품어 사람들에게 내보이는고. 참으로 미묘하도다."

5백 년 사직의 왕조 통치가 후반기로 접어들며 숙종이 조선 후기에 끼친 영향은 실로 막중하다.

현종과 명성왕후 김씨의 외아들로 태어난 숙종은 출생의 배경부터가 예사롭지 않다. 할아버지 효종이 태몽을 꾸었음에 왕실을 흥분시킨 것이다. 효종이 명성왕후의 침실에 이불로 덮인 것이 있어 열어보니 살아있는 용이었다. 효종은 원손을 얻을 길조라며 미리 '용상龍祥'이라 아명을 지어두었다.

현종은 7세 때 책봉한 왕세자를 송시열, 송준길, 김좌명, 김수항 등 당대 최고 석학들을 보양관輔養官으로 선발한 뒤 성리학에 입각한 왕도교육을 철저히 시켰다. 어릴 적부터 영특했던 숙종은 훌륭한 스승들을 정중히 예우하며 놀라운 탁견들만 골라 지식의 보고를 채웠다. 부왕이 승하하며 14세로 등극한 어린 임금을 명성왕후가 수렴청정했으나 얼마 안 가 곧 거두었다. 금상의 학문과 식견에 대적할 신하가 감히 없었던 것이다.

숙종은 부왕 재위 15년간 예송싸움의 당쟁에 휘말려 왕권이 추락하는 것을 목격하며 세자시절을 보냈다. 등극하던 해(1674) 1월 할머니 인선왕후(효종 왕비)가 승하하고, 8월에는 부왕마저 훙서하자 또 예송논쟁이 벌어졌다. 지긋지긋했다. 그러나 임금은 영명했다. 대신들 간 권력이 일방으로 독점되면 조정이 기울고 왕권마저 약화된다는 것을 간파하고 있었다. '왕은 아무나 될 수 없고 신하는 골라 등용하면 된다'는 만고 이래 통치 역사를 일찍이 섭렵했다. 때로는 '입안의 혀'를 주저 없이 절단했고 철석같이 굳은 맹세도 손바닥 뒤집듯이 파기했다.

임금과 신하들의 첫 번째 기싸움은 14세로 등극하던 해(1674)에 시작됐다. 인선왕후(할머니)와 부왕 현종의 훙서로 숙종이 상복 입을 기간을 놓고 벌인 서인과 남인 간의 이념싸움이었다. 숙종은 현종의 유지에 따라 남인 측 주장대로 대공설을 지지해 스승 송시열이 영수로 있는 서인 세력을 몰아냈다. 그리고는 추후 어느 누구도 예송문제를 거론하지 못하도록 어명으로 봉쇄했다. 엎치락뒤치락 끝에 겨우 조정을 장악한 남인 세력들은 서인들의 처벌 수위를 두고 다시 강·온파로 양분됐다.

남인의 권력 독식은 7년을 넘기지 못했다. 숙종 6년(1680) 남인의 허견 등이 인평대군(인조의 3남)의 셋째 아들 복선군을 왕으로 추대하려던 역모가 발각된 것이다. 이른바 '삼복三福의 변'이다. 20세가 된 숙종은 발작에 가깝도록 격노했다. 남인들에게 사약을 내리거나 유배 보내고 내쳤던 서인들을 조정으로 복귀시키니 이것이 '경신대출척庚申大黜陟 사건'이다.

경신년에 진압된 이 모반 사건으로 숙종은 더욱 치밀해지고 영악해졌다. 누구도 믿지 않고 대신들 간 권력 분산만이 왕권의 강화책임을 터득하게 되었다. 이 무렵 서인세력이 또 분열됐다. 서인 측 김석주(숙종 외척)가 비열한 수법으로 남인 박멸을 기도하자 소장파들이 반발하며 노론과 소론으로 원수지간이 되어버린 것이다.

집권과 실각을 거듭하면서 분노를 삭이지 못한 권문대신들은 또 다른 정쟁이 야기될 때마다 멸문지화를 각오하고 싸웠다. 이른바 환국換局으로 사초에 기록되는 치열한 붕당 싸움은 숙종 재위기간 동안 10여 차례나 거듭되며, 이때마다 당대의 숱한 명사들을 죽음으로 몰고 갔다.

금상에겐 오히려 잘된 일이었다. 무모한 대신들 간 권력싸움의 승자는 언제나 임금이었다. 왕심의 향배에 따라 조정 내 세력판도는 출렁였고, 왕에 대한 충성심은 갈수록 견고해졌다. 숙종은 이 같은 환국정치를 절묘하게 활용했다.

이후로도 조정은 오례誤禮 문제, 고묘告廟 논란, 임술삼고변, 회니懷尼 시비, 북벌론의 허실 논쟁 능으로 환국이 거듭되고 옥사가 그칠 줄 몰랐다. 이럴 때마다 숙종은 군주의 고유 권한인 용사출척권用捨出陟權(왕이 정계를 대

개편하는 권한)을 유감없이 발휘해 신권을 제압했다. 후일의 사가들은 신료들 간 붕당정치하에서 손상되었던 왕권 회복과 강화에 비상한 능력을 보인 명군明君으로 기록하고 있다.

대신들 간 이전투구로 오히려 왕권이 안정되자 숙종의 통치력은 놀랍게 펼쳐졌다. 선조 말 이래 숙원사업이던 대동법을 전국적으로 확대하고 토지개혁을 종결짓는가 하면 상평통보를 주조해 중앙 관청 및 지방 관아 등에 통용시켰다. 왕실족보인 『선원록』을 간행하고 『신증동국여지승람』, 『대명집례』, 『대전속록』 등을 간행해 문물정비에도 기여했다. 재위기간 중 쟁쟁한 학자들을 대거 배출시켜 조선 후기 성리학 전성기를 이룬 것도 숙종의 큰 치적으로 꼽히고 있다. 명나라 인적印跡을 본 따 옥새를 만든 뒤 청국옥새의 사용을 금지시키기도 했다. 숙종대왕은 재위기간이 긴 데다 왕조사에 획을 그을 만한 치적들도 뛰어났던 것이다.

하지만 3왕비 1폐왕후 7후궁을 거느리며 환난도 많았다. 숙종에게는 태산 같은 근심이 있었다. 계비로 맞이한 인현왕후仁顯王后 여흥 민씨(1667~1701)에게서 대통을 이을 후사를 보지 못한 것이었다. 그러던 어느 날 숙종이 대궐 뜰을 거닐고 있을 때였다. 얼핏 절세미모의 젊은 여인이 눈앞을 스쳐갔다. 곁에 있는 제조상궁에게 하문했다.

"방금 지나친 아이가 뉘인고?"

"아뢰옵기 황공하오나 나인 장씨이옵니다."

"속히 가까이 오도록 이르라."

장씨가 금상 앞에 부복했다. 과연 나라를 기울게 하고도 남을 경국지색傾國之色이었다. 이날 밤 장씨는 하늘 같은 임금의 승은을 입고 타고난 자

숙종은 조선의 역대 임금 중 풍수에 달통해 신풍으로 추앙받았다. 인현왕후가 승하하자 친림하여 명당 자리를 잡았고, 인현왕후 옆에 쌍릉으로 예장되어 명릉이라 한다.

능 옆에 별도로 인원왕후릉도 함께 있다. 동원이강릉 형식이나 능호는 명릉이라는 한 이름이다. 인원왕후릉에서 바라본 명릉.

태와 교언영색巧言令色으로 숙종의 총애를 독차지했다. 숙원(종4품)이 된 지 얼마 안돼 6품을 건너뛴 소의(정2품)로 승격되자 장씨의 기고만장함은 내명부를 덮고도 남았다. 이럴수록 인현왕후는 위축됐고 숙종의 발길도 뜸해졌다.

경사는 겹친다 했다. 장소의가 아들(후일 경종)마저 낳으니 왕실의 환대는 말할 것 없고 숙종의 기쁨 또한 절정에 달했다. 금상의 변덕이 다시 발동했다. 소생 없는 인현왕후를 폐서인시켜 궁에서 내쫓고 장씨를 희빈으로 승격시킨 뒤 아들을 세자로 책봉하려 했다. 이번에는 서인 송시열이 죽어도 안 된다고 숙종과 대치했다.

숙종은 송시열을 사사시키고 기세를 몰아 서인세력을 몰락시켜 버렸다. 명분을 내세운 스승의 항거였지만 인현왕후 아버지(민유중)가 서인의 중추세력임을 훤히 들여다보고 있었다. 이 사건으로 조정 권력은 다시 남인들의 손에 넘어갔고, 기사년에 있은 정변이어서 기사환국己巳換局(1689)이라 부른다.

숙종은 살다보니 장희빈도 싫어졌다. 이미 숙빈 최씨(제1후궁)에게 정을 쏟아 왕자(후일 영조)까지 탄출했다. 또 다른 여섯 후궁들과 지내다보니 어질고 현덕한 인현왕후가 새삼 그리워졌다. 이때 마침 서인의 김춘택, 한중혁 등이 민씨 복위운동을 전개하고 있었다. 서인세력을 원천 제거하려던 남인들이 관련자를 하옥하고 심문한 뒤 숙종에게 사후보고를 했다. 임금의 의중을 잘못 읽은 것이다.

숙종은 진노하여 남인들을 축출하고 또다시 서인들을 대거 등용했다. 사가에 있던 인현왕후를 복위시키는 한편, 장씨를 희빈으로 강등시켜 한 궁궐 안에서 살도록 했다. 이해가 갑술년(1694)이어서 사서에는 갑술환국甲

戌換局으로 기록하고 있다.

역사의 소용돌이는 그칠 줄 몰랐고 왕실의 먹장구름은 걷힐 날이 없었다. 복위된 뒤 시름시름 앓던 인현왕후가 숙종 27년(1701) 35세의 젊은 나이로 승하한 것이다. 숙종의 슬픔은 비할 데가 없었다. 이 모든 불행이 장희빈의 모함과 악행에서 비롯된 것임을 뒤늦게 안 숙종은 하늘을 찌를 듯이 분기탱천했다. 희빈으로 강등된 장씨가 자신의 거처인 취선당 서쪽에 신당을 만들어 놓고 무녀를 불러 굿을 했는데 인현왕후를 저주하며 죽기만을 빈 것이 탄로가 난 것이다.

숙종은 장희빈에게 자진토록 명을 내렸으나 거부하고 사약을 내려도 먹지 않자 억지로 입에 부어 절명토록 했다. 차기 왕위를 이을 세자가 보는 앞에서 이런 참사가 벌어졌다. 이때 소론 세력은 왕세자(경종)를 옹호했고 노론 측은 숙빈의 아들(영조)을 염두에 두고 있었다. 무당으로 인한 변고여서 '무고의 변'으로 불린다.

이렇듯 인현왕후와 희빈 장씨를 중전 자리에 번갈아 앉히며 파생된 일련의 환국사태와 참혹한 옥사는 숙종의 진면목을 여지없이 드러내보이며 구중궁궐을 피로 물들였다.

숙종은 신하들 간 당쟁을 적절히 활용하며 왕실 내의 숙원 난제들을 속시원히 매듭지었다. 폐위된 지 240년이 넘는 단종을 복위시켜 시호를 올리고 영녕전에 부묘했다. 당시까지 공정대왕이란 명나라 시호로 불리던 제2대 정종대왕에게 묘호를 추상하는가 하면 폐비 단경왕후(중종 원비)에게는 사당을 지어 제사를 지내도록 했다. 또한 사육신을 복관시키고 소현세자의 폐세자빈 강씨도 복위시켰다.

숙종 38년(1712)에는 앙숙 간이었던 청나라와 담판을 지어 백두산 정상에 정계비를 세우고 현재의 국경으로 확정지었다. 영의정 이유李濡 (1645~1721)의 상소를 받아들여 북한산성을 개축해 남한산성과 함께 서울 수비의 양대 거점으로 확보했다. 일본에 통신사를 파견해서는 막부정권과 협상하여 왜인들의 울릉도 출입금지와 귀속문제를 확정지었다.

이토록 내치와 외치에 몰두하는 숙종에게 걱정은 끊이지 않았다. 신하들이 술을 너무 과음해 몸이 상하는 일이었다. 전날 폭음으로 결장하는 관리들이 늘어나자 한탄하며 타일렀다.

"나라를 망치고 몸을 상하게 하는 화가 여럿 있는데 그중 술독에 빠져 덕을 상실하는 것이 가장 심하오. 군신상하가 밤낮 없이 노력해도 백성 구제가 어려운데 술을 마시며 일을 그르쳐서야 되겠는가."

숙종의 이런 행장行狀에서 따뜻한 인간적인 풍모를 느낄 수 있다. 임금 역시 오욕五慾과 칠정七情을 지닌 인간이었음을 공감하는 편린이기도 하다.

사실 숙종은 인경·인현·인원왕후의 세 정비를 통해 왕자를 얻고자 했으나 뜻을 이루지 못했다. 애증의 감정노출이 심했던 숙종이 안질과 각기병으로 재위 46년 9개월 16일 만에 경덕궁 융복전에서 예척하니 보산 60세였다. 숙종은 고명대신 이이명을 불러 연잉군(영조)을 경종의 후계자로 삼아줄 것을 유언했다. 그러나 사관의 입회 없이 내린 이 유명이 후일 유혈이 낭자한 신임사화의 화근이 될 줄 누가 알았겠는가. 이리하여 장희빈을 통해 낳은 경종과 숙빈 최씨 소생의 영조가 후사를 잇는 과정에서 왕실은 또 망가지고 무고한 대신들이 세상을 떠난다.

숙종은 조선의 역대 임금 중 풍수에 달통해 신풍으로 추앙받으며 그에 관한 설화도 무수하다. 당시 왕실이나 사대부가의 필수 덕목이었던 풍수를 송시열, 김수항 등 당대 최고 학자들에게서 전수받은 것이다.

숙종은 뒤늦게 아꼈던 인현왕후가 승하하자 친림하여 명당자리를 잡았다. 숙종릉은 이곳 인현왕후(제1계비) 옆에 쌍릉으로 예장되어 명릉明陵(갑좌경향·갑甲입수 병丙득수 술戌파수)이라 한다. 금상의 불찰로 원통하게 일생을 마친 인현왕후의 유언에 따른 것이었다. 서오릉(사적 제198호) 옆 별도 능역에 있으며 인원왕후(제2계비·을좌신향) 능도 함께 있다. 동원이강릉 형식이나 능호는 명릉이란 한 이름이다.

숙종대왕의 명릉(사적 제198호)은 서오릉에 있다. 명릉은 제1계비 인현왕후와 쌍릉의 형식으로 예장되었고, 그 옆에 제2계비 인원왕후와는 동원이강릉 형식이다. 〈서오릉 151쪽〉

숙종 6년 천연두에 걸린 인경왕후가 출산을 하던 중 보령 20세로 홀연히
세상을 떠난다. 첫정을 흠뻑 쏟았던 숙종이 서오릉 안에 장사 지내며
'사려가 심원하다'는 뜻의 익릉이란 능호를 내렸다. 왕후장상도 죽어지면
잊히고 수밀도같이 달콤한 천년 약속도 눈에서 멀어지면 그만인데…….

숙종 원비 인경왕후

익릉

애절한 청춘에 유명을 달리하니
왕의 바람기는 보지 않았으나

관 뚜껑을 덮고서야 비로소 한 사람의 일생을 논할 수 있다고 했다. 사적 제198호로 지정된 경기도 고양시 덕양구 서오릉로 334-92번지 서오릉에 가면 조선 제19대 임금 숙종대왕과 숙종 왕비들의 능이 있다. 역대 임금 중 여성 편력이 남달랐으면서도 여난에서 헤어나지 못한 숙종의 인간적 고뇌와 여인들의 흥왕·몰락사가 고스란히 멈춰 있는 현장이기도 하다.

사람에게 돈이 많다고 부자가 아니듯이 남자에게 여자가 많다고 행복한 것만은 아니다. 숙종은 3왕비, 1폐왕비, 7후궁을 두었지만 46년 재위기간 동안 편할 날이 거의 없었다. 수시로 변하는 왕심 탓도 있었지만 절대권력자를 사이에 둔 여인들의 시기, 질투, 모함이 내명부의 기둥을 뿌리째 흔들어 놓았기 때문이다.

7세 때 왕세자로 책봉된 숙종이 11세 되던 해 인경왕후仁敬王后 김씨(1661~1680)를 만나 부부가 됐다. 둘은 동갑이었다. 대제학 김만기의 딸로 사계 김장생의 고손녀였던 김씨가 세자빈으로 책봉되자 할머니 인선왕후

(효종 왕비)는 크게 기뻐했다.

"광산 김씨 김공(김장생)은 일찍이 나의 선고先考 문충공(장유) 스승인데 지금 나와 그 손녀가 왕실의 며느리가 되었으니 이 얼마나 기이한 경사인고. 실로 무량한 복이로다."

현대에 와서는 천연두(마마)가 박멸돼 법정 전염병에서도 퇴출되었지만 예전에는 생사를 넘나드는 중병이었다. 민가에서는 '손님이 지나가야 사람 노릇한다'면서 두창을 앓고 난 뒤 호적에 입적시키기도 했다. 왕실에서는 천연두를 거르고 왕비(1675)로 책봉된 심씨가 늘 근심이었는데 우려가 현실로 닥쳐왔다.

숙종 6년(1680) 천연두에 걸린 인경왕후가 출산을 하던 중 홀연히 세상을 떠나 버린 것이다. 보령 20세의 애절한 청춘이었다. 첫 정을 흠뻑 쏟았던 숙종이 서오릉 안에 장사 지내며 '사려가 심원하다'는 뜻의 익릉翼陵이란 능호를 내렸다. 영중추부사 우암 송시열은 다음과 같은 명문장으로 인경왕후를 애도하며 통곡했다.

"상천上天이 인덕을 베풀지 아니해 갑자기 왕후의 먼 여생을 막았구나. 이른바 신이란 존재는 진실로 밝히기가 어렵고 이理라는 것 또한 추측할 길 없음이 이와 같도다."

왕후장상도 죽어지면 잊히고 수밀도水蜜桃같이 달콤한 천년 약속도 눈에서 멀어지면 그만인 법. 숙종은 상처의 아픔을 얼른 잊고 이듬해 인현왕후 여흥 민씨를 제1계비로 맞았다. 서인의 중추세력이었던 여양부원군 민유중 딸로 6살 연하였다. 역대 내명부 가운데 가장 현덕한 왕비로 존숭받고 있으나 더없이 불행했던 여인이었다.

서오릉 안에 있는 익릉은 정기석이 이어지고 있어 명당이다.

장희빈은 1969년 서오릉 안 경릉 서록에 이장
됐다. 자좌오향의 정남향이긴 하나 명당·흉지
를 운위할 자리조차 못된다. 그나마 타관객창에
홀로 버려져 있다가 남편의 명릉 가까이 묻힌 것
만으로도 다행으로 여겨진다.

왕실 내 비극은 인현왕후의 '무자식 팔자'와 숙종의 끊임없는 '바람기'가 단초였다. 왕권을 장악한 절대 군주 앞에 세기의 요화妖花가 눈에 띈 것이다. 미모와 간교로 종4품 숙원 자리에서 일약 왕비까지 오른 희빈 옥산 장씨(1659~1701)다. 역관 장형의 딸로 전해오지만 장희빈 생모의 정부였던 조사석(인조 계비 장렬왕후 조씨 동생)의 딸로 더 알려져 있다. 장씨는 조사석과 종친 동평군의 주선으로 어릴 적 궁에 들어갔다.

숙종은 장희빈이 아들까지 낳자 더욱 깊은 미혹에 빠져들었다. 착한 인현왕후를 내치고 장씨를 왕비로 진봉하는 과정에서 아까운 대신들의 목숨이 추풍낙엽처럼 스러져갔다. 이 와중에도 숙종은 숙빈 최씨(영조 생모), 명빈 박씨, 귀인 김씨, 영빈 이씨, 소의 유씨와 직첩을 받지 못한 이씨, 박씨 등 7후궁을 두어 모두 3남을 얻었다.

무심한 세월이 흐르고 장희빈의 해괴한 실행과 눈 먼 행악이 숙종에게 발각됐다. 왕비에서 빈으로 강등된 장씨가 저주하여 인현왕후가 죽은 것이 들통난 것이다. 숙종은 한때 세상을 다 줄듯이 아끼며 사랑했던 여인 장희빈에게 사약을 내렸다. 눈이 뒤집힌 장씨가 순순히 받을 리 없었다.

"전하, 죽기 전에 세자를 한 번만이라도 가까이 보게 하여 주시옵소서."

죽어가는 사람의 소원을 못 들어줄 것이 무엇이겠는가. 세자가 어명으로 장씨 품으로 다가갔다. 순간, 표호로 돌변한 장씨가 세자의 하초下焦를 훑어 버렸다. 세자는 기절했고 장씨는 억지로 따라 부은 사약을 삼키고 절명하니 43세였다. 후일 왕위에 오른 세자 경종은 원비 단의왕후와 계비 선의왕후를 두었으나 끝내 후사를 잇지 못했다.

이 같은 왕실 비극은 숙종의 행장에 완곡한 표현으로 기록돼 있다. 자신이 낳은 차대 임금을 눈앞에 두고 생목숨을 끊어야 하는 장희빈의 절통함이 어땠을까 싶다. 숙종이 지엄한 어명을 내렸다.

"종사와 세자를 위해 부득이 희빈 장씨를 자진시키니 내 마음이 슬프오. 깊이 생각한 바 이 처분 외에는 다른 도리가 없었소. 이후로는 국법으로 밝혀 빈으로 하여금 왕비에 오르지 못하게 하오."

장희빈은 경기도 광주시 오포면 문형리에 장사 지냈다가 죽은 지 268년이 지난 1969년 도로공사로 묘지가 수용되면서 서오릉 안 경릉(추존 덕종) 서록에 이장됐다. 자좌오향의 정남향이긴 하나 명당·흉지를 운위할 자리조차 못된다. 그나마 타관객창에 홀로 버려져 있다가 남편의 명릉 가까이 묻힌 것만으로도 다행으로 여겨진다.

'유명조선국옥산부대빈장씨지묘'라 쓰인 대빈묘大嬪墓를 스치는 과객들마다 '저게 그 못된 장희빈 묘'라며 삿대질하고 눈을 흘긴다. 희빈 장씨의 영혼이 이 현장을 목도한다면 어떤 회한을 풀어낼까. 장씨가 또 한 번 인간으로 환생해 생전의 그 인생길을 반복한다면 다시는 그러지 않을 듯싶다.

서오릉 내 여러 왕릉 중 숙종과 그의 왕비릉을 답사하면서는 각별한 감회가 교交차한다. 인간에게 주어진 저마다의 한평생을 참으로 잘살아야 되겠다는 역사의 훈교訓敎가 그곳에 있다. 혹자는 살아생전 호의호식하고 일신영달을 누리면 그만이라 할지 모르지만 역사는 결코 그런 삶을 수수방관하지 않는다.

축좌미향丑坐未向(서남향)의 익릉을 찾은 참배객들은 세 공주를 낳아 일찍 떠나보내고 자신마저 요절한 인경왕후의 일생을 연상하며 측은지심을 내보인다. 스무 살에 세상을 떠난 왕비에게 무슨 궤적이 있겠느냐 위로하면서도 익릉이란 능호 아래 단릉으로 존재함을 내심 부러워하는 눈치들

360

이다.

숙종은 원비 인경왕후가 있었으나 생전 지지리도 속 썩힌 제1계비 인현왕후와 묻히고자 한 왕의 유명에 따라 쌍분으로 예장된 뒤 능호를 명릉이라 했다. 사람들은 인현왕후에 대해 죽어서나마 남편 곁에 묻혀 다행이라며 왕후의 덕을 기리고 못 잊어 한다.

숙종릉 왼쪽에 있는 제2계비 인원왕후 경주 김씨는 경은부원군 김주신의 딸로 숙종보다 27세나 아래였다. 좌상우하左上右下의 조선왕릉 배치를 벗어나, 능호에 대한 이론이 많다. 숙종과 한 능역에 있다 하여 명릉으로 함께 회자되는 것을 탐방객들은 아쉬워한다.

이처럼 서오릉에는 익릉을 중심 삼고 숙종과 여인들에 얽힌 삶의 대조가 극명히 드러나고 있다. 더불어 명문거족의 딸이긴 마찬가지였으나 어쩌다 후궁 신세가 돼 그늘 속에 살아야 했던 여인들의 한숨이 서오릉 구석구석에 서려있다.

숙종 원비 인경왕후의 익릉(사적 제198호)은 서오릉에 있나. 익릉은 축좌미향에 난릉으로 조성되어 숙종의 명릉을 바라보고 있다. 〈서오릉 151쪽〉

숙종의 장남인 경종은 태어난 지 두 달 만에 원자로 정호되고, 3세 때
세자로 책봉되었으나 14세에 목격한 어머니의 죽음은 지축이 흔들리는
충격이었다. 이후 왕으로서 권세는커녕 호강 한번 못해보고 병석에 누워
신음만 하다 후사조차 잇지 못하고 승하했다. 이 모두가 생모 장희빈을
잘못 만난 불행이었다.

경종대왕

의릉

모진 생모 만나
권세는커녕 후사조차 못 이어

옛 조선 임금들의 일상은 참으로 고달팠다. 새벽 5시 전에 기상하여 밤 11시가 넘어서야 정침에 드는 것이 일과이다시피 했다. 혹간 춘정이라도 동하여 왕비나 후궁의 침소에 들기라도 하는 날이면 수면부족을 이기지 못해 이튿날 집무가 흐트러졌다.

조선 27대 군왕들의 평균 수명은 47세다. 전국 각지에서 진상된 정력 보약제를 너무 자주 복용해 독이 축적된 데다 10대부터 비롯된 후궁과의 과도한 동침이 단명의 큰 원인 중 하나였다. 부액과 시중으로 일거수일투족을 궁인들이 대신하다보니 운동 부족으로 굳은 육신 또한 단명을 재촉했다.

숙종의 장남으로 제20대 보위에 오른 경종대왕景宗大王(1688~1724)은 조선 임금의 평균 수명에도 못 미치는 37년을 살았다. 왕으로서 권세는커녕 호강 한번 못해보고 병석에 누워 신음만 하다 후사조차 잇지 못하고 승하했다. 이 모두가 생모 장희빈을 잘못 만난 불행이었다.

경종의 일생을 추적하다보면 고대광실 높은 집과 일망무제—望無際 문전옥답도 건강 하나 지키지 못하면 백사허망이란 고금의 진리를 터득케 한다. 날 때부터 약골이었던 경종은 성장과정에서도 병고에 시달려 숙종을 불안케 했다. 양순한 성정에 심덕마저 어진 것이 오히려 근심이었다. 어명에도 굴하지 않고 목숨을 내거는 궐내 대신들을 장차 어찌 통치해나갈 것인가.

태어난 지 두 달 만에 원자로 정호되고 3세 때 세자로 책봉된 경종에게 14세에 목격한 어머니의 죽음은 지축이 흔들리는 충격이었다. 아버지가 내린 사약을 안 먹겠다고 발악하자 입을 벌려 억지로 따라 붓게 했다. 먼저 떠나는 이승길이 원통했던지 자신의 하반신을 훑어내려 혼절에서 깨어난 뒤 모든 것을 알게 되었다.

이후 경종은 만사의욕을 상실하고 위축됐다. 자신의 세자 지위를 놓고 극단으로 갈라서 멸문지화에 이르도록 싸우는 대신들도 두려웠다. 소론 세력은 경종 편이었고 노론 측은 이복동생 영조를 왕위에 앉히고자 했다. 더욱 견딜 수 없는 심리적 압박은 원손을 학수고대하는 부왕의 절실함이었다.

경종에겐 9세 때 가례를 올린 두 살 위의 세자빈 청송 심씨(1686~1718·단의왕후)가 있었으나 음양이치가 무엇인지도 모를 당시 만나 남처럼 지냈다. 춘심이 발동할 무렵 생모가 사사당하며 남긴 치명적 상처는 곧 남성상실로 이어져 천하일색 양귀비도 경종에겐 덤덤할 뿐이었다. 당대 최고 명의인 전의가 내리는 비방도 무위였고 온갖 희귀 약재로 달인 회춘제 역시 허사였다. 백약이 무효였고 소성은 흔들렸다.

숙종 역시 이런 세자에게 마음이 떠났다. 보령 60세로 재위 46년 만에

경종이 승하하자 천장산 내룡맥에 신좌인향으로 조영한 뒤 능호를 의릉이라 지었다. 계비 선의왕후
가 26세로 승하하자 의릉 아래 상하연혈로 예장했다.

경종은 군왕의 권력이 무엇이기에 임금의 명을 빙자해
아까운 인재들이 저토록 죽어가는가를 생각하며
슬피 울었다. 사람이 기댈 곳과 낙을 잃고 상심하면
대문 밖이 곧 저승이다. 경종은 재위 4년 2개월 13일
만에 37세로 눈을 감았다. 예고된 쓸쓸한 죽음이었다.

죽음을 직감한 숙종이 노론의 영수 좌의정 이이명을 독대하며 유명을 내렸다.

"세자가 무자다병하니 그 즉위 후 후계자는 연잉군으로 정하도록 하라."

연잉군은 숙종이 아끼던 숙빈 최씨의 아들로 경종보다 6살 아래였다. 사관의 입회 없이 은밀하게 내려진 이 유언 한마디는 대신들 간 결사투쟁으로 이어져 또다시 대궐 안은 인간 도륙장으로 변했다. 당쟁이 극심했던 때, 가문의 대를 잇고 목숨을 부지하는 길은 조정에 출사하지 않는 것이었다. 지위가 높은 고관대작일수록 생명을 담보로 해야 하는 벼슬길이었다.

지엄한 군주로 절대왕권을 회복시킨 숙종이 훙서하자 34세의 세자가 등극하니 비운의 임금 경종대왕이다. 3세 이후 세자 자리에 있은 지 31년 만이었다.

경종은 용상에 오르기 전 이미 인간의 극단사를 수없이 겪어왔다. 부왕이 건강을 핑계로 내던진 '세자 대리청정'의 덫에 걸려 수많은 신하들이 명멸했고, 세자빈 심씨를 먼저 떠나보내는 단장의 슬픔도 지나쳤다.

계비로 맞은 선의왕후 함종 어씨(1705~1730)에게도 후사가 있을 리 없었다. 함원부원군 어유귀의 딸로 14세에 세자빈으로 책봉된 총명하고 건강한 규수였다. 경종이 즉위하며 왕비로 진봉됐으나 주상은 병석에만 누워 침소에 들지 못함을 늘 안타까워했다. 세월이 가며 격정이 동할 나이였음에도 금상과 왕비는 그저 바라만 볼 뿐이었다.

이게 또 여러 대신들을 사지로 몰아넣은 당쟁의 시발이었다. 소론 측은 자신들의 권력을 지켜내기 위해 아들이 없는 임금이지만 경종을 결사 옹위했다. 노론 측은 국본이 안정이 되지 않으면 나라가 흔들린다며 연잉군

의릉을 감싸고 있는 뒷산의 정기가 우렁차다. 의릉 정자각은 최근에 복원됐다.

을 세제世弟로 정하자고 경종에게 상소했다. 경종은 자기의 지지세력인 소론 측의 반대를 물리치고 연잉군(영조)을 세제로 봉했다.

이후로도 경종의 옥체는 더욱 미령하여 용상에 앉기조차 힘들어 했고 옥음조차 어눌해졌다. 내친 김에 노론 측에서는 사직의 백년대계를 위해 세제가 대리청정해야 함을 한사코 주청했다. 만사에 용기를 잃은 임금이 "그리하라"고 명을 내렸다. 그러자 한발만 물러서면 천 길 낭떠러지에 선 소론 측이 목숨을 건 승부수를 던졌다.

경종 2년(1722) 서자 출신 목호룡이 "노론이 이이명을 왕으로 추대하려는 시해와 역모를 꾀하고 있다"고 거짓 고변을 해 버린 것이다. 하는 수 없이 이번에는 소론 측 기세에 떠밀려 조정을 내맡겼는데 김일경·이광좌 등이 노론 측에 행한 보복은 차마 눈뜨고 보지 못할 잔혹함뿐이었다.

신축년과 임인년에 걸쳐 피를 불렀다 하여 신임사화로 불리는 이 정변에 희생되거나 유배당한 노론 측 인사는 수를 헤아리기 힘들 정도다. 김창집·이이명·조태채·이건명 등 노론의 4대신 외 20여 명이 사형당하고 30여 명은 형장에서 맞아 죽었으며 가족이란 이유로 교살당한 자만 13명이나 됐다.

겸양 온순한 성품으로 인명을 아꼈던 경종은 병석에서 오열했다.

"내가 임금의 자리에 오른 이후 조신朝臣들이 한 바를 살펴보면 조금도 나라 일에 도움을 준 것이 없소. 한 집안 내에서도 서로 죽이기를 일삼으니 당쟁의 화를 어찌 다 말할 수 있겠는가. 한심스럽고 통탄하기 그지없소이다."

경종은 군왕의 권력이 무엇이기에 임금의 명을 빙자해 아까운 인재들이 저토록 죽어가는가를 생각하며 슬피 울었다. 사람이 기댈 곳과 낙을 잃고 상심하면 대문 밖이 곧 저승이다. 경종은 재위 4년 2개월 13일 만에 37세로 눈을 감았다. 예고된 쓸쓸한 죽음이었다.

경종 재위 시 국세는 매우 위태로웠고 권신·당인들 간 음모가 격심해 백성을 위한 국정추진 동력은 완전히 상실되고 말았다. 서양 수총기水銃器(소화기)를 모방, 제작하고 독도가 우리 영토임을 밝힌 남구만의 『약천집』 간행 등을 치적으로 꼽을 수 있다.

경종이 승하하자 31세 새 임금 영조와 노론 측에서는 겉으로 크게 슬퍼하며 서울시 성북구 화랑로 32길 146-20번지, 천장산 내룡맥에 신申입수 해亥득수 을乙파수 신좌인향申坐寅向(동북향)으로 조영한 뒤 능호를 의릉懿陵(사적 제204호)이라 지었다. 영조 6년(1730) 계비 선의왕후가 26세로 승하하자 의릉 아래 상하연혈上下連穴로 예장했다. 효종 영릉에 이은 조선왕조 두 번째 동원상하연봉릉으로 좌우 명당혈이 좁을 때 아래위 혈穴을 찾아 쓰는 장법이다.

경종은 사후에도 수난이 많아 의릉에 옛 중앙정보부 청사(1962)가 들어서면서 능역이 심한 손상을 입었다. 1995년 국가정보원이 서울 내곡동으로 이전한 뒤 5차에 걸친 부지반환이 이루어져 현재는 대부분 복원됐다.

의릉 은 경종의 능으로 계비 선의왕후의 능이 아래에 있는 상하연봉릉이다. 왕과 왕비의 능은 좌우로 배치하는 것이 보통이지만 의릉은 혈穴이 좁아 위아래로 배치했다. 이런 형태는 경종 의릉과 효종 영릉에서만 볼 수 있다. 사적 제204호로 지정된 문화재이나 1960년대 초, 당시의 중앙정보부가 의릉 내에 자리 잡았던 탓에 일반인에게는 철저히 봉쇄된 구역이었다. 국가정보원으로 변경된 중앙정보부가 이사가면서 1996년 5월 1일부터 일반인에게 다시 공개되었다.

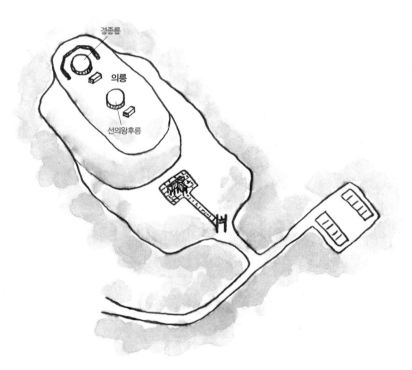

의릉(사적 제204호)은 서울특별시 성북구 화랑로 32길 146−20번지에 위치해 있다.
지하철을 이용할 때는 1호선 신이문역이나 6호선 돌곶이역에서 도보로 이동이 가능하다.
버스를 이용할 때는 120, 147, 261, 1215, 1222번을 타고 이문산거리 의릉 입구에서 내린다.
자가용을 이용할 때는 한국외대를 지나 이문삼거리에서 좌회전하거나 석관사거리를 지나
이문삼거리에서 우회전한다.
문의: (02) 964−0579

단의왕후는 온 백성이 우러르며 부러워하는 세자의 배필이었지만
누구보다도 불행한 여인이었다. 11세 때 가례를 올려 세자빈이
되었지만 극성스런 시어머니 장희빈은 아들을 빼앗겼다는 서운함에
얼음장처럼 차게 대하고 남편마저 심약하여 기댈 곳이 없었다.
더구나 사약을 받은 시어머니는 남편을 불구로 만들어놓으니
이때 심씨 나이 16세였다.

경종 원비 단의왕후

혜릉

여자로 태어남이 이토록 서러울까
죽어 팔자를 고친들 마음에 흡족하리

　능이나 무덤에도 신분이 있다. 특히 왕족들 무덤은 묻히는 사람의 직위에 따라 명칭이 다르다. 임금이나 왕비는 능陵이며, 왕세자와 왕세자비 또는 왕의 사친私親(왕을 낳을 당시 왕과 왕비 신분이 아니었을 경우)은 원園으로 부르며, 그 외 왕족의 무덤은 일반인과 같이 묘墓라 호칭한다. 사후에라도 지위가 격상(추존)되거나 격하(폐위)되면 무덤에 대한 신분도 과거와 현재가 달라졌다.

　동구릉에 가면 남편 지위에 따라 사후 신분이 달라진 능이 있다. 조선 제20대 경종대왕 원비 단의왕후端懿王后 청송 심씨(1686~1718)의 혜릉惠陵이다.

　한 시대를 호령했던 다른 왕이나 왕비처럼 능침 규모가 웅장하거나 남편과 쌍릉으로 예장된 것도 아니다. 동구릉 한편 고적한 구석에 외롭고 쓸쓸한 단릉으로 동쪽(유좌묘향)을 바라보고 있다. 공교롭게도 단의왕후가 두 상頭上을 둔 서쪽은 경종이 계비 선의왕후와 함께 예장된 의릉 쪽이다. 수구초심首丘初心이랄까.

　단의왕후는 온 백성이 우러르며 부러워하는 세자의 배필이었지만 누구보다도 불행한 여인이었다. 11세 때 두 살 아래 경종을 만나 가례를 올려 부부가 되었지만 시집인 대궐 안에서는 지엄한 궁중법도 교육과 고된 며느리의 역할뿐이었다. 표독하고 극성스런 시어머니 장희빈은 아들을 빼앗겼다는 서운함에 얼음장처럼 차게 대하고 남편마저 심약하여 기댈 곳이 없었다.

　조정은 더욱 가관이었다. 친시모 장희빈, 서시모 인현왕후를 사이에 둔 노론과 소론의 권력투쟁이 끝 간 데를 몰라 대신들이 죽고 유배길을 떠났다. 마침내 이 싸움에 친시모 측 세력(소론)이 패해 시아버지(숙종)가 내린 사약을 받고 시어머니는 죽고 말았다. 악에 바친 시어머니가 남편을 불구로 만들어놓으니 이때 심씨 나이 16세였다.

　그 후 남편은 숙맥불변菽麥不辨(어리석고 못나다, 여기서는 남자 구실을 못한다는 말)이 되었다. 내명부에서는 근인을 뻔히 알면서도 원손을 기다렸다. 이럴 때마다 심씨의 오장육부는 새까맣게 타들어갔고 장희빈에 대한 원망이 분노로 증폭되었다. 침전 밖 푸른 하늘을 바라보며 긴 한숨을 몰아쉬었다.

　"그냥이나 죽었으면 당신의 손자를 낳아 왕통을 이었을지도 모를 일인데 어찌 그럴 수가 있단 말인가. 세자의 대를 잇지 못하는 내 신세가 장차 어찌될 것인가. 여자로 태어난 처지가 가여울 뿐이로구나."

　불현듯 심씨는 세자빈이 되어 대궐로 떠나던 날 어머니(고령 박씨)가 두 손을 부여잡고 눈물을 흘리며 당부하던 일이 떠올랐다. 세 번에 걸친 천신만고 끝의 간택이었지만 아버지(증 영의정 심호) 역시 반기는 자리가 아니었다.

"인생막작여인신 평생운수의타인人生莫作女人身 平生運數依他人(무릇 인생은 여인으로 태어날 것이 아니로다, 평생 운수를 남에게 의지해야 하느니라). 이 말을 한시도 잊지 말도록 하여라."

유수 같은 세월이 흘러 세자빈의 나이 어느덧 서른을 넘겼건만 태기는 커녕 운신조차 하기 힘든 중병에 걸리고 말았다. 하늘을 봐야 별을 따고 뽕밭엘 가야 임을 만나련만 세자는 빈궁의 침소에 들지도 않고 군왕 수업에만 열중이었다. 추야장 긴긴밤을 홀로 지새울 적마다 심씨의 장탄식은 한으로 멍울졌고 심신은 야위어만 갔다.

숙종 44년(1718) 심씨가 33세로 하세했다. 시아버지 숙종은 누구보다도 한 많은 일생을 살다간 며느리가 애잔해 동구릉 안 서쪽 능선에 장사 지내고 그 회한을 글로 적어 내렸다.

"세자빈의 덕스런 성품과 순수한 언행은 하늘로부터 나서 얻은 것이다. 사람이 교정하고 바로 잡아 억지로 시켜 그렇게 된 바가 아니로다. 진실로 왕실의 큰 상실일지어다."

심씨의 무덤은 세자빈 신분이어서 원園으로 예우됐다. 봉분도 작았고, 원 앞 석물들도 간소했다. 더욱 야속한 건 왕실의 법도였다.

이해 경종은 14세의 함종 어씨를 세자빈으로 다시 맞이했다. 세자가 타고난 약골에 생산 능력조차 없는 줄 뻔히 알면서도 빈궁 자리는 비워둘 수 없었던 것이다. 병조참지 어유귀 부부는 금지옥엽으로 소중히 키워온 어린 딸을 재워놓고 밤새 눈이 붓도록 울었다.

"내 항상 명문갑족 벼슬 높은 사위도 바란 적 없고 네 몸 하나 위해주는 서방 만나 잘살기를 원했건만 이 무슨 운명의 훼방이란 말이냐. 이를 어찌

심씨의 무덤은 세자빈 신분이어서 원(園)으로 예우됐다. 봉분도 작았고 원 앞 석물들도 간소했다. 그러나 경종이 왕위에 오르며 심씨는 사후에 팔자를 고치는 계기가 되었다. 낮았던 봉분이 높아지고 능침 앞에는 왕권을 상징하는 문·무인석이 세워졌다.

아들을 낳아 왕통을 잇고 싶어 했으나 남편이 구실을 하지 못하니 애달픈 왕비였다. 후세 사람들이 아들을 얻고자 문·무인석의 코를 베어가는 일이 허다했다.

해야 하는고."

2년 뒤(1720) 숙종이 승하하며 경종이 왕위에 올랐지만 세자 때보다도 더 무력했다. 천성이라도 야무져 왕권이라도 행사했으면 속 시원하련만 어림없었다. 성정마저 심약해 대쪽 같은 신료들의 기개를 감당할 수가 없었던 것이다. 먼저 세상을 떠난 세자빈 청송 심씨를 단의왕후로 추존한 뒤 원을 능으로 승격시켜 혜릉이란 능호를 내린 것과, 함종 어씨를 왕비로 진봉한 것도 궁중법도에 따른 것일 뿐이었다.

그러나 심씨에게는 사후에 팔자를 고치는 계기가 되었다. 낮았던 봉분이 높아지고 능침 앞에는 왕권을 상징하는 문·무인석이 세워졌다. 그리고는 종묘 영녕전永寧殿 동협東夾 제13실에 경종대왕과 배향되었다. 세자빈이나 후궁 신분으로는 언감생심 넘보지 못할 지존의 자리다.

단의왕후가 예장된 혜릉 앞에서 잠시 상념에 잠긴다. 죽은 뒤 명예를 위해 간난艱難 끝에 모은 돈을 세상과 나눠 쓸 것인가, 아니면 사후야 어찌됐건 호의호식하며 내 식솔들 하고만 누리다 갈 것인가. 살아생전 일신영달과 죽어서의 사후평가가 마침 혜릉 앞을 지나치는 노부부 낯빛에 명암으로 투영된다. 생과 사가 교차하는 세월의 길목에서 한 시대를 풍미하는 인간의 존재가 새삼 덧없어지는 현장이기도 하다.

경종에겐 연잉군(영조)과 연령군(명빈 박씨 소생)의 두 이복동생이 있었다. 연잉군은 자신과 차기 왕위를 놓고 용호상박하는 두려운 존재였으나 연령군延齡君(1699~1719)은 군신예의로 경종을 따랐다. 이런 연령군을 부왕 숙종도 지극히 아꼈다. 단의왕후가 승하한 이듬해 연령군이 하세하자 경종은 극진한 슬픔을 담은 제문을 손수 지어 내렸다.

"불러도 대답 없고 막막하여 들리지 않는도다. 이미 세상을 떠나갔거니 네 모습을 헛되이 그려보노라. 세월은 흐르는 물과 같고 산에 묻힘에는 기한이 있음이 애절하도다. 옷자락에 석양이 남았나 싶더니 어느덧 월색이 천추를 비추는구나."

병석에서 애통해 하던 숙종이 이 제문을 읽고 슬픔을 이기지 못해 혼절에 이르도록 앙천통곡했다는 절구다.

조선왕조사에는 역사의 전면에서 사라져가는 임금과 왕비들이 여럿 있는데 경종과 원비 단의왕후도 이에 속한다. 재위기간이 짧거나 당쟁에 휘말려 괄목할 만한 치적이 없는 탓이기도 하다. 그러나 역사는 남편이 아내를 죽인 숙종조朝와 아비가 아들을 죽인 영조 묘廟를 간과하지 않는다. 그 살얼음판 시대를 살았던 경종과 단의·선의왕후를 청사靑史는 잊지 않는다.

경종 원비 단의왕후의 혜릉(사적 제193호)은 동구릉에 있다. 혜릉은 동구릉 한편에 단릉으로 조성되어 경종이 계비 선의왕후와 함께 예장된 의릉 쪽으로 머리를 두고 있다. 〈동구릉 37쪽〉

천신만고 끝에 군왕이 된 영조는 조선의 어느 임금보다도 영명하며
능수능란한 영주였다. 당쟁을 국정운영에 활용하며 중흥의 기틀을
마련하고 치적 또한 방대하다. 하지만 영조에게도 임금으로서도 풀지
못한 두 가지 한이 있었으니, 무수리 출신의 어머니를 왕비로 추존하는
것과 정비에게서 대군 왕자를 얻어 대통을 승계하는 것이었다.

영조대왕

원릉

천한 몸에서 귀한 왕이 되어
조선 중흥의 기틀을 마련하다

조선 제21대 임금 영조대왕英祖大王(1694~1776)이 52년 동안 용상에 있다가 83세로 안가晏駕하자 조정 대신들은 이 세월도 짧다고 대성통곡하며 애책哀册을 지어 올렸다. 오늘날의 애도사에 해당하는 애책은 당시 글 잘하는 대신들을 뽑아 짓도록 했는데 전하는 내용이 천하 명문이다.

> 아, 대왕의 목소리와 모습은 점점 멀어져 따를 수가 없사온데 저 하늘의 흰 구름을 일러 어디로 가는지를 탄식하옵니다. 어찌 세상이 없어질 때까지 이를 가히 잊게 되오리까. 산에 걸친 구름 띠도 처참함이여 오랜 흐림을 맺고 이슬도 깊이 흐느껴 옮이여 이른 아침의 서리로 응고되었나이다. 오, 슬프고 애통하옵니다.

영조의 애책 중에는 대왕의 말년 건강상태를 표현한 글귀도 있어 관심을 끈다.

"오래 사시면서도 기무起舞(일어나 춤을 춤)하는듯 분주하셨는데 태배鮐背(노인의 등에 나는 복 무늬)와 아치兒齒(노인의 이가 빠지고 새로운 이가 나는 것)가 풀잎처럼 시들어가심이 참으로 통한스럽사옵니다."

의술이 발달한 근자에도 80세를 넘기면 장수한다고 여기는데 조선 중기에 83년을 살았다면 '산 귀신'으로 추앙받을 때다. 더구나 역대 조선 임금의 평균수명이 47세임을 감안하면 가히 천수를 누리고도 남음이다. 희수喜壽(77세)를 넘기면서는 노치老齒가 빠진 뒤 새로 이가 나고, 없었던 등 무늬까지 생겼다. 31세에 등극한 영조의 재위기간(1725~1776) 동안 태어나 벼슬하다 세상을 떠난 신료들도 부지기수였다.

영조의 83년 생애를 반추하면 기구하고 참담하기까지 하다. 적서嫡庶의 신분차별이 숨을 멎게 했던 시대, 숙종의 서자로 태어난 영조가 왕위에 오르기까지 겪었던 인간적 비애와 신변의 위협은 말로 다할 수가 없다.

형왕兄王 경종의 아들이 있었다거나, 다른 왕자가 생존했더라면 영조에게 왕위는 감히 넘볼 수 있는 자리가 아니었다. 그래서 더욱 영조는 조정 중신들에게 하시당했고 죽음의 문턱을 수없이 넘나들었다.

숙종 25년(1699)에 6세로 연잉군延礽君에 봉해진 뒤 경종 1년(1721) 왕세제로 책봉되기까지의 세월이 22년. 그간 내명부의 질시와 암투, 노론과 소론 간 당쟁의 와중에 목숨을 부지한 것만도 천우신조라 할 영조의 팔자였다. 이복형 경종의 생모 장희빈이 왕재로 성장하는 영조를 시기 질투해 죽을 고비를 수없이 넘겼다. 왕 경종의 후사가 없어 왕세제로 봉해진 이후에는 목숨을 노리는 역모 사건들이 노골적으로 구체화됐다.

경종을 등에 업은 소론과 영조 편에 선 노론과의 당쟁으로 영조의 운명은 아슬아슬한 줄타기의 연속이었다. 비록 병약한 왕일지라도 소론 측 농간에 의한 어명 한마디면 누군들 살아남지 못했기 때문이다. 싸움을 먼저 청한 건 노론 측이었다.

경종 1년(1721) 노론 측 이정소가 금상의 건강이 좋지 않고 아들이 없다는 이유를 들어 후계자를 먼저 정할 것을 주청했다. 효종에서 현종, 숙종으로 이어지는 삼종三宗 혈통은 오직 연잉군뿐이라며 대비 김씨(숙종 제2계비 인원왕후)를 통해 설득하자 경종도 하는 수 없이 따랐다. 대세에 밀린 소론은 분노를 삭이며 설욕할 날만을 기다렸다.

내친 김에 노론은 확고한 조정 장악을 위해 연잉군에게 대리청정을 맡기자고 앙청했다. 경종이 비망록을 통해 슬그머니 윤허해 버리자 이를 뒤늦게 안 소론 측이 역모로 몰아가며 연잉군을 압박했다. 결국 명분에 밀린 노론 측도 손을 들어 버렸다.

고립무원, 절체절명의 위기에 몰린 연잉군이 인원왕후를 찾아가 결백을 주장하며 왕세제 자리를 내놓겠다고 애원했다. 평소 노론 측 입장에서 왕세제를 감싸왔던 대비 김씨도 정국의 심각성을 깊이 인식해 연잉군의 사정까지 담은 언문교지를 수차례 내려 소론 측 반발을 무마했다.

이후 왕세제는 경종에게 문안가는 것조차 차단됐고 임인옥안壬寅獄案(옥사와 관련된 문초안)에도 연잉군의 혐의 기록이 함께 남아 있다. 삼수역三守逆(경종을 시해하기 위한 세 가지 방법) 사건에 연잉군이 가담했는가는 아직까지도 미궁이다. 그러나 이 사건으로 노론 측 대신 60여 명이 처형당하고 170여 명은 유배가거나 치죄됐다.

삼수역 모반사건으로 정국의 주도권을 잡은 소론 측은 연잉군이 평소

조회를 보러 다니는 청휘문을 막고 살해할 음모까지 꾸몄음이 뒤늦게 밝혀졌다. 서른이 넘은 왕세제는 왕자로 태어난 운명을 원망했고 이 지경에 이르면서까지 임금 자리에 올라야 하는가를 고뇌했다. 지지기반이던 노론이 몰락하고 신변의 위협을 느끼자 극도로 몸을 사린 채 경종이 죽기만을 기다렸다.

경종은 오래 버티지 못했다. 재위 4년 만에 금상이 승하하자 이번에는 백성들이 연잉군을 의심했다. 왕세제가 경종의 탕약 제조에 깊이 개입했다는 의혹이었다.

경종 3년(1723) 임금의 병환이 심할 때 약원도제조 이광좌가 당시 명의로 이름 높던 이공윤을 주부主簿로 임명했다. 이공윤은 날마다 독한 약만을 지어 올려 경종의 병이 더욱 악화됐다. 연잉군이 이 사실을 알고 이공윤에게 타일렀다.

"진원眞元(경종)이 날로 위독해지는데 속히 원기 회양탕回陽湯을 지어 올려 소생시켜야 할 것이 아닌가."

이광좌와 이공윤이 뜻 모를 웃음을 지으며 대답했다.

"좀 더 두고 보시면 나을 것입니다."

이들은 끝내 회양탕을 쓰지 않았고 1년도 안돼 경종은 약독이 올라 탈진한 채 세상을 뜨고 말았다. 며칠 후 왕세제는 인정전에서 임금으로 등극했다. 그 후 이광좌는 영의정으로까지 기용됐다.

천신만고 끝에 군왕이 된 영조는 왕위에 오르던 날 인정전 뜰에서 기막힌 꼴을 당했다. 영조의 즉위를 비웃는 부도한 비방이 난무했고 보록寶盝(옥새를 넣는 작은 상자)을 뜰 모퉁이에 메쳐 나뒹구는 소리가 어좌까지 들렸던

것이다. 대궐 내 환관과 궁인들 중 경종의 잔존세력이 만만찮았음을 보여
주는 역사적 기록이다. 그러나 영조는 입술을 지그시 깨물며 참았다.

등극 과정이야 어떻든 일단 보위에 오르고 나면 천하가 임금의 것이다.
권신들이 새 군왕을 향해 숙배하고 복명을 좇는 게 권력의 속성이다. 이제
죽음과 몰락의 길은 소론 측 몫이었다. 예상대로 신임사화에 연루된 수괴
들이 처형되거나 유배되고 노론 정권이 들어섰다. 영조가 재위하는 동안
정권교체가 없을 것이라 생각한 노론은 기세등등했다.

그러나 영조는 조선의 어느 임금보다도 영명하며 능수능란한 영주英主
였다. 당쟁의 피해로 목숨을 잃을 뻔한 과거를 거울삼아 오히려 당쟁을 국
정운영에 활용했다. 복귀한 노론 측 강경 세력인 준론자峻論者들이 소론 측
의 멸문을 획책하자 영조는 오히려 준론자들을 축출하고 소론 측의 일부
인재를 기용하는 영단을 내렸다. 한쪽 세력에 힘을 실어주지 않고 노론과
소론을 고루 등용해 권력을 분산시켰다. 이것이 영조 5년(1729)에 내려진
기유처분으로 탕평책의 효시다.

탄력이 붙은 영조의 정국해법은 절묘했다. 이른바 쌍거호대雙擧互對(대
능한 자리에 반대편 인물을 등용해 균형을 맞춤) 인사 정책으로 영의정에 노론 민치
중, 좌의정에 소론 이태좌 두 앙숙을 등용해 서로 맞대도록 했다. 이조·호
조·예조·병조·형조·공조의 육조 역시 두 세력 간 균형을 맞춰 소론이
판서를 맡으면 참판은 노론이 차지했다. 인사 관리를 맡았던 이조吏曹의
경우 판서(노론 김재호), 참판(소론 송인명), 참의(소론 서종옥), 전랑(노론 신만)을 고
루 섞어놓으니 결코 어느 한 부처에 힘이 쏠린다 해서 이기는 싸움이 아니
었다.

임금의 의도대로 정국이 수습되자 영조는 탕평책을 더욱 확대했다. 재

능에 관계없이 노·소론 측 인사만 기용하던 벼슬길을 재야 세력인 남인과 소북파 등에까지 길을 터 사색당파 시대로 문호를 개방한 것이다. 능력 위주로 인재를 발굴하는 유재시용惟才是用(재주만 있으면 당파를 가리지 않고 등용)의 인사방편이 보편화되자 은둔했던 선비들이 대거 출사표를 던졌다. 이로 인해 영조는 조선 후기 문예 부흥기를 이끌 수 있었고 신사조인 실학사상이 봇물을 이루어 많은 학자들이 배출되었다.

탕평책으로 신료들의 힘이 분산되고 왕권이 강화되자 영조의 국정운영에도 힘이 실렸다. 정치·경제·국방·사회·문화 등 각 방면에 걸쳐 이룩한 영조의 업적은 참으로 방대하다. 가장 야만적 형벌이었던 압슬형(바위로 무릎을 으깨는 고문)을 폐지시켜 인권을 존중하고 신문고 제도를 부활시켜 백성들의 억울함을 직접 알리게 했다.

당시 만연하던 사치와 낭비 풍조를 엄금시키고 금주령을 내려 풍습을 바로 잡는 한편 균역법을 합리화해 세금제도를 고르게 했다. 영조는 특히 군사정책에 국력을 집중했다. 당시 통용되던 주전鑄錢을 무기 제조체계로 전환한 뒤 수어청에 조총을 만들도록 했다. 화차를 제작해 군병에 보급하고 변방 요새 구축에도 지원을 아끼지 않았다.

또한 영조는 서자들의 불만해소 방안으로 아버지가 양반인 서얼 출신 모두를 양인이 되게 하고 관리로도 채용했다. 신분에 따른 군역軍役을 명확히 시행해 백성들로부터 큰 호응을 얻었다. 자신의 출생신분에 대한 심리적 보상이기도 했다.

아울러 영조는 역대 임금들이 시행하지 못한 왕실 내부의 문제들을 과감히 매듭지었다. 왕실의 시소인 신라 사공공司空公 이한李翰 사당(경기전)을 전주에 세워 제사를 받들게 하고 중종 원비 단경왕후를 복위시켜 온릉이

원릉 앞 헐린 수랏간이 복원이 되지 않고 그대로 남아 있다.

천지신명은 비록 군왕이라 할지라도 한 인간에게
모든 것을 내려주지 않았다. 영조는 누구보다도
가족사가 불행했다. 영조에게는 아들 복이 없었다.
영조는 2남 11녀 모두를 후궁에게서 얻었다. 영조의
대군 왕자에 대한 갈망은 집요했다. 66세로 접어든
임금이 새장가를 가 대군을 낳겠다고 작심한 것이다.

란 능호도 내렸다. 고조부 되는 인조의 장릉 앞 석물에 뱀과 벌레가 서식한다는 상소가 있자 즉시 천장토록 왕릉 풍수를 동원했다.

영조는 스스로 학문을 즐기고 독서삼매경에 빠졌으며 다수의 저술도 남겼다. 인쇄술을 개량해 수많은 서적을 간행, 반포하여 백성들에게 널리 읽혔다. 언문으로 불린 훈민정음이 대량 보급되며 본격적으로 서민 문자화된 것도 이 시기다. 『악학궤범』 서문과 『어제경세편』을 직접 찬술하고 『연행록』, 『반계수록』, 『도로고』 등이 동시에 편찬됐다.

무엇보다도 영조는 재위 52년 동안 농업을 장려하며 민생이 안정되도록 통치이념을 확고히 했다. 영조 39년(1763) 통신사로 일본에 갔던 조엄이 대마도에서 고구마를 가져오자 구황작물로 온 백성이 널리 심도록 적극 권장했다. 그 후 고구마는 한해나 기근이 극심할 때 아사자를 줄이는 데 획기적 일익을 담당했다.

백성들은 저런 어진 임금에게도 근심이 있을까를 생각했다. 그러나 천지신명은 비록 군왕이라 할지라도 한 인간에게 모든 것을 내려주지 않았다. 영조는 누구보다도 가족사가 불행했다. 몇 차례의 역모사건이 일어날 때마다 조정은 흔들렸고, 백성의 인심이 이반되기도 했다. 탕평책으로도 어쩔 수 없는 당쟁의 후유증이었다.

거기다 임금으로서도 풀지 못한 두 가지 한이 있었다. 보산 83세로 52년 동안 왕위에 있으면서도 인력으로는 불가능한 천추의 통한이었다. 궁중에서 가장 천한 무수리 출신이었던 어머니를 왕비로 추존하는 것과 정비正妃 몸에서 대군 왕자를 탄출해 대통을 승계하는 것이었다.

영조는 즉위하면서 일찍이 서세(1718)한 생모 숙빈 최씨를 단계적으로

동구릉 내 영조와 계비 정순왕후의 원릉 비각. 영종과 영조의 묘호비가 나란히 있다. 종은 계승왈종이라 하여 정상적으로 왕위를 이었다는 의미며 조는 유공왈조로 승통 당시 정변이 있었거나 공이 있을 경우 지어 올렸다. 그러나 종은 왕비 탄출의 대군이었고 조는 후궁 소생의 군이었던 것이 숨겨진 사실이다. 영조는 승하 직후 영종이었다가 후일 영조로 개묘되었다.

추존하려 했다. 자신을 지지하는 노론 측 대신들에게 숙빈과 영조가 살던 잠저에 사우祠宇(사당)를 건립하도록 어명을 내렸다. 그러나 반응은 뜻밖이었다. 폐주 연산군이 생모 폐비 윤씨를 복위시켰으나 중종이 등극하며 다시 폐위된 역사적 과오를 실례로 들며 "그것만은 안된다"고 강력하게 반대했다.

호시탐탐 용상을 엿보는 소론이 틈을 노리고 있어 군왕으로서도 불가항력이었다. 영조는 하는 수 없이 경복궁 북쪽(서울시 종로구 궁정동 1)에 신위를 봉안하고 숙빈묘淑嬪廟라 칭했다. 존호를 화경和敬 숙빈으로 추상한 뒤 육상묘毓祥廟로 바꾸고 영조 29년(1753)에 육상궁毓祥宮이라 개명했다.

육상궁은 고종 19년(1882) 화재로 소실된 후 다음해 다시 세워졌다. 순종 1년(1908) 저경궁 · 대빈궁 · 연호궁 · 선희궁 · 경우궁 등 5개 묘당을 이곳에 옮겨 육궁으로 부르다가 1929년 덕안궁이 이안되면서 칠궁이라 하였다. 칠궁은 역대 임금 및 추존왕을 출생했으나 후궁 신분이어서 왕비로 추존되지 못한 일곱 후궁의 신위를 모신 한 맺힌 곳이다.

칠궁 동쪽으로부터 신위를 살펴보면 육상궁(영조 생모 숙빈 최씨), 연호궁(추존 진종소황제 생모 정빈 이씨), 덕안궁(영왕 생모 순헌 귀비 엄씨), 경우궁(순조 생모 수빈 박씨), 선희궁(사도세자 생모 영빈 이씨), 대빈궁(경종 생모 옥산부대빈 장씨), 저경궁(추존 원종 생모 인빈 김씨) 순으로 봉안돼 있다.

영조는 아들 복도 없었다. 달성부원군 서종제의 딸을 원비(정성왕후)로 맞았으나 영조 33년(1757) 66세로 승하할 때까지 대군왕자를 얻지 못했다. 두 살 위였던 정성왕후가 훙서하자 영조는 크게 슬퍼하며 홍릉이라 능호를 내리고 애책도 직접 내렸다.

"내 이때를 당하여 먼저 택조宅兆(묏자리)를 가리고 능호를 주관하였으며, 허우지제虛右之制(광중 오른쪽을 비워 추후 남자가 들어갈 자리를 마련하는 제도)를 써두었으니 또 무엇을 근심하리오."

그러나 후덕한 정성왕후 곁에 묻히고자 했던 영조의 꿈은 끝내 이루어지지 못했다. 원래 영조의 자리는 서오릉 내 홍릉에 준비됐었다. 그러나 야멸찬 정순왕후를 계비로 맞으면서 대궐 안 내명부는 또다시 반목과 모함의 아수라장이 되어버리고 만다. 현재까지도 정성왕후의 오른쪽 자리는 빈터로 남아 있어 깊은 사연을 모르는 이들을 어리둥절케 하고 있다.

영조는 2남 11녀 모두를 후궁에게서 얻었다. 제1후궁 정빈 이씨가 장남 효장세자(1719~1728·추존 진종소황제)를 낳았으나 10세 때 설사병으로 서세했다. 영조는 식음을 전폐하고 몸을 가누지 못할 지경으로 비탄에 잠겼다. 우환은 겹쳤다. 화순옹주(정빈 이씨 2녀)를 충남 예산으로 하가시켰는데 남편(김한신)이 38세로 죽자 영조가 극구 만류함에도 불구하고 남편을 따라 굶어 죽은 것이다. 영조는 부왕의 어명조차 거역한 딸이 하도 괘씸해 장례를 살피지 않고 "왕도 이 꼴을 당하는가" 하며 삶을 반추했다. 이 화순옹주가 추사 김정희의 증조할머니다.

절망하던 영조에게 제2후궁 영빈 이씨가 낭보를 안겼다. 사도세자(1735~1762)를 낳은 것이다. 2세 때 서둘러 왕세자로 책봉하고 당대 최고 학자들로 하여금 세자의 왕도교육에 전념토록 했다. 이후 제3후궁 귀인 조씨, 제4후궁 폐숙의 문씨에게서도 왕자를 원했으나 늘 옹주만 출생했다.

영조의 대군 왕자에 대한 갈망은 집요했다. 비록 용상에 오르긴 했지만 후궁 소생이란 출생 신분이 철천지한이었고 어떤 희생을 감수하고라도 왕위 대통만은 정비 손인 대군으로 잇고자 했다. 왕자는 영의정(정1품)보다 더 높은 무급이면서도 대군과 군에 대한 예우는 천양지차였다. 후궁 손이 벼슬을 아무리 높이 해도 대군 손의 격을 능가하지는 못했다.

영조는 끝내 이 열등감을 극복하지 못했다. 66세로 접어든 임금이 새장가를 가 대군을 낳겠다고 작심한 것이다. 영조 35년(1759) 6월, 자신보다 51세 어린 오흥부원군 김한구의 딸을 계비로 맞으니 바로 정순왕후貞純王后(1745~1805)다. 이때 정순왕후 나이 15세였다.

안 들을 때는 나라님 욕도 한다 했다. 백성들은 "죽을 때가 다된 늙은이가 망령이고 주책"이라며 영조를 비웃었다. '남자야 육십 생남에 팔십 손자'라고도 하지만 "열다섯 살짜리 어린 걸 곧 죽을 노인에게 시집보낸다"고 혀를 끌끌 차며 김한구를 조롱했다.

역사는 이쯤에서 나이 어린 정순왕후의 등장에 주목한다. 사학계에서는 표독하고 당찬 정순왕후가 입궁하면서 5백 년 사직의 조선왕실에 망조가 들기 시작했다고 진단한다. 영조가 승하한 뒤 왕실의 최고 어른이 되어 이 여인이 그려낸 역사의 자화상은 상상을 뛰어넘는다. 붕당싸움으로 뒤엉킨 대신들 간 사투는 뜻밖에 천주교 탄압으로 이어져 수많은 인재들이 정순왕후의 명으로 처형된다.

정순왕후에게서 대군 왕자를 원했던 영조는 크게 실망했다. 정순왕후 역시 초조해졌다. 잉태조차 못해본 왕후에게 10세 연상의 사도세자는 눈엣가시였고 그를 낳은 영빈 이씨 또한 원수보다 더한 존재였다. 이 증오심이 사도세자의 죽음으로 이어진 단초다.

이때 조정 안은 한 치 앞도 내다볼 수 없는 오리무중의 정국이었다. 노론과 남인의 주도 속에 미약한 권력을 유지하던 소론 측이 사도세자를 앞세워 만회를 획책하면서 정국의 혼란은 거듭됐다. 이를 미리 간파한 노론 측 김한구(정순왕후 아버지), 홍계희 등이 나경언을 사주해 사도세자의 비행과 난행을 정순왕후에게 고해바친 것이다. 사도세자의 그릇된 행실은 침소봉대되어 곧바로 영조의 귀에 들어갔다.

진노한 영조는 사도세자에게 자결할 것을 명했다. 세자가 억울함을 극간하며 목숨만은 살려줄 것을 간청했으나 부왕은 요지부동이었다. 끝내 세자가 자진을 거부하자 흥분한 영조가 뒤주 속에 가둔 뒤 대못을 쳐 굶겨 죽게 했다. 세자는 칠흑 같은 뒤주 속에서 아바마마를 목 놓아 부르며 애원하다가 8일 만에 굶어 죽었다.

누가 인생을 일러 육신을 쓰고 나들이하는 긴 법계여행 중 잠시 쉬었다가는 나그네라 일렀던가. 뒤주에서 꺼낸 세자의 시신을 확인한 영조는 경악했다. 자신도 언젠가는 죽을 육신인데, 남도 아닌 내 자식을 이리도 참혹하게 죽이다니. 내 안에 들어 있는 흉한 몰골의 또 다른 나는 도대체 누구란 말인가. 영조는 눈물을 흘리면서 죽은 세자에게 사도思悼란 시호를 내리고 이 사건에 연루된 대소신료들을 조정에서 축출했다.

기막힌 꼴을 당한 영빈 이씨는 아들보다도 10세 어린 계비 김씨에게 말 한마디 못하고 시름시름 앓다 2년 뒤 세상을 떠났다. 서울 서대문구 신촌 수경원綏慶園에 묻혔다가 1968년 6월 서오릉 내 묘좌유향으로 이장된 뒤 오늘에 이르고 있다.

이후로도 영조는 25년 동안 왕위에 있으면서 말년에는 정신마저 오락가락했다. 이 모든 역사의 현장을 11세 왕세손이 지켜보며 훗날을 벼르니 그가 바로 사도세자의 아들 정조대왕이다. 신료들에겐 구중궁궐의 처마 끝에 걸린 시뻘건 적란운이 비할 데 없이 심란한 일이었다.

동구릉 내 영조와 계비 정순왕후의 원릉(해좌사향 · 유酉입수 미未득수 진辰파수) 비각을 본 참배객들은 의아해 한다. 영종英宗과 영조英祖의 묘호비가 나란히 있기 때문이다. 조선 임금들은 조祖보다는 종宗으로 불리기를 원했다. 그러나 그것은 재위 시 군왕의 뜻대로 되지 않았다. 천하를 주름잡던 제왕도 자신의 묘호를 알고 홍서한 임금은 없다.

종宗은 계승왈종繼承曰宗이라 하여 정상적으로 왕위를 이었다는 의미며 조祖는 유공왈조有功曰祖로 승통 당시 정변이 있었거나 공이 있을 경우 지어 올렸다. 그러나 여기에는 왕실 내명부만의 기막힌 곡절이 숨겨져 있다. 종宗은 왕비 탄출의 대군大君이었고 조祖는 후궁 소생의 군君이었던 것이다. 영조는 승하 직후 영종이었다가 후일 영조로 개묘改廟되었다.

평소 과격하고 성급했던 영조대왕의 재위 52년 동안 조정과 백성들은 무소불위 권력에 눌려 옴짝달싹 못했다. 하해 같은 성은에 감격하는가 하면 강상이 무너지는 전대미문의 사건에 혀를 내두를 뿐이었다. 정치, 경제, 사회, 문화 등 각 방면에 걸쳐 중흥의 기틀을 마련한 놀라운 치적 또한 실로 방대하다.

영조대왕의 원릉(사적 제193호)은 동구릉에 있나. 원릉은 동구릉 내에 계비 정순왕후와 쌍분으로 조영되어 있다. 〈동구릉 37쪽〉

영조는 원비 정성왕후가 무수리 출신의 생모를 극진히 모심에 감동하며
존중했다. 영조는 왕후가 죽자 자신도 죽으면 옆자리로 오겠노라
철석같이 약속했건만 지금껏 오지 않고 자신의 옆자리를 비워두고 있다.
인생사 고통 중 가장 큰 괴로움이 사람을 기다리는 일이라 했건만 오지
못하는 님에게도 따로 사연이 있었으니…….

영조 원비 정성왕후

홍릉

죽어서도 오지 않는 님 기다리는
외롭고 애달픈 여인이여

사적 제198호 서오릉에 가면 능침 오른쪽을 비워둔 채 아직껏 낭군님을 기다리는 외롭고 애달픈 왕비릉이 있다. 조선 제21대 임금 영조대왕 원비 정성왕후貞聖王后 달성 서씨(1692~1757)의 홍릉弘陵이다.

그 님은 "자신도 죽으면 옆자리로 오겠노라" 철석같이 굳은 맹세를 했건만 머나먼 동구릉 안 원릉에 계비 정순왕후 경주 김씨와 영면에 들어 여태껏 오지 않고 있다. 인생사 고통 중 가장 큰 괴로움이 사람을 기다리는 대인난待人難이라 했건만 못 오는 님에게도 까닭은 있는 법이다.

영조는 자신보다 두 살 위였던 정성왕후를 무척이나 애모하며 존중했다. 달성부원군 서종제의 딸이었던 왕후는 예의범절이 남달랐고 특히 비천한 무수리 출신의 생모를 극진히 모셔 영조를 감동시켰다. 후궁(첩) 소생이란 출신성분이 평생 한이었던 영조는 정성왕후에게서 대군 왕자를 얻어 대통을 잇는 게 일생일대의 대원이었다. 그러나 그 뜻은 끝내 이루어지지 않았다.

정성왕후는 33년을 곤위坤位(왕비 자리)에 있다가 영조 33년(1757) 창덕궁 관리각에서 66세로 승하했다. 대문장가로 풍수에도 달통했던 영조는 애책을 직접 내리고 홍릉 자리를 친히 택지하며 왕후와 묵언의 약속을 했다.

"허우지제虛右之制로 광중 오른쪽을 비워두고 죽은 뒤 함께 묻힐 것인데 무엇을 근심하랴."

허나 누가 인생의 앞날을 장담할 것인가. 무릇 눈앞에서 멀어지면 마음에서 사라지고, 열 계집 마다하는 사내 없다 했다. 천지가 개벽할 듯한 견딜 수 없는 슬픔도 세월 앞에서는 속수무책이다. 영조는 네 후궁의 봄에서 2남 11녀를 득출했지만 대군으로 왕통을 잇고자 하는 열망은 날이 갈수록 더해만 갔다. 어느덧 정성왕후와도 사별한 지 2년이 되어갔다.

마침내 영조는 새 장가를 가기로 결심했다. 영조 35년(1759) 66세의 임금이 51세나 어린 15세 경주 김씨와 재혼의 가례를 올리니 바로 계비 정순왕후다. 나이든 영조에겐 꽃보다 더 고운 어린 왕후가 입안의 혀였고, 눈에 넣어도 안 아플 지경이었다. 이때부터 정순왕후가 역사의 전면에 등장하는데, 조선 왕실에는 한 치 앞도 가늠할 수 없는 암투와 모함이 난무하고 불길한 조짐의 피바람이 몰아치기 시작했다. 역사는 오늘날까지도 현숙했던 정성왕후보다 악명 높은 정순왕후를 더 회자하고 있다.

내명부 수장으로 별다른 궤적이 없었던 정성왕후가 영조의 원비였음은 물론 서오릉 안 홍릉이 그녀의 능이라는 사실조차 낯설기만 하다. 그러나 정성왕후가 이곳 홍릉에 예장되고 정순왕후로 왕실의 안주인이 교체되며 조선 후기에 던져진 역사적 파장은 실로 엄청나다.

아버지가 아들을 뒤주 속에 굶겨 죽이고, 할머니(정순왕후)가 손자(은언군·

생전에 임금이 능 터를 택지했다가 공터로 남겨진 것은 조선왕릉 중 홍릉이 유일하다.
정성왕후는 오른쪽 영조의 자리를 영구히 빈터로 남겨둔 채 쓸쓸히 누워 있다.

사도세자 아들)에게 사약을 내려 목숨을 끊게 하는 전대미문의 왕실 참사가 계비 정순왕후로부터 기인된다. 이미 백성들에게 널리 전파돼 요원의 불길처럼 번져가던 천주교가 왕실에까지 파고들자 정순왕후는 무자비한 피의 숙청을 서슴지 않았다. 천주교를 국가 주적主敵으로 간주하면서 교인들이 당한 박해와 인명살상은 끔찍하기 이를 데 없다.

하늘이 내리는 천명을 어느 누가 거역하랴만 이 또한 원비 정성왕후 서씨가 영조보다 일찍 예척하고 어린 계비 정순왕후가 입궐하면서 야기된 역사의 분란이다. 이 모두가 당쟁의 소용돌이가 빚어낸 슬픈 역사이니 낭시 신료들은 나라 위해 일하지 않고 어이해서 사람 죽이는 데 목숨을 바쳤는지 도저히 납득이 되지 않는다.

이후 계비는 서손자 정조가 등극한 후에도 금상과 사사건건 대립했다. 자신의 무고로 아사한 사도세자의 아들이 용상에 올랐으니 마음이 편할 리 없었다. 자신을 지지하는 노론세력 모두를 기용 않고 소론파를 고루 섞어 등용하는 탕평책도 성에 차지 않았다. 현재까지도 영구미제로 남아 있는 정조의 독살설이 여기서 제기되는데, 건강하던 군주가 갑작스레 49세로 생을 마감한 것이다.

온갖 의혹 속에 정조가 예척하자 계비 김씨는 11세 된 증손자 순조를 등극시켰다. 정순왕후는 철없는 어린 주상을 수렴청정하며 5년 동안 조정을 휘젓다가 순조 5년(1805) 61세로 숨을 거뒀다.

계비는 눈을 감으며 원릉의 영조대왕 곁에 가겠다고 유언했다. 이리하여 홍릉은 정성왕후 옆 오른쪽을 영구히 빈터로 남겨둔 채 단릉 신세가 되어 버린 것이다. 역대 조선왕릉 중 생전에 임금이 수릉壽陵(군왕이 살아서 능 터를 잡아두는 것)지를 택지했다가 공터로 남겨진 것은 홍릉이 유일하다.

정서향에 가까운 을좌신향乙坐辛向의 홍릉은 입수 용맥이 매우 급해 능침 앞의 사초지를 높이 복토했다. 좌청룡에서 물이 흘러 우백호를 감싸는 좌수우도左水右倒 형국으로 이런 지세에선 성미 급한 후손이 나와 대사를 그르치게 된다. 수많은 고금서적을 독파해 풍수에 관통했던 정조가 이 점을 간과했을 리 없다.

정조는 아버지를 굶겨 죽인 할아버지 영조를 끝까지 미워했다. 영조는 부왕(숙종)이 영면해 있는 서오릉 안 명릉 가까이 묻히고자 했지만 손자 의 명에 따라 동구릉 내로 가게 된 것이다. 살아생전 하늘을 찌를 듯한 권세 가도 죽고 나면 이 지경이 되는 법이다. 이래서 조선 선비들은 바로 살려 고 애를 쓰며 자신의 행적에 대해 두려움을 가졌다.

영조가 예장된 원릉 자리 또한 예사로운 터가 아니었다. 일찍이 제17대 효종대왕을 안장했던 영릉寧陵 초장지로 능침 석물에 금이 가자 광중에 물이 난다 하여 경기도 여주 세종대왕릉 곁으로 천장한 곡절 있는 자리다. 이 또한 치열한 당쟁의 산물이었지만 여기에는 왕릉풍수의 무서운 비밀이 숨겨져 있다.

자고로 사가에서조차 파묘한 묏자리는 지기가 다했다 하여 다시 쓰지 않았는데 하물며 왕릉이야 말할 나위가 있었겠는가. 그런데도 정조는 할 아버지 능지를 굳이 영릉을 파묘한 자리로 옮겨 썼다. 정조의 내심은 당시 묘제를 면밀히 살펴보면 금세 드러나고 만다.

고금의 장법에 따르면 일반 묘의 광중은 세 자(약 1m) 정도를 팠고, 왕릉의 현궁玄宮은 십자왕기설에 따라 열 자(약 3m) 깊이로 팠다. 십 척尺의 깊이에 임금의 시신을 안치하고 석관을 덮으면 곧바로 王 자였다. 따라서 일반 사가에서 십 척 깊이로 매장함은 역모에 해당됐다.

세종대왕 영릉英陵은 광주 이씨 문중의 선조 묏자리였음에도 불구하고 천년길지 명당 기운을 변함없이 유지하고 있다. 그 비결이 바로 이 같은 사가와 왕릉풍수의 다른 점에 있으나, 원릉 자리는 이미 효종을 예장하며 열 자 깊이로 판 파혈지破穴地다. 할아버지가 미워 기가 다한 자리에 일부러 능침을 조영한 정조는 참으로 무서운 군왕이었다.

차라리 정성왕후 서씨는 현재의 홍릉에 혼자 있는 편이 나을지도 모르겠다.

영조 원비 정성왕후의 홍릉(사적 제198호)은 서오릉에 있다. 정성왕후는 영조의 원비로 영조의 자리를 비워두었으나 원릉에 계비 성순왕후와 엉뚱하게 들어 지금껏 홀로 있는 단릉이다. 〈서오릉 151쪽〉

진종은 일반인에게는 물론 사학도들조차 생소하기 이를 데 없는 조선의
임금이다. 영조의 장남으로 7세에 세자 책봉된 뒤 10세 때 장가가던 날
설사로 앓기 시작해 두 달만에 세상을 떠났으니 종묘사직과 억조창생을
위해 한 일이 무엇이겠는가. 하지만 조선말기 7대 황제 중 첫 번째인
진종소황제로 추존된다.

추존 진종소황제

영릉

종묘사직 위해 한 일 없으나
추존 황제 중 첫 번째 황제라

봉건 군주시대에는 국가를 통치하던 최고 권력자의 호칭이 나라마다 서로 달랐다. 중국은 황제, 러시아는 대제(차르) 등으로 폐하라는 극존칭을 썼으나 강대국의 제후국이나 속국은 자국의 임금 호칭마저 뜻대로 못하고 낮춰 불러야 했다.

원나라(몽골족) 제후국이었던 고려 후기에는 묘호에 종宗 자조차 쓰지 못하고 원에 충성을 맹세한다는 충忠 자를 붙여 충렬왕, 충선왕, 충숙왕, 충혜왕 등으로 불러야 했다. 명나라(한족)의 속국이었던 조선은 임금을 전하로 낮추어 부르며 군신 간 신의를 지켜내 국가권력을 유지했다. 반정이나 쿠데타로 용상을 찬탈했다 해도 필히 명 황제의 칙령이 내려야 비로소 정식 임금이 될 수 있었다. 차기 대통을 잇는 세자 책봉 시에도 주청사를 보내 윤허를 받고 징표를 받아와야 했다.

작렬하는 태양도 하루 종일 중천에 떠 있지는 못한다. 욱일승천하던 명이 망하고 뒤이은 청마저 망조가 들자 이번에는 섬나라 일본이 아시아의 강자로 부상했다. 조선과 청국이 결별하고 대한제국을 선포(1897)하며 고종(1852~1919)은 황제가 되어 새로 등극했다. 이 역사적 행간에 일본인들의 가공할 음모와 행패가 자행됐음은 이미 백일하에 드러난 사실이다.

비록 국권을 침탈당한 조선 황실이었지만 제국으로 국체가 바뀌어 고종은 '주상전하'에서 '황제폐하'로 격상되고 연호까지 사용하게 되었다. 당시 조선은 중국 황제가 등극할 때마다 숭정, 강희, 건륭, 동치 등을 바꿔 써왔는데 고종이 황제가 되면서 광무光武라는 독자적 연호를 쓰게 되었다.

황제 등극 이후 고종황제는 상국이었던 청국의 간섭 없이 독단적으로 국무를 처결했다. 명에서 내린 이태조의 묘호 '강헌대왕康獻大王'을 '태조고황제'로 추존해 역대 조선 임금들이 황손임을 대내외에 공표했다. 그리고 고종 이전 7대(항렬 대수로는 4대)왕과 왕비를 황제와 황후로 추존해 황실계보를 분명히 했다.

추존 7대 황제 중 첫 번째가 진종소황제眞宗昭皇帝(1719~1728)이다. 진종은 일반인은 물론 사학도들조차 생소하기 이를 데 없는 조선의 임금이다. 하기야 영조의 장남으로 7세에 세자 책봉된 뒤 10세 때 하리下痢(설사)로 세상을 떠났으니 종묘사직과 억조창생을 위해 한 일이 무엇이겠는가.

영조는 사저 시절인 숙종 45년(1719) 후일 정빈으로 격상되는 이씨에게서 기다리던 아들 행을 득출했다. 당시로선 이복형인 장희빈의 아들 경종이 세자로 있을 때여서 영조가 용상에 등극하리라고는 언감생심 꿈조차 꿀 수 없었다. 그러나 지고지난한 인간사 앞날을 누가 장담하랴.

천운이 함께하여 왕위에 오른 영조는 즉위 당년(1724) 7세의 아들 행을 효장세자孝章世子로 서둘러 책봉했다. 그리고는 원비 정성왕후 서씨에게서

대군 왕자를 고대했다. 비천한 후궁의 아들로 태어난 게 지울 수 없는 통한이었던 영조는 적통 왕자만 탄출하면 언제든지 세자를 교체할 요량이었다.

하지만 애타는 적자 소식은 감감했고 네 후궁들은 옹주만 낳았다. 영조 4년(1728) 10세의 효장세자는 풍릉부원군 조문명의 딸 풍양 조씨와 가례를 올렸다. 흥에 겨운 만조백관들은 반석같이 탄탄한 왕조의 앞날을 찬탄하며 금상과 차왕次王에게 국궁사배를 올렸다.

그러나 호사다마였다. 이튿날부터 어린 세자의 몸에 이상이 생긴 것이다. 음식을 소화시키지 못하고 계속 설사를 했다. 영조는 불길한 예감에 모골이 송연해졌고 조정은 발칵 뒤집혔다. 팔도 명의가 동원되고 진귀한 탕약을 달여 진상했지만 백방百方이 무효였다.

효장세자보다 네 살 위였던 세자빈 조씨(1715~1751 · 추존 효순소황후)는 시집오던 날부터 어린 신랑의 병구완에 밤을 낮 삼았다. 하필이면 세자가 장가들던 날 병들었으니 조씨 자신은 물론 친정 문중에서도 면목 없고 황당스런 일이었다.

다급하여 동궁의 병석을 찾은 부왕에게 세자가 아뢰었다.

"아바마마, 세상에는 명의가 없사오니 번고스럽게 여러 약을 마구 쓰지 마소서. 아무래도 소자는 어렵겠사오니 조용히 하세할 수 있도록 윤허하여 주시옵소서."

영조는 곤룡포를 벗어 던지고 세자를 끌어안은 채 울부짖었다. 탈진으로 피골이 상접해진 세자는 베개보다도 더 가벼웠다. 임금은 "왕위라도 내놓을 테니 세자만은 구해달라"고 천지신명에게 간구했지만 사방은 온통 암흑뿐이었다.

영릉 진입로는 좌청룡과 우백호의 물길이 합수되는 명당길지다.

비각 안에는 능비가 세 개다. 정조는 양부 효장세자를 진종대왕으로 추존하면서 원을 능으로 격상했다. 고종이 황제로 등극한 뒤 진종소황제로 다시 추상하여 황제릉이 되었으나 상설은 원제 그대로를 유지한 채 오늘에 이르고 있다.

며칠 후 효장세자는 이승에서의 삶을 영결했다. 백성들도 슬피 울었다. 세자 책봉 4년째로 장가간 지 두 달 만인 영조 4년(1728) 11월 16일이었다. 수 없는 죽음의 문턱을 넘나들며 용상에 오른 지 4년 된 35세의 임금 영조는 세자가 떠난 서녘 하늘을 넋 없이 응시하며 홀로 독백했다.

"오호통재嗚呼痛哉 오호애재嗚呼哀哉려니 애통하고도 슬픈 일이로다. 인간사 오고 감이 무상할진대 권세와 부귀 또한 헛것이어라. 자식을 앞세워 가슴에 묻은 아비가 누구 앞에 나서 임금 노릇 할손가."

세자를 떠나보내며 영조는 또 한번 단장의 고비를 넘긴다. 14세의 세자빈이 식음을 거부해 물조차 넘기기 어려운 지경에 이른 것이다. 조씨는 출상하는 날 세자의 상여를 부여잡고 "이미 뒤를 이을 후사가 없는데 살아서 무엇하오리까"라고 각혈하며 통곡했다. 영조가 급히 편전으로 들게 해 친히 달래고 전의를 불러 겨우 목숨을 연명시켰다. 이후 세자빈 조씨는 청상과부로 23년을 외롭게 살다가 37세 되던 해(1751) 시아버지 앞에서 한 많은 일생을 마감했다.

효장세자가 떠난 지 7년 후 영빈 이씨 몸에서 태어난 사도세자는 영조에게 세상 그 무엇과도 바꿀 수 없는 귀한 존재였다. 뒷날 장조의황제로 추존되는 사도세자가 당대 붕당정치로 희생되자 영조는 경솔했던 자신의 결정을 절통해 하며 후회했다. 그리고는 사도세자의 아들 정조를 효장세자 앞으로 입양시켜 대통을 잇게 했다.

세자 신분으로 서세한 효장세자가 황제로까지 추존되는 과정 또한 왕실의 비극과 위태로운 조선의 국운이 겹쳐지며 극적인 반전을 거듭한다. 제22대 임금 정조대왕은 즉위하던 해(1777)에 양부 효장세자를 진종眞宗대왕으로 추존하면서 원園을 능陵으로 격상했다. 경기도 파주시 조리읍 삼릉로 89번지에 가면 사적 제205호로 지정된 면적 132만 3,105㎡(4만 239평)의 파주삼릉이 있다. 공릉恭陵(제8대 예종 원비 장순왕후), 순릉順陵(제9대 성종 원비 공혜왕후), 영릉永陵(추존 진종소황제)이 있어 공·순·영릉으로도 불린다. 공교롭게도 이 삼릉의 주인들 모두가 일찍 조졸하여 후사가 없다.

고종이 황제로 등극한 뒤 광무 3년(1899)에는 진종소황제로 다시 추상하여 영릉은 황제릉이 되었으나 상설象設은 원제園制 그대로를 유지한 채 오늘에 이르고 있다. 비각 안 능비만 세 개일 뿐이다. 을좌신향(북으로 15도 기운 서향)의 능침은 추존 진종소황제와 추존 효순소황후孝純昭皇后가 동원쌍분으로 예장되어 있다.

추존 진종소황제의 영릉(사적 제205호)은 파주삼릉 중 하나이다. 영릉은 정조의 양부 효장세자의 능으로 추존 진종소황제와 효순소황후가 동원쌍분으로 예장되어 있다. 〈파주삼릉 171쪽〉

사도세자의 모든 비행은 그를 제거하려는 세력과 계비에 의해 음모로
부풀려져 영조에게 고해졌다. 영조는 "소주방에 있는 쌀 담는 궤를
가져오라"고 엄명을 내렸다. 세자는 순순히 어명을 받으면 부왕의 진노가
풀릴까 하는 심정으로 뒤주 속에 들어갔다. 영조는 서둘러 대못을 치게
하고 편전으로 들어가 버렸다. 8일째 되던 날, 기척이 없어 뒤주 속을
열어보니 세자는 쪼그리고 앉은 채 죽어 있었다.

추존 장조의황제

융릉

음모와 당파에 휘말려
뒤주에 갇혀 생을 마감하니

사도세자思悼世子(1735~1762)가 열네 살이던 해 늦가을. 영조대왕이 세자를 대동한 채 시종들을 거느리고 궁궐 뜰을 거닐며 국정 구상에 몰두하고 있었다. 임진왜란 때 불탄 경복궁 터를 바라보던 세자가 부왕에게 물었다.

"아바마마, 왜 경복궁을 재건하지 않으시옵니까?"

"나라의 재정이 부족해 중건하기가 어려운 것이로다."

"중국 요순 임금은 무엇이든 하고자 하면 백성들이 자발적으로 호응했다던데 아바마마께옵서는 저 경복궁 하나를 중창하지 못하시옵니까? 혹시 성군이 못되신 것은 아니옵니까?"

순간, 대왕의 용안이 주토朱土빛으로 변했다. '이런 발칙한 놈 같으니라구. 네 녀석은 얼마나 성군 치도를 잘하는지 내 몸소 지켜볼 것이로다.'

때마침 조정 안 노론 측 중신들이 세자의 서정庶政대리를 영조에게 건의해왔다. 차기 임금에 대한 일종의 정무 수업으로 금상 밑에서 사소한 국사 처리를 익히는 제왕 실습이었다. 이듬해 봄(1749), 대왕은 15세의 세자

선恤에게 서정을 위임하며 서릿발 같은 엄명을 내렸다.

"이제부터 세자는 조정의 대소사 일체를 모두 품의하여 처결토록 하라."

부왕의 속을 모르는 세자가 열심히 정사를 돌보며 사사건건 주상께 아뢰었다. 영조는 작은 일을 품의하면 "그것도 해결 못해 알리느냐"고 꾸중했다. 용기를 내 단독으로 행하면 "작은 것이라도 모두 고하라 했거늘 왜 혼자 처결했느냐"고 문책하며 불호령이 떨어졌다.

마침내 세자 행동에 이상징후가 나타나기 시작했다. 부왕 앞에서 눈조차 제대로 못 뜨고 대신들과 마주치면 슬슬 피했다. 영조의 세자에 대한 증오는 여기서 멈추지 않았다. 주눅이 든 세자에게서 어느 날 갑자기 서정 대리권을 박탈해 버린 것이다.

권력의 향일성向日性이란 무정하기 이를 데 없는 법이다. 부왕의 버림을 받은 세자는 이튿날부터 허수아비였다. 동궁에 혼자 앉아 먼 하늘을 바라보며 히죽히죽 웃고 때로는 큰소리도 질렀다. 맑은 정신으로 돌아오면 5년 전(10세) 가례를 올린 세자빈 혜경궁 홍씨(1735~1815)에게 분통함을 토로했다. 홍씨는 노론 측 핵심 인물인 영의정 홍봉한(풍산 홍씨)의 딸로 매우 총명하고 조신한 여자였다.

세자의 이상행동은 어릴 적부터 감지됐다. 천자문을 배우다가 사치할 치侈 자를 보고 입은 옷을 가리키며 "이것이 바로 사치"라고 벗어 던졌다. 영조가 소싯적 쓰던 칠보 감투를 씌우려 했으나 "이것은 더 큰 사치"라며 끝내 거절했다. 안타까운 의대衣帶 결벽증이었다.

이러한 의대 결벽증과 기상천외한 언행으로 일찍이 부왕의 눈 밖에 난 사도세자였지만 해괴한 습벽으로 측근 신료들을 불안케 하기는 영조도 마찬가지였다. 이인좌의 난(영조 4년·1728)을 평정한 이후 이상한 의심행태를 자주 보였던 것이다. 이인좌의 난은 즉위 초 탕평책을 급히 서두르다 권력 축軸에서 밀려난 소론 측이 왕권을 뒤엎으려 한 역모사건이다.

이후 영조는 죽을 사死 자와 돌아갈 귀歸 자를 보면 신경질적으로 과민반응했다. 조의朝議 때나 외출 시 입었던 옷은 반드시 갈아입었고 불길한 말을 하거나 들었을 경우 양치질을 하고 귀를 씻었다. 심지어는 서정대리를 분담시킨 세자한테 대답을 들은 뒤에도 서둘러 귀를 닦았다. 대신들은 부전자전이라며 크게 우려했다.

어느 날 세자는 신임사화에 연루됐던 소론을 몰락시킨 노론 측 처사를 호되게 비판했다. 신임사화는 장희빈의 아들 경종을 지지하던 소론파와 숙빈 최씨의 아들 영조 편에 섰던 노론파 간의 정국주도권 싸움으로 경종이 즉위(1721)하면서 노론 측이 몰살당한 정변이다. 권력은 무상한 것이어서 영조가 즉위(1725)하자 이번에는 노론이 소론을 몰살시켰다.

당시 조정 안의 세력균형은 노론이 우세했으나 영조의 절묘한 탕평책으로 소론 세력도 무시 못했다. 이런 판국에 세자는 부왕을 용상에 등극시킨 노론 측을 철없이 매질한 것이다. 노론 대신들은 자파 정권유지를 위해서는 일찌감치 세자를 견제하는 게 상책이라고 중론을 모았다. 노론은 영조의 가장 큰 열등감인 적통대군 탄출을 자극했다.

이런 연유로 66세의 영조가 51세나 어린 경주 김씨에게 새 장가를 가니 계비 정순왕후다. 당시 15세였던 계비는 노론의 중추세력인 오흥부원군 김한구의 딸로 사도세자보다 10살 아래였다.

젊은 계모를 모시게 된 사도세자의 정신은 더욱 혼란스러워졌다. 순간

발작과 착란증세가 심해졌고 궁녀의 목을 베어 죽이는가 하면 여승을 몰래 입궁시켜 희롱까지 했다. 영조 37년(1761)에는 평안도 관찰사 정희량의 계교에 말려 비밀리에 관서지방을 유람하며 여색에도 빠졌다. 이 모든 비행들은 사도세자를 제거하려는 김한구 홍계희 윤급 등의 음모로 계비에게 전달됐고 정순왕후는 더욱 부풀려 영조에게 고했다. 이럴 즈음 나경언이 사도세자의 오점 10여 조목을 들어 영조에게 상주上奏했다. 여기에 폐숙의 문씨와 그 오라버니 문성국도 가세했다.

노론 측 핵심인물이었던 장인 홍봉한도 사도세자 편이 아니었다. 전방지축의 세자는 집권세력인 노론 중신들과 대립각을 세워 후일 등극하면 축출해 버리겠다며 벼르고 있던 터였다. 목전의 권력 앞에 혈연이 대수겠는가. 홍봉한은 아우 홍인한과 함께 대소신료들이 동석한 자리에서 "무엇이라 꼬집어 말할 수 없는, 병이 아닌 것도 같은 격간도동膈間挑動 병이 수시로 발작한다"고 세자 증세를 공개하며 한숨지었다.

대로大怒한 영조가 나경언의 목을 베고 세자를 폐하여 서인으로 내린 뒤 자결할 것을 명했다. 영조 38년(1762) 세자 나이 28세였다. 세자는 비로소 정신이 번쩍 들었다. 엎드린 채 고두배를 하며 살려달라고 애걸복걸했다. 생모 영빈 이씨도 아들 사도세자의 자결을 명한 남편 영조에게 통곡하며 사정했다.

"고질이 점점 깊어 이미 중병이 되었음을 어찌 책망하오리까. 소인이 차마 모자 간 정리로는 못할 일이오나 대처분을 내리시되 세손(정조) 모자만은 보살펴서 종사를 편안케 하시옵소서."

세자빈 혜경궁 홍씨 또한 시아버지 영조의 냉혹한 결단을 돌이키기엔 대세가 글렀다고 판단했다. 홍씨는 자전적 회고록 『한중록閑中錄』에 당시

사도세자의 어머니 영빈 이씨가 묻힌 수경원. 능이 아니라 원으로 남아 있다.

정조는 사도세자의 능을 화려한 왕릉격으로 조영해놓고 비통하게 굶어 죽은 아버지를 못 잊어 자주 찾았다. 세자 신분의 영우원을 현재의 경기도 화성시 화산 기슭으로 천장하며 현륭원이라 고친 뒤 근처의 용주사를 크게 중창해 원찰로 삼았다.

의 피할 수 없는 여인의 숙명을 이렇게 적었다.

"나 차마 그의 아내 입장에서 이 처분을 옳다고는 못하겠으나 일인즉 할 수 없는 지경이다. 내가 따라 죽어서 모르는 것이 상책이겠으나 어린 세손이 있어 결행치 못하다. 다만 세자와 만난 연분을 서러워할 뿐이다."

하지만 이미 때는 늦었다. 자진을 거부하자 영조는 "소주방에 있는 쌀 담는 궤를 가져오라"고 엄명을 내렸다. 11세의 세손(정조)이 할바마마의 곤룡포를 붙잡고 "아비를 살려 주옵소서"라고 간청했으나 나가라는 불호령만 받았다. 세자는 순순히 어명을 받으면 부왕의 진노가 풀릴까 하는 심정으로 뒤주 속에 들어갔다. 영조는 서둘러 대못을 치게 하고 편전으로 들어가 버렸다.

"아버님, 아버님! 소자가 잘못하였사오니 빛을 보게 해주소서. 이제는 아바마마가 하라시는 대로 하고, 글도 잘 읽으며, 말씀도 다 들을 것이니 부디 이리 마소서."

8일째 되던 날 기척이 없어 뒤주 속을 열어보니 세자는 쪼그리고 앉은 채 죽어 있었다. 가장 먼저 세자의 주검을 확인한 영조가 망연자실했다. 세자가 죽은 뒤 양주 배봉산에 장사 지내고 사도思悼라는 시호를 내려 영우원永祐園으로 부르도록 했다. 그리고는 세손을 이복 큰아버지 되는 효장세자 앞으로 입양시켜 대통을 잇게 했다.

명철총민했던 어린 세손은 저간의 이런 정국구도를 훤히 파악하고 있었다. 영조를 이어 왕위에 오른 정조는 아버지를 죽음으로 몰고 간 할아버지(영조), 서소모(정순왕후), 외할아버지(홍봉한), 외종조부(홍인한)를 죽을 때까지 미워했다. 그리하여 영조가 승하한 뒤 정조는 임금으로 등극하며 첫 옥음을 내렸다.

"짐은 효장세자의 아들이 아니고 사도세자의 아들임을 분명히 하노라."

그리고 정조 1년(1776) 시호를 장헌莊獻으로 올리고 어머니 홍씨의 궁호를 혜빈에서 혜경惠慶으로 추상했다. 정조 13년(1789)에 영우원을 현재의 경기도 화성시 효행로 481번길 21 화산 기슭으로 천장하며 현릉원顯隆園(사적 제206호)이라 고친 뒤 근처의 용주사(현 대한불교조계종 제2교구 본사)를 크게 중창해 원찰로 삼았다.

정조는 세자 신분의 원園을 화려한 왕릉격으로 조영해놓고 비통하게 굶어 죽은 아버지를 못 잊어 자주 찾았다. 어느 해 모춘暮春 현릉원에 다시 온 정조가 갑자기 발길을 멈춰섰다. 능침 앞 솔잎을 송충이가 갉아먹고 있는 것이었다. 냉큼 손으로 잡아 입으로 씹으며 구슬피 자탄했다.

"네 아무리 인간사와 무관한 미물일지언정 어찌 감히 이곳 송엽을 먹이 삼아 연명하는고! 내 아비 설운 사연은 북망산 뜬 구름도 알겠거늘 미천한 그대야말로 덧없이 미망하도다."

순간, 사도세자 능역은 배종했던 고관대작들과 궁궐 나인들의 통곡소리로 진동했다. 능행을 호종한 신하들까지 모두 합세해 송충이를 잡아 씹어 없앴다. 이후부터 융릉 앞 소나무에는 송충이와 해충이 범접하지 못했다고 전해진다.

이후 사도세자와 혜경궁 홍씨는 고종황제 광무 3년(1899) 10월 장조대왕莊祖大王과 헌경왕후獻敬王后로 추존된 뒤, 같은 해 11월 장조의황제莊祖懿皇帝와 헌경의황후獻敬懿皇后로 추상되고 능호는 융릉隆陵으로 격상됐다. 비록 왕위에는 못 올랐지만 정조 이후 조선 임금 모두가 사도세자의 혈손이란 점에서 후기 왕실사에 장조의황제는 자리매김이 큰 추존왕이다.

정조는 송충이가 솔잎을 갉아먹고 있는 것을 보고 냉큼 손으로 잡아 씹었다. 이후 융릉 앞 소나무에는 송충이와
해충이 범접하지 못했다고 전해진다.

비운의 사도세자는 이처럼 아들을 잘 둔 덕에 추존 황제위까지 오르지만 정작 그의 권속들은 참담하기 이를 데 없는 인생을 살다갔다. 혜경궁 홍씨는 81세까지 장수하나 표독한 연하 시어머니 정순왕후의 등쌀에 오금 한번 펴지 못한 채 기구한 생을 마감한다. 설상가상으로 아들 정조가 행한 친정에 대한 보복으로 한은 깊어만 갔다. 2남(의소세자·정조) 2녀(청연·청선공주)를 두었으나 장남 의소세자는 3세 때 조서했다.

　사도세자는 제1후궁 숙빈 임씨에게서 3남 은언군과 4남 은신군을 득출하고 제2후궁 경빈 박씨에게서 5남 은전군을 얻었다. 비록 세 왕자는 사사되거나 양자로 대를 잇지만 말기 조선왕실 혈통이 이들에 의해 승계됨을 주목해야 한다. 어느 누가 다난한 인생사를 장담할 것인가. 공교롭게도 영조는 자신이 굶겨 죽인 아들을 통해 조선왕조가 문 닫을 때까지 왕의 대를 이었다.

　은언군은 서학(천주교)을 몰래 접했다가 할머니 정순왕후에게 발각돼 사약받고 분사했으나 상계군·풍계군·전계군 삼형제를 남겼다. 이 중 막내 전계군이 제25대 철종대왕의 생부가 되는 전계대원군이다. 철종은 후사 없이 승하했다.

　은신군의 가계는 양자로 이어지며 극적 반전을 거듭한다. 숙종의 6남 연령군(영조 이복동생)이 후사 없이 서세하자 영조는 부왕이 아꼈던 연령군 앞으로 자신의 손자 은신군을 입양시켜 봉사奉祀토록 했다. 은신군 역시 계대를 잇지 못하자 이번에는 왕손 이병원(인조 3남 인평대군 6대손)의 아들 남연군을 다시 양자로 들여 후사를 도모했다. 남연군은 흥녕군, 흥완군, 흥인군, 흥선군 네 아들을 낳아 왕실을 번창시켰다.

　이 중 막내아들 흥선군이 제26대 고종황제의 생부되는 희대의 풍운아 흥선대원군 이하응이다. 당시 왕실 계보상 후일 흥선군의 아들이 보위에 오르리라 예상한 사람은 조선 천지에 단 한 사람도 없었다. 그러나 왕실 계촌으로 따지자면 흥선군은 당당한 영조대왕의 고손자가 되는 항렬이다.

은전군은 홍대간 등이 역모를 일으켰을 때 왕으로 추대되었다는 죄목으로 이복형 정조에 의해 사사당했다. 은언군의 2남 풍계군을 입양해 대를 이었으나 순조에서 헌종, 철종조에 이르는 안동 김씨 60년 세도치하에 수명을 다하고 죽은 사도세자의 왕손은 불과 손꼽을 정도다. 정조 역시 증손자 되는 24대 헌종이 후사를 못이어 왕실대통은 이어지나 자신의 혈통은 단절되고 만다.

혜경궁 홍씨의 『한중록』은 홍씨가 회갑되던 해(1795) 친정 조카 홍수영의 간곡한 소청으로 쓰여진 회고록이다. 61세, 67세, 68세, 71세로 네 번에 걸쳐 집필됐으며 당시 붕당의 미묘한 문제, 소름끼치는 온갖 무서운 사건 속에서 칼날을 밟으며 살아온 일생사가 산문체 형식으로 서술돼 있다. 『한중록』에는 이런 내용도 있다.

경종 계비 선의왕후 어씨가 거처하던 저승전이 빈집된 지 오래인데 어느 날 사도세자가 강보에 싸인 남의 아기를 데려다 홀로 두게 했다. 취선당(장희빈이 인현왕후를 저주하던 곳)에는 소주방을 만들어 자신의 유흥오락처로 만들었다. 또한 저승전에서 퇴출당한 궁녀들을 다시 불러들여 새로 입궁한 궁녀들과 싸우게 했다고 적고 있다. 영조는 장희빈과 경종으로 인해 수없이 죽을 고비를 넘긴 장본인이다.

영조대왕과 사도세자가 부자지간으로 얽힌 뼈서린 악연. 그래도 역사는 '어찌 아비가 자식을 죽일 수 있느냐'고 아들 사도세자의 한이 서린 융릉 능상에서 장탄식을 몰아쉰다.

계좌정향(서로 15도 기운 남향)의 융릉은 정조의 효심을 확인할 수 있는 화려한 상설을 갖추고 있다. 세자 신분의 묘인데도 병풍석을 설치하고 무인석까지 세웠다. 정조는 융릉 앞 정자각을 세우며 어명을 내렸다.

"능침 앞 좌향을 피해 정자각은 우측에 세우도록 하라. 뒤주 속 암흑에서 죽어간 아버지의 묘 문까지 막아 답답케 해서야 되겠는가."

능침을 조영하던 대소신료 모두가 대성통곡했다. 이래서 융릉 정자각은 조선왕릉 중 유일하게 능침 정면과 비껴서 있다.

융건릉은 사도세자로 잘 알려진 추존 장조의황제의 융릉과 정조의 건릉을 합쳐 부르는 이름이다. 융릉은 사도세자와 헌경왕후의 합장릉이다. 원래는 경기도 양주 배봉산에 있었으나 사도세자의 아들 정조가 즉위하면서 지금의 위치로 천장했다. 사도思悼는 '세자를 생각하며 추도한다'는 뜻으로 영조가 내린 시호이다. 건릉 역시 정조와 효의왕후의 합장릉이다. 원래는 사도세자의 현릉원 동쪽 구릉에 있던 것을 서쪽 구릉으로 천장하면서 효의왕후와 합장했다.

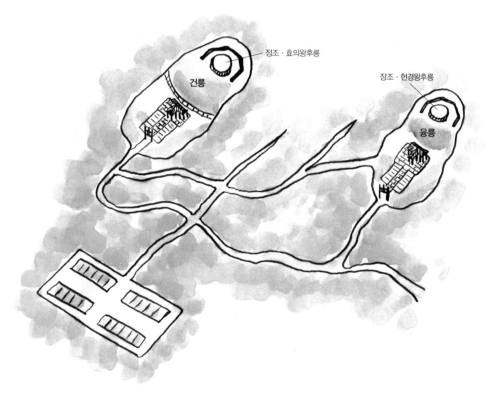

정조·효의왕후릉

건릉

장조·헌경왕후릉

융릉

융건릉(사적 제206호)은 경기도 화성시 효행로 481번길 21에 위치해 있다.
지하철을 이용할 때는 1호선 병점역에서 24, 34, 35, 44, 50번 버스로 환승한다.
버스를 이용할 때는 24, 46, 34, 34-1번이 있다.
자가용을 이용할 때는 봉담에서 322번 도로를 타고 수원 방향으로 가면 이정표가 나온다.
문의: (031) 222-0142

칼끝 같은 세월이 흘러 영조가 승하한 뒤 세손이 대통을 이으니 정조대왕이다.
뒤주에 갇혀 죽은 아버지를 똑똑히 기억하는 정조는 현명한 군주였다.
영조의 탕평책을 이어받아 양 파를 적절히 등용해 힘을 분산시킨 뒤 왕권을
강화시켰다. 자신의 관심 분야였던 문예 정책을 소신껏 펼치며 백성들을
보살피니 바야흐로 태평성대였다. 정조가 재위하는 24년 3개월 19일 동안
백성들은 편안했다.

정조대왕

건릉

효성 극진하고 어진 성군으로
조선의 문예부흥을 이끌다

조선 제22대 임금 정조대왕正祖大王(1752~1800)이 보위에 오른 지 13년 되던 1789년 8월. 아버지 사도세자의 묘(영우원)를 천장하기 위해 경기도 양주 배봉산록에 도착한 아들 정조는 끊임없이 흐르는 눈물을 주체할 수 없었다. 전날부터 식음을 전폐한지라 이미 용안은 창백했고 서 있기 조차 힘겨워 휘청거렸다. 배종한 예조판서가 면복冕服(제왕이 입는 곤룡포)이 아닌 면복緦服(부모의 면례 때 입는 시마복)을 입은 대왕께 아뢰었다.

"전하, 군주의 예로서는 아무리 생친부生親父라 할지라도 면복을 입는 것이 아니옵니다."

피눈물로 범벅된 정조가 면복 자락으로 용안을 훔치며 답했다.

"지난날 과인이 최마衰麻(굵은 베옷)를 입지 못해 오늘 그때를 돌이켜 복을 입고자 하는 것이오. 지극한 슬픔을 펼치려는 것이 어찌 예에 어긋난다 할 수 있겠는가."

개광開壙하여 정조 앞에 봉출된 사도세자의 유골은 참혹했다. 반풍수가 잡은 묘혈은 흉지 중의 흉지였고 광중에는 물이 차 목불인견이었다.

"차라리 내가 일찍 죽어 이 꼴을 보지 말아야 했을 것을……. 어찌 이런 험지에 28년을 계셨단 말인고! 천지신명이 무심하도다."

대왕은 경기도 화성으로 이운되는 영순靈輴(임금 시신을 운구하는 상여)을 부여잡고 날이 저물도록 통곡했다.

이후 정조는 사도세자의 융릉을 지성으로 보살폈고 매년 홀로된 어머니 혜경궁 홍씨와 능행陵幸하여 참례했다. 한양으로 환궁하며 융릉이 멀리 보이는 고개에 행렬을 멈추게 하고 다시 한번 아버지 묘를 바라보았다.

明發華城回首遠　밝을때 화성을 출발하여 돌아갈 길이 먼데
遲遲臺上又遲遲　지지대 고개에 이르러 늦추고 또 돌아보누나.

현재 수원의 지지대 고개명은 이때부터 비롯된 것이다. 능행 때마다 정조는 소를 잡아 인근 백성들을 배불리 먹였는데 '수원왕갈비'도 여기서 유래한다. 이토록 정조는 효성이 극진했고 뒤주 속에서 굶어 죽은 아버지의 한을 골수에 사무쳐 했다.

조선 후기 정조의 등장은 우리 역사에 태산 같은 격동기를 예고한다. 문예부흥의 절정기와 함께 개혁사상을 내포한 실학자들이 대거 배출되면서 천도교, 증산교 등 민족종교의 출현이란 맥락으로 이어지기 때문이다.

서학으로 불리는 천주교가 왕권과 정면대결하며 숱한 옥사를 치루고 헤아리기조차 끔직한 순교자들이 속출한다. 결국 만인평등의 개혁사상이 사회저변에 확산되면서 봉건군주 체제의 붕괴 조짐이 드러난다.

사도세자와 혜경궁 홍씨의 차남으로 태어난 정조의 일생은 그야말로 형극의 가시밭길이었다. 어휘는 산祘이며 '이산李祘'으로 더 알려져 있다. 형 의소세자가 일찍 조졸(3세)해 8세 때 할아버지 영조로부터 세손에 책봉 됐다. 그러나 세손을 둘러싼 당시 내명부의 갈등과 조정 안 권력구조는 목 숨을 부지하기조차 위태로운 급전직하의 오리무중이었다.

그것도 남이 아닌 외조부(홍봉한)와 외종조부(홍인한)가 주축세력인 노론 파의 모함에 의한 것이었다. 권력 유지를 위한 대신들 간 암투인 데다 친 정아버지가 앞장서고 있어 어머니 혜경궁 홍씨는 애매하고 난감할 뿐이 었다.

세자 위位에 있던 아버지는 시국을 오판해 조정 실세였던 노론파와 등 졌고 정신발작까지 겹쳐 이미 권력승계권에서 벗어난 지 오래였다. 11세 의 세손이 좌참찬 김시묵의 딸 청풍 김씨(1753~1821)와 가례를 올릴 때 불 안증세가 도져 중도에 업혀나갈 지경이었다. 어머니는 열 살 아래 서시어 머니(정순왕후)에게 시달리느라 피골이 상접해 있었다.

천 길 낭떠러지 앞에 선 세손에게도 한줄기 빛이 있었으니 외척 홍국영 의 등장이다. 풍산 홍씨 문중에서도 벼슬길에 소외됐던 홍국영은 미리 장 래를 예단하고 세손을 경호하며 철저히 보호했다. 훗날 그가 고위관직에 올라 분탕질 친 국정 난맥상은 상상을 뛰어넘지만 당시 세손의 입장에선 천군만마였다.

정조가 살아남는 길은 섣불리 나서지 않고 할아버지(영조)의 눈 밖에 나 지 않는 것뿐이었다. 수시로 닥쳐오는 살해 위협을 견디다 못한 세손이 영 조 앞에 부복했다.

"할바마마, 세손 자리에서 물러나 모르는 곳에 숨어 살고 싶사옵니다.

다만 하루에 세 번 문후를 여쭙는 직분만을 행하게 하여 주시옵소서."

그리고 정조는 대궐 뒤편에 '모든 것을 감춘다'는 뜻의 개유와皆有窩란 독서당을 만들고 학문연마에 전념했다. 이 당시 정조가 섭렵하며 독파해 낸 양서의 양은 실로 방대하다. 특히 청나라 건륭문화乾隆文化와 치세·치도·역경 관련 서적들에 탐닉하며 뒷날 문예부흥기를 이끄는 지적소양을 골고루 축적했다.

갈끝 같은 세월이 흘러 넝소가 승하한 뒤 세손이 내동을 이으니 정조내왕이다. 천신만고의 우여곡절 끝에 보위에 등극했지만 정조는 용상에 있으면서도 편할 날이 없었다. 25세의 젊은 사왕嗣王은 이미 영조의 명에 의해 서백부인 효장세자(추존 진종소황제) 앞으로 입양돼 족보상 사도세자의 아들이 아니었다. 그러나 정조는 즉위하던 날 다음과 같이 천명했다.

"경들은 똑똑히 들으시오. 과인은 효장세자 손이 아닌 사도세자 아들임을 분명히 밝히는 바이오."

신왕의 서릿발보다 찬 어명은 내명부는 말할 것 없고 조정 대신들의 속내를 송두리째 뒤흔들었다. 세상에 아비를 죽인 원수를 수수방관할 불효자 그 누구이겠는가. 이는 곧 사도세자의 죽음에 연루된 대소신료는 직위 고하를 막론하고 복수하겠다는 선전포고였다. 내명부에서 정순왕후가 이를 갈았고 외조부를 비롯한 외척세력과 노론 측 중신들이 죽음을 불사하고 대들었다.

정조는 재위하는 동안 사도세자에게 장헌莊獻이란 시호를 추상하는 데 그쳤고 끝내 왕으로 추존하지 못했다. 집착을 넘어선 생부 포한抱恨은 결국 역대 전조와 다를 바 없는 수많은 인명살상으로 이어졌다. 오늘날까지

건릉은 좌청룡이 허약해 언덕을 돋워 비보로 삼았다.

정조는 재위하는 동안 사도세자에게 장헌이란 시호를
추상하는 데 그쳤고, 끝내 왕으로 추존하지 못했다.
집착을 넘어선 생부에 대한 한풀이는 결국 역대 전조와
다를 바 없는 수많은 인명살상으로 이어졌다.
오늘날까지 미궁으로 남아 있는 왕의 독살설이
당시의 정황과 무관치 않음을 역사는 주목하고 있다.

미궁으로 남아 있는 왕의 독살설이 당시의 정황과 무관치 않음을 역사는 주목하고 있다.

　용상에 오른 정조는 왕실도서관 격인 규장각을 설치하고 독서에만 전념했다. 정치는 세손 시절 자신을 위해 충성을 바친 먼 외척 홍국영(1748~1781)에게 내맡기고 모든 권력을 위임했다. 대신들은 새 임금의 속내를 알 수 없어 불안에 떨었다.

　홍국영의 권세는 하늘을 찔렀다. 날랜 병사들을 차출해 숙위소宿衛所를 만들어 왕궁 경호를 하고 정조를 제거하려던 외척들과 노론세력을 앞장서 척결했다. 조정 내 모든 인사권을 장악하고 전권을 휘두르자 8도 감사는 물론 수령 방백들까지 머리를 조아렸다. 누이동생을 정조의 후궁으로 바쳐 원빈元嬪이 되게 하고 온갖 부귀영화를 누리며 천하를 주름잡았다.

　백성들은 홍국영의 오만방자를 '세도勢道'라 조롱하며 금상을 의심했다. 그래도 정조는 모른 체하고 방관했다. 원빈이 20세도 안돼 병사하자 다급해진 홍국영은 스스로 망가졌다. 은언군(정조 이복동생)의 아들 상계군을 원빈 앞으로 입양시켜 왕의 후계자로 삼으려 했으나 젊은 정조에게는 가당치도 않은 일이었다. 원빈 사인이 정순왕후(영조 계비)의 모살이라 단정한 홍국영은 왕후를 독살하려다 발각돼 하루아침에 몰락하고 말았다. 집권 4년만이었다.

　어찌 참새가 봉황의 큰 뜻을 알겠는가. 정조는 비로소 나섰다. 이번에는 할아버지 편에 서서 아버지를 아사시킨 노론파의 무력화였다. 오랜 세월 권력을 농단하며 기득권으로 행세해 온 그들에겐 논이 있었다. 정조는 양주 배봉산에 있는 영우원(사도세자 묘)이 흉지여서 화성의 명당으로 이장하겠다고 선포했다. 지은 죄가 커 출구전략을 모색하던 노론 세력들에겐 뜻밖의 희소식이었다.

노론파가 서둘러 갹출한 이장 비용을 위한 성금액이 무려 18만 냥(약 200억 원)이나 되었다. 수년 후 정조는 풍수상의 이유를 들어 영우원이 이장되는 화성을 팔달산 아래로 이주시키겠다고 선언했다. 도시를 옮기는 비용이 어찌 왕릉 천장 비용과 견주어지겠는가. 노론파들이 뒤늦게 알아차렸으나 때는 이미 늦었다.

조선시대 왕릉은 대궐 밖 10리 안에 택지함이 국법이었다. 산릉제를 지낸 임금이 하루에 왕복할 수 있는 거리를 계산한 것이다. 오늘날의 10리는 4km를 기준하나 당시는 약 5.2km였다. 따라서 당시 80리는 현재의 100리에 해당하는데 서울과 화성 간은 88리였다. 고집불통 대신들이 8리가 더 멀다고 영우원의 화성 이장을 반대했다. 그러나 정조의 고집은 더했다.

"이제부터 화성(수원)을 80리로 명하노라."

오늘날 수원의 '떼고집쟁이' 노인들을 '수원 80리'라 부르기도 하는데 정조의 깊은 효성을 은유한 것이어서 폄하하는 말이 아니다. 이처럼 수원은 화성에 왕릉이 조영되면서 근처 백성들을 이주시켜 새로 세워진 도읍이다. 유네스코 세계문화유산으로 등재된 수원 화성도 이때 축성된 것이다.

화성 이전의 명분은 엄청났다. 이때 노론파가 중심이 돼 거둔 돈이 물경 87만 냥(약 1000억 원)이었다는 기록이 있다. 광 속이 바닥나면 허덕이고 호주머니가 비면 비굴해지는 법이다. 재무구조가 뒤집힌 제신諸臣들은 비틀거렸고 정조의 치세는 날개를 달았다.

당시의 당쟁 구도는 영조 때와 또 다른 양상으로 전개되었다. 이름조차 생소한 벽파僻派와 시파時派의 등장이다. 벽파는 영조 말년까지 권력을 휘두르며 사도세자를 사지에 몰아넣은 노론파가 중심이었다. 끝까지 당론을 고수하며 정조와 맞섰고 시류를 무시한 수구세력들이었다. 내명부의 정순 왕후, 화완옹주, 숙의 문씨와 정조의 외척들이 이에 가담했다. 반면 시파는 새 시류에 영합하는 남인·소론과 일부 노론 이탈세력들로 조합된 신당이 었다. 정조의 개혁노선을 지지하며 벽파와 정면충돌했다.

그러나 정조는 현명한 군주였다. 영조의 탕평책을 이어받아 양 파를 적 절히 등용해 힘을 분산시킨 뒤 왕권을 강화시켰다. 자신의 관심 분야였던 문예정책을 소신껏 펼치며 백성들을 보살피니 바야흐로 태평성대였다. 규 장각을 통해 양성된 동량들이 정국을 이끌며 개혁시대의 사상적 주류를 형성했고, 서얼들의 등용문을 크게 넓혀 첩실·서자들의 맺힌 한도 풀었 다. 문벌과 당파주의가 아닌 능력과 학식 중심으로 조정의 진출길을 열어 조선 문화의 독자적 발전을 이루도록 했다. 이때 배출된 학자들이 실학자 정약용, 이가환과 북학파의 박제가, 유득공, 이덕수 등이다.

형정刑政을 개정해 온갖 악형을 금지시키고 백성의 조세 부담을 덜기 위해 궁차宮差징세법을 폐지토록 했다. 빈민구제책의 일환으로는 자휼전 칙을 반포하여 극심한 가뭄이나 홍수 때 아사자를 줄였다. 지방 수령들의 가렴주구로 백성들이 배곯을 때나 역병이 돌 때도 내탕고(궁궐 재산)를 털 어 고통을 덜어줬다. 정조는 하늘이 내린 임금도 죽고 나면 초야에 묻히고 역사적 평가가 뒤따름을 선왕先王들의 생애를 통해 절감했다.

원래 타고난 성품이 신중·검소하고 화려함을 싫어했던 정조는 사치를 멀리했다. 옷은 항상 정결히 빨아 입었으며 조례 때 곤룡포 외에는 비단을 몸에 걸치지 않았다. 거처하는 내전에는 횟대 몇 개와 면포요 뿐이었고 창 문과 벽도 덧바르고 지냈다. 나랏일에는 부지런하고 사적인 일에는 검약했다.

백성들은 대왕의 덕을 하늘처럼 높이 칭송했다. '따뜻하기는 봄과 같고 유연하기는 비와 같으며 편안하기는 넓은 하늘에 떠 있는 해와 같다'면서 금상과 동시대를 살아감을 행복해 했다. 고대 중국의 요순시대 못지않은 정조의 왕도치세는 눈부신 문물의 전성기를 이루며 조선 후기 문예부흥을 절정으로 끌어올렸다.

세손시절부터 관심이 많았던 활자를 개량해 임진자, 한구자, 생생자, 춘추관자 등으로 기능을 개선했다. 놀라운 인쇄술의 발달은 『증보동국문헌비고』, 『국조보감』, 『대전통편』, 『규장전운』, 『오륜행실』 등의 수많은 서적 간행으로 이어진다. 자신의 호를 딴 『홍재전서弘齋全書』도 완성해 학문의 깊은 완성도를 내보였다. 그림에도 뛰어나 정조의 〈필파초도〉(보물 제743호)와 〈필국화도〉(보물 제744호)는 당시 필화법의 극치를 보여주고 있다. 또한 중국문화 영향권에서 탈피해 독자적 조선문화 현창에 심혈을 기울였다. 국화풍國畵風의 진경산수 그림과 국서풍國書風의 동국진체 글씨가 이 같은 시도였다. 일부 국수주의적 경향으로 기울기도 했지만 후일 서양문명과 조우하면서 놀라운 융합문화로 우뚝 서게 된다.

그러나 정조대왕(1752~1800)의 용안은 늘 수심으로 가득 찼다. 조정 근신近臣들 간 권력투쟁은 절묘한 탕평책으로 진정국면에 접어들었으나 정작 대통을 이을 왕자가 없는 것이었다. 사십이 가까운 임금에게 후사가 없음은 국가적 변고와 재앙으로 이어짐을 예고한다.

11세 때 가례를 올린 한 살 아래의 효의왕후孝懿王后(1753~1821 · 청풍 김씨)에게서는 태기가 없어 대군 탄출을 일찍이 접었다. 25세로 등극(1776)한

사도세자에 대한 효성이 지극했던 정조를 기리는 용주사 입구 효행관.

정조는 융릉의 원찰로 삼은 화산 용주사 대웅전 앞에
회양목 한 그루를 심었다.

정조에게 의빈宜嬪 창녕 성씨가 낳은 장남 문효세자(1782~1786)는 종묘사직의 홍복이었으나 5세에 조졸하고 말았다.

정조 14년(1790) 왕실에 대경사가 났다. 수빈綏嬪 반남 박씨가 원자 공(순조대왕)을 순산한 것이다. 문효세자를 가슴에 묻은 지 9년 만이었다. 수빈은 3년 뒤 숙선옹주를 출생해 정조를 더욱 기쁘게 했다. 이듬해 춘삼월 정조는 대신들과 가족을 궐내로 불러 내원 경치를 관람시키고 술과 음식을 하사했다. 시냇가에 흐드러진 꽃과 벌과 나비를 희롱하며 군신 간 술잔이 오갔는데 저녁이 되어서야 파했다. 이 일이 전해지자 저자에서는 조정과 백성이 편안하다 하여 태평성대라 칭송했다. 이후 정조는 원빈元嬪 홍씨(홍국영 동생)와 화빈和嬪 윤씨가 무출이었으나 크게 괘념치 않고 정사에 몰두했다.

하지만 정조의 후기 치세는 녹록치 않았다. 중국에서 은밀히 전파된 서학(천주교)이 왕실과 양반사회를 잠식하며 민중의식으로 발아했기 때문이다. 정조 15년(1791) 신해사옥辛亥邪獄 당시, 날로 창궐하는 서학을 탄압했으나 오히려 교세는 걷잡을 수 없이 번창해 확장일로로 치달았다. 이는 곧 봉건군주 체제에 대한 명백한 도전이었다.

정조 19년(1795)에는 중국인 주문모 신부의 밀입국 사건으로 조정이 발칵 뒤집혔다. 벽파 세력으로 천주교와 서구문화 수입을 공격하던 공서파가 기선을 잡으면서 정조를 옹호하며 천주교를 신봉하고 묵인하던 신서파(소론 · 남인)가 대거 몰락하고 말았다. 남인파 실학자로 촉망받던 다산 정약용(1762~1836)이 수세에 몰려 유배를 떠난 시기가 이때다. 다산은 형 약전 · 약종과 함께 천주교인으로 지목돼 취조를 받게 되자 자신의 신앙관을 다음과 같이 답했다.

"나는 천주교에 관심을 가졌던 것이 아니라 서양의 과학적 지식을 얻기 위해 서학에 접근했다. 이를 위해 서학에 능통한 신부를 만났을 뿐이다."

이후 두 형은 옥사하거나 귀양 갔고 다산도 결국 유배길에 올랐다.

이해 늦가을 혜릉(경종 원비) 앞을 지나던 천주교인 윤구종이 말에서 내리지 않고 불손히 통과하자 의금부에서 체포해 국문했다. 서학에 심취했던 그는 "천주 앞에 만인은 평등하다"며 패역된 진술을 하다 즉결 참수형에 처해졌다. 조정에서는 서양서석을 소시한 사들은 모두 관가에 자수게 히고 책들은 모아 불태워 버렸다. 금상의 서조모 정순왕후의 간섭으로 피할 도리가 없었던 것이다. 왕은 조야에 분부를 내렸다.

"바야흐로 양기가 쇠퇴하면 음기가 해롭게 일어나는 법이오. 사설邪說이 방자하게 떠돎은 정학正學을 안 밝힌 때문이니 영남의 옥산·도산서원에 특별 제사를 올리도록 하오."

거기다 끊임없이 용상을 노리는 역모의 무리들과 사회 전반에 만연되어가는 민중의식 또한 골머리였다. 정조 2년(1778) 역도들이 금상을 시해하고 이복동생 은전군(사도세자 5남)을 추대하려다 적발돼 많은 인재들이 희생됐다. 2년 후(1780)에는 철석같이 믿었던 홍국영이 왕통을 바꾸려다 들통나 자리에서 쫓겨났다.

전라도 진산에서는 이런 일도 있었다. 양반 윤지충이 모친상을 당했는데 주변의 비난에도 아랑곳없이 천주교 의식으로 상을 치렀다. 인척 권상연이 비호하고 나서면서 정치쟁점으로 비화됐다. 조정은 또 두 파로 갈라섰다. 천주교 및 서구분화 수입을 공격하는 벽파 위주의 공서파攻西派와 천주교를 신봉하거나 묵인하려는 신서파新西派 간의 이전투구였다. 이럴 때마다 정조는 심히 괴로워했고 임금 자리를 내던지고 초야에 묻혀 살려했던 정황이 여러 기록들에서 포착되고 있다.

어느 날 정조가 퇴락했던 고찰을 중창시켜 융릉(사도세자) 원찰願刹로 삼은 화산 용주사를 찾았다. 대웅전 앞에 회양목 한 그루를 식수하고 불상을 바라보니 근심이 가득 차 있었다. 자신의 마음이 바로 삼라만상에 투영된 바였다. 순간, 섬광같이 스치는 그 무엇이 정조의 생각을 두 동강 냈다.

"마음 하나를 떨치지 못하는 내가 무슨 임금이로고!"

이렇게 평상시 왕 노릇을 하는데 즐거움이 없어 홀연히 왕관을 내던지고 자유롭게 살려는 마음을 보듬고 있었다. 구중심처의 산해진미보다 초가삼간의 소찬조식素饌粗食을 그리워하며 허술한 미복차림으로 민가에 나가 백성들의 삶을 두루 보살폈다.

이런 임금에게 조정 신료들은 세종대왕 이래의 성군 출현이라며 감복했다. 대덕칭송이 담긴 휘칭徽稱을 올리려는 중신들 간의 상소가 빗발쳤으나 끝내 윤허치 않고 준엄한 어명을 내렸다.

"경들은 과인을 기쁘게 하려 말고 변방 경계와 국경 수비를 간극間隙 없이 하여 백성들의 심려나 줄이도록 하시오."

사심 없는 임금의 윤음에 조정 대신들은 물론 팔도방백들까지 크게 감동했다. 어느덧 노론·소론·남인·벽파·시파 간의 벽이 허물어지며 2백년 넘게 조선사회를 짓눌러온 당쟁이 와해되기 시작했다.

일찍이 우리 선조들은 '말은 곧 씨앗이 된다' 하여 함부로 말하는 것을 경계했다. 정조 24년(1800) 정월, 융릉을 배례한 정조가 능 동쪽 산기슭을 돌아보며 호종한 수신守臣에게 일렀다.

"이 언덕이 아름답고 마음에 닿는구나. 그대는 돌을 잘라 수릉지壽陵地로 잘 표시해 두도록 하라."

수릉지는 생전에 임금이 자신의 능터로 택지한 곳이다. 그해 6월 28일 정조는 갑자기 병환이 위중해 창경궁 영춘헌에서 승하했다. 보령 49세였다. 임종을 지킨 사람들은 대신·승지·사관뿐이었고 궁첩이나 내시는 누구 하나 가까이에 없었다. 대신들이 침전에 들었을 때 대왕은 이미 혼수가 깊었고 겨우 손을 내저으며 '수정전'이라고 입을 뗐다. 수정전은 영조의 계비 정순왕후가 거처하는 곳이었다. 정조는 혜경궁 홍씨에게 고할 말이 있는 것 같았으나 곧 숨을 거뒀다. 대왕이 49세로 돌연 승하하자 전국 방방곡곡은 통곡의 산하로 변했다.

정조는 유언대로 아버지 융릉 옆 동편에 임壬입수 갑甲득수 오午파수 자좌오향의 정남향으로 예장됐다. 조정에서는 건릉健陵이라 능호를 올리고 후일 효의왕후 김씨와 합장했다. 조정에서는 처음으로 대행大行(왕릉에 예장되기 전 임금 신분)에게 정종正宗이란 묘호를 올렸으나 고종 때 정조正祖로 개묘한 뒤 고종이 황제위에 오른 광무 3년(1899) 정조선황제正祖宣皇帝와 효의선황후孝懿宣皇后로 추존되었다.

정조대왕의 건릉(사적 제206호)은 융건릉 중 하나이다. 정조는 아버지 사도세자의 융릉 옆 동편에 자좌오향의 정남향으로 예장됐고 후일 효의왕후 김씨와 합장했다. 〈융건릉 425쪽〉

순조대왕

인릉

정조와 수빈 박씨 사이에서 출생한 순조는 온 나라의
기쁨이었다. 11세 되던 해 왕세자로 책봉됐으나 돌연 정조가
홍서했다. 정순왕후는 순조가 어리다는 핑계로 수렴청정하며
나라를 혼란에 빠뜨린다. 15세에 친정체제에 들어서지만
안동 김씨의 세도정치는 시작되고 온 나라에 재앙이
끊이지 않으니…….

고난과 역경의 인생길에서
세도정치의 희생양이 되다

주어진 한평생을 살아감에 있어 유난히도 고달픈 형극의 인생길이 있다. 조선 제23대 순조대왕純祖大王(1790~1834)의 생애처럼 인생이 고난과 역경의 연속이라면 임금 노릇은 고사하고 자청하여 인생길을 다시 가겠노라 나설 사람이 있을까 싶다.

순조의 탄강은 화려했다. 장남 문효세자를 잃은 정조와 수빈 박씨 사이에서 출생한 순조는 온 나라의 기쁨이었다. 조정이 안정돼야 백성들도 편안했기 때문이다. 서둘러 원자로 정호定號한 뒤 철저한 왕자교육을 시키던 중 11세 되던 해(1800) 1월 1일 왕세자로 책봉됐다.

이해 정조는 영안부원군 김조순의 딸 안동 김씨(1789~1857·순원왕후)를 세자빈으로 낙점한 뒤 이간택二揀擇까지 마쳐 놓았다. 조정 실권이 안동 김씨에게 이동되는 것을 염려한 정순왕후의 눈에서 증오의 불꽃이 튀었다. 같은 해 6월 28일 정조는 돌연 훙서했다. 신료들과 백성들은 왕의 죽음에 대한 진상을 짐작하면서도 감히 발설하지 못했다.

자칫하면 피를 부를 수 있는 왕권교체기에 왕실의 최고 어른은 정순왕후였다. 때마침 세자 책봉을 고하러 청나라에 갔던 주청사가 귀국 중이었는데 다시 발길을 돌려 세자의 왕위 습봉襲封을 칙서로 받아오게 했다. 어린 순조는 울면서 왕위에 올랐다.

정순왕후는 왕권을 상징하는 옥새를 차지하고 곧바로 수렴청정에 들어갔다. 이제 조정의 주도권은 경주 김씨가 장악하게 됐다. 친정 6촌 오빠 김관주를 이조참판직에 앉히고 손자(정조)에게 충성했던 시파를 무자비하게 숙청했다. 조정은 또다시 일촉즉발의 살얼음판 정국으로 표변하며 급속히 냉각됐다.

순조 등극 시의 내명부의 실상은 그야말로 층층시였다. 생모 수빈 박씨(정조 후궁)와 효의왕후(정조 원비), 두 어머니를 지성으로 모셨고, 할머니(혜경궁 홍씨·사도세자 빈)와 서庶 증조모(정순왕후)도 극진히 받들어야 했다. 정순왕후는 혜경궁 홍씨보다 열 살 아래였으나 왕실의 법도상 당연히 내명부 최고 수장이었다.

벽파(노론) 측 실리라면 물불 안 가리던 정순왕후가 순조 즉위 유시를 공포하며 앞세운 건 서학을 진멸하는 '척사斥邪' 정책이었다. 군신 간 상하관계를 부정하는 서학을 궤멸시키고, 시파와 남인들이 주로 믿었던 천주교를 탄압해 정적을 제거하는 일석이조를 노린 것이다. 벽파 실세로 권력을 거머쥔 김관주·김환지 등은 정조를 보좌해 탕평책을 이끌었던 시파 중신들을 대거 살육하고 귀양보냈다.

당시 조선사회 내 천수교 세력은 국가권력의 통제단계를 넘어선 지 오래였다. 17세기 인조 때 소현세자와 홍대용 등이 반입한 서학서적이 연구

차원에 머물다가 내세를 믿는 정신적 종교로 진전된 건 18세기 들어와서다. 숙종 이후 권력층에서 몰락한 남인 소장학자들과 재야 지식층을 무섭게 파고든 것이다. 이승훈·정약용·이가환·권철신 등이 대표적 인물들이다. 정조 말년에 이미 1만여 명을 넘어섰고 왕실 깊숙이까지 침투해 있었다.

정순왕후는 어린 임금 순조의 어명을 빙자해 철퇴를 가했다. 바로 순조 1년(1801)에 일으킨 신유박해다. 2백 명이 넘는 천주교인이 체포돼 모진 고문 끝에 주살당했다. 사도세자의 삼남, 은언군 부부도 서학을 신봉하다 역모로 몰려 사사당하니 할머니가 손자 부부를 죽인 것이다. 백성들은 삼조三朝에 걸쳐 오래 사는 늙은 왕후를 원망했으나 어쩔 도리가 없었다.

노왕후의 야망은 끝을 몰랐다. 이번에는 욱일승천의 기세로 조정요직을 잠식해 가는 안동 김씨 세력을 무력화시키는 것이었다. 이간택을 마친 뒤 정조의 갑작스런 승하로 왕비 책봉이 유보된 김조순의 딸을 왕비 간택에서 제외하는 책략이었다. 그러나 안동 김씨의 반발은 의외로 거셌다. 이 역사적인 경주 김씨와 안동 김씨 간 정면대결은 결국 안동 김씨 측의 승리로 끝나 14세 김조순의 딸이 13세 순조와 가례(1802)를 올리니 곧 순원왕후純元王后(1789~1857)다. 이때도 순조는 지켜만 볼 따름이었다.

금상의 나이 15세(1804)가 되자 천하의 정순왕후도 국법에 따라 수렴청정을 거두고 자리에서 물러났다. 절대권력의 정상에서 일조일석에 추락한 뒤 마음을 잘못 다스리면 예외 없이 중병으로 이어진다. 정순왕후는 이듬해 1월 61세로 승하했다. 장수를 잃은 병사들은 오합지졸에 불과하다. 경주 김씨와 벽파의 멸문지화는 자명한 수순이었다.

안동 김씨 일문은 회심의 미소를 지었다. 조정의 모든 권력이 그들의 손아귀로 굴러온 것이다. 국구國舅(임금의 장인) 김조순은 김이익, 김이도, 김달순, 김희순, 김명순 등 일족을 조정의 요직에 두루 앉히고 국정을 농단했다. 국가 인사행정의 근간인 과거제도가 문란해지고 온갖 전횡과 부패로 정치 기강은 무너진 채 민생은 도탄에 빠졌다. 시정에는 각종 비기秘記와 참설讖說이 난무하고 천주교 세력은 요원의 불길처럼 도처에 번져나갔다. 견디다 못한 순조가 처가 일족으로 넘쳐나는 조정 근신들을 내려보며 의미심장한 옥음을 내렸다.

"구중의 깊은 곳에 있다 하여 민정을 모른다고 생각지 마오. 경들은 근자에 나라를 위해 제대로 한 일들이 없소이다. 사람을 탄핵하기만 했을 뿐 죽이지 말라는 의논은 한마디도 듣지 못했소."

깊은 밤 심산유곡을 혼자 걷다 늑대를 만나 겨우 피했더니 호랑이를 만난다고 했다. 후일의 사가들은 이로부터 시작되는 안동 김씨의 60년 세도정치勢道政治가 백성들을 절망케 하고 조선왕조 국운을 낙조로 물들였다고 탄식한다.

세도世道란 본래 '세상을 바르게 다스리는 도리'라 하여 중종 때 조광조 등 사림세력들이 표방했던 통치철학이다. 정조 등극 초 4년간 권력을 독식했던 홍국영을 빗대 '세도勢道'라 조롱했는데 순조 등극 이후 안동 김씨가 국정을 장악하며 고착된 용어다. 이후 등장하는 세도의 의미는 후자인 세도勢道이다.

이 세상에 천명을 거스를 자 그 누구이겠는가. 순조가 재위하는 34년 동안 조선 강토는 신고辛苦의 연속이었다. 하늘과 땅에서 해괴한 변고가

순조를 예장한 인릉의 석등은 문양이 화려하다.

순조는 처가의 횡포가 국기혼란으로 요동치자
극약처방을 내렸다. 안동 김씨의 처가 폭정을 제압코자
순조는 순원왕후가 낳은 효명세자의 빈궁을 풍양 조씨로
맞아들여 안동 김씨의 대항세력으로 맞세운 것이다.
이번에는 안동 김씨와 풍양 조씨 문중 간의
이전투구가 발생했다.

수시로 일어났다. 멀쩡한 대낮에 천둥·번개가 몰아치고 푸른 하늘에 흰 무지개가 떴다. 대지를 집어 삼킬 듯한 적란운이 서녘하늘에 타올라 누구나 불길한 조짐을 예견하기도 했다. 이럴 때마다 백성들은 전율하며 공포에 떨었다.

순조는 곤룡포를 입은 채 정전으로 옮겨 무릎 꿇고 모두가 왕의 부덕임을 탓했다. 수라상의 반찬 수를 줄이고 경범죄인들을 방면하는가 하면 지방 하급관리들을 한 직급씩 특진시켰다. 신분제도에 묶여 평민조차 되지 못한 궁액노비가 1만여 명이 넘었는데 그들의 호적문서를 네거리에서 불살라 철천지한을 해원시켜 주기도 했다. 그래도 강토의 재앙은 끊이지 않았다.

부왕 정조 때 비롯된 신해박해(1791) 이후 금조今朝에 들어서만도 신유(1801)·을해(1815)·정해(1827)년의 3대 박해 당시 형장의 이슬로 사라진 천주교인 수가 이미 수천 명을 넘어섰다. 서부지방에서는 전염병이 창궐해(1821) 10만여 명의 백성들이 떼죽음을 당했다.

가뭄, 홍수, 반란, 도적, 역병, 기근이 19년간이나 지속됐고, 나머지 세월은 국상을 치르느라 눈물 마를 날 없었다. 정순왕후(1805)에 이어 혜경궁 홍씨(1815), 효의왕후 김씨(1821), 수빈 박씨(1822)가 연달아 승하했기 때문이다.

순조는 처가의 횡포가 국기國基 혼란으로 요동치자 극약처방을 내렸다. 안동 김씨의 처가 폭정을 제압코자 순조는 순원왕후가 낳은 효명세자의 빈궁을 풍양 조씨로 맞아들여 안동 김씨의 대항세력으로 맞세운 것이다. 이번에는 안동 김씨와 풍양 조씨 문중 간의 이전투구가 발생했다. 선정田政·군정軍政·환정還政의 삼정이 문란해지고 과거시험까지 조작되자 시정에서는 흉흉한 소문마저 난무했다.

마침내 민초들이 봉기했다. 순조 11년(1811) 평안도 용강 사람인 홍경래가 난을 일으켜 평안북도 10개 군을 순식간에 장악해 버린 것이다. '평서대원수'를 자칭한 홍경래는, 서북민 차별 철폐, 안동 김씨 세도정권 타파, 신인 정도령의 참 임금 옹립의 기치를 내걸고 관군과 맞섰다. 몰락한 양반·유랑지식인·서민지주층·빈농·광산노동자·유민들이 가세했다. 결국 관군과의 치열한 교전 끝에 난은 평정됐으나 5개월에 걸친 내전으로 민심은 등을 돌렸다. 홍경래 등 주모자가 효수되고 농민군 1,917명이 즉결 참수형에 처해졌다.

민란은 전국으로 번졌다. 제주의 토호 양제해의 반란(1813), 용인 이응길의 모반(1815), 유칠재·홍찬모의 흉서사건(1817), 액예掖隷·원예院隷의 괘서작당(1819)으로 이어지며 왕정을 옥죄었다. 한양 거리에는 거지와 도적 떼가 들끓어 치안은 마비됐다. 순조는 처가 권신들의 세도정치에 절치부심했다.

민생이 이 지경인데도 오히려 세도 권력가들은 안하무인이었다. 모든 민가의 다섯 가구家를 하나로 묶어 정보를 염탐하고 감시하는 오가작통법五家作統法으로 백성들을 치죄했다. 다섯 가구 중 천주교인이나 반역자가 있으면 밀고케 하여 내통자는 살려주고 네 가구는 멸문시켰다. 끔찍한 오가작통법으로 야기된 민초들 간 상호불신이 피를 불렀고 급기야는 봉건군주제에 대한 도전으로 폭발했다.

순조는 당황했다. 순조 27년(1827) 백성들로부터 신망받는 효명세자(추존 문조익황제)의 대리청정을 민심수습책으로 내놓았다. 어릴 적부터 비범했던 세자는 왕권을 농락하는 외척 세도정치로 이미 조선왕조가 망조에 들었다고 판단했다. 19세의 세자는 사소한 대립으로 극형에 처하는 형옥을 신중히 하고, 변방의 어진 인재를 고루 등용해 상처난 민심을 위무했다. 순조의 용안에 모처럼 웃음꽃이 만발했다.

세자 처가인 풍양 조씨는 물론 남양 홍씨, 나주 박씨, 여흥 민씨, 동래 정씨 등도 출사하며 조정에 다시 탕평 기운이 감도는 듯 싶었다. 그러나 안동 김씨 측에서는 용납 못할 일이었다. 특히 모후 순원왕후 김씨는 아들에 대한 배신감으로 팽배해 있었다. 당시 세자에게는 세손(헌종)이 성장하고 있어 세자만 제거되면 왕후의 수렴청정으로 권력은 다시 안동 김씨의 수중으로 되돌아오는 것이었다.

선정을 펴던 세자가 대리청정 4년 만에 갑자기 죽었다. 22세의 건강한 청년이었다. 한 집에 오래 살다보면 발자국 소리만 듣고도 누구인지를 식별할 줄 아는 법이다. 순조는 부모인연과 권력유지라는 화두 속에서 식음을 전폐했다. 행장에는 '모든 것을 알아챈 대왕은 마음의 생기가 삭아 낙을 잃었고 중병을 얻었다'고 기록하고 있다.

이후 조선사회 역시 극도로 피폐해졌다. 과거 급제로 출세하는 것보다 재물로 관직을 사는 매관매직이 훨씬 빨랐다. 천민이 돈을 벌어 벼슬길에 오르다보니 기존의 사회질서가 급속히 붕괴됐다. 갓 끈조차 맬 줄 모르는 급조 양반이 속출하고 어제까지의 '종 놈'이 몰락한 상전에게 주인행세를 하려 들었다.

뜻있는 선비들은 벼슬길을 내던지고 세상과 등졌다. 방랑시인 김삿갓(김병연·1807~1863)이 죽장망혜에 걸망 하나를 짊어지고 전국 산하를 주유하며 세도인심을 조롱하던 시기도 이때다. 이 당시 강산을 유리걸식하며 세상을 개탄한 것은 김삿갓뿐만이 아니다. 몰락한 수많은 선비들이 삿갓으로 햇빛을 가리고 동가식서가숙했다. 그들은 가진 자와 권세가를 이렇게 야유했다.

"천탈관이득일점天脫冠而得一點에 내실장이횡일대乃失杖而橫一帶라."

하늘 天(천) 자가 갓을 벗고 점 하나를 얻으니 개 犬(견) 자요, 이어 乃(내) 자가 지팡이를 잃고 옆으로 띠를 둘렀으니 아들 子(자) 자로다. 파자破字한 두 자를 합치면 犬子, 즉 '개자식'이다.

순조는 가족사까지도 불행했다. 순원왕후 김씨에게서 1남 3녀를 득출했으나 세자는 대리청정하다 젊은 나이에 서세하고 명온·복온·덕온공주는 하가 후 소생 없이 일찍 죽었다. 후궁 숙의 박씨가 낳은 영온옹주도 출가 전 병사하고 말았다. 민심은 이반된 채 왕권은 온데간데 없고 자식들마저 앞세운 임금에겐 기댈 곳이 없었다. 밥맛이 소태처럼 썼고 눈뜨기조차 힘겨웠다.

순조는 견제세력이 전무한 안동 김씨 독주세도보다 정쟁으로 용호상박하던 당쟁치도가 차라리 낫다고 생각했다. 왕명으로도 어쩌지 못하는 치세일 바에야 무엇하러 용상에 앉아있는지 의구심으로 가득 찼다. 서슬 퍼런 위엄으로 조정 신료들을 호령하며 치리治理하던 증조모 정순왕후가 그리워지기도 했다. 돌이켜보니 범 없는 산골에 토끼가 선생 노릇하는 격이었다.

왕으로서 자신이 한 치적이라곤 일본에 통신사를 보낸 것과 『양현전심록』, 『서운관지』, 『동문휘고』 등 몇 권의 서적 발간 외엔 없었다. 순조의 가슴속에 뜨거운 울화가 치밀어 올랐다.

"내 이 자들을 그냥 두지 않을 것이로다."

기망无妄(목이 막혀 호흡이 답답하고 음식을 못 넘기는 병)으로 순조는 1834년 숨을 거뒀다. 한 많은 보령 45세였다.

경기도 파주 장릉(인조) 좌측 능선에 예장했으나 풍수상 흉지라 하여 논란이 자심했다. 철종 8년(1857) 순원왕후가 승하하면서 현재의 인릉仁陵(사적 제194호)에 합펌으로 천장됐다. 임壬입수 신申득수 을乙파수 자좌오향의 정남향이다. 이 해 묘호를 낭초의 순종에서 순조로 개의한 뒤 광무 3년(1899) 순조숙황세純祖肅皇帝와 순원숙황후純元肅皇后로 추존해 올렸다.

이 같은 사실들은 총 36책의 『순조실록』에 기록돼 전주 경기전 내의 전주사고史庫에 보관돼 왔다. 이 사고는 임진왜란에도 병화를 입지 않은 귀중한 문화유산이다.

소조대왕의 인릉(사적 제194호)은 헌인릉에 포함된다. 인릉은 순원왕후가 승하하면서 현재의 인릉에 합펌하여 천장됐다. 〈헌인릉 83쪽〉

대리청정을 맡은 19세의 효명세자는 발군의 통치력을 발휘하였다.
풍은부원군 조만영의 딸을 세자빈으로 맞아 통제 불능이었던 안동 김씨의
세도 폭정에 대항케 하고, 세손이 태어나는 경사도 있었다. 호사다마라
했던가. 의욕적인 치정을 펼쳐 백성들 간 신망이 두텁던 세자가 돌연
중병에 들었다. 세자는 득병한 지 열흘 만에 세상을 떠났다.

추존 문조익황제

수릉

총명하여 백성의 신망을 얻었으나
세자로 갑자기 세상을 등지니

외아들 효명세자에게 대리청정(1827)을 맡겨 군국기무軍國機務를 총섭케 한 순조대왕의 용안이 모처럼 활짝 폈다. 19세의 세자가 자신보다도 더 백성들을 잘 보살펴 발군의 통치력을 발휘한 것이다. 풍은부원군 조만영의 딸(풍양 조씨)을 세자빈으로 간택한 것도 크게 만족스러웠다. 통제 불능이었던 처가 안동 김씨의 세도 폭정도 사돈 풍양 조씨 문중과의 치열한 세력 다툼으로 다소 수그러들었다.

또 경사가 겹쳤다. 그해 7월 세손(현종)이 태어난 것이다. 역경 속의 인생사가 이만큼만 순조롭다면 다시 인도환생하여 무명촌부로라도 살아가겠다는 희열로 넘쳤다. 죄질이 가벼운 민생범을 방면하고 궐 안에서는 왕실 번창을 축수하는 연회가 연일 벌어졌다. 태평성대인가 싶었다.

그러나 호사다마라 했던가. 세자 가례를 올리고 고부 간 갈등을 예상 못한 바 아니지만 의외로 심각했다. 조정세력을 좌지우지하는 안동 김씨와 풍양 조씨 간 이전투구가 시어머니·며느리의 대리전으로 옮겨 붙어 내명부에는 항상 전운이 감돌았다. 세자빈은 세손을 탄출하며 더욱 당당해졌다. 순조는 영명한 세자를 대견해 하면서도 언제 터질지 모르는 내홍內訌이 늘 근심이었다.

박빙 같은 세월이 흘러 대리청정 4년(1830)이 되던 해 봄, 의욕적인 치정을 펼쳐 백성들 간 신망이 두텁던 세자가 돌연 중병에 들었다. 목구멍이 부어 음식을 넘기지 못하는 기망이란 급환이었다. 수일 전까지 문무백관을 거느리고 부왕 즉위 30년 경하연을 주관했던 건강한 세자였다.

황급해진 순조가 다산 정약용을 승지로 복직시켜 병구완토록 했으나 궁중 비방조차 무효였다. 마침내 세자는 득병한 지 열흘 만인 5월 6일 세상을 떠났다. 순조는 넋이 나갔다. 세자가 숨진 희정전 서협실西夾室에서 차디찬 시신을 부둥켜안고 하늘을 원망하며 울부짖다 실신했다.

"사람의 일이 꿈과 같음을 통곡하노니 어찌 하늘의 이치도 믿을 게 못 된단 말이냐. 네 유고遺孤(아비 잃은 어린아이로 헌종을 이름)가 울어대는 것을 어루만져 달래는 이 절통함을 무엇에 비길손가. 나도 너를 따라갈 일만 남았구나."

이때 세손의 나이 겨우 네 살이었다. 순조는 현실玄室(무덤) 지문을 세자의 외조부 김조순에게 쓰도록 명했다. 김조순은 "여러 날 동안 가슴을 두근거리며 두려워 하다가 감히 사양하지 못하여 홀쩍이고 울면서 쓴다"고 탑전榻前(임금의 자리 앞)에 아뢰었다.

조정에서는 서울시 성북구 석관동의 천장산 의릉(경종) 왼쪽 언덕에 세자를 장사지내고 연경묘延慶墓라 했다. 그렇게 세자를 보낸 지 5년. 공교롭게도 순조 역시 세자와 같은 기망 증세로 음식을 넘기지 못하고 고통 속에

『순조실록』은 총 36책으로 기록돼 전주 경기전 내의 전주사고에 보관돼 왔다. 효명세자의 이야기도
『순조실록』이 전하고 있다. 이 사고는 임진왜란에도 병화를 입지 않은 귀중한 문화유산이다.

신음하다 홍서했다. 이때 왕실의 최고 수장은 의당 순원왕후 김씨였다. 여덟 살의 세손을 등극시켜 대통을 잇게 하고 당일부터 수렴청정에 들어갔다. 조정의 권력은 또다시 안동 김씨의 수중으로 떨어졌다.

역사는 이쯤에서 갑작스런 세자의 죽음으로 나이 스물셋에 청상과부가 된 세자빈 풍양 조씨(1808~1890)를 주목한다. 세칭 '조 대비'로 유명한 조씨는 치마만 둘렀지 어떤 권력세도가도 범접 못할 강심장의 여장부였다. 고종 27년까지 83년의 천수를 누리며 조선 후기 정국을 마음껏 휘둘렀던 '철의 여인'이다.

그러나 어린 아들(헌종)이 등극했을 때는 시어머니의 위세에 눌려 숨도 크게 못 쉬었다. 23세로 후사 없이 홍서(1849)한 헌종의 대통을 정할 때는 46세였으나 이때도 궐내 어른은 순원왕후 김씨였다. 강화도에서 농사짓던 일자무식의 이원범을 강제로 데려다 철종으로 등극시킨 뒤 세도 횡포를 자행해도 지켜만 봐야 했다. 이때부터 조 대비와 안동 김씨 문중 간에는 삼생을 거듭해도 풀지 못할 원한이 쌓여갔다.

헌종은 등극 직후 아버지 효명세자를 익종翼宗(1809~1830)으로 추존하면서 연경묘를 수릉綏陵으로 진호했다. 왕위를 계승할 때 부왕의 능침이 없으면 정통성 문제에 심각한 하자가 발생하는 법이다. 헌종은 할아버지(순조)를 이어 용상에 올랐으므로 아버지 효명세자의 왕위 추존이 급선무였던 것이다. 광무 3년(1899) 고종황제가 익종을 문조익황제文祖翼皇帝로 개묘하며 조 대비도 신정익황후神貞翼皇后로 함께 추존했다.

문조는 죽어서도 수난의 연속이었다. 헌종 12년(1846) 풍수지리상 불길한 흉지라는 풍수논쟁이 격화된 것이다. 결국 초장지를 택지한 안동 김씨 세력 일부가 거세당하고 양주 용마산 아래로 천장됐다. 철종 5년(1855)에 또 풍수논쟁이 불거졌다. 이번에는 풍양 조씨 일문이 낙마하고 현재의 동구릉 내 임좌병향(동으로 15도 기운 남향)에 안장됐다. 이처럼 왕조시대의 풍수 싸움은 정적제거 수단으로 수없이 활용됐다.

현릉(문종) 내룡맥에 자리한 수릉은 후일 신정왕후가 승하하며 합장으로 용사됐다. 좌청룡이 우백호를 감싸안은 청룡 작국作局으로 능침 앞 안산도 뛰어나다. 문조의 계자系子(헌종의 동생 항렬)로 양자가 된 고종황제의 왕손들이 현재까지 번성한 것도 이와 무관치 않다는 것이 풍수학계의 해석이다.

조선시대 왕이나 왕족의 목숨은 바람 앞 등불과도 같았다. 왕보다 잘나고 똑똑하면 역모에 몰려 죽임을 당하고 권력의 편에 서지 않는 임금 또한 성치 못했다. 아까운 효명세자 또한 예외가 아니었다.

임금이 예척하면 그 장례절차가 매우 복잡했다. 먼저 왕의 시신을 안치하는 빈전이 설치되고, 조정에서는 재위 시 행적과 치적이 축약된 묘호를 정해 올렸다. 국상기간은 통상 3~5개월이 걸렸고 국풍이 명당길지를 택지하고 나면 능호와 함께 제왕을 찬양하는 시호를 지어 바쳤나. 훙서 후뿐만 아니라 재위 시에도 시호를 진호進號했는데 임금은 넉 자씩이고 왕비는 두 자씩이었다. 공덕을 의논해 조정에서 작호한 것이다.

순조의 시호는 문안무정文安武靖 헌경성효憲敬成孝인데 넉 자만 풀이하면 이렇다. 시법諡法에 충실하고 믿음으로 예에 접한 것[文], 여러 백성들이 편안히 힘입은 것[安], 보전하고 크게 공을 세운 것[武], 부드러운 덕으로 무리를 편안하게 한 것[靖]이란 큰 뜻을 내포하고 있다.

추존 문조익황제의 시호는 무려 115자로 역대 임금 중 가장 길다. 헌종과 철종이 후사 없이 승하하자 고종이 입승대통한 뒤 황제로 등극하면서 많은 시호를 올렸기 때문이다. 종묘제례(중요무형문화재 제56호)나 산릉제향 시 대축관이 시호를 독축하는데 애를 먹기도 한다. 신정익황후도 58자나 된다.

추존 문소익황세의 수릉(사석 제193호)은 농구릉에 있다. 수릉은 분송의 현릉 내룡맥에 자리하여 후일 신정왕후가 승하하면서 합장으로 용사됐다. 〈동구릉 37쪽〉

헌종은 여덟 살에 조선 역대 임금 중 최연소 왕이 된다. 철없는 왕의 어명을
빙자해 할머니 순원왕후는 무소불위의 전권을 휘둘렀다. 정사에 임해서는
진외가와 외가 간의 처절한 복수극, 편전에 들어와서는 견원지간의 고부가
뿜어내는 무서운 살기, 궐 밖을 내다보면 못 살겠다 발버둥치는 백성들의
아우성. 23세 헌종대왕은 차라리 죽는 편이 낫겠다고 생각했다.

헌종대왕

경릉

여덟 살 최연소 왕이 되어
스물셋 후사 없이 영면하다

조선왕조사를 섭렵하다 보면 왕은 왕이었으되 치적이 묘연한 임금이 더러 있다. 이를테면 제12대 인종, 제13대 명종, 제18대 현종, 제20대 경종이 대표적인데 제24대 헌종대왕憲宗大王(1827~1849) 또한 보위에 올라 무얼 했는지 알 수 없는 임금이다. 이들 모두가 재위기간이 짧거나 단명한 탓도 있지만 수렴청정이나 당쟁·세도에 밀려 '남의 인생'을 살다간 비운의 제왕들이다. 이 중에는 천수를 못 누리고 독살당한 군왕도 있다.

총명했던 아버지(추존 문조익황제)가 안동 김씨 세도정치에 희생당할 때 (1830) 헌종은 네 살이었다. 새까맣게 속이 탄 할아버지 순조가 왕세손으로 책봉해놓고 시름시름 앓더니 4년 후 등하登遐했다. 이해 8세로 제24대 왕위에 오르니 조선 역대 임금 중 최연소 왕이 된 것이다.

오늘날 초등학교 1학년생이 삼천리 강토를 통치할 수 있겠는가. 조정의 권력은 당연히 할머니 순원왕후의 수중으로 들어갔다. 아버지 죽음의 내막을 훤히 아는 어머니 신정왕후 또한 만만한 여인이 아니었다. 일찍이 할

아버지가 안동 김씨 세도 평정을 위해 정략적으로 맞이한 며느리였다. 그래도 조정 권신들의 일거수일투족은 순원왕후의 명에 따라 조종됐다.

용상에 앉은 어린 임금 뒤에 발을 치고 앉은 순원왕후가 내리는 어명은 동지섣달 얼음장보다 더 차가웠다. 국사의 모든 결재는 할머니한테서 나왔고 헌종이 스스로 결정한 것이 있더라도 순원왕후에게 품의한 뒤에야 시행했다. 등극 직후 아버지 효명세자를 익종으로 추존한 뒤 할머니는 대왕대비로, 어머니는 왕대비로 진상했다.

철없는 왕의 어명을 빙자해 순원왕후는 부소불위의 전권을 휘둘렀다. 과거 조작으로 척족들의 대거 등용을 비호하는가 하면, 매관매직으로 국가기강이 무너지는데도 개의치 않았다. 이럴수록 민심은 등을 돌렸고 '인간 모두가 태어날 적부터 평등하다'는 서학의 가르침에 동요됐다. 보다 못한 헌종이 옥음을 내렸다.

"과거 시험장에 사사로이 들어와 염문한 자는 과장科場을 어지럽히고 어명을 거역한 죄로 다스릴 것이오. 세상에 나올 때부터 과장의 법을 어겼는데 후일 어떤 일을 그에게 맡길 수 있겠소."

부패한 세도권력은 전정·군정·환정의 삼정마저 문란케 했다. 질병·재앙으로 아사지경에 있는 농민들의 땅을 헐값에 매입하고, 권문세가 자식들은 군역을 교묘히 면제받거나 노복들이 대신했다. 더더욱 격분한 건 환정의 조작이었다. 봄철 춘궁기에 양식을 대여해주고 가을 추수기 때 배로 거둬들이는 곡식에 모래를 섞고 저울눈까지 속인 것이다. 마침내 민초들이 분노했다.

순원왕후는 빈심의 표적을 엉뚱한 서학 쪽으로 급선회시켰다. 팽배한 사회적 혼란과 원인을 서학의 민심교란 탓으로 돌려 천주교 압살에 착수한 것이다. 앵베르 주교와 모방·샤스탕 신부를 처형하고 유진길, 장하상 등 수많은 국내 천주교인을 학살했다. 헌종 5년(1839)의 기해박해로 한국 최초의 신부 김대건도 이때 처형돼 군문효수됐다. 오가작통법으로 교인들을 색출하고 천주교를 엄금하는 척사윤음斥邪綸音을 반포했다.

악몽 같은 질곡의 세월도 유장할 수만은 없는 법. 헌종 7년(1841), 금상의 나이 15세가 되자 국법에 따라 순원왕후도 수렴청정을 거뒀다. 23세에 청상과부가 되어 34세가 된 '조 대비' 신정왕후의 시대가 도래한 것이다. 조 대비는 시어머니가 하던 대로 친정 풍양 조씨 일문을 조정의 핵심 요직에 배치했다. 아버지 조만영은 주상을 보호한다는 명분으로 어영대장과 훈련대장을 겸직하고 숙부 조인영, 조카 조병헌, 조병구(조만영 아들) 등이 실세로 부각했다.

어느새 조정에는 외조부·외삼촌·외당숙 등 외척세력들로 넘쳐났다. 조정의 세력판도는 진외가陳外家(아버지의 외가)와 외가의 이전투구 판이 되어버리고 만 것이다. 헌종은 내명부에 문안들 때마다 옥체가 움츠러들었다. 독기 품은 할머니(진외가)의 눈초리, 위풍당당한 어머니(외가)의 엄명이 교차될 때마다 헌종은 심히 괴로워하며 독백했다.

'이 강토가 안동 김씨·풍양 조씨 만의 나라가 아닐진대 어찌 이럴 수가 있단 말인고. 인간사 모두가 잠시 일었다 스러지는 포말泡沫보다 못한 것을 겨우 가문영달을 위해 진명盡命하려는가. 정녕 권세와 부귀가 요괴스러움을 한탄하노라.'

20세가 되어가는 청년 임금은 백성을 위해 뜻을 펴지 못하는 자신이 한없이 수치스럽고 용렬해 보였다. 이럴 때마다 헌종은 왕관마저 내던지

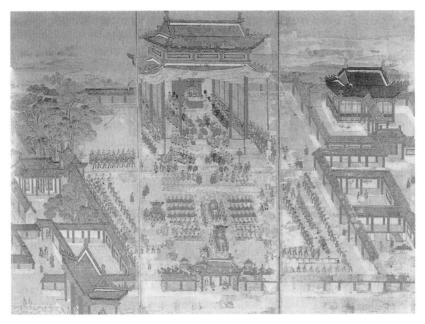

헌종대왕이 계비 효정왕후 홍씨와 혼례를 올릴 때 그린 가례병도.

20세가 되어가는 청년 임금은 백성을 위해 뜻을
펴지 못하는 자신이 한없이 수치스럽고 용렬해 보였다.
이럴 때마다 헌종은 왕관마저 내던지고 계비 효정왕후와
단둘이 강촌에 묻혀 촌부로 살겠다는 일념을 수시로
떠올렸다. 진정 이 고통, 이 충정을 대신할 자만 있다면
언제라도 훌훌 내던지고 싶었다.

고 계비 효정왕후(남양 홍씨)와 단둘이 강촌에 묻혀 촌부로 살겠다는 일념을 수시로 떠올렸다. 진정 이 고통, 이 충정을 대신할 자만 있다면 언제라도 훌훌 내던지고 싶었다.

안동 김씨·풍양 조씨 문중 간 정권교체기에 파생된 온갖 가렴주구와 인명살상의 고통은 모조리 무고한 민초들의 몫이었다. 생업을 포기한 유민들이 도처에 속출하고 임금 노동자나 광부로 전락한 빈민들은 사회불안 요인으로 집단화됐다. 우려는 곧 현실로 닥쳐왔다.

헌종 2년(1836)에 남응중·남경중 등이 은언군(사도세자 3남)의 손자를 왕으로 추대하려다 누설돼 능지처참당했다. 8년 뒤엔 의원 출신 민진용이 또 다른 은언군의 손자를 옹립하려는 역모가 발각돼 멸문지화를 당했다. 이 같은 일련의 모반사건들은 조정기반이나 정치적 세력이 전무한 중인과 몰락한 양반들이 작당한 것이어서 사회적 충격은 더욱 컸다. 누구나 넘볼 수 있을 만큼 왕권이 우습게 보였던 것이다.

이런 난리통에 헌종은 전국에 창궐하던 천연두에 걸려 저승 문턱까지 갔다가 겨우 소생했다. 설상가상으로 금상에게 후사가 없고 옥체마저 미령해지자 외척의 세도는 계속 됐다. 사소한 트집으로도 안동 김씨와 사생결단해 민생은 피폐되고 아사자는 산적했다.

설상가상으로 내우외환이었다. 헌종 5년(1839) 기해박해 때 앵베르 주교와 모방·샤스탕 신부를 처형하고 천주교인을 집단 학살한 것이 외교 쟁점으로 비화된 것이다. 헌종 12년(1846) 프랑스 해군 세실 제독이 군함 3척을 이끌고 충청도 외연도에 정박하며 국왕에게 국서를 전달하는 긴장사태가 발생했다. 천주교 탄압에 엄중 항의하는 외교문서였다. 조정은 기겁했으나 대처능력이 전무했다.

이에 앞서 1년 전에는 영국 군함 사마랑호가 아무런 사전 통고 없이 서해안과 제주도 연안을 불법 측량하고 돌아갔다. 이때 풍양 조씨로 장악된 세도권력의 외교적 대응은 청국을 통해 광동주재 영국 당국에 항의하는 수준이었다.

당시 영국 군함의 서·남해안 불법측량 사건은 후일 우리 영토의 무단 점령이란 엄청난 사선으로 연계된다. 고종 22년(1885), 영국이 청국·러시아·일본과의 세력 균형을 유지한다는 명분으로 함대를 시켜 거문도를 강제 점령해 버린 것이다. 영국군은 섬 이름조차 해밀턴섬으로 바꾸고 2년 동안 주둔하다 세계 여론에 밀려 철수했다.

또 프랑스에서는 한국 최초의 신부 김대건을 처형한 뒤 군문효수한 사건을 외교 분쟁으로 확대시켰다. 압력에 굴복한 조정이 청나라를 통해 답신을 보내니 이것이 우리나라가 서양에 보낸 최초의 외교문서다.

헌종 14년(1848)에 들어서는 남·동해안과 서해상에 이양선異樣船이 수시로 출몰하며 통상을 요구해왔다. 이럴 때마다 세도정권은 '언 발에 오줌 누기'로 대충 달래거나 위협을 가해 쫓아 버렸다.

여기에 내우마저 가중됐다. 석 달 가뭄으로 싹조차 틔우지 못한 문전옥답을 갑작스런 뇌성폭우가 휩쓸어 자갈밭으로 만들었다. 역병과 기근을 견디지 못한 난민들이 남부여대男負女戴 등짐을 지고 살던 곳과 이별했다. 국가적 재앙이었다.

이들 대부분은 도심을 배회하다 유리걸식하는 부랑배가 되었고, 일부는 범죄의 소굴로 빠져들었다. 자고로 인간만사는 새옹지마인 법. 난리통에 영웅호걸 있고 개천에서 용 난다고 했다. 죽지 못해 호구지책으로 시작한 장사가 대박으로 이어져 벼락 졸부가 되는가 하면 폐광을 사들인 뒤 금맥이 터져 거부가 된 자도 속출했다.

돈이면 안 될 게 없고 '망자亡者도 벌떡 일어난다'는 세상이었다. 이들은 졸지에 번 거금으로 벼슬과 양반의 지위를 샀다. 평생 업보였던 상놈, 천민의 피맺힌 한을 풀고 면천免賤의 길로 나선 것이다. 권문세가의 곳간에는 양곡이 썩어 흩어졌고, 졸부들의 주방에서는 술과 고기가 넘쳐났다. 다름 아닌 말세였다.

이즈음 경주 지방에는 수운 최제우(1824~1864)라는 범상치 않은 청년이 천지신명의 운기를 터득해 도통득도를 이뤄가고 있었다. 몰락한 양반(경주최씨)의 후손이었던 수운은 절망과 도탄에 빠진 민중 속을 치밀하게 파고들며 놀라운 힘으로 결집시켰다. 서학西學에 맞서 동학東學이라 창도하고 해월 최시형에서 의암 손병희로 도맥을 이으니 천도교의 시원이다. 그 후 동학은 증산 강일순(1871~1909)의 증산교, 소태산 박중빈(1891~1943)의 원불교로 대맥을 형성하며 민족종교의 근간이 된다.

무릇 시대의 조류는 우연한 게 아니다. 천지조화로 밀려오는 대양의 조수潮水를 감히 인력으로 어쩌겠는가. 사회 전반에 길친 급격한 변화가 농민층 분해로 이어지고 부농층과 부상富商들이 무리로 결성되며 신분질서가 무너져 갔다. 절대왕권의 봉건군주 체제가 도전을 받으며 총체적 위기로 다가온 것이다. 4백 년 세월, 조선사회를 지탱해온 반상의 계급이 붕괴되고 자아·자주의식이 태동되기 시작한 것이다.

지지리도 복이 없는 조선 백성들이었다. 조정에 또 변고가 생긴 것이다. 헌종 12년(1846) 당대 세도정치의 거두 조만영(신정왕후 아버지)이 세상을 떠나며 풍양 조씨 일문이 몰락해 버리고 말았다. 문중 자체 내 알력이 겹친 데다 야전 수장을 잃으면서 세도 6년 만에 역사 속으로 수몰해 버렸다. 순원왕후의 입가엔 회심의 미소, 신정왕후는 절통함에 땅을 쳤다.

헌종은 일찍부터 학문을 가까이하며 호색은 멀리했다. 11세 때 가례를 올린 원비 효현왕후孝顯王后 안동 김씨(1828~1843·영흥부원군 김조근 딸)는 후사 없이 16세로 일찍 승하했다. 이듬해 익풍부원군 홍재룡의 딸(1831~1903·남양 홍씨)을 계비 효정왕후孝定王后로 맞았으나 역시 태기가 없자 순원왕후와 신정왕후는 초조해졌다.

할머니와 어머니는 왕실 대통을 잇기 위해 제1후궁 숙의 김씨, 제2후궁 경빈 안동 김씨, 제3후궁 정빈 파평 윤씨를 정해 연일 합방토록 강권했으나 헌종은 이를 기피했다. 숙의 김씨가 유일한 혈육인 옹주를 출산(1848)했으나 해산 당일 사망했다. 헌종은 계비전과 후궁전에서 나올 때마다 다리를 휘청거렸고 두 눈엔 눈곱이 꼈다. 명을 재촉한 것이다.

무기력한 제왕에겐 세월도 원수였다. 정사에 임해서는 진외가와 외가 간의 처절한 복수극, 편전에 들어와선 견원지간의 고부가 뿜어내는 무서운 살기, 궐 밖을 내다보면 못 살겠다 발버둥치는 백성들의 아우성. 23세 헌종대왕은 차라리 죽는 편이 낫겠다고 거듭 생각했다. 대왕은 계비 홍씨와 혼례 올릴 때 그린 〈가례병도嘉禮屛圖〉(1844·보물 제733호)를 보며 다섯 살 아래의 효정왕후를 은밀히 불렀다.

"중전, 내 오늘만은 여보라 불러보고 싶소이다. 어쩌다 용상에 올라 이 못난 모습으로 살아가는지 모르겠소. 과인이 오래 살아 호강을 시켜줘야 할 덴데 기력이 이미 쇠진했나 보오."

홍씨는 금상의 옥체를 부둥켜안고 통곡했다. 둘 사이에 소생은 없었으나 정은 깊었다.

헌종 15년(1849), 임금은 아침 햇볕에 이슬 스러지듯 크게 앓지도 않고 운기허탈로 누운 지 18일 만에 창덕궁 정침에서 훙서했다. 펴보지도 못한 나이 23세였다. 헌종 재위 14년 6개월 19일 동안 순원왕후가 7년을 수렴청정했고 수재·역병·기근·역모로 시달린 세월이 9년이었다.

순원왕후는 대행 시신에 온기도 가시기 전에 왕권의 상징인 옥새부터 챙겼다. 그 기민함이 신정왕후보다 몇 수 위였다. 가문의 영달과 멸문이 걸린 중대 사안이었다. 그리고 친정 안동 김씨 척신들과 전광석화 같은 승통 논의 끝에 강화도에서 농사짓던 전계대원군 이광의 셋째 아들 원범을 끌어다 왕위에 앉히니 곧 철종대왕이다.

조정에서는 원비 효현왕후가 묻힌 동구릉 내 경릉 우편에 예장하고 능호는 그대로 쓰기로 했다. 경릉을 찾은 참배객들은 조선 최초의 3연릉三連陵에 의아해 한다. 광무 7년(1903) 계비 효정왕후가 승하하며 함께 안장됐기 때문이다. 좌頭에서 향足쪽을 바라볼 때 맨 오른쪽이 헌종대왕이고 중앙이 원비 김씨, 왼쪽이 계비 홍씨다. 우상좌하右上左下의 왕릉풍수 법도를 철저히 따른 것이다.

하나의 곡장 안에 세 개의 능이 조영된 특이한 구조며, 병풍석은 없고 난간석이 하나의 곡선으로 연결돼 거대한 장방형을 이룬다. 부부가 모두 한 방을 쓰는 격이다. 능지에는 경좌갑향(북으로 15도 기운 동향)으로 기록돼 있으나 실제 측정한 좌향은 오午입수 자子득수 묘卯파수 유좌묘향의 정동향에 가깝다. 향법向法상 나경으로 15도 오차는 후손 발복에 큰 영향을 미치는 각도 차이다.

원래 경릉 자리는 제14대 선조대왕을 초장했던 목릉 터다. 왕실이 발흥하는 명당이었으면 왜 천장을 했겠는가. 후사를 잇지 못한 임금은 죽어서도 서러운 법이다. 헌종과 효현왕후는 광무 3년(1899) 헌종성황제憲宗成皇帝와 효현성황후孝顯成皇后로 각각 추존되고, 효정왕후는 같은 해 효정성황후孝定成皇后로 살아서 진봉됐다.

헌종대왕의 경릉(사적 제193호)은 동구릉에 있다. 경릉은 오른쪽이 헌종대왕이고 중앙이 원비 효현왕후 김씨, 왼쪽이 계비 효정왕후 홍씨가 함께 조영된 동원삼연릉이다. 왼쪽에서 향쪽을 바라 볼 때 우상좌하의 왕릉풍수 법도를 철저히 따른 것이다. 〈동구릉 37쪽〉

전계군은 사도세자의 3남 은언군의 아들이다. 전계군은 후일의 철종을
낳아 대원군으로 추존된다. 초명이 해동으로 철종 등극 후 광으로 고쳤으며
출생연도마저 불분명하다. 왕조사에 대원군의 출현은 왕통승계에 유고가
있었음을 의미한다. 왕권 대통의 변고는 반드시 피를 불렀다. 이 중에도
전계대원군은 가장 비참한 가족사를 안고 멸시와 천대 속에 살다간
유민 인생의 전형이었다.

전계대원군

이 광 묘

왕손으로 태어남이 불행이라
박복한 삶에 객사하지만

조선왕조사를 운위함에 전계대원군全溪大院君(?~1844)은 참으로 생소한 인물이다. 제25대 철종대왕의 생부라는 구체적 사실史實에도 낯설기 그지없다. 대원군하면 '흥선대원군 이하응'만 떠올리는 대중적 인지도에도 크게 기인한다. 그러나 조선왕실에 대원군은 또 있었다. 제14대 선조대왕 생부 이초李岹(1530~1559)가 덕흥대원군德興大院君이었고 제16대 인조대왕 생부 이부李琈(1580~1619)는 정원대원군定遠大院君이었다가 아들 인조에 의해 원종대왕으로 다시 추존되었다.

왕조사에 대원군의 출현은 왕통승계에 유고가 있었음을 의미한다. 전묘前廟가 후사를 잇지 못해 양자를 통해 보위를 이었기 때문이다. 왕권 대통의 변고는 반드시 피를 불렀다. 이 중에도 전계대원군은 가장 비참한 가족사를 안고 멸시와 천대 속에 살다간 유민流民 인생의 전형이었다.

아버지 영조의 눈 밖에 나 쌀 뒤주 속에서 굶어 죽은 사도세자(추존 장조의황제)는 1왕비 2후궁에게서 5남 3녀를 탄출했다. 혜경궁 홍씨(추존 헌경의황후)에게서 장남 의소세자가 태어났으나 3세 때 조졸하고 이어 차남을 낳으니 정조대왕이다.

사도세자의 제1후궁 숙빈 임씨가 3남 은언군(전계군 아버지) 인과 4남 은신군 진을 낳고, 제2후궁 경빈 박씨는 5남 은전군 찬을 출생했다. 후궁 소생의 은언군·은신군·은전군 3형제는 이복형 산이 정조 임금으로 등극하며 천출·걸인만도 못한 신세가 되고 만다. 역모를 꾀하는 무리마다 이들 왕자를 내세워 옹립하려 했고, 죄 없는 군들은 영문도 모른 채 사약을 들이키고 죽어갔다.

사도세자의 3남 은언군이 부인 진천 송씨(일부 기록에는 상산 송씨)를 득배해 아들 셋을 두었는데 상계군·풍계군·전계군이다. 이 중 셋째 아들이 후일 철종에 의해 대원군으로 추존되는 전계대원군이다. 초명이 해동海東으로 철종 등극 후 광으로 고쳤으며 출생연도마저 불분명하다. 향토유적 제1호로 지정(1986)된 전계대원군 묘 안내표지판에는 1785년 생으로 표기됐으나 공인된 사전이나 선원璿源(왕실의 계보연원) 기록에서도 근거를 찾을 수 없다. 이는 곧 출생 당시의 열악한 환경과 성장배경을 방증하는 것이다. 사도세자, 은언군, 전계군의 3대 가족사는 왕손으로 태어난 자체만으로 불행이었다.

아들이 미우면 손자도 달갑지 않은 법이다. 영조는 사도세자를 굶겨 죽인 뒤 후회는 했으나 손자들에게 정을 주지 않았다. 손자 산에게 왕위는 잇게 했지만 정조 역시 능수능란한 할아버지의 시험에 들어 여러 번 죽을 고비를 넘겼다. 하물며 죽은 아들의 첩 자식이 뭐 그리 대단했겠는가. 더구나 영조 곁엔 며느리보다 어린 꽃다운 계비 정순왕후 김씨가 있었다. 할아버지 영조는 서손자 셋을 죽든 말든 내팽개쳤다.

견디다 못한 은언군이 일을 저질렀다. 끼니를 이으려고 상인들에게 빚을 내었고, 영조 47년(1771) 빚 소문이 할아버지의 귀에 들어갔다. 조왕祖王은 진노했다. 왕손으로 품위를 실추했다는 것이었다. 호구지책으로 꾼 손자의 빚을 변제해주기는커녕 되레 직산현으로 유배 보냈다가 다시 제주도 대정현에 안치시켰다. 제주도에서 먼 바다와 푸른 하늘을 원망하며 목숨을 부지한 지 4년 만에 겨우 풀려났다.

은언군에게 또 불행이 닥쳤다. 이복형 정조가 등극한 지 10년(1786) 되던 해, 장남 상계군이 홍국영의 모반죄에 연루돼 어명으로 자결한 것이다. 이때 둘째 아들 풍계군도 곁에 없었다. 이복동생 은전군이 홍상간의 역모로 왕으로 추대됐다 하여 자진한 뒤, 대를 잇기 위해 풍계군을 양자로 보냈기 때문이다. 정조는 이복동생 은언군에게 아들 전계군을 데리고 강화에 가 은거해 살도록 왕명을 내렸다.

은언군 부부와 전계군은 아무 연고 없는 강화 벽촌에 내버려졌다. 왕실에서 버림받은 몰락 왕손을 돌봐줄 사람은 그 누구도 없었다. 정조 21년(1797) 울화가 치민 은언군이 강화를 탈출하려다 붙잡혀 오히려 그곳에 안치되고 말았다. 유배지가 된 것이다.

급전직하의 절박한 상황에서는 천애절벽의 나뭇가지라도 잡게 되어 있다. 사면초가의 은언군 일족에게 서학(천주교)이 전하는 복음은 '하늘의 소리'였다. 이승에서의 삶이 전부가 아니고, 더 좋은 내세가 있다는 가르침을 따라 청국 신부 주문모에게 영세를 받았다. 청상과부 며느리 신씨(전계군 형수)와 함께 천주교 신자가 된 것이다.

세월이 흘러 정조가 승하하고 순조가 등극하던 해(1801)인 신유년 가을,

강화도령 철종을 낳은 용성부대부인 용담 염씨의 묘. 철종의 생모는 함바집의 작부였고, 왕을 탄출했으나
첩의 신분이었던 용담 염씨는 전계대원군의 묘 좌청룡 아래 자좌오향의 함몰지점에 용사됐다.

전계군이 강화 움막에서 보낸 기구한 일생은
애달프기 그지없다. 남의 집 머슴살이에서
일일 잡역부로까지 떠돌며 막행막식으로 살아갔다.
때로는 금상 순조와 사촌 간이란 촌수도 잊었다.
천만 뜻밖에 병명도 모른 채 객사한 전계군의
셋째 아들 원범이 임금으로 등극하게 되니……

다시 조정의 권력을 장악한 벽파세력은 정순왕후와 함께 서학 교인들을
무자비하게 학살했다. 이때 전계군의 부모와 형수는 왕실의 본보기로 가
차 없이 사사됐다. 참으로 박복한 전계군이었다. 혈혈단신이 되어버린 것
이다. 이후 전계군이 강화 움막에서 보낸 기구한 일생은 애달프기 그지없
다. 남의 집 머슴살이에서 일일 잡역부로까지 떠돌며 막행막식으로 살아
갔다. 때로는 금상(순조)과 사촌 간이란 촌수도 잊었다.

전계군은 초취 전주 최씨(추봉 완양부대부인)가 장남 회평군(1827)을 낳고 죽
자 후실(성씨 미상)을 만나 차남 영평군(1830)을 출생했다. 재취로 용성부대부
인龍城府大夫人 용담 염씨(?~1863)를 다시 만나 덕완군을 낳으니 바로 '강화
도령' 철종대왕이다. 염성화의 딸이었던 철종의 생모는 함바집(공사현장 식당)
의 작부였다.

병명도 모른 채 객사한 전계군은 경기도 양주군 신혈면 진관에 초장됐
다. 천만 뜻밖에 셋째 아들 덕완군이 임금으로 등극하며 철종 7년(1856) 현
재의 포천 장지로 천장됐고, 그해 전계대원군으로 추존되었다. 왕방산 아
래 임좌(북에서 서로 15도)병향(남에서 동으로 15도)의 명당에 초취 전주 최씨와 합
장돼 있다. 용담 염씨는 전계대원군 묘 좌청룡 아래 자좌오향(정남향)의 함
몰지점에 용사됐다. 왕을 탄출했으나 첩의 신분이었음이 뼈저리게 한다.

전계대원군 묘에는 왕릉 못지않은 병풍석과 함께 철종 어필의 묘비가
있다. 숙맥 임금 철종의 비위를 맞추기 위해 세도 정권이 세운 신도비도
있으며 6·25전쟁 당시 인민군 당사로 썼다는 99칸의 안가安家 일부가
전하고 있다. 사람 팔자는 누구도 장담 못할 일이다.

전계대원군 묘 는 포천 왕방산 기슭에 부인 완양부대부인 전주 최씨와 합장묘로 조성되어 있다. 경기도 양주군 신혈면에 초장되어 있던 것을 셋째 아들이 철종으로 등극하면서 현재의 위치로 천장했다. 비록 묘이나 규모는 왕릉 못지않다. 원형의 봉분 둘레에 호석을 세웠으며 봉분 뒤편으로는 기와를 얹은 곡장을 둘렀다. 봉분 앞에 상석이 있고 상석 밑을 고석이 받치고 있다. 상석 앞에는 장명등이 세워져 있다. 봉분 오른쪽에 방부개석형 묘비가 있으며, 봉분 좌우측 끝에 망주석과 무인석이 각각 1쌍씩 배치되어 있다.

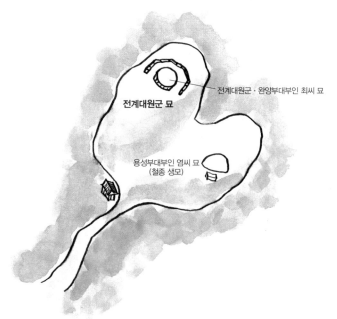

전계대원군 묘

전계대원군·완양부대부인 최씨 묘

용성부대부인 염씨 묘
(철종 생모)

전계대원군 묘(포천향토유적 제1호)는 경기도 포천시 선단동 산11에 위치해 있다.
대중교통을 이용할 때는 의정부역에서 72, 138, 138-1, 138-5, 138-6번 버스로 환승해 선단 4통 지영사에서 내린다.
자가용을 이용할 때는 축석고개 방향 43번 국도를 타고 대진대학교 전에서 좌회전하면 이정표가 나온다.
문의: (031) 538-2063

헌종이 승하하던 날 강화의 인적 드문 산골. 19세 원범은 여느 날과
다름없이 나무지게를 받쳐놓고 낮질하느라 여념 없었다. 저 멀리서
나팔소리가 요란하게 들리며 행렬이 다가왔다. 원범은 덜컥 겁이 났다.
할아버지, 아버지, 큰형도 역모죄에 몰려 잡혀가 죽었는데 이젠 내
차례가 됐나 싶었다. 낫자루를 내던지고 죽을힘을 다해 도망쳤으나
어느새 호위대장이 앞길을 막아선 뒤 부복하며 아뢰었다.
"전하, 어서 연에 오르시옵소서."

철종대왕

예릉

무지렁이 강화도령
하루아침에 지존에 오르다

조선왕조 개국 458년째인 1849년 음력 6월 6일. 이해 여름은 유난히도 더웠다. 봄부터 시작된 가뭄에 논바닥은 거북등처럼 갈라졌고 파종된 전작작물 대부분이 싹조차 틔우지 못했다. 타들어가는 대지에 오라는 비는 안 오고 느닷없이 마른 번개가 치더니 뇌성과 함께 우박이 쏟아졌다. 두려움을 이기지 못한 백성들은 말세가 가까웠다며 고향을 등지고 정처 없는 유랑길에 나섰다.

왕실에는 더 큰 위기가 닥쳐왔다. 8세에 등극해 재위 15년이 된 23세의 헌종대왕이 임종을 눈앞에 두고 있었다. 할머니 순원왕후(안동 김씨)와 어머니 신정왕후(풍양 조씨)의 성화로 2왕후 3후궁을 둔 헌종이었지만 본디 여색을 멀리해 뒤이을 후사조차 없었다. 조정 권력을 양분해 국정을 농단하던 두 문중 수뇌부에 비상이 걸렸다.

순조 등극(1801) 초부터 악명 높은 세도정치로 국정을 파탄시킨 안동 김씨 일파가 순원왕후를 에워싸고 긴급대책을 논의했다. 주상의 용태는 이미 글렀으니 예척 후 대통을 잘 세워 권력유지에 차질이 있어서는 안 된다는 데 의견일치를 보았다. 입시한 문중대신들이 이구동성으로 아뢰었다.

"왕비 전하, 화급히 어보부터 챙기셔야 하옵니다. 만에 하나 신정왕후가 차지하는 날이면 우리 문중의 멸문지화가 눈앞임을 명심하셔야 되옵니다. 통촉하시옵소서."

바로 그때 창덕궁 정침에서 금상이 위독하다는 황급한 전갈이 왔다. 권신들은 부리나케 정침으로 달려갔고 순원왕후는 재빨리 옥새함을 치마폭에 감쌌다. 같은 시각 신정왕후는 천금보다 귀한 외아들의 죽음을 맞느라 천지를 분간하지 못했다. 풍양 조씨의 세도권력은 거두 조만영(조 대비 친정 아버지)이 병사(1846)한 후 추진동력을 상실한 지 오래여서 수구회의조차 별로 효과가 없었다.

이날 헌종은 경칩 날 봄볕에 잔설 녹듯 스르르 운명하고 말았다. 백성들은 비록 헌종의 치적이 『동국사략』, 『삼조보감』, 『동국문헌비고』 등 몇 권의 서적 찬수와 권율 사당(행주산성) 건립, 일부 저수지의 제방을 수축하는 것에 그쳤지만 인생이 불쌍해 통곡했다. 진외가와 외가의 진흙탕 권력싸움에 큰 뜻 한번 펴지 못한 채 악명만 뒤집어쓰고 갔다는 동정심이 컸다.

옥새를 품에 넣은 순원왕후는 또다시 왕실의 큰 어른이 되었다. 어보는 곧 제왕과 국권의 상징이다. 조정 대소신료들을 소집해 놓고 산천초목이 벌벌 떨도록 지엄한 분부를 내렸다.

"경들도 주지하다시피 작금 영조대왕의 혈손은 강도江都(강화)에 우거 중인 전계군의 아들 원범밖에 없소. 속히 예의를 갖춰 입궐토록 해 헌종의 대통을 잇게 하시오."

조정에선 즉시 연을 띄워 강화 길을 재촉케 했다. 세도 권문의 고관대작들이 타는 여와는 격이 다른 어거御車였다. 호위병이 위엄있는 차림새와 태도로 창을 들고 줄지어 따라갔다. 백성들은 영문을 몰랐다.

헌종이 승하하던 날 강화의 인적 드문 산골. 19세 원범元範은 여느 날과 다름없이 나무지게를 받쳐놓고 낫질하느라 여념 없었다. 홀어머니 용담 염씨와 굶기를 밥 먹듯 하며 무지렁이처럼 살아가는 일상이었다. 이웃집 처녀 동갑내기 순이(성명 미상)가 몰래 삶아 건네준 감자 몇 개로 점심을 때운 뒤 담배를 가랑잎에 말아 꼬나물었다. 원범이와 순이는 훗날 신랑·각시가 되기로 부모 몰래 약속한 사이였다.

저 멀리서 나팔소리도 요란하게 행렬이 다가왔다. 원범은 덜컥 겁이 났다. 할아버지, 아버지, 큰형도 임금이 되려했다는 역모죄에 몰려 잡혀가 죽었는데 이젠 내 차례가 됐나 싶었다. 낫자루를 내던지고 죽을힘을 다해 도망쳤으나 어느새 호위대장이 앞길을 막아선 뒤 부복하며 아뢰었다.

"전하, 어서 연에 오르시옵소서."

원범은 "난 일자무식으로 배운 것이 없으며 왕이 되려고도 한적 없으니 목숨만은 살려 달라"고 애걸복걸했다. 호위대장은 발버둥치는 원범을 덥석 안아 연 위에 앉혔다. 원범을 태운 가마가 순이네 집 앞을 지날 때 밖을 내다보니 순이가 울고 있었다. 순간 둘의 눈길이 마주쳤다.

"원범아, 네가 오늘부터 나라님이래. 너 나랑 한 약속 잊으면 안돼. 네가 나를 버리면 난 죽어 버릴 거야. 원범아, 가지마."

어느새 호위병 하나가 튀어나와 순이 입을 틀어막으며 논둑에 내동댕이쳤다. 바동거리는 순이를 바라보며 원범은 소리내 울었다. 저 착한 순이 하나를 지켜주지 못하는 나를 어느 누가 사내라 하겠는가. 날이 저물어 가

강화의 철종 생장가. 흥선대원군은 '용흥궁'이란 친필 편액을 내렸다.

철종의 옛집 터.

마가 대궐에 도착했다. 대소신료가 입시한 가운데 순원왕후가 근엄한 얼굴로 원범을 맞이했다.

원범은 이날(6월 6일)로 덕완군德完君에 봉해지고 관례를 행한 다음 6월 9일(1849) 헌종의 주상主喪이 되었다. 당일 순원왕후 품에 있던 대보大寶를 전해 받고 인정문에서 즉위했다. 제25대 철종대왕哲宗大王(1831~1863)이 된 것이다. 급조된 임금이었다. 이날부터 이름을 변昪으로 고치고 자는 도승道升, 호는 대용재大勇齋라 했다. 철종은 무슨 뜻인지도 몰랐다.

금상이 보령 15세가 되면 친정하는 게 국법이었지만 철종은 이름 석 자도 쓸 줄 모르는 일자무식이었다. 졸지에 붙들려와서 생사기로에 선 죄인처럼 떨고 있는 철종에게 순원왕후가 엄히 분부했다.

"주상은 똑똑히 들으시오. 사람이 책을 읽지 않고 고사故事에 어두우면 나라를 다스릴 수 없소이다. 전에 배운 학문이 현달 못함을 탓하지 말고 강관講官의 가르침에 따라 환골탈태토록 매진하시오."

철종은 목숨을 거두지 않고 살려주는 것만으로도 감지덕지했다. 아무리 배운 게 없어도 조부모(은언군 부부), 종조부(은전군), 아버지(전계대원군), 백부(상계군), 이복형(회평군) 모두가 왕이 되려 했다는 역모에 연루돼 몰살낭한 것을 알고 있었다. 용상이나 왕관보다 사는 게 우선이었다. 땅바닥에 엎드린 채 고두배를 하며 조아렸다.

"그저 하랍시는 대로 따르겠사오니 목숨만은 부지케 해주옵소서."

순원왕후는 천하무식의 속 빈 강정 철종이 학문을 익힐 때까지 수렴청정에 들어갔다. 19세 철종은 이날부터 천자문을 강습받으며 왕실법도를 익히는 데 전념했다. 순원왕후의 철저한 감시 속에 허수아비 임금이 되었다. 거처는 대비 내전 곁으로 정했고, 수라상도 같은 주방에서 조리해 진상토록 했다. 생사가판生死可判권을 맡긴 것이다. 금상은 미동도 않으면서 대소사를 대비에게 품의해 결정했고, 그 세월이 9년이었다.

안동 김씨 세도가들이 바라던 정국이었다. 2년 후에는 영은부원군 안동 김씨 김문근의 딸을 왕비(철인왕후 · 1837~1878)로 맞았다. 6살 연하의 왕비를 만난 철종은 첫눈에 반했다. 강화의 뒷집 처녀 순이는 잊은 지 벌써 오래였다.

꼭두각시 임금이 된 지 3년째로 22세(1852)가 되던 해, 대비 김씨는 수렴청정을 거두고 주상이 친정토록 했다. 어떤 명분으로도 스물이 넘은 임금을 망석중이(나무로 만든 꼭두각시 인형)로 만들 순 없었던 것이다. 서당 개도 3년이면 풍월을 읊는다고 했다. 무지렁이 촌부로 세상 물정에 어두웠던 철종이었지만 당시 최고 문장의 왕사들로부터 습득한 학문은 개안開眼케 하고도 남음이 있었다. 치도와 치세에 눈을 뜨게 된 것이다.

세도정권 입장에선 날로 학문이 깊어가는 철종이 위협적 존재로 다가왔다. 남자를 망가뜨리는 데 술과 여자만한 게 또 있겠는가. 때마침 15세로 간택된 중전 김씨에겐 수년이 지나도록 태기가 없었다. 순원왕후의 엄명으로 주상 침전에 꽃다운 후궁들이 강제로 입실했다. 최음제가 섞인 감로주에 기름진 안주가 밤낮없이 철종을 녹여냈다.

임금도 처음엔 이게 바로 무릉도원인가 싶었다. 중전 김씨를 포함해 제1후궁 귀인 박씨, 제2후궁 귀인 조씨, 제3후궁 귀인 이씨, 제4후궁 숙의 방씨, 제5후궁 숙의 김씨, 제6후궁 숙의 범씨, 제7후궁 궁인 박씨(직첩 없음), 제8후궁 궁인 이씨(직첩 없음), 제9후궁 궁인 남씨(직첩 없음) 등 열 명의 여인들과 밤마다 번갈아가며 만취된 채 방사를 치렀다.

철종은 침전에서 나올 때마다 휘청거렸고 부축받아 오르는 용상의 계단을 헛디뎌 고꾸라지기도 했다. 두 눈에는 누런 눈곱이 덮어 시야를 가렸고, 앉았다 일어서면 수십 개의 별들이 어른거렸다. 이미 인사불성이었다. 이럴 때 세도 권신들은 조정인사에 재무결재까지 조목조목 아뢰었다.

"과인이 무얼 안다고 그러시오. 경들이 다 알아서 하시오."

"전하, 성은이 망극하옵니다."

조정 대신들은 흡족한 표정으로 어전을 물러나왔다. 관작官爵을 팔고 사는 매관매직이 모두 뜻대로 성사된 것이다. 나라꼴이 이 지경이다 보니 과거제도는 무용지물이었고 아첨과 뇌물만이 보신책의 우선이었다.

철종 7년(1856)에는 서·남해상에 프랑스 함대와 이양선이 출몰해 조정을 위협하며 개항과 통상을 압박해왔다. 이즈음 세계 정세는 하루가 다르게 급변하고 있었다. 서구 열강들의 광범위한 식민정책과 자원수탈로 약소국들의 운명은 풍전등화와 같았다.

국제정세에 어두워 미리 대처 못한 국가는 망국의 길만이 정해진 수순이었다. 가혹한 약육강식의 세계질서에 편입하지 못한 나라와 민족이 치러야하는 대가는 참혹하기만 했다. 그런데도 조정에선 망한 지 2백 년이 넘는 명나라를 섬기면서 청나라의 눈치를 살피고 있었다.

안하무인으로 자만한 세도권력은 가련한 민초들의 고혈을 짜내 연일 흥청망청이었고, 처가 척족들이 두려웠던 임금 또한 하나뿐인 목숨을 부지하기 위해 알아서 주지육림 속에 흐느적댔다. 철종은 1왕후 9후궁을 통해 5남 7녀를 득출했으나 제6후궁 숙의 범씨 소생 영혜옹주만이 생존해 금릉위 박영효에게 하가했다. 5남 6녀 모두 출생 6개월도 안돼 세상을 떠났고 유일한 혈육인 영혜옹주마저 시집간 지 3개월 만에 서세했다.

남부여대로 타향을 떠도는 유민들은 삼삼오오 떼를 지어 다니며 야유하고 수군댔다. 여자가 잘 따르는 염복艶福을 탐내다가는 누구나 저 지경에 이른다며 적수공권의 걸인 신세를 위안 삼았다. 궐내에서도 예외일 수는 없었다. 23세로 청상과부가 돼 안동 김씨 압제하에 가문마저 몰락해버린 풍양 조씨 신정왕후(조 대비·추존 문조익황제비)의 철천지한이었다. 조 대비는 나이 많은 시어머니(순원왕후 안동 김씨)가 죽기만을 축수했고, 머지않아 자신의 세상이 올 것을 확신하며 왕재王材를 찾고 있었다.

　이 간극을 절묘하게 파고든 희대의 걸물이 바로 흥선대원군 이하응이다. 풍수와 명리·주역에 관통했던 대원군은 살얼음판 같은 염량세태를 마음껏 희롱하며 천하대세를 읽었다. 후사 없이 훙서할 금상의 뒷일을 정확히 예측했던 것이다. 조 대비의 조카 조영하(1845~1884)를 포섭해 조 대비와 은밀히 내통하며 후일 자신의 둘째 아들 명복(고종황제 아명)을 보위에 앉히기로 내약해두었다. 부패정권을 향한 조 대비와 대원군 간 천추의 한이 안동 김씨의 몰락을 자초하는 연계제휴로 가시화된 것이다.

　이런 거대한 음모를 알 리 없는 안동 김씨 일문은 방심했다. 국익은 안중에조차 없었고 가문영달에만 미혹된 나머지 뒷날 용상에 오를 만한 영특한 왕손은 역모죄로 옭아매어 사사시켰다. 이럴수록 대원군은 굴신과 굴종을 주저 않으며 시정잡배 파락호로 위장해 죽지 않고 살아남았다.

　어느 날 철종이 '남자를 여자로, 여자를 남자로 만드는 일 외에는 모두할 수 있다'는 권신들을 향해 용상에서 꾸짖었다.

　"백성들은 초근목피로도 연명하지 못해 굶어 죽는데 팔도 관리들이 올린 장계를 보면 선정 아닌 것이 없소. 어찌해서 수령, 방백늘마저 민생을 이리도 소홀히 한단 말이오. 그대들이 조정 녹봉을 타 먹는 백관들이 맞단

강화도에 있는 철종의 외가.

철종 10년, 금상의 외삼촌을 자처하는 염가란 자가
삼엄한 대궐 관문을 뚫고 찾아와 탑전에 부복했다.
"소인이 바로 전하께옵서 애타게 찾으시는
외삼촌 염종수이옵니다. 진즉 알현하지 못한
중죄를 크게 엄벌해 주소서."
철종은 깜짝 놀랐다. 일구월심 찾아온 외삼촌이
이제야 나타난 것이다. 순간, 주상의 용안에선
소나기 같은 눈물이 하염없이 흘렀다.

말인가."

그래도 세도정권은 우이송경이었다. 이미 승하한 임금과 왕비를 칭송하는 시호·존호의 추시追諡에 몰두했고 임금이 내리는 사패지 확보에만 혈안이었다. 철종 8년(1857) 순원왕후가 홍서하자 순조대왕과 합장하며 순종이었던 묘호를 순조로 천묘遷廟했다. 후궁 왕자인 군이 재위한 뒤 예척하면 일단 종宗으로 예우했다 적통성 시비가 사라지면 조祖로 고치는 전례典禮에 따른 것이었다.

조정에서는 또한 철종의 가계를 신원시켰다. 세도권력이 역모로 몰아 죽인 할아버지, 아버지, 백부, 이복형을 복작시키지 않으면 대통승계 법통에 중대 하자가 발생하기 때문이었다. 자신들이 저지른 일에 대한 결자해지였으나 소가 웃을 아전인수 격의 자가당착이었다.

어쩌다 정신이 든 철종이 권신들을 향해 일갈했다.

"과거는 정실과 세력을 좇기 급급하고 명문가 자제들은 한 권의 책도 읽지 않은 채 발탁되니 종묘사직이 암담하오. 탐관오리의 폐해는 홍수·맹수보다 극심해 만백성을 유랑시키고 있소이다. 헐벗고 굶주리는 백성들을 구렁에서 구휼 못하는 과인의 처지가 참으로 비감하기만 하오."

오죽하면 순원왕후조차 친정 척족들에게 벼슬을 내리며 집안 문호門戶가 지나치게 영성盈盛하는 것을 염려했겠는가. 삼천리 방방곡곡에서 못살겠다 아우성이었고 말세가 임박했다는 도참설이 난무했다. 조선왕조 창업 이래 최악의 학정에 민생고가 겹쳤다.

강물이 범람하면 둑이 붕괴되고 독이 넘치면 깨지게 되어 있다. 마침내 민중이 봉기했다. 서학과 새로 창도된 동학이 요원의 불길처럼 번져나갔고 도처에서 민란이 일어났다. 진주·함흥·제주 등 때와 장소를 가리지

예릉의 양호석.

조정에서는 철종의 가계를 신원시켰다.
세도권력이 역모로 몰아 죽인 할아버지 은언군,
아버지 전계대원군, 백부 상계군, 이복형 회평군을
복작시키지 않으면 대통승계 법통에 중대한 하자가
발생하기 때문이었다.
자신들이 저지른 일에 대한 결자해지였으나
소가 웃을 아전인수 격의 자가당착이었다.

않았다. 당황한 철종과 세도정권이 진무사(벼슬 이름)를 파견하는 등 미봉책을 썼으나 불 위에 기름을 부은 격이었다. 바야흐로 국난이었다.

이즈음 왕실 내명부에 엄청난 지각변동이 일어났다. 철종 8년(1857), 안동 김씨 세도정권의 화신 순원왕후가 69세로 훙서한 것이다. 민심을 거스르던 역사가 내리막으로 치닫는 전환점이었다. 이제 왕실 내 최고 어른은 명실 공히 풍양 조씨 신정왕후였다.

철종 10년(1859)의 일이다. 금상의 외삼촌을 자처하는 염가廉哥란 자가 삼엄한 대궐 관문을 뚫고 찾아와 탑전에 부복했다. 남루한 행색에 피골마저 상접한 염가는 다짜고짜 통곡하며 임금의 누선淚腺(눈물샘)을 자극했다.

"소인이 바로 전하께옵서 애타게 찾으시는 외삼촌 염종수이옵니다. 진즉 알현하지 못한 중죄를 크게 엄벌해주소서."

작취미성昨醉未醒(어제 마신 술이 덜 깬 상태)으로 몽롱히 용상에 앉아 졸고 있던 철종은 깜짝 놀랐다. 등극하던 해(1849)부터 일구월심 찾아온 외삼촌이 이제야 나타난 것이다. 순간, 주상의 용안에선 소나기 같은 눈물이 하염없이 흘렀다.

이후 염종수는 조정 요직을 완전 장악한 안동 김씨의 주청에 의해 충청병마절도사로 제수됐다. 얼마 안돼 황해병사를 거치더니 1년 만에 서남해안의 병권을 총괄하는 전라우도 수군절도사직에 올랐다. 그러나 염종수의 마각은 곧 탄로났다. 무위도식으로 빈둥대던 건달 염가(파주 염씨) 주제에 철종의 외가(용담 염씨) 족보를 위조해 일대 사기극을 벌였던 것이다.

조정이 발칵 뒤집혔다. 철종이 당장 염종수를 포박해 친국하니 과연 가짜였다. 즉각 파직시키고 참수한 뒤 효수했다. 피붙이가 그리웠던 임금은 남모르게 피눈물을 흘렸고, 팔도 유민들은 다시 한번 세도권력을 비웃으며 조롱했다. 나라꼴이 이 지경이었다.

자고로 우민愚民들이 어진 스승이나 지도자를 만남은 시대적 천복이라 했다. 당시 백성들의 소원은 너무나 질박했다. 그저 세종대왕 버금가는 성군과 황희 정승 같은 청백리 재상을 만나 보리밥이라도 배불리 먹으며 누명이나 쓰고 죽지 않으면 천명으로 여겼다. 이런 기본권조차 지켜내지 못한 세도 정권이었다. 인피人皮를 벗겨내는 혹독한 가렴주구로 아사자의 시체는 도처에 즐비한데 세도가의 광속에서는 쌀과 고기 썩는 악취가 사방을 진동했다.

설상가상으로 나라 안팎의 정세는 더욱 혼돈 속에 빠져들어 속수무책이었다. 철종 2년(1851) 관서·해서지방의 수재와 기근, 관북지방의 화재와 기근(1852), 호남지방의 수재(1854), 경기지방의 화재와 영남·해서지방의 수재(1856), 호서지방의 수재(1857), 관북지방의 수재(1860~1861), 삼남·관북지방의 민란(1862), 여기에 겨울 홍수와 여름 우박의 괴변이 끊이지 않았다. 백성을 함부로 하는 몹쓸 권력에 하늘마저 등을 돌린 것이다.

뒤늦게 철들어 치세와 치도를 깨닫게 된 철종은 무기력한 군왕의 처지를 비관하며 탄식으로 밤을 지샜다. 자신이 겪은 민생고를 반복하지 않기 위해 남다른 애정으로 백성을 살피려 했으나 뜻을 이루지 못했다. 야생마보다 강인했던 타고난 건강도 어느덧 무너져가고 있음을 직감했다.

용상에 오른 지 14년째 되던 해(1863) 초가을. 쇠잔해진 육신을 부액 받으며 서삼릉에 들른 철종이 희릉, 인릉, 소경원, 효창원 등을 돌아보며 독백했다. 죽음을 직감한 예시豫示였다.

"한 육신 죽어 왕릉이나 원園에 묻힌들 크게 대수로울 일이며 무명잡부 묘에 진토가 되어간들 빈부귀천이 따로 있으랴. 어찌 인간의 한평생이 이리 허망할 수 있단 말인고."

그러나 숨 가쁘게 질주하는 유장한 역사는 폐인이 된 철종과는 무관했다. 이미 '섹스 중독'의 중병에 든 제왕의 건장했던 육신은 급속도로 쇠잔해졌다. 이날도 금상은 궁궐 후원에서 궁녀를 뒤쫓으며 희롱하다 갑자기 넘어져 다시는 일어나지 못했다. 또 국상이 난 것이다. 나무꾼을 끌어다가 억지 왕위에 앉힌 지 14년 6개월 만인 1863년 12월 8일, 33세의 나이였다. 1왕후 9후궁 속에 후사하나 남기지 못했다.

강화에 있는 철종 생장가(용흥궁)와 외가(강화읍 선원면)의 동네 사람들은 슬피 울었다. 원범이가 임금이 되지 않고 농부로 살았으면 백수도 더 했을 것이라며 한양 하늘을 원망하며 울부짖었다.

"묻노니, 도대체 그대들의 권력이 무엇이기에 한 사람의 일생을 이토록 망쳐 놓는단 말인가."

철종은 살아생전 "내가 죽거든 희릉 오른편 언덕에 묻어달라"고 유언했다. 중종대왕 초장지였으나 문정왕후(제2계비)의 시샘으로 억지 천장된 임壬입수 을乙득수 정丁파수 좌좌오향(정남향)의 명당자리다. 고종이 등극하며 대리섭정이 된 흥선대원군은 경기도 고양시 덕양구 원당동 산37-1번지에 장사지냈다. 조정에서는 능호를 예릉睿陵으로 정했다. 후일(1878) 철인왕후가 승하한 뒤 동원쌍분으로 조영됐다. 오늘날의 서삼릉으로 사적 제200호다. 흥선대원군은 예릉을 조성하며 역대 어느 왕릉 못지않은 규모로 단장했다. 세도권력에 대한 왕권 과시와 함께 철종의 등극 과정이 개천에서 용 난 아들(고종)의 처지와 흡사했기 때문이다. 그리고는 강화의 철종 생장가에 '龍興宮(용흥궁)'이란 친필 편액을 내렸다. 특히 예릉은 조선왕릉의 상설제도에 따라 조영된 마지막 왕릉이라는 데 커다란 의미를 내포하고 있다. 철종과 왕비는 광무 3년(1899) 고종에 의해 철종장황제哲宗章皇帝와 철인장황후哲仁章皇后로 추존되었다.

철종이 등극하며 왕실의 선원계보璿源系譜는 뒤집혀 버리고 말았다. 헌종의 생부 익종(효명세자·추존 문조익황제)과 형제 항렬(6촌)인 철종이 보위에 오르며 아저씨(철종)가 조카(헌종)에게 절하는 전대미문의 역보逆譜(족보를 거꾸로 뒤집는 것) 만행이 세도정권에 의해 자행된 것이다.

순원왕후는 철종이 헌종의 양자로 뒤를 이어 왕통승계 되었음을 천명했다. 더 큰 망발이었다. 이로 인해 왕실 촌수는 가늠할 수 없이 뒤엉켰다. 재종질부(7촌 조카며느리·헌종 왕비)가 어머니가 되고, 육촌형수(신정왕후)가 할머니로 둔갑된 것이며, 당숙모(순원왕후)는 종증조할머니가 되어버렸다. 강상綱常을 무너뜨리고 천륜을 배반한 패악이었다.

사학계에서는 안동 김씨의 세도정권 실정失政 중 항렬을 뒤집어 철종을 등극시킨 사건을 가장 추악한 몰인지사沒人之事로 손꼽는다. 다른 왕손을 용상에 앉히려 해도 이미 쓸 만한 왕족은 역모로 몰아 죽여 지친至親조차 없었던 것이다. 이런 세도권력이 백성을 염두에 두고 종묘사직의 장래를 염려했겠는가. 철종이 재위하는 14년 6개월 동안 조선왕조는 망조亡兆가 깊어 석양녘에 기울고 있었다.

> 철종대왕의 예릉(사적 제200호)은 서삼릉에 있다. 철종은 희릉 오른편 언덕, 중종대왕 초장지에 묻히길 원했고 후일 철인왕후가 승하한 뒤 동원쌍분으로 조영됐다. 〈서삼릉 237쪽〉

종묘제례와 산릉제향

누가 그랬다. "가묘家廟에 제사를 올린다"고 하니까 "집안에 누구의 묘墓가 있느냐"고 물었다는 것이다. 실제 일상생활에서 廟와 墓가 혼동되어 사용하는 경우가 있다. '묘'의 발음은 동일하나 한자의 뜻은 전혀 다르다. 廟는 조상의 신주를 모시고 제사를 받드는 곳이나, 墓는 사람이 죽어 묻힌 무덤이다.

사서가士庶家에서는 가묘를 사당祠堂이라 부르고, 왕실에서는 종묘宗廟라 하여 왕조의 조종祖宗을 모시고 제향을 받들었다. 제사에도 종류가 여럿 있어 천신께 드리는 제사는 사祀, 지기地祇(땅의 신령)께 올리는 제사는 제祭, 인귀人鬼(사람과 귀신)께 드리는 제사는 향享, 문선왕(공자)의 제사는 석전釋奠이었다. 세종 때 완성한 『국조오례의』에 따른 구분이나 현재는 혼용해서 불리고 있다.

왕조시대 임금과 왕후는 백성의 어버이였다. 어버이가 세상을 떠나면 백성이 제사를 모셨는데 실내에서 받드는 것은 종묘대제였고, 산에서 봉행하는 절차는 산릉제향이라 했다. 이 종묘대제와 산릉제향의 규모를 축소시켜 사가에서 지내는 제사가 기제사이고 산제이다. 특히 종묘대제의 제례법은 그 규모가 방대하고 규범이 엄격해 철저한 습의習儀 교육이 뒤따른다.

종묘대제와 산릉제향이 인귀에 대한 제사라면 백성을 먹여 살리는 토지신과 곡물신에 대한 제사가 사직社稷대제였다. 사社는 토지신이고 직稷은 곡물신이다. 조선왕조의 법궁인 경복궁을 중심으로 삼아 좌측(동쪽)에는 종묘를 영건해 왕실의 안녕을 기원하고, 우측(서쪽)에는 사직단을 세워 백성들의 식복食福을 축수했다. 종묘와 사직이 나라를 상징함은 여기서 비롯된 말이다. 현재 종묘제례는 중요무형문화재 제56호로, 사직대제는 제111호로 지정돼 그 기능이 전수되고 있다. 종묘대제 때 연주되는 종묘제례악은 중요무형문화재 제1호로 지정돼 있다.

일찍이 우리 선조들은 인간을 혼魂(영혼)과 백魄(육신)이 공존하는 하나의 개념적 동물로 인식했다. 죽음이란 임종과 함께 혼과 백이 갈려 혼은 하늘로 올라가고, 백은 땅에 남아 진토塵土되는 것으로 여겼다. 제사는 바로 분리된 혼·백을 연결하는 엄숙한 의례 절차였다. 이 가운데서도 왕王과 후后는 신보다 높은 상위 격이어서 사가 제사와는 규범부터 차별화됐다.

종묘대제에 진설되는 제수품은 가공되지 않은 날것을 그대로 올린다. 쌀·기장·조 등 곡류 모두가 생곡이며, 육류도 익히지 않은 생고기다. 습의를 거친 헌관과 제관의 보법步法도 다르다. 종

1 종묘 정전
2 종묘대제에서 초헌관을 맡은 이구의 생전 모습

묘 월대月臺나 왕릉 정자각 층계를 오를 적엔 오른발을 먼저 내딛고 왼발을 합치며, 내려갈 때는 먼저 딛은 왼발에 오른발을 합친다. 이 보행법을 연보합보連步合步라 하는데 가묘나 사당의 제향 때도 그대로 적용된다.

두 손을 모으는 공수법拱手法에도 예절이 있다. 오른손으로 왼손 엄지를 잡고 왼손이 오른손을 덮어 배꼽 부위에 갖다 댄다. 대열을 이뤄 이동할 때는 머리를 조금 숙여 앞사람의 발뒤꿈치를 보고 약 2보 정도의 간격을 둔다. 무릎을 꿇고 앉을 때는 왼쪽 무릎을 먼저 구부려 앉고, 일어날 때는 오른쪽 무릎을 먼저 펴고 선다.

헌관獻官과 제관祭官의 임무도 구분된다. 헌관은 신주神主에게 직접 술잔을 올리는 사자嗣子의 지위로 초헌 · 아헌 · 종헌의 삼헌관뿐이다. 제관은 각자 분담된 제무를 집례의 명에 따라 집행하는 집사들로 9~11명이 배정된다. 헌관과 제관 모두는 1주일 전부터 금욕생활에 들어가고 대제 3일을 앞두고는 목욕재계와 함께 세속사 잡념 일체를 떨쳐야 했다.

특히 산릉제향 시에는 봉심奉審 절차가 뒤따랐다. 제향 1~2일 전 임금이 능상에 올라 좌측에서 우측으로 한 바퀴 돌며 능침이 온전한가를 살피는 의례였다. 금상이 와병 중이거나 부득이할 때는 영의정이나 예조판서가 이를 대신했다. 이같은 봉심례 전통은 사대부나 양반 등 권문세가

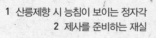

1 산릉제향 시 능침이 보이는 정자각
2 제사를 준비하는 재실

로도 이어져 기제사 봉행 전 반드시 선조의 묘를 찾아 풍우에 씻겼는지를 확인했다.

서울시 종로구 훈정동 1번지에 소재한 종묘(대지 5만 6,602평)는 정전(국보 제227호)과 영녕전(보물 제821호)으로 분리돼 있다. 웅엄장대한 고건축미가 압도하는 정전은 19칸의 신실과 좌우협실 3칸, 동·서월랑, 공신당, 칠사당으로 배치돼 있다. 정전에는 조선왕조 5백 년 동안 큰 업적을 남긴 임금과 왕통을 이은 군왕의 신주 19위가 봉안돼 있다. 원비와 계비는 동당이실同堂二室의 신실에 도합 49위가 모셔져 있어 지엄한 신들의 공간이다. 태조, 태종, 세종, 세조, 영조 등의 신주가 이곳의 주인이다.

정전 왼쪽의 영녕전은 중앙의 태실 4칸을 중심으로 좌우 6칸씩 16칸으로 지어진 신전이다. 태조의 추존 4대왕(목조, 익조, 도조, 환조)을 가운데 태실에 봉안하고 정종, 문종, 단종, 추존 덕종, 예종 등 왕통을 잇지 못한 임금과 왕비, 추존왕을 차례로 모셨다. 그러나 폐위 당한 연산군과 광해군은 물론, 대통을 이은 후궁일지라도 정전과 영녕전에는 부묘祔廟될 수 없는 게 조선왕실의 법도였다.

종묘제례보존회는 매년 5월 첫째 일요일과 11월 첫째 토요일(추향대제) 종묘에서 대제를 봉행한다. 영녕전 제향을 먼저 봉행한 후 정전 대제가 이어진다. 일제에 의해 강제 중단됐던 왕실 정통제례를 원형대로 복원한 축제여서 국내는 물론 주한 외교사절의 참여와 함께 관심이 지대하다. 현재 종묘제례의 인간문화재 기능보유자는 이기전 선생이다.

이와는 달리 산릉제향은 전주 이씨 각 지파별로 능 봉향회가 결성돼 임금이나 왕비 승하일에 맞춰 현장에서 봉행된다. 전국에 산재한 44개의 봉향회가 매년 제향을 올리며 왕비를 배출한 문중에서 아헌관을 맡아 봉무

한다. 그러나 태조의 건원릉만은 사단법인 전주 이씨 대동종약원이 주관해 모든 종친과 일반인이 참반하며 이원 황사손이 초헌관이다.

조선 중기 종묘대제 봉행 당시의 일화가 전해진다. 봉로奉爐를 맡은 제관과 앙숙지간인 헌관이 있었다. 봉로는 벌겋게 달군 향로를 수건으로 감싸 들어 헌관이 분향하도록 돕는 집사다. 앙심을 품은 헌관이 슬쩍 수건을 치워 버렸다. 봉로는 그 뜨거운 향로를 맨 손으로 들어 손바닥이 문드러졌다. 그래도 향로를 놓지 않고 직무를 다했다. 이 사실을 뒤늦게 안 임금이 헌관을 파직시키고 봉로는 특진시켰다.

4장

오백 년 왕조, 문을 닫다

고종~순종

한 사람이 죽어 땅에 묻힌 뒤 역사의 축을 돌려놓은 묘가 있다. 남연군
이구의 묘다. 남연군 묘는 예사로운 묘가 아니다. 남연군의 궤적에는
인생만사 교훈이 따른다. 사람이 사람을 함부로 대할 일이 아니며
보잘것없는 하찮은 처지라 하여 얕잡아 보았다간 큰 봉변을 당한다.
남연군의 인생역전은 그의 가계 내력에서 극명히 확인된다.

남연군

이구 묘

살아생전 무위도식하나
황제가 난다는 명당에 묻히면서

조선왕조가 쇠락의 길로 접어들며 왕실 계보는 가늠할 수 없이 복잡해지고 만다. 아저씨(제25대 철종)가 조카(제24대 헌종)에게 절하도록 만든 세도정권의 역보 조작에 이어 제26대 고종이 등극하는 과정은 가히 극적이기만 하다.

예로부터 한 가문의 대代를 잇는 혈계 전통과 양자養子와 계자繼子를 입적하는 일은 가장 큰 중대사였다. 여기서 양자는 한 촌수 아래의 강보에 싸인 남아를 영아적부터 양육하는 것이고, 계자는 한 촌수 아래 사내를 대를 잇기 위해 아들을 삼는 것으로 구분된다. 고종의 혈계를 추적하다보면 이 같은 역사적 화두가 해독되며, 흥선대원군과 그의 생부 남연군이 역사 속에서 전면 부각된다.

한 사람이 죽어 땅에 묻힌 뒤 역사의 축을 돌려놓은 묘가 있다. 충남 예산군 덕산면 상가리 산5-28에 있는 남연군 이구南延君 李球(1788~1836)의 묘다. 남연군 묘는 예사로운 묘가 아니다. 이 묘를 쓴 후 몇 가지 측면에서 엄청난 역사적 파장을 몰고 왔기 때문이다.

남연군의 궤적에는 인생만사 교훈이 따른다. 사람이 사람을 함부로 대해서는 아니되며, 보잘것없는 하찮은 처지라 하여 얕잡아 보았다간 큰 봉변을 당한다. 선현들은 뽕밭이 바다가 되고 바다가 뽕밭이 되는 상전벽해桑田碧海를 경책해왔다. 남연군의 인생역전은 그의 가계 내력에서 극명히 확인된다.

이야기는 제19대 숙종시대로 소급된다. 숙종에겐 경종(생모 장희빈), 영조(생모 숙빈 최씨), 연령군(생모 명빈 박씨)의 세 왕자가 있었다. 숙종은 막내였던 연령군을 지극히 아꼈지만 그가 21세로 요절하자 식음을 전폐하며 슬퍼했다. 숙종의 명으로 소현세자 5대손인 상대尙大를 계자로 입적시켜 대를 잇도록 했는데 상대는 사도세자(영조 아들)와 동항렬이다.

상대가 득남을 못해 대가 끊기게 되자 영조는 다시 은신군(사도세자 서열 4남·생모 숙빈 임씨)을 계자로 들여 후대를 잇게 했다. 은신군은 은언군(전계대원군 생부·철종 조부)의 친아우이며 제22대 정조와 이복형제 간이다. 은신군이 역모의 누명을 쓰고 제주도 유배지서 분사憤死하니 또 절손하게 되었다.

정조의 아들 제23대 순조가 또다시 자신과 먼 형제 항렬인 남연군을 계자로 세워 은신군의 혈통을 승계토록 했다. 이때 남연군은 인평대군(인조 3남) 6대손인 병원秉源의 아들로 왕통 승계와는 전혀 무관한 내명부 촌수였다. 계자로 승습되는 연령군 혈계에 입적되자 남연군은 단박에 영조대왕의 증손자 반열에 편적編籍됐다. 남연군은 철종의 아버지인 전계대원군과도 형제 항렬이었다.

끼니가 간데없어 무위도식으로 소일하던 남연군 가계에 일대 역전의

남연군의 묘 입구는 해와 달을 상징하는 일월봉이 있어 물의 파구를 막으니 곧 일월한문이다.

이 물 곁에 거북이나 물고기 형상의 구사봉이 자리하니 화표거북이다.

계기가 되었다. 대가 끊긴 친진親盡 왕족의 종친으로 남연군에 봉해지며 수원관守園官(세자 묘지기·1815)과 수릉관守陵官(왕릉 관리직·1822) 등 미관말직을 지내다 49세로 세상을 떠났다. 그러나 그에겐 흥녕군, 흥완군, 흥인군, 흥선군의 네 아들이 있었다.

자고로 지고지난한 인생항로는 그 누구도 장담할 수 없는 법이다. 이 중 막내 흥선군이 바로 조선 말엽 30여 년 동안 정치지평을 뒤흔들며 천하대세를 개벽시킨 흥선대원군 이하응이다. 인두겁으로 몸 받아 인간이 겪을 수 있는 영욕의 시말을 남김없이 감내하며 한 시대를 풍미한 흥선대원군은 추존 문조익황제(제24대 헌종 생부)와 제25대 철종과도 형제 항렬이다.

대원군과 함께 안동 김씨 세도정권을 종식시켜 조선 말기사를 반전시켜 놓은 조 대비(추존 문조익황제 비)는 대원군의 형수뻘이며 헌종은 조카 항렬이다. 이에 따라 헌종과 고종은 형제 항렬이 된다. 다소 복잡다단하게 여겨질 수 있는 이 왕실 혈계는 결코 소홀히 할 수 없는 대통 승계와 직결된다. 훗날 고종이 등극하는 과정에서 조 대비와 안동 김씨 간 세력 대결이 끝장으로 치달으며 법통문제가 대두되기 때문이다.

흥선대원군이 파락호 야인시절이던 어느 날, 당대 최고 신풍지사神風地師 정만인과 대원군이 천하제일 명당길지를 찾아 충청도 일대를 샅샅이 뒤지며 주유천하를 하고 있었다. 홍성, 청양, 보령의 3개 군을 아우르는 오서산 산록에 이르자 정만인이 무릎을 치며 탄성을 질렀다.

"대감, 이 자리라면 만석꾼으로 천년은 가겠소이다."

"예끼, 이 사람아! 내가 이 정도 팔자면 나라님 덕에 잘 먹고 잘 사는 거지 더 이상 무슨 복록을 바라겠는가. 흰 쌀밥에 고깃국만이 다는 아닐세.

눈치 없는 사람 같으니라구."

정만인은 얼른 알아차렸다. 둘은 말없이 걸었다. 며칠 후 예산군 덕산면 상가리에 있는 가야사에 이르렀다. 절 뒤의 산신각에 오른 두 사람의 눈에 긴장감이 감돌았다.

"대감! 틀림없는 2대 천자지지天子之地올시다."

순간 대원군이 황급하게 정만인의 입을 막으며 손사래를 쳤다.

"자네가 땅을 보는 줄 알았더니 땅속까지는 못 보는구려. 내가 보기에 재혈만 잘하면 현감 둘 정도는 나오겠네. 함부로 입 놀리지 말고 말조심하게나!"

대원군은 속으로 쾌재를 불렀고 정만인은 간이 벌렁거리도록 떨었다. 임금이 나올 묏자리를 잡거나 쓰는 사람은 모두 역모죄에 걸려 멸문지화를 당할 때였기 때문이다. 수많은 세월 동안 이런 왕생지지王生之地가 지관의 눈에 띄지 않았다는 게 두 사람은 믿기지 않았다. 아버지 남연군 묘의 이장을 결심한 대원군은 서둘러 한양으로 귀경해 영초 김병학 판서집을 찾았다. 평소 영초는 안동 김씨 세도가 중 대원군의 처지를 동정해 친밀하게 지내는 처지였다. 그 집에는 오래전부터 가보로 전해오는 중국산 옥벼루가 있었다.

"영초 대감, 저 옥벼루를 하루만 빌려주신다면 잘 보고 갖다 드리겠소이다."

영초는 아무런 의심 없이 옥벼루를 내주었다. 그 길로 대원군은 득달같이 영의정 하옥 김좌근(1797~1869)의 집을 찾아갔다.

"하옥 대감, 이 옥벼루는 소인이 어느 선비에게 난 한 폭을 쳐주고 얻은 것인데 본래 한 쌍이었으나 하나는 어디 가고 홀로 남았소이다. 소인은 간

직할 처지가 못 되고 설사 소장한다 해도 결국 술값으로 날릴 것 같아 대
감한테 진상하러 왔소이다."

하옥이 자세히 살펴보니 자신이 부러워하던 영초의 진품 옥벼루와 똑
같은 것이었다. 하옥이 쾌히 승낙하며 낙낙해졌다. 이틈을 놓칠 리 없는 대
원군이었다.

"대감, 그런데 부탁이 하나 있소이다. 충청감사에게 소인의 청을 들어주
라는 편지 한 장만 써 주시오."

하옥은 즉석에서 흥선군의 청을 무조건 들어주라는 편지를 일필휘지로
써 건네주었다. 흥선군은 득의만면해졌다. 당대 최고의 권세가 하옥 대감
의 친필에 충청감사는 설설 기며 남연군의 묘 이장을 알아서 주선했다.

권력에 갈급했던 자가 졸지에 득세하면 세상이 만만해지는 법이다. 하
옥 김좌근의 청탁서찰을 품에 넣은 흥선대원군 이하응은 조선 천지에 두
려울 것이 없었다. 대원군은 하옥과의 친분을 과시하며 경기·충청 지역
에 소문부터 냈다. 비록 '상갓집 개'로 괄시받는 신세였지만 철권 군주 영
조대왕의 엄연한 고손자였다. 세상에선 '남의 집 옥벼루를 빌려 상납하고
얻어낸 게 겨우 아버지 묘 이장이냐'고 대원군을 소인배라 비웃었다.

표리부동으로 의기양양한 대원군이 지사地師 정만인과 덕산 상가리를
다시 찾았다. 꾀죄죄한 예전의 대원군이 아니었다. 어딜 가나 하옥 서찰만
들이밀면 수령 방백 모두가 삭신을 오그리며 칙사 대접을 했다.

"정 지사, 자네는 어인 연유로 이 혈을 2대 천자지지로 소점所點했는가.
흥선이가 심히 궁금하니 어서 지평地評을 확인해 주게나."

"그야 대감께서 더 소상히 아시는 바가 아니겠습니까."

"이 사람아, 돌다리도 두들겨 본 후 건너고 아는 길도 물어가는 법이야.

세상에서 가장 어리석은 인간이 자기 아는 게 최고라고 거들먹거리는 놈일세. 풍수에 정답이 어디 있겠나. 욕심을 내려놓고 물탐物貪을 비워야 명경지수처럼 땅속이 드러나보이는 거지."

정만인은 대원군이 신풍神風인 줄은 일찍이 알고 있었지만 이미 선경에든 그의 경지에 새삼 경탄했다. 정만인이 풀어낸 해박한 풍수 비결은 이러하다.

풍수에서 자미원紫微垣(큰곰자리를 중심으로 170개의 별로 이루어진 별자리)은 북극 소웅좌 부근에 있는 명당이다. 오직 천제만이 소유하고 묻힐 수 있는 궁궐이나 왕릉 터로 전해오는 천하제일의 명당 이름이다. 자미원 물격物格을 빠짐없이 갖춘 길지를 자미원국紫微垣局이라 하는데 우리 한반도에서도 여러 곳이 입증되었다.

한반도의 낭림산맥은 평안북도로부터 흘러 강계 부근에 맨 처음 천시원국天市垣局을 형성해 놓았다. 그 맥이 묘향산으로 낙맥한 뒤 번신飜身하면서 평양 근교를 자미원국으로 결혈시켰다. 이 묘향산맥은 또 마식령 중추맥으로 이어지며 송도(개성) 일대에 다시 자미원국을 펼치니 만월대 궁궐터다.

이와는 달리 함경도 개마고원에서 내리뻗은 백두대간 정기가 토함산 지맥까지 연연출룡連連出龍해 돌출혈로 융기하니 신라 천년도읍지 경주 자미원국이다. 부산 금정산까지 연결되는 낙동정맥을 지칭한다. 또 하나의 자미원국은 백두산 정상에서 발원한 백두대간이 함경도 두류산을 거쳐 급강하하다 원산에서 갈라선다. 이 한북정맥 속기처束氣處에 혈장穴場을 맺으며 우뚝 서 용틀임한 대명당이 북악산 아래 경복궁 터다.

말없이 경청하던 흥선대원군도 고수 정만인의 숨겨진 내공에 내심 탄

흥선대원군의 둘째 아들 고종이 황제에 오른 뒤 그 은혜를 갚기 위해 지은 절이 바로 남연군 묘 건너편에 있는 오늘날의 보덕사다.

남연군 묘의 허약한 좌청룡을 비보하기 위해 세운 상가리 미륵불.

복했다. 그러나 대원군에게는 아버지 남연군 묘를 이장한 후 천자가 태어날 덕산 묏자리가 당장 더 화급했다. 술술 풀어내고 있는 정만인의 부아를 은근히 질렀다.

"자네는 안다는 게 겨우 양택지뿐이라던가. 그렇다면 이 땅에 음택지 자미원은 가당찮다는 말이렷다."

정만인이 깜짝 놀랐다. 나경을 들고 얼른 대원군 곁으로 다가섰다.

"아니올시다. 바로 대감이 점지한 이 자리가 황제 필출必出 자미원이로소이다. 임금 제帝 자 형국의 저 조산祖山(혈처 뒤의 먼 산) 산세와 온갖 귀봉들이 자리한 주변 국세가 그 증거이옵니다."

그러면서 이번에는 응축됐던 정만인의 비장 음택풍수 한수한수가 누에고치에서 명주실 풀리듯 연이어 되살아났다. 첫째, 음택 자미원 입구에는 해와 달을 상징하는 일월봉日月峰이 있어 물의 파구를 막아야 하니 곧 일월한문日月捍門이다. 둘째, 이 물 곁에 거북이나 물고기 형상의 구사봉龜蛇峰이 자리하니 화표거북이다. 셋째, 소와 기러기를 상징하는 금수봉禽獸峰에 물을 공급해야 상생할 수 있다. 넷째, 묘 앞 오방午方(남쪽)에는 좌룡우마의 용마봉龍馬峰이 받쳐줘 입궐을 대기해야 하고 다섯째, 북두칠성을 닮은 영험한 화표봉華表峰이 잡신의 근접을 막아야 최고의 길격이다.

대원군은 덕산면 상가리 입구부터 숨겨진 양 산복의 오격五格이 성만인의 입을 통해 재확인되자 이곳이 틀림없는 왕생지지임을 더욱 믿게 되었다. 이장할 명당에 올라선 대원군은 다시 한번 놀랐다. 웅엄장대한 산세가 거대 계곡으로 중첩돼 적이 넘볼 수 없는 난공불락 요새처럼 안온했다. 그러나 남연군을 이장할 혈처에는 가야사伽倻寺의 산신각 탑이 봉안돼 있었다.

516

대원군의 생각은 치밀하고도 용의주도했다. 예산 수덕사 본사本寺에서 대법회가 있다고 기별해 승려들이 절을 비운 사이 가야사에 불을 질렀다. 대원군은 기왕 폐허가 된 몹쓸 땅을 묏자리로 내주면 나중에 새 절을 지어 주겠노라고 약속했다. 훗날 홍선대원군의 둘째 아들 명복이 왕위(고종)에 오른 뒤 그 은혜를 갚기 위해 지은 절이 바로 남연군 묘 건너편에 있는 오늘날의 보덕사報德寺다.

억지춘향으로 천하명당을 얻어낸 대원군은 경기도 연천 남송정에 있는 남연군의 묘를 파묘해 예산까지 거창하고 화려한 상여로 이운移運했다. 몇 날 며칠을 여러 고을에 민폐를 끼칠 때마다 대원군은 하옥 대감의 친필 서한을 은근히 꺼내보였다. 안동 김씨 권문세가들도 홍선대원군이 소란피우며 이장하는 줄은 알았으나 "그까짓 홍선군이 뭘 알겠느냐"고 실소하며 방치했다. 마침내 남연군의 유골이 장지에 이르자 대원군은 정만인을 재촉했다.

"자네 재혈을 어찌 하겠는가. 천하에 둘도 없는 자미원이라도 유골을 모시는 재혈이 어긋나면 수포로 돌아가는 법일세."

"대감, 이 자리는 돌로 둘러싸인 석곽에 광중 자리에만 흙이 있는 석중지토혈石中之土穴이올시다. 당판에 놓인 저 옥새석을 보소서. 뒷날 소인을 괄시하시면 아니 되십니다."

곤향坤向(서에서 남으로 45도) 득수(물길이 들어옴)에 손향巽向(동에서 남으로 45도) 파수(물길이 나감)이니 좌향은 건좌乾坐(서에서 북으로 45도)손향巽向이라. 파수와 향이 똑같은 손향의 당문파(물길이 직선으로 나감)이긴 하나 남주작이 가로막아 후손 빌복에 크게 영향은 못미친다. 여기에 건(좌)과 곤(늑수)이 성배正配(바른 짝)를 이루니 풍수를 아는 지관치고 어느 누가 고개를 숙이지 않으랴. 주역에서 건乾은 하늘이고 아버지요, 곤坤은 땅이며 어머니다.

홍선대원군은 아버지 남연군의 묘(기념물 제80호)를 이장한 지 7년(1852)
만에 후일 고종황제가 되는 둘째 아들 명복을 얻었다.

이 묘를 잘못 건드려 역사에 끼친 파장은 필설로 형언키 어렵다. 고종
등극 후 독일 상인 오페르트와 천주교인들이 합세해 미수에 그친 남연군
묘 도굴사건으로 1만 명에 가까운 교인들이 형장의 이슬로 사라졌다. 섭
정 홍선대원군의 외국인에 대한 감정이 극도로 악화돼 국운을 가로막은
쇄국정치의 빌미를 제공하기도 했다.

조선을 강점한 일제는 순종 이후 또 다른 황제의 출현을 두려워한 나머
지 남연군 묘 뒤의 거대한 후룡맥을 완전히 절단해 놓았다. 남연군 묘 현
장에는 그 소행의 흔적이 역력히 남아 있다. 국내 풍수학인들은 물론 중국
일본 등 외국 풍수연구가들의 간산看山 행렬이 끊이지 않는 명당자리다.

남연군 이구 묘

남연군 이구 묘 는 경기도 연천에 있던 것을 지금의 위치로 이장한 것이다. 이곳은 가야사라는 절이 있던 곳으로, 무덤 자리에 탑이 서 있었다. 남연군 묘는 오페르트 도굴 사건으로도 유명하다. 1868년 독일인 에른스트 오페르트가 1866년 3월과 8월, 두 차례에 걸친 조선과의 통상교섭에 실패한 뒤 대원군과 통상문제를 흥정하기 위하여 천주교인들과 묘의 시체와 부장품을 도굴하려다 미수에 그친 사건이다. 이 일로 크게 분노한 흥선대원군은 쇄국정책을 강화하고 천주교 탄압을 가중시켰다.

남연군 이구 묘

남연군 이구 묘(충남기념물 제80호)는 충청남도 예산군 덕산면 상가리 산5-28번지에 위치해 있다.
대중교통을 이용할 경우 예산 버스터미널에서 삽교 · 덕산 · 고덕행을 타고 가야산 · 상가리
버스정류장에서 내린다.
자가용을 이용할 때는 덕산 면소재지를 지나 사거리에서 좌회전하면 나오는 좁은 길을 따라
해미 방향으로 가디 삼기리에서 좌회전한디.
문의: (041) 339-8930

흥선대원군의 이름은 이하응으로 남연군의 넷째 아들이다. 흥선대원군의
새옹지마로 반전되는 파란만장한 인생 역전극은 배경부터가 극적이기만
하다. 대원군은 '궁도령'으로 비칭하며 페인 취급을 당했다. 막장인생
흥선대원군이 임금보다 높은 대리섭정으로 삼천리강토를 호령하게 될 줄
꿈엔들 예견한 자 그 누구도 없었다.

흥선대원군

이하응 흥원

궁도령으로 스스로 몸을 낮추고
대리섭정으로 천하권력을 손에 쥐니

대원군은 왕조시대 임금을 탄출하긴 했으나 왕위에는 오르지 못한 금상의 생부에게 추존해 올린 존호이다. 조선 왕실에는 덕흥대원군(1530~1559·제14대 선조 생부)·전계대원군(?~1844·제25대 철종 생부)·흥선대원군(1820~1898·제26대 고종 생부)의 3대원군이 있다. 이 중 흥선대원군興宣大院君만이 유일하게 생존 당시 대원군의 존호를 받아 막강한 권력을 원 없이 휘두르다 바람처럼 사라졌다.

흥선대원군의 이름은 이하응李昰應으로 남연군의 넷째 아들이다. 남연군은 원래 인평대군(제16대 인조 3남) 6대손으로 왕위에 오를 내명부 서열과는 거리가 먼 촌수였다. 후사를 두지 못해 계자로 대를 이어오던 연령군(제21대 영조 아우) 혈계에 어느 날 갑자기 왕명에 따라 남연군이 적통 입적되었다. 존재조차 없던 왕손 하나가 느닷없이 영조의 증손자가 되며 대통 승계의 반열에 편적된 것이다. 이래서 흥선대원군(이하 대원군으로 약칭)의 새옹지마로 반전되는 파란만장한 인생 역전극은 탄생 배경부터가 극적이기만 하다.

대원군의 성장기 때, 왕실 내명부 여인들 사이는 살벌한 긴장국면이었다. 시어머니 순원왕후와 며느리의 문중 간 앙숙대결로 궐내에는 항상 일촉즉발 전운이 감돌았다. 이 권력의 틈새에 조 대비·대원군·조성하가 주역으로 부상하며 역사의 수레바퀴를 송두리째 바꿔놓고 만다.

이들 3인방에겐 안동 김씨가 원수였다. 그들은 세도정권 붕괴를 위해 치밀한 공조를 계획했다. 조 대비는 지략과 둔갑술에 능한 대원군 같은 책사가 절실했고, 대원군에게는 조 대비와 연결할 조성하처럼 날렵하고 눈치 빠른 하수인이 천군만마였다.

세간에서 흔히 '대원위 대감'으로 불렸던 대원군은 남연군과 부인 여흥 민씨의 막내로 12세(어머니), 17세(아버지) 때 양친을 여윈 사고무친四顧無親 낙박왕손이다. 21세(1841)에 흥선정興宣正(종친 작위)이 되었고 2년 뒤 흥선군에 봉해졌다. 26세에 비로소 수릉(추존 문조익황제릉·조 대비 남편) 천장도감의 대존관代尊官이란 한직 벼슬에 봉직하며 후일 천하를 도모하게 되는 조 대비와 첫 대면을 한다. 초면에 인물됨을 알아챈 조 대비가 대원군에게 하문했다.

"흥선군은 대세를 어찌 보며, 한낮의 태양이 두려운가."

"대비마마, 아뢰옵기 황공하옵니다만 작금은 잠룡기潛龍期이온지라 개돼지 꼴이 되어서라도 죽지 않고 살아남아야 하옵니다."

이후 조 대비와 대원군은 조성하를 연락책으로 궐내 동태와 민심 판도를 수시 교환키로 은밀히 내약한 뒤 와신상담에 들어갔다. 여걸 장부 조 대비의 밀약 보장을 얻어낸 대원군은 돌변했다. 하루아침에 집안 살림을 내팽개치고 건달 천희연, 하정일, 장순규, 안필주 등과 몰려다니며 못된 짓만 골라 행패를 부렸다. 시정에선 이들의 성을 따 '천하장안'이라 겁냈고 대원군은 '궁도령'으로 비칭하며 폐인 취급을 당했다.

안동 김씨 세도정치가 절정이던 철종 재위 시의 어느 해 이른 봄날. 서울 장안의 최고 요릿집에 전갈이 왔다. 대사헌 영초 김병학(1821~1879)이 당대 권신들을 초청해 근사하게 대접한다는 사전 예약이었다. 요릿집 여주인은 안달이 났다. 빈객들이 오기로 한 날, 꽃 같은 기생들을 곱게 단장시켜 대기시킨 뒤 상다리가 휘도록 차려놓고 기다렸다. 귀빈들이 착좌하여 술판이 시작될 무렵, 난데없이 흥선대원군이 나타나 좌중에 호언했다. 누구 옷을 몰래 걸쳤는지 이날따라 매무새도 단정했다.

"그간 대감들께 신세만 지고 심려만 끼쳐드려 송구했소이다. 오늘은 은혜도 갚을 겸 소인 흥선이가 큰맘 먹고 마련한 주석이오니 아무 근심마시고 양껏 즐기시지요. 무릉도원에 주지육림이 따로 있겠소이까. 허허허."

언중유골의 일갈이었다. 합석한 고관대작들은 파락호 흥선이가 내는 술이라는 게 언짢고 자존심은 상했지만 자고로 공술에는 원수지간도 마주앉는다 했다. 진귀한 산해진미와 요화妖花들의 간드러진 교성으로 금세 희희낙락해졌지만 대원군 곁에는 어느 기생도 동석하지 않았다. 여주인이 강권해도 걸인만도 못한 적수공권의 건달을 시중들다 망신당할 자 아무도 없었다. 이때 초선이가 자진해 나섰다.

흥청대던 술자리가 파해 권신들이 먼저 귀가하고 대원군도 나서려 하자 여주인이 막아섰다. 술값과 화대로 시비가 붙자 대원군은 "나도 영초대감 초대받아 온 귀하신 몸"이라고 딱 잡아뗐다. 이 모두가 조영하를 시켜

524

대원군이 획책한 일임을 뒤늦게 안 여주인은 대원군을 골방에 잡아 가뒀다. 여주인은 초선이에게 평생을 벌어 갚으라며 노발대발하더니 울고 있는 초선이까지 차디찬 냉골에 밀어넣었다.

이처럼 권력에 빌붙어 나랏돈을 우려먹는 흡혈귀를 찾아 골탕 먹이는 백수건달 대원군도 집에 가면 근엄한 엄부嚴父로 표변했다. 덕산의 2대 천자지지에 아버지 묘를 이장한 후 7년(1852) 뒤 태어난 둘째 아들 명복(고종 황제 아명)을 앉혀놓고 엄혹한 왕도교육을 시켰다. 왕실용어·도보법·용상 정좌법은 물론 대신들을 꾸짖는 옥음의 광폭까지 소홀함이 없었다.

대원군은 서울 장안 상갓집이나 잔칫날을 귀신같이 알아내 염치 불구하고 찾아가 걸식했다. 특히 안동 김씨 초상집이나 제삿날은 맨 먼저 찾아가 구석 자리를 차지하고 앉았다. 공밥에 공술로 얼근히 취한 '궁도령'이 당대 최고 권력자들에게 수작을 걸어 망신을 자청했다.

"헤헤 대감, 그 술상에 남은 술을 소인 흥선이가 치우면 안되겠소이까."

세도가들은 낄낄대고 조롱하며 있는 술을 퍼 먹였다. 그리고는 만취해 비틀대는 대원군을 향해 식은 전 조각에 침을 뱉어 내던졌다. 대원군은 엎드려 기어가 침 묻은 전을 집어들고 헤진 도포자락에 쓱쓱 닦아 게걸스럽게 먹어 댔다. 술상을 나르던 동네 머슴들조차 혀를 찼다.

"쯧쯧, 저게 무슨 왕손이야. 상갓집 개 같으니라구."

인간심사에 철심이 박히고 한이 응어리지면 그까짓 수모와 체면이 무슨 대수이겠는가. 그 길로 대원군은 조성하 집을 찾았다. 조금 전까지 흐느적거리며 망가졌던 '상갓집 개'가 아니었다. 그의 안광은 푸르게 번득였고 굳게 다문 입가엔 냉소가 흘렀다. 이때 조성하는 조 대비의 명으로 궐내 안팎을 무상출입하고 있었다.

"근자 금상의 용태는 어떠하시다던가."

"대감, 오늘 아침 조례를 받으러 용상에 오르시다 넘어지셨다 합니다. 수라상도 마다한 채 후궁 침소에만 드신다 하옵니다."

"대비마마께 바로 아뢰도록 하여라. 흥선이가 주역 괘를 짚어보니 금상의 명운이 이미 쇠진해 후사를 대비해야 하실 때라고. 유고 시에는 옥새부터 챙겨야 후환이 없을 것임도 말이다."

풍수와 주역에 달통했던 대원군의 예언대로 얼마 후 주상이 돌연 세상을 떠났다. 제25대 철종이 재위 14년(1863) 만에 보령 33세로 승하한 것이다.

경천동지로 크게 당황한 건 안동 김씨 권신들이었다. 세도권력의 핵심 축이었던 순원왕후가 훙서한 지도 오래였고, 당시 왕실의 최고 어른은 조 대비인 데다 어보조차 그녀의 품에 있었다. 이 사태를 대비하지 못하고 방심하였음에 땅을 쳤지만 이미 때는 늦었다. 조 대비 전에 시립해 있던 조정 권신 중 원로대신 정원용이 무거운 침묵을 깨고 아뢰었다.

"대비마마, 흥선군의 둘째 아들 명복命福을 익성군翼成君으로 봉하여 익종대왕(추존 문조익황제)의 대통을 계승토록 하시옵소서."

안동 김씨 권신들이 일제히 들고 나서 부당함을 고하려 했으나 조 대비의 옥음이 훨씬 빨랐다.

"내 경들의 하나된 뜻을 가납해 체납토록 하겠소. 바삐 서둘러 전례범절을 갖춘 뒤 익성군을 보좌에 오르게 하라."

이어지는 조 대비의 또 다른 윤음은 삼천리 강토를 가르는 뇌성벽력과 같은 충격이었다. 음성은 가늘게 떨렸으나 서릿발보다도 찼다.

묘역이 불확실한 선조를 봉안한 대원군 가계의 선조 묘단.

생사여탈권을 양손에 쥔 대원군은 부패 권신들을
무자비하게 숙청했다. 지난 60년 세월 가렴주구로
백성들을 수탈하며 피골마저 상접케 한 세도정권을
단박에 날려 버렸다. 강산을 피멍들게 한
동인·서인·남인·북인·노론·소론·벽파·시파를
초월해 신분차별 없이 인재를 등용하고
국가재정 낭비와 당쟁요인을 과감히 혁파했다.

"주상의 보령 12세로 유충하니 홍선군을 대원군으로 봉해 대리섭정토록 할 것이니 경들은 그리들 아오."

이제부터 대원군의 말 한마디는 곧 어명이었다. 어제까지의 '궁도령', '상갓집 개'가 임금보다 더한 지위에 오른 것이다. 그의 나이 44세였다.

영웅호걸이나 걸식빈객도 무심한 세월이야 어쩌지 못하는 법. 막장 인생 홍선대원군이 임금보다 높은 대리섭정으로 삼천리 강토를 호령하게 될 줄 꿈엔들 예견한 자 그 누구도 없었다.

철종의 돌연 승하(1863)로 대원군의 어린 아들(고종 · 12세)이 보위에 오르자 천하권력이 그의 손아귀에 들어간 것이다.

생사여탈권을 양손에 쥔 대원군은 부패권신들을 무자비하게 숙청했다. 지난 60년 세월 가렴주구로 백성들을 수탈하며 피골마저 상접케 한 세도정권을 단박에 날려 버렸다. 부패관리들을 적발해 직위고하를 막론하고 파직시켜 유배 보낸 뒤 당파정치의 온상이었던 전국 550여 개 서원 중 사액서원(임금이 이름을 지어 친필 편액을 내린 서원) 47개만 남기고 모조리 훼철시켰다. 강산을 피멍들게 한 동인 · 서인 · 남인 · 북인 · 노론 · 소론 · 벽파 · 시파를 초월해 신분차별 없이 인재를 등용하고 국가재정 낭비와 당쟁요인을 과감히 혁파했다.

백성들은 열광했다. 암울한 산하에 새날이 왔다고 남녀노소, 부귀빈천 가릴 것 없이 서로 얼싸안고 춤을 추었다. 천우신조였음인지 하늘에선 슬픔과 한을 씻는 세한우洗恨雨가 내려 풍년이었고, 기근과 역병도 물러가 바야흐로 개벽세상이었다. 만백성의 지지와 성원을 등에 업은 대원군의 정치개혁은 엄청난 가속이 붙었다. 『육전조례』와 『대전회통』의 간행으로 엄격한 법률제도를 마련한 뒤 중앙집권적 권력기반을 확고히 다졌다. 무너졌던 강상綱常이 회복되고 추락했던 왕권이 복귀된 것이다.

　기득권 세력의 목숨을 건 저항이 거셌으나 대원군은 한 치도 물러서지 않았다. 비변사 폐지 후 의정부와 삼군부를 통한 행정권·군사권의 분리, 사창社倉 설립으로 조세운반 시 조작되는 지방관리의 부정 근절, 토색討索·주구誅求에 혈안이 된 탐관오리 색출, 과감한 세제개혁으로 양반·토호·상인 차별없이 균등한 세금징수, 무명잡세와 진상제도 철폐, 사회악습 개량 및 복색 간소화, 사치와 낭비엄금, 은광산 개발허용 등, 이 모두가 일조일석에 이뤄낸 대원군의 치적이다. 시정에선 대원위대감이 '궁도령'과 '상갓집 개' 행세하며 민초들과 살을 섞은 덕분이라고 찬탄했다.

　이즈음 대원군에겐 야인시절부터 꿈꿔왔던 대원大願이 있었다. 임진왜란 당시 병화로 소실돼 긴 세월 공터로 남아 있는 경복궁의 중건이었다. 왕실의 위엄을 되찾고, 강력한 왕권 과시를 위해서도 급선무라고 판단했다. 대원군은 주저 없이 착수했다. 부족한 재정은 '스스로 원해서 낸다'는 명목의 원납전願納錢을 거둬 충당했다. 처음엔 대원군에게 제수받은 고관대작들이 자진 납부했고, 뒤이어 새 집정세력에게 몰락당한 수구세력들도 복귀를 노리고 앞다퉈 동참했다. 이래도 재원고갈에 허덕이자 대원군은 한양 4대문을 가로막아 통과세를 강제 징수했고, 원납전을 내는 상놈과 백정에게도 서슴없이 벼슬길을 터줬다.

　어느새 백성들의 신망은 원망으로 변해 버렸다. 설상가상으로 당시 한반도를 둘러싼 열강들의 각축으로 국제정세마저 대원군을 압박했다. 고종 3년(1866) 대동강에서의 미군함 제너럴 셔먼호 소각사건, 같은 해 강화 정족산성의 프랑스군 침범으로 일어난 병인양요, 강화 광성보에서 미 해군

초선이 머리를 깎고 비구니로 살았던 관음암.

세상만사가 허망해져 탈진한 대원군의 마음에 어느 날
갑자기 초선이가 생각났다. 덕산 남연군 묘 앞 관음암이란
암자에서 비구니가 되어 있는 그녀와 마주했다.
"초선아, 이 몹쓸 흥선이에 남은 건 오직 너뿐이로구나."
며칠 후 귀경한 대원군은 전신이 불덩이처럼 끓더니
곡기가 끊어졌다.

의 침략으로 야기된 신미양요(1871), 남연군 묘 도굴미수 사건에서 발단된 천주교인 도륙사건 등, 연이은 국제 현안들은 난세의 뛰어난 정략가 대원군을 사면초가로 몰아넣었다.

대원군은 일생일대 돌이킬 수 없는 또 하나의 실수를 자초하고 말았다. 며느리를 잘못 들인 것이다. 세도권세에 신물이 난 대원군이 고심 끝에 간택한 이가 명성황후 여흥 민씨다. 이로 인해 남연군·대원군·고종황제 3대는 여흥 민씨와 외척으로 맺어지는 운명적 인연을 갖게 된다. 문정왕후·정순왕후·순원왕후와 함께 조선조 4대 악후惡后로 손꼽히는 명성황후와 대원군의 만남은 청사에 유례없는 악연으로 사학계가 지목한다. 결국 시아버지·며느리 간 불구대천의 앙숙대결은 5백 년 종묘사직을 붕괴시키고 망국의 함정으로 빠져들게 했다.

이후 전개되는 대원군의 행적과 고초는 아들 고종황제 치세기간과 30여 년이나 겹친다. 어느새 조선반도는 중국·일본·러시아 3국 간 전쟁터로 일진일퇴와 사태역전을 거듭했다. 이 국난의 중심에 항상 대원군과 민비가 자리했고, 급기야 대원군은 청나라 바오딩保定에 볼모로 잡혀가 4년이란 세월을 유폐된 채 천추의 한을 씹었다. 종국엔 국모조차 일인 자객에 난도질당하고 시신조차 훼손되는 국치를 겪어야 했다.

세상만사가 허망해져 탈진한 대원군의 마음에 어느 날 갑자기 초선이가 생각났다. 덕산 남연군 묘 앞 관음암이란 암자에 비구니가 되어 있는 그녀와 마주했다.

"초선아, 이 몹쓸 흥선이에게 남은 건 오직 너뿐이로구나."

며칠 후 귀경한 대원군은 전신이 불덩이처럼 끓더니 광무 2년(1898) 2월

2일 숨이 멎었다. 79세였다. 시와 서화에 능하고 특히 난초를 잘 쳤던 대원군은 서세하기 전 국태공저하로 진봉된 뒤 광무 11년(1907) 대원왕大院王으로 추봉되었다. 시호는 헌의獻懿, 자는 시백時伯, 호는 석파石坡였다.

불세출의 걸인 대원군은 죽어서도 수난이었다. 광무 2년(1898) 경기도 고양군 공덕리에 부인 여흥 민씨와 초장됐다가 1908년 경기도 파주군 운천면 대덕동으로 이장되었다. 그 후 58년이 지난 1966년 6월 16일 현재의 경기도 남양주시 화도읍 창현리 산록에 유좌묘향(정동향)으로 다시 천장된 뒤 경기도기념물 제48호로 지정됐다. 용맥이 스쳐 지나가는 과협으로 유골이 뒤숭숭할 자리다.

인간이 살아서 누린 부귀와 권세가 죽어서까지 이어진다면 생자生者와 사자死者 모두 질식하고 말 것이다. 대원군의 흥원興園은 그 현장이다.

흥선대원군 흥원 은 고양군 공덕리에 부인 여흥 민씨와 초장되었던 것을 1906년 파주군 대덕리로 옮겼으며, 1966년 6월에 현재의 위치로 다시 옮겼다. 묘 주위에는 돌담이 둘러져 있고, 묘역은 2단으로 나누어 만들었다. 상단에는 둘레석을 두른 봉분과 제물을 올려 제사를 지내기 위한 상석이 있고, 하단에는 멀리서도 무덤이 있음을 알 수 있게 해주는 망주석과 문인석 등의 석물이 갖추어져 있다. 묘역 안에서 신도비나 봉분 앞뒤로 세우는 묘비, 묘갈 등의 비석을 찾을 수 없는 것이 특이하다.

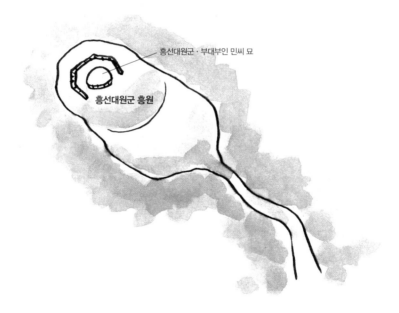

흥선대원군 · 부대부인 민씨 묘

흥선대원군 흥원

흥선대원군 흥원(경기기념물 제48호)은 경기 남양주시 화도읍 창현리 산22-2번지에 있다.
지하철을 이용할 때는 경춘선 마석역에서 도보로 이동이 가능하다.
버스는 30, 330-1, 765, 1330-5번을 타고 산성마을 입구에서 내린다.
자가용을 이용할 때는 마석사거리에서 춘천 방향으로 가면 우측에 이정표가 보인다.
문의: (031) 590-2064

고종황제는 사실상 조선왕조의 마지막 군주다. 1907년 6월 헤이그 밀사사건이 무산된 뒤 일제는 고종을 강제 퇴위시키고 같은 해 7월 아들 순종을 등극시켰다. 그러나 이미 내정, 군사, 외교권을 빼앗긴 뒤여서 통치행위가 불가능했다. 이때부터 권력·부유·식자층이 동요하며 조선 역사는 굴절·왜곡되고 결국 망국을 자초하고 만다.

고종황제

홍릉

망국의 폐주 신세로
5백 년 조선의 패망을 눈뜨고 지켜보니

1863년 12월 8일. 제25대 철종이 후사 없이 돌연 승하하자 조정 안이 발칵 뒤집혔다. 제26대 옥좌에 과연 누가 오를 것인가. 그 당시 모든 결정권은 왕실의 수장인 익종 비 신정왕후(조 대비)가 쥐고 있었다. 효명세자의 대리청정 시절, 숱한 의혹을 남긴 세자의 갑작스런 의문사로 시어머니 순원왕후와 원수지간이 된 조 대비는 이때만을 고대하고 있었다. 그녀의 윤지는 곧 국법이었다.

"흥선군 이하응의 둘째 아들 명복을 익성군으로 봉해 익종대왕의 양자로 입승대통入承大統케 하라."

안동 김씨 세도가를 비롯한 다른 권신들에게는 청천벽력 같은 소리였다. 조정 안팎이 일순간에 의표를 찔린 것이다. 권신들 모두 이 위기를 제압하지 못하면 다음 수순이 궤멸임은 자명했다. 이판사판, 죽기를 작정하고 대들었다.

"대비마마, 익성군이 익종대왕의 법통을 승계한다면 헌묘憲廟(제24대 헌종)와 대행大行(예장하기 전의 임금 신분·철종)마마는 어찌 종묘에 봉안하오리까. 부디 총명을 밝혀 통촉하시옵소서."

정면도전이었다. 헌종은 형이 되고 철종은 아저씨 항렬인데 어떻게 한 묘(廟)를 건너뛰어 익성군이 보좌에 등극할 수 있느냐는 항명이었다. 여기서 밀리면 조 대비도 속수무책, 피차가 단애절벽의 기로였다. 그러나 조 대비의 윤음은 단호했다.

"아우가 형에게 절하고 질항姪行(조카)이 숙항叔行(아저씨)에게 예를 표함은 천륜법도가 아니겠소. 경들도 알다시피 대행이 헌묘에 복배伏拜하고 입사入嗣해야 하는 만고의 역보가 오히려 천지궤변이고 꿈만 같소이다. 모두 입들 닥치시오."

세도 권신들에겐 자신들이 저지른 자업자득의 외통수였다. 또 다른 대신이 나서 주청하려 했으나 조 대비의 표독스런 안광 살기가 좌중을 압도했다. 23세에 과부가 된 후 33년을 청상으로 와신상담하며 56세의 초로初老가 된 여인의 한에 누구 하나 대항치 못했다.

"나라를 전하는 법통을 논한다면 정조, 순조, 익종, 헌종 4대는 아버지에서 아들로 승통돼 정법이오. 그런데 대행(철종)은 헌종의 아저씨로 순조의 계자가 돼 입후入後되니 하늘과 땅이 전복됐소. 고매한 경들은 그대 가묘家廟에 가 죽은 아들에게 절할 수 있겠소이까. 따라서 익성군은 익종의 둘째 아들로 입승되었으니 헌종은 황형皇兄이 되며 대행은 황숙고皇叔考가 되는 것이오. 어찌 여기에 두 개의 법통이 있다는 의심이 있을 것인가."

익성군이 곧 제26대 고종황제高宗皇帝(1852~1919)다. 고종의 혈계는 사학자들조차 혼돈될 지경으로 복잡하다. 생가 혈통으로는 인평대군(제16대 인조의 3남) 8대손으로 남연군의 친손자며 흥선대원군의 둘째 아들이나, 입양 혈계는 사도세자의 고손자로 제22대 정조에게는 증손자 항렬이 된다. 사가에서도 일단 양자를 보내면 친부 족보에서 할보割譜(족보에서 지워짐)돼 버려 친형제 간에도 한 촌수를 달리 계촌計寸하는 법이다.

제26대 임금 고종황제는 사실상 조선왕조의 마지막 군주다. 1907년 6월 헤이그 밀사사건이 무산된 뒤 일제는 고종을 강제 퇴위시키고 같은 해 7월 아들 순종을 등극시켰다. 그러나 이미 내정·군사·외교권을 빼앗긴 뒤여서 통치행위가 불가능했다. 이때부터 권력·부유·식자층이 동요하며 조선 역사는 굴절·왜곡되고 결국 망국을 자초하고 만다.

12살의 고종은 용상에 오르면서 양어머니인 조 대비의 조종을 받다가 곧바로 대리섭정이 된 아버지 흥선대원군이 시키는 대로 좇았다. 이때까지만 해도 고종은 대원군의 말을 잘 듣는 착한 임금이었다. 이성에 눈떠가던 고종은 궁녀 이씨(귀인 이씨)를 총애했다. 조 대비와 대원군은 중전 간택을 서둘렀다. 대원군 부인 민씨가 친정 조카뻘 되는 여성부원군 여흥 민씨 민치록의 딸 민정호閔貞鎬를 천거했다. 고종보다 한 살 위였다.

안동 김씨 60년 세도에 몸서리친 대원군은 부인 소청을 가납해 민씨를 왕비로 간택했다. 곧 명성황후明成皇后 민비(1851~1895)다. 경기도 여주 산골의 영락양반(세력이나 살림이 줄어든 양반)의 여식으로 9세 때 모친을 잃고 고아나 진배없이 자란 사고무친의 환경이 대원군을 솔깃케 했다.

누군들 열 길 물속은 알아도 한 길 사람 속을 알겠는가. 수모와 간난艱難을 극복하며 처절하게 살아온 대원군이 자초한 일생일대 최악의 실수였다. 대원군과 민비 간 대결은 우연찮게 발단됐다.

고종 3년(1866) 민씨를 정비로 맞이한 고종은 인물 없고 영악스런 민비를 멀리했다. 이 틈새에 귀인 이씨가 완화군을 낳자 대원군은 세자 책봉을 서두르려 했다. 며느리 민비는 삭신을 부들부들 떨며 시아버지 대원군을 증오했다. 억겁을 환생해도 풀지 못할 이 구부舅婦 간 앙숙 대결은 마침내 5백 년 조선왕조를 문 닫게 했다.

섭정 10년째 되던 해인 1873년, 호조참판 면암 최익현(1833~1906)이 명석 위에 날선 도끼를 놓고 대원군에게 상소했다. 주청이 가납되지 않으면 도끼로 목을 쳐 달라는 사생결단이었다.

"이제 주상의 보령 22세로 천하를 도모할 시기이니 당장 섭정에서 물러나 친정케 하소서."

이때 면암은 목청을 높여 대원군을 질타했고 죽음을 각오한 막말 언사를 거침없이 구사했다. 기습당한 대원군은 여지없이 실각했다. 며느리 민비와 여흥 민씨 세도권력에 의한 계략임을 뒤늦게 안 대원군은 천지신명을 원망했다. 초로(54세)에 든 그는 극단적 복수를 다짐하며 일보 후퇴했다. 그러나 대세는 이미 기울었다. 능수능란한 민비의 이면 공작으로 대원군과 생사고락을 함께 했던 조 대비, 조성하, 원로대신, 아들(재면)까지 등을 돌린 뒤였다.

고종은 마누라와 앙숙이 된 아버지를 내치고 부자의 인연을 단절함으로써 불효했다. 임종(1898)이 가까워진 대원군이 시종을 불러 꺼져가는 목소리로 읍소했다.

"속히 주상을 모셔오도록 하여라. 내가 이승을 하직하기 전 마지막으로 내 뼈를 깎아 용상에 올린 임금을 보고 싶구나."

그러나 고종은 끝내 아버지를 찾지 않았다. 뒷날 고종은 크게 후회했다. 이태왕 신분으로 덕수궁에 은폐돼 감금생활을 하며 비로소 아버지의 처지

명성왕후가 시해된 건청궁 앞의 향원정.

정병하·조희연 등이 일본 낭인과 공모한 을미사변은 경복궁 내 건청궁 곤녕합에서 잠자던 황후를 기습해 난도질하고 차마 필설로 형용 못할 금수만행을 자행했다.

를 체휼하고 통곡했다.

이후 조선 천지는 민비의 세상이 되었다. 주마가편走馬加鞭으로 안하무인이 된 민비는 즉각 여흥 민씨 척족정권을 수립하고 내정은 물론 통제불능한 무소불위의 전권을 가차없이 휘둘렀다. 왕조 역사상 내명부의 수장인 중전이 외교권까지 행사하긴 민비가 사상 초유이다.

고종은 꼭두각시였고 조정의 권력구도는 대추나무에 연 줄 걸리듯 뒤엉겼다. 진정수구당과 친일개화당이 사사건건 대립했고 친러 세력들은 틈만 나면 물고 늘어졌다. 마침내 이 땅에서 청국과 일본(1894), 러시아와 일본(1904) 간의 대리전쟁이 발발했다. 조선 반도를 독차지하기 위해 남의 나라에서 전쟁을 벌인 것이다.

조선은 급변하는 중국·일본·러시아 등의 동북아 국제정세에 둔감했다. 세계 관문을 봉쇄하여 조선 민족끼리만 살면 무사할 줄 알았다. 안동 김씨 세도정권이 무너지고 대항마로 들어선 여흥 민씨 척족 권력은 수려한 삼천리 강산을 망국의 낙조로 물들였다. 일관성 없이 갈팡질팡하는 외교노선은 외세 개입의 명분이 되었다. 청나라의 속국으로 간섭을 받아오다 친일파·친러파로 갈리더니 어느새 이 땅은 3국 군의 각축장으로 변해버린 것이다.

미국이 필리핀에서 우월권을 갖는 대신 일본의 조선 지배를 용인키로 한 가쓰라·태프트 협정(1905)을 조인한 사실도 모르고 우리 조정은 내부 분열만 거듭했다. 영국은 청·일·러의 세력 균형을 유지시킨다는 명분으로 남해안 거문도를 점령(1885)해 신주하고, 프랑스는 강화 정족산성을 침략(1866·병인양요)한 뒤 귀중한 문화재를 수없이 약탈해 갔다.

이즈음(1866) 독일 상인 오페르트는 프랑스 페롱 신부와 공모해 덕산 남연군의 묘를 도굴하려다 미수에 그쳤다. 남연군은 흥선대원군의 생부로 고종의 친할아버지다. 이들의 만행은 조상숭배가 사회덕목이었던 당시 조선사회를 송두리째 뒤흔들었고, 섭정으로 실권자였던 대원군을 격노케 했다. 국내 천주교인이 가담한 이 사건은 대원군의 쇄국정치의 빌미가 됐고 1만 명 가까운 교인의 희생을 불러왔다. 곳곳에 척화비가 세워지고 국운이 막혀 버렸다.

조선의 지배권을 일본에 양보하고 필리핀을 독점한 미국은 고종 21년(1884) 장로교 · 감리교 선교사를 이 땅에 파견해 개신교를 상륙시켰다. 교육 · 의료 분야로 국한됐던 선교 영역이 민생 전반으로 확대되며 교회 세력은 요원의 불길처럼 급속히 전파됐다. 일본의 천리교와 일련정종 계열의 불교들도 틈새를 파고들어 기댈 곳 없는 민초들을 사분오열시켰다. 이 같은 외래 종교에 대한 대응으로 태동한 민족종교가 천도교에 이은 증산교와 원불교 등이다.

이런 환난 중에도 이재선(고종의 이복형)을 새 국왕으로 옹립하려 한 국왕 폐립 음모사건, 이준용(대원군 손자)이 동학군과 내통해 고종을 시해하려 한 괴변, 현역 · 퇴역 군인을 동원한 안경기의 양위음모 획책 미수, 유배지에서 시도한 안홍류의 독다毒茶 사건 등으로 고종은 수없이 죽을 고비를 넘겨야 했다.

이 와중에 일인 자객에 의해 명성황후가 무참히 시해됐다. 고종은 조정 대신들을 불신하고 외국인들은 기피했다. 유길준 · 정병하 · 조희연 등이 일본 낭인과 공모한 을미사변은 당시 조선 민중을 격분케 했다. 이 망종亡種들은 경복궁 내 건청궁 곤녕합坤寧閤에서 잠자던 황후를 기습해 난도질하고 시신을 시간屍姦하는 등 차마 필설로 형용 못할 금수만행을 자행했다. 그리고는 주검 위에 기름을 붓고 불을 질러 소각했다. 이래서 홍릉 합폄릉은 오늘날까지도 황후의 시신이 없는 사실상의 고종황제 단릉이다.

이런 시국에도 권력세도가 · 식자층 · 가진 자들은 몸을 사리고 무기력했으나 민중들의 저항은 거셌다. 백범 김구(1876~1949)는 안악 치하포에서 쓰치다土田 일군을 낫으로 살해하여 일본인의 간담을 서늘케 했다. 고부 군수 조병갑의 피말리는 가렴주구로 촉발된 동학민란(1894)은 급기야 대對 일전쟁으로 확전돼 내전 양상을 띠기도 했다.

한편 청일 러일 두 전쟁에서 승리한 일본은 기고만장했다. 메이지明治 일왕이 즉위(1868)하며 과감한 유신정책으로 서양문명을 흡수한 일본은 조선의 갑오경장(1894)을 통해 조선 문물을 개혁하려 했다. 연호를 건양建陽 (1896)으로 정해 음력 사용을 금지시키고 양력을 쓰게 했으나 실효를 거두지 못했다.

일본의 계책은 더욱 앞서 나갔다. 조선에서 우위권을 장악한 그들은 조선과 청국을 갈라놓는 데 혈안이 됐다. 국호를 대한제국大韓帝國으로 고치고 광무光武라는 연호를 새로 쓰도록 도왔다. 연호는 황제국 천자만이 사용할 수 있는 것이다. 앞서의 건양 연호는 연력年曆을 표시하기 위한 것이어서 광무와는 전혀 다른 것이다.

이해(광무 1년 · 1897) 가을, 고종은 대한제국 황제위位에 새로 등극했고 적색 곤룡포를 황금색 용포龍袍로 바꿔 입었다. 당시까지 중국은 중원 천자만 황색을 착용하고 제후국 군주에겐 다른 색을 입도록 했다. 이때부터 조선의 임금 고종은 고종황제가 되었다. 내실 여부 판단이야 사가들 의 몫이고 이후부터 고종은 청국의 윤허 없이 선대왕을 황제로 추존했다. 개국 창업왕 태조를 고황제로 추봉한 뒤 4대왕(계대로는 4대이나 동일 항렬이 있어 실제로는 7왕) 철종, 헌종, 문조, 순조, 정조, 장조, 진종도 황제위로 올렸다. 전주 건지산에 있는 시조 사공공 묘에 조경단壇을 설치하고 강원도 삼척 장군공公 이양무(태조고황제 5대조) 묘에는 준경묘濬慶廟를 세웠다. 모두 황제가 아니고선 불가능한 치적들이다.

또한 정비 손(대군)이 아닌 철종을 철조哲祖로 개묘하려 했으나 시행하지 못했다. 자신도 정비 혈통이 아니어서 법통상 심각한 하자가 발생하게 되고, 국권마저 일본에 넘어간 뒤인지라 몰락왕조의 묘호廟號에 신경쓸 대신조차 없었기 때문이다. 이런 연유로 오늘날까지 철종과 고종이 조祖가 아닌 종宗으로 불리게 되는 까닭이다. 그러나 순종은 명성황후 정비의 왕자여서 조선왕조가 지속됐더라도 종으로 회자됨이 마땅하다. 비명에 간 민비도 명성황후로 추책했다.

1907년 7월 20일. 헤이그 밀사사건의 책임을 물어 고종을 강제 퇴위시키려는 어전회의가 열렸다. 모두 친일파 주구들을 앞세워 일제가 꾸민 협박 공갈장이었다. 매국노 이완용(1858~1926)이 고성을 내지르며 당장 용상에서 내려오라고 고종황제를 향해 삿대질을 했다. 조정을 가득 메운 망종 대신들에게 고종이 탄식했다.

"듣거라. 인간 수명은 유한한 것이어서 언젠가는 죽는 것이로다. 국록으로 살아온 경들이 왜 하필 앞장서 나라를 망치려는고. 두고 보거라. 장차 그대들 자손들이 살아갈 세월이 막막할 것이로다."

광무 11년(1907·순종이 이해 7월 20일 등극해 융희 1년과 중복) 아들이 황제위에

544

홍릉 앞 연못. 홍릉은 동에서 남으로 15도 기운 을좌신향의 능침으로 을미사변 때 시해당한 명성황후와 합폄으로 안장돼 있다.

홍릉은 황제릉으로 상설의 규모가 장대하다.

오르며 태황제太皇帝로 강제 퇴위당한 뒤 망국(경술국치)에 이르러 이태왕李 太王이 되는 수모가 겹쳤다. 순종황제 역시 이왕李王으로 격하된 채 창덕궁 대조전에 감금시켜 부자 간 상면조차 불가능한 위리안치 신세나 다름없었다. 일국을 통치하던 제왕 부자가 외세 개입으로 이 꼴이 된 것이다.

"태황제 폐하, 아뢰옵기 황공하오나 윤비 마마가 품고 있던 옥새를 난신적자 윤덕영이 억지로 강탈해 한·일 합방 조약문서는 끝내 조인되고 말았다 하옵니다."

융희 4년(1910 · 경술) 8월 29일. 고종은 절망했다. 윤덕영(1873~1940)이라면 금상(순종)의 계비 해평 윤씨의 백부가 아니던가. 시종의 읍소가 아니더라도 이완용, 송병준 등 만고 역신들의 망국소행으로 나라꼴이 이 지경이 된 건 벽지 촌부들조차 훤히 알고 있는 처사였다. 고종은 눈을 감았다.

어디 망국에 가담한 매국노들이 이 자들 뿐이던가. 안동 김씨 60년 세도보다 더한 척족(여흥 민씨)들의 문벌 독재, 가깝게는 왕손들인 전주 이씨마저 분열해 대한제국이 침몰한 생각을 하니 모골이 송연해졌다. 고종은 두 주먹을 불끈 쥐었다.

"내 비록 망국의 폐주 신세다만 그대들의 비참한 말로를 지켜볼 것이로다. 어찌 네 한 몸 일신 영달을 위해 지조를 훼절하고 청사에 씻지 못할 죄인이 된단 말인고. 당대의 죄과는 자손만대로 이어져 네 놈들 분묘는 파 헤쳐지고 후손들 고통은 연좌로 이어질 것이다. 한산악악漢山嶽嶽(북한산은 늘 그곳에 꼿꼿하고) 한수앙앙漢水泱泱(한강수는 끝없이 흘러가리니)할 것이로다."

이후 고난에 찬 고종의 행장들은 오늘날의 근현대사와 연결되는 사실事實들이어서 우리 모두가 똑똑히 기억하고 있다. 고종은 조선왕조가 멸망한

9년 뒤인 1919년(기미) 1월 21일 새벽 6시를 전후해 갑자기 붕어했다. 전날까지 무탈했던 고종태황제가 급서하자 망국의 한이 북받친 조선 민중들은 일제에 의한 독살이라며 의분에 떨었다.

12세까지의 궁핍한 사가 성장기, 생부 대원군의 섭정독재 10년, 여흥 민씨 척족 세도정권에 휘말린 허수아비 임금 23년, 난세에 등극한 대한제국 황제위 10년, 강제 퇴위당한 태황제 3년, 일제치하 이태왕 격하세월 9년. 비감하기 이를 데 없는 그의 축약된 일생은 거센 바람 앞에 꺼져가는 제국 멸망의 치욕사와 동행한다.

고종은 1황후·1황귀비·5후궁에게서 모두 9남 4녀를 생출했으나 이중 3남(순종·영친왕·의친왕) 1녀(덕혜옹주)만이 성장했다. 대부분 유아 때 사망하거나 의혹을 남긴 채 조졸했다.

명성황후는 4남을 탄출했으나 차남 순종만이 성장해 보위를 이었다. 항문이 막힌 채 태어난 원자(1874)를 당시 개신교 선교사가 수술하려 했으나 "어찌 감히 왕자의 몸에 칼을 댈 수 있느냐"고 황후가 호통쳐 안타깝게 죽고 말았다.

귀인이었던 영월 엄씨는 을미사변(1895)으로 황후가 시해된 뒤 황귀비로 진봉됐다. 청국·일본·러시아 간의 난마같이 얽힌 안개 정국으로 고종이 러시아 공관에 파천(1896)했을 당시 영친왕 이은(1897~1970)을 출생했다. 고종은 명성황후 민씨를 간택하기 전 귀인 이씨를 총애해 사실상의 장남인 완화군을 낳았으나 13세 때 홍역을 앓다 독살 의혹을 남기고 의문사했다. 이씨는 8남도 출생했지만 유모 품에서 원인 모르게 죽었다.

귀인 장씨가 의화군 이강李堈(1877~1955)을 낳아 생육하니 곧 의친왕이

서울시 광화문 사거리 교보빌딩 앞에는 화려한 단청무늬의 낯선 비각이 있다. 고종 즉위 40년을 맞아 세운 칭경기념비다. 도로원표가 안에 있어 국토 측량의 원점이 되기도 하는 이 비는 고종의 일생처럼 수난이 뒤따랐다.

다. 장씨는 1남을 더 출생했으나 일찍 잃었다. 직첩을 못 받은 정씨도 득남했는데 유아 때 사망했다. 고명딸로 고종황제가 극진히 아꼈던 덕혜옹주(1912~1989)는 귀인 양씨 소생이다.

경기도 남양주시 금곡동 141-1 홍릉洪陵(사적 제207호)에 고종황제가 예장되던 인산因山일은 마침 3월 1일이었다. 이날 서울 탑골공원을 비롯한 전국 방방곡곡에서 독립만세 운동이 일제히 일어났다. 우리 민족이 종교, 이념, 신분을 초월해 다함께 참여한 3·1운동이다.

홍릉에 가면 산릉제를 봉행하는 제각祭閣을 유심히 살펴야 한다. 역대 조선왕릉 앞에 세워진 정丁자각이 아니라 일日자각이다. 황제릉 앞에만 건립할 수 있는 능제陵制이다. 을乙입수 계癸득수 술戌파수 을좌(동에서 남으로 15도)신향(서에서 북으로 15도)의 능침에는 을미사변 때 시해당한 명성황후와 합폄으로 안장돼 있다. 일본인들이 조선황실이 번성하라고 명당을 골라 택지했을 리 없다.

망국으로 치닫는 고종시대에는 생경한 수사들이 부지기수로 등장한다. 병인양요·신미양요·병자수호조약·임오군란·갑신정변·갑오경장(개혁)·을미사변·을사보호조약·경술국치 등이 대표적이다. 세간에서 흔히 '육갑六甲'이라 지칭하는 이른바 육십갑자를 모르고서는 도저히 해독할 수 없는 암호 같은 단어다.

천간天干 10개(갑·을·병·정·무·기·경·신·임·계)와 지지地支 12개(자·축·인·묘·진·사·오·미·신·유·술·해)로 구성돼 있는 육십갑자는 양(하늘·남자)과 음(땅·여자)으로 배합돼 각각 우주섭리를 주관한다. 천간의 갑과 지지의 자가 만나 '갑자'가 되고 을(천간)과 미(지지)가 짝이 되면 '을미사변'의 해가 된다. 12개 지지는 10개의 천간 아래 따라 붙어 6회의 변신을 거듭하며 오묘한 조화를 생성시킨다.

고종이 등극한 해인 1864년은 우연히도 갑자년이어서 육십갑자만 암기하면 계수하기가 편리하다. 이를테면 병인양요(1866)는 병인이 육갑순서 3번이어서 고종 3년이고, 갑오경장(1894)은 갑오가 육갑서열 31번이어서 고종 31년이 된다.

사학계에서는 『조선왕조실록』 중 『철종실록』까지만 정통성을 인정한다. 고종 예장(1919) 후 곧바로 3·1운동이 터지자 일제는 한민족 탄압에 혈안이 됐다. 1926년 눈엣가시였던 순종마저 붕어하자 이듬해 비로소 두 황제의 실록편찬에 착수했다. 당시 총독부 산하 이왕직李王職 장관이던 일본인 시노다가 책임 찬술한 것을 경성제대 오다 교수가 편수해 1930년 4월 간행한 것이다. 여기에 친일파 조선 지식인들까지 매수돼 사실 왜곡은 물론 일제 식민통치에 유리하도록 기술해 사료적 가치를 인정받지 못하고 있다.

서울시 광화문 사거리(종로구 세종로 142) 교보빌딩 앞에는 화려한 단청무늬의 낯선 비각이 있다. 고종 즉위 40년(1902)을 맞아 세운 칭경기념비(사석 제171호)이다. 도로원표가 안에 있어 국토 측량의 원점이 되기도 하는 이 비는 고종의 일생처럼 수난이 뒤따랐다. 1954년 비각을 보수하며 일본인에게 팔렸던 석조 만세문과 담장을 찾아내 복원한 후 1979년 전면적으로 개수해 오늘에 이르고 있다.

이제 고종황제 이야기는 까마득한 왕조시대가 아닌 엊그제 같은 우리 시대 정서와 연결된다.

홍유릉은 고종황제 홍릉과 순종황제 유릉이 합쳐진 이름이다. 홍릉에는 고종황제와 명성황후가 합장되어 있다. 처음 명성황후는 청량리에 초장되었으나 풍수지리상 불길하다는 이유로 현재의 위치로 천장되었다. 중국 황제의 능제를 따라 정자각 대신 침전이 세워진 최초의 능이다. 침전이 있는 능은 홍릉과 순종황제 유릉뿐이다. 유릉은 조선에서 유일한 순종황제, 순명효황후, 순정효황후의 삼합장 황제릉이다. 순명효황후는 순종즉위 전에 승하하여 능동 어린이 공원에 초장되었다 순종 승하 시에 합장되었다. 홍유릉 근처에는 영친왕 영원, 황세손 이구의 묘도 있다.

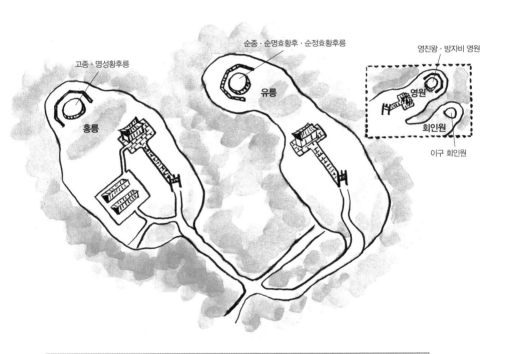

홍유릉(사적 제207호)은 경기도 남양주시 홍유릉로 352-1번지에 위치해 있다.
지하철을 이용할 때는 경춘선 금곡역에서 도보 15분 거리에 있다.
버스를 이용할 때는 9-3, 23, 30, 65, 165-3, 330-1, 765, 1000, 1100, 1115, 1200, 1300, M2104번이 있다.
자가용을 이용할 때는 46번 국도에서 남양주 시청 방향으로 가면 이정표가 나온다.
문의: (031) 591-7043

순종황제의 여생은 치욕의 대한제국 망국사와 함께한다. 간악한 일제보다
더욱 치가 떨리는 건 망국에 앞장선 조정 내 친일 매국노들이었다.
건강한 부왕을 태상황제위에 앉히고 졸지에 황제가 된 순종은 사면초가,
고립무원 속 용상이었다. 재위 3년 1개월에 걸친 하루하루가 망국의
수순 밟기였기 때문이다.

순종황제

유릉

경술국치로 나라 잃고
망국왕 신세가 되다

　　순종황제純宗皇帝(1874~1926)의 53년 생애는 4기로 대별된다. 2세 때 책봉된 왕세자 22년(2~24세), 고종이 국호를 대한제국으로 바꾸며 칭제건원稱帝建元한 후 황태자 자리 9년(25~33세), 부왕의 강제 퇴위로 제국황제 4년(34~37세), 경술국치로 이왕 강등된 16년 세월이다.

　　순종은 태어나면서부터 단 하루도 편할 날 없이 불우한 성장기를 보냈다. 안동 김씨 세도정치 당시 의기투합했던 할머니 신정왕후(풍양 조씨)와의 불화로 실각한 할아버지 대원군의 불타는 복수심, 안동 김씨 · 풍양 조씨 · 여흥 민씨 간 조정의 실권 장악을 위한 권력 암투, 나라의 문호 개방을 둘러싼 수구파 · 개화파 사이의 양보 없는 사생결단, 은둔국 조선반도의 이권 선점을 위한 청국 · 일본 · 러시아의 치열한 각축전, 뒤늦게 뛰어든 미국 · 영국 · 프랑스의 가당찮은 실권 싸움, 더욱 견딜 수 없는 건 할아버지와 어머니가 원수로 변해 국가 운명을 사이에 두고 일진일퇴하는 공방이었다.

고종은 종실의 안정과 국본國本 화평을 위해 순종을 일찌감치 세자로 책봉하고 보양관輔養官을 이경우·송근수로 삼은 뒤 민영목을 유선儒善, 임헌회를 유현儒賢으로 지명해 철저한 왕도교육을 시켰다. 모두가 당대 학문의 최고봉인 유림의 거두들이었다. 학문에 출중한 중신들을 제압하려면 용상의 임금부터 경세와 치도를 통달해야 했기 때문이다.

순종은 철이 들면서 실의에 빠지고 좌절하는 날들이 많아졌다. 왜 권력과 부를 차지하면 공유하려 하지 않고 세습하려 혈안일까. 공복으로 출사했으면 종묘와 사직이 우선함이 당연지사인데 사리사욕에 투신하는가. 땅이 넓고 신식 무기를 개발한 나라들이 오히려 약소국을 강점해 수탈하고 못살게 구는가. 모든 것이 의구심으로 퇴적되면서 사춘기의 순종은 점점 말수가 적어지고 내성적으로 변해갔다.

나라 안은 이미 신사유람단·미국 유학 등을 통해 일본·미국 등을 다녀온 신지식인들이 넘쳐났다. 군주의 어명 한마디면 죽고 살던 봉건왕조 시대는 가고 왕정을 뒤엎으려는 역모사건이 연이어 속출했다. 고종과 순종은 수라상조차 믿지 못해 찬모 궁녀가 먼저 시식한 뒤 탈 없음을 확인하고 끼니를 이었다.

순종황제의 여생은 치욕의 대한제국 망국사와 함께한다. 이미 황혼녘에 기운 왕조의 운명을 회생시키고자 침식을 잊은 부왕 고종황제를 목도하며 순종은 슬피 울었다. 간악한 일제보다 더욱 치가 떨리는 건 망국에 앞장선 조정 내 친일 매국노들이었다. 그중에서도 이완용·송병준·이용구가 발광했고 척족들인 여흥 민씨와 왕비 친정인 해평 윤씨도 일부 가세했다.

이런 백척간두의 일상 속에서도 명성황후의 세손에 대한 성화는 광적

홍릉과 유릉의 사릉제를 봉행하는 제각. 역대 조선왕릉 앞에 세워진 정자각이 아니라 일자각이다. 황제릉 앞에만 건립할 수 있는 능제이다.

이었다. 여흥 민씨 민태호의 딸을 세자빈으로 간택해 날마다 강제 합방시켰다. 온갖 산해진미와 궁중 묘방에도 세자의 춘색은 미동이 없었다. 명성황후는 나이 어린 동녀를 세자 침소에 입방시켜 놓고 문 밖에서 대기했다.

"세자의 춘정에 기미가 있으면 속히 아뢰도록 하라. 즉시 세자빈이 동침할 것이로다."

어머니의 극성이 잦아지며 순종은 더욱 위축됐다. 빈궁 침소에는 접근을 꺼렸고 미색들에게는 눈길조차 주지 않았다. 순종은 할아버지가 개입된 임오군란(1882)으로 충주에 피신한 살아 있는 어머니의 국장이 선포되는 것을 지켜보았다. 어머니가 요청한 청국 군대가 할아버지를 체포, 청나라 바오딩이란 유배지에 4년간 감금됐다 귀국하는 기막힌 난리도 겪었다.

순종은 차라리 왕자로 태어난 것을 원망했다. 질식할 것 같은 왕실의 일과 속에 조정 대신들은 주야장천 권력쟁투였고, 어머니와 후궁들의 시선 속엔 살기가 등등했다. 부왕 고종의 어명을 빙자해 친일·친청·친러정책을 넘나들며 일관성 없는 명성황후와 민씨 세도 권신들의 등거리 외교도 탐탁치 않았다.

광무 11년(1907) 6월, 때마침 네덜란드 헤이그에서는 만국평화회의가 열렸다. 고종은 이상설·이준·이위종을 밀사로 파견해 광무 9년(1905)에 체결한 대한제국과 일제 간의 을사조약이 강압에 의한 무효임을 호소하려 했다. 이미 내통된 미국·영국 등 구미 열강들과 일본의 훼방으로 문전 축출당하자 격분한 이준 밀사가 현장에서 할복 자결했다.

이해 7월 20일 일본은 이 책임을 물어 고종을 강제 퇴위시키고 황태자를 등극시키니 제27대 임금 순종이다. 34세였다. 건강한 부왕을 태상황제위太上皇帝位에 앉히고 졸지에 황제가 된 순종은 사면초가, 고립무원 속 용상이었다. 재위 3년 1개월에 걸친 하루하루가 망국의 수순 밟기였기 때문이다. 일제는 각부 차관을 일본인으로 임명해 국정 전반을 일본 통감이 총괄할 수 있도록 이른바 차관 정치구도를 확립시켰다. 공포에 질린 순종은 매국 대신들과 일제 차관이 시키는 대로 윤허만 내렸다. 이들은 연호도 광무에서 융희隆熙로 교체했다.

등극(1907) 직후 한일신조약(정미 7조약)을 강제로 맺어 국정운영권을 탈취한 일제는 이해 8월 재정부족을 빌미삼아 얼마 남지 않은 황실군대마저 해산시켰다. 조선은 병권마저 완전히 상실한 것이다.

또한 융희 2년(1908)엔 동양척식회사를 임의로 설립, 국토가 무방비로 개방되며 무자비한 일제 수탈이 자행됐다. 이때부터 삼천리 금수강산은 폐허 지경에 이르고 굶어 죽는 백성들이 도처에 즐비했다. 민생고를 견디다 못한 난민들이 고향을 등진 채 만주와 북간도를 유랑했다.

이런 총체적 국난 속에서도 친일 매국분자들은 일제로부터 작위爵位를 받아 권세를 누리고, 굶주린 양민들의 농지마저 위토로 할애받아 가족들과 호의호식했다. 이 자들은 매국의 대가로 축적된 재산을 빼돌려 일본과 미국에 자식들을 유학 보내 출세시켰다. 순종은 통분에 떨며 하얗게 밤을 지새웠지만 경국지왕傾國之王으로 어쩔 도리가 없었다.

불현듯 고종황제와 동시대에 등극(1868)해 서양문물을 전폭 수용, 유신개국을 단행하여 일본을 혁신시킨 메이지 일왕과 신하들을 떠올렸다. 도대체 조선 국왕과 대신들은 무얼 했는가로 생각이 미치자 순종은 흠칫 놀랐다. 부왕 고종황제에 대한 불충이요, 외가와 처가에 대한 모독이 아니겠는가. 순종의 이런 장탄식과 달리 시국 상황은 더욱 급박하게 전개됐다.

홍유릉 재실. 유릉은 원비 순명효황후 여흥 민씨를 먼저 천장한 뒤 순종황제를 합장했고, 1966년
계비 순정효황후 해평 윤씨가 합폄되면서 조선 유일의 삼위합장 황제릉이 됐다.

조선 민중들은 고종과 순종, 두 황제의 죽음을
몹시 슬퍼했다. 고종의 인산일엔 3·1운동이 일어났고,
순종의 예장일엔 6·10 독립만세운동이
성난 파도처럼 일었다.

1895년(을미사변) 일본 낭인 자객에 의해 건청궁 곤녕합에서 명성황후가 무참히 살해되자 순종 부부는 실어증에 걸리도록 큰 충격을 받았다. 순종은 심야 공포증으로 홀로 소피所避를 못 봤고, 순명황후는 밤낮없이 흉몽에 시달리고 식은땀을 쏟으며 까닭 없이 웃었다.

김옥균, 유길준, 전병하, 조희연 등 갑신정변(1884) 연루자와 주한 일본 공사 미우라가 공모한 소행임을 안 조선 백성은 분노로 격앙됐다. 국제 여론에 밀린 일본의 사과로 뒤늦게 국장이 선포됐지만 이미 명성황후의 시신은 소진되고 없었다. 이웃나라 국모를 살해하여 시신마저 소각한 천인공노할 만행이 일본인에 의해 자행된 것이다.

명성황후는 동구릉 안 숭릉(제18대 현종) 우백호 능선에 초장됐다가 1919년 3월 고종황제가 홍릉에 예장되며 합장됐다. 시신이 없어 혼을 불러오는 초혼장招魂葬이었다. 순종은 이런 모든 절차와 과정을 지켜보며 무능한 황제 자신과 국권 상실의 통분을 뼈 마디마디마다 새겼다. 순종은 명성황후 국장 당시 직접 지은 애책문을 통해 다음과 같은 문장으로 골수의 한을 대신했다.

"온 나라 신민들이 도망친 난적들의 고기를 씹고 그 피를 마시고자 하는 마음이로다. 멀고 가까움에 차별이 없고 어리고 큰 것에도 차이가 없는데 어찌 저 푸른 하늘을 이고 함께 살아간단 말인고. 이치는 이미 없어졌고 의리 또한 장차 없어지고 말 것이로니."

순종의 피맺힌 절규는 곧바로 민초들의 저항 정신에 불을 지폈다. 백제 계백장군의 5천 결사대를 시작으로 신라 화랑의 무공불패, 고려 강감찬 장군의 용맹무쌍, 조선 사육신의 불사이군 충절, 임진왜란의 승병의군으로 이어지는 민족정기에 기름을 부은 것이다. 어떤 악형과 죽음에도 굴하지 않는 선비정신이 되살아나 간악한 일제와 백병전으로 맞섰다. 전국 각지에서 의병이 일어나 일본군과 대적했고 우국지사들은 해외로 건너가 임시정부를 수립, 대한제국의 적통을 이으려고 고군분투했다.

질곡 같은 순종의 불행은 그칠 줄 몰랐다. 황망 중 서로 의지하던 두 살 위 순명황후가 31세로 홀연히 훙서(1904)한 것이다. 보령 29세였다. 애당초 춘색春色에는 미동조차 안 해 소생이 있을 리 없었다. 명성황후 훙서 뒤 계비로 진봉된 순헌황귀비 영월 엄씨(1854~1911 · 영친왕 이은 생모)가 윤택영으로부터 거액의 뇌물을 받고 순종의 계비로 해평 윤씨(1894~1966 · 순정황후)를 택봉하였다. 윤택영(1866~1935 · 해풍부원군)은 바로 20세 연하의 해평 윤씨의 친정아버지다. 세간에선 아버지의 탐욕으로 어린 생과부가 입궐했다며 안쓰러워했다.

융희 3년(1909) 기유각서를 강제로 작성해 아예 사법권을 강탈한 일제는 재판권을 행사하며 군부 · 법부를 해체시켰다. 마침내 순종은 허위虛位 황제로 전락하고 말았다. 모두 조선 침략의 원흉, 이토 히로부미의 간교한 공작에 매국 대신들이 부화뇌동한 결과였다. 침략과 악행에 가속이 붙은 이토는 일본 귀국 후 소네 통감을 거쳐 군부 출신 데라우치를 새 조선총독으로 부임시켜 조선의 조정을 더욱 옥죄었다.

같은 해 일제 각의는 '한일합병 실행에 관한 방침'을 제멋대로 통과시킨 뒤 조선과 만주 문제를 러시아와 사전 협상키 위해 이토를 만주에 파견했다. 회담을 위해 하얼빈 역에 도착했을 때 대한제국 군인 안중근(1879~1910)의 총탄에 이토는 현장에서 즉사했다. 간담이 서늘해진 일제는 친일 매국단체 일진회 등을 충동해 조선합방을 더욱 서둘렀다.

왕실과 대신들을 매수·회유해 '조선인의 원에 의해 조선을 합병한다'는 명분으로 마침내 한일합병조약을 강제 성립시켰다. 1910년 8월 29일 이른바 경술국치일이다. 이날 어전회의에 참석한 조선 대신들과 일인 차관들은 총검으로 무장한 시위병을 도열시켜 공포 분위기를 조성한 뒤 망국조약에 서명하도록 순종을 협박, 강요했다.

이를 병풍 뒤에 몰래 숨어 엿듣던 계비 순정황후가 옥새를 치마폭에 감싸 안고 내전 은밀한 곳에 숨어 버렸다. 뒤늦게 안 윤덕영이 쫓아와 옥새를 탈취한 후 합방 문서에 날인하니 조선왕조가 종언을 고하는 순간이었다. 윤덕영은 순정황후의 큰아버지고 이때 계비의 나이는 17세였다. 이리하여 단기 3725년(1392) 태조고황제 이성계가 창업 개국한 조선왕조는 제27대 왕 519년 만인 단기 4243년(1910) 역사 속으로 자취를 감추었다.

순종은 조선왕조가 1910년 8월 29일 종언을 고했다는 사실이 믿겨지지 않았다. 역대 연산군·광해군의 폐주가 있었지만 자신은 왕업을 닫게 한 망주亡主가 아닌가. 아버지는 이태왕으로 덕수궁에 감금되고 아들은 이왕으로 창덕궁에 갇혔으니 죽어 선대 왕들을 뵐 면목이 캄캄하기만 했다. 왜국으로 하시하며 얕봤던 일본에게 당해 이 지경이 된 강토와 백성들의 운명은 앞으로 어찌될 것인가.

눈만 감으면 나라를 팔아 먹고 일제에 빌붙어 잘살아가는 친일 망종분자들이 어른거렸다. 때로는 7년 전 세상 떠난 부왕의 "모든 시름 내던지고 내 곁에 오라"는 옥음이 들리는 듯했다. 풀길 없는 망국의 한이 사무치더니 육신으로 전이돼 죽을 병으로 도졌다. 모든 것을 직감한 순종이 스무살 아래(33세)의 순정효황후純貞孝皇后 해평 윤씨를 가까이 불렀다.

"어린 나이로 대궐에 들어와 숱한 고초를 이겨내느라 고생 많았소이다.

왕조는 비록 문 닫았어도 백성들은 개명된 새 시대를 살아갈 것이나 마지막 황후로서 위의威儀(위엄 있고 엄숙한 태도)를 고이 간직토록 유념하시오."

유명遺命이었다. 순종은 1926년 3월 14일 창덕궁 대조전에서 회한으로 얼룩진 겁생劫生을 접고 영결종천하니 보령 53세였다. 조선 민중들은 순종의 죽음을 몹시 슬퍼했다. 순종의 예장일에는 6·10 독립만세운동이 성난 파도처럼 일었다.

윤비는 1966년 1월 13일까지 73세를 살았다. 말년에는 불교에 귀의해 대지월大地月이란 법명을 받고 창덕궁 낙선재에서 거처했다. 당시는 이미 8·15 광복, 6·25전쟁, 4·19 학생혁명, 5·16 군사혁명을 거쳐 일본에 볼모로 잡혀갔던 영친왕 이은이 국내에 귀국했을 때다. 일제는 순종이 붕어하자 허위虛位이긴 하지만 영친왕에게 이왕李王 위를 계승케 했다.

영친왕은 옛 재신宰臣들과 종친·인척들을 소집해 묘호는 순종, 제호帝號는 효황제孝皇帝로 올렸다. 4월 25일 양주 용마산 내동에 초장된 원비 순명효황후純明孝皇后 여흥 민씨를 먼저 천장한 뒤, 6월 10일 순종황제를 합장해 능호를 유릉裕陵으로 정했다. 묘卯입수 신申득수 해亥파수 묘좌유향(정서향)의 유릉은 홍릉의 좌청룡 내룡맥에 해당하며 왕릉풍수상 대길 발복지가 아니다. 1966년 계비 순정효황후 해평 윤씨가 합폄되면서 조선 유일의 삼위三位 합장 황제릉이 됐다.

순종황제 유릉(사적 제207호)은 홍유릉 중 하나이다. 유릉은 먼저 원비 순명효황후를 천장한 뒤 순종황제를 합장했고, 1966년 계비 순정효황후가 합폄되면서 조선 유일의 삼위합상 황제릉이 됐다. 〈홍유릉 551쪽〉

조선 황실의 마지막 황태자인 영친왕 이은의 굴절된 여생은 일제치하
민족의 수난·질곡사와 궤를 같이한다. 일본에 간 영친왕은 철두철미한
일본식 교육을 주입받고 일본화되며 역사의 희생자로 남게 됐다.
일본의 제1왕녀 방자비妃와 강제 정략결혼의 희생양이 되었고, 해방 후
곧바로 환국을 원했지만 초대 이승만 대통령의 반대와 정권실세들의
저지로 재일 한국인 신세가 되기도 했다.

영친왕 이은

영원

나라 잃고 일본에서 살다 간
비운의 마지막 황태자

조선황실의 마지막 황태자 이은李垠(1897~1970)을 영왕英王 또는 영친왕英親王으로 부른다. 두 호칭 중 영친왕은 흔히 친일적 요소가 내재된 것으로 여겨 거부감을 갖기도 하는데 이는 사실과 다르다.

원래 친왕親王의 위호 제도는 한족이었던 명나라 황실에서 황자皇子를 다른 제후국 봉왕封王과 구분해 한 단계 격상시켜 불렀던 칭호다. 이후 만주족의 청나라 황실까지 승습되며 속국의 왕인 번주藩主들과 차등 예우했던 지존 버금가는 지위였다. 이를 일본에서 메이지 유신 이후 본뜬 것이다.

조선왕조는 고종이 국호를 대한제국으로 국체를 바꾸고 칭제건원(1897)한 후 광무라는 독자 연호를 사용하며 황제국이 됐다. 청국·일본·러시아 3국의 치열한 각축 와중에 청국 세력이 밀려나며 불완전하게나마 독립하게 된 것이다. 참으로 기나긴 세월 한 맺혔던 중원 강국(송, 원, 명, 청)의 속박에서 어부지리로 얻어진 국격이었다.

제후국에서 황제국으로 격상되며 궐내 모든 제도와 용어도 바뀌었다.

566

적색 곤룡포가 황금색 용포로 교체되고 전하는 폐하로 불렸다. 왕세자는 황태자가 되고 왕자들은 군호君號 아래 왕호王號가 더해졌다. 다시 왕격을 높여 친왕으로도 호칭했다.

순종황제보다 네 살 아래였던 이강李堈(1877~1955·귀인 장씨 소생)은 고종 28년(1891) 의화군에 봉해졌다가 고종이 황제가 된 광무 3년(1899), 의왕義王으로 진봉됐다. 의왕은 순종의 무사無嗣(대를 이을 자손이 없음)로 위기감을 느낀 명성황후 민씨의 시샘과 질투로 여러 차례 독살의 위기를 넘기며 생모 귀인 장씨와 궐 밖으로 쫓겨나 성장했다. 당시 명성황후는 귀인 장씨가 출산 능력을 상실하도록 성기를 훼손하는 등 모진 박해를 가했다.

을미사변(1895)으로 명성황후가 시해당한 국가적 대혼란 속에 고종은 러시아 공사관으로 파천(1896)했다. 이때 순빈淳嬪 영월 엄씨가 고종을 시봉하다 왕자 이은을 낳자 광무 4년(1900·4세) 영왕英王으로 책봉했다. 영왕은 후사가 없는 순종의 세제世弟로 입후됐다가 광무 11년(1907) 고종이 태황제로 물러나고 순종이 황제로 등극하며 황태자로 책립됐다. 이때 나이 11세였다.

21세 연상의 이복형 의왕이 있었으나 세제를 세울 때는 금상의 재위 기간을 염두에 둬 유충幼沖한 아우로 대통을 잇는 왕실의 관례에 따른 것이었다. 영왕의 황태자 책봉으로 생모 엄씨(1854~1911)도 순헌황귀비로 진봉됐다. 증贈 찬정 엄진삼의 장녀로 8세 때 입궁해 명성황후 시위상궁이었던 엄비는 고종의 총애를 한 몸에 받으며 선영善英이란 이름을 새로 얻고 경선궁慶善宮의 궁호도 내명부에 올렸다. 엄비가 바로 양정의숙(1905), 진명여학교(1906), 명신여학교(1906·숙명여학교 전신) 설립에 거액의 황실 기금을 쾌척한 장본인이다.

고종은 영왕이 10세 되던 해(1906) 2월 1일 승후관 여흥 민씨 민영돈(영국·청국대사 역임)의 딸 민갑완(11세)을 황태자비로 간택했다. 고종을 강제 퇴위시키고 순종을 융희황제로 억지 등극(1907)시킨 조선 침략의 수괴 이토 히로부미는 이해 12월 5일 유학이란 미명하에 11세의 어린 영왕을 볼모로 일본에 끌고 갔다. 이완용, 서병갑, 고희경, 안병준, 엄주일 등이 수행했다. 고종은 이 자들이 인간인가 싶었다.

"천륜을 단절하는 그대들이 편히 살듯 싶더냐. 왜국 땅에는 재앙이 멈출 날 없을 것이고 네 놈들 후손마다 저주 죄인으로 연명할 것이니 안타깝고 딱하도다. 하늘이 네 놈 종자들 앞길을 막는 걸 살아 지켜볼 것이니라."

12세의 민 규수는 영왕과 가례는 올리지 못했으나 이미 정혼(간택)한 사이여서 재가하지 못하고 평생 영왕을 정신적 배위로 섬기며 일평생을 처녀로 수절했다. 영왕은 창덕궁 낙선재를 떠나면서 처마 밑 조약돌 두 개를 품에 넣고 갔다. 암울한 일본 생활 속에 조국이 그리울 때마다 조약돌을 어루만지며 한없이 울었다. 어느새 조선의 민중들은 의왕보다는 의친왕으로, 영왕이 아닌 영친왕으로 격을 높여 부르게 됐다.

일본에 간 영친왕은 철두철미한 일본식 교육을 주입받고 일본화되며 역사의 희생자로 남게 됐다. 일본의 귀족 자녀들이 다니던 학습원에서 도쿄 중앙유년학교 3학년으로 편입, 졸업 후 일본 육군사관학교에 들어가 29기생이 됐다. 일본의 황족 남자는 군적軍籍에 드는 원칙에 의해서였다.

일본에 간 지 4년 만에 일제는 군사훈련을 받으며 주먹밥을 먹는 영친왕의 활동사진을 조선 황실에 보냈다. 식사 도중 땟국에 절은 몰골과 피골이 상접한 황태자의 모습을 목격한 생모 엄비는 충격을 받고 급체해 이틀 후 승하했다. 1911년 7월 20일 58세였다.

영원의 제각. 영친왕은 홍릉 가까이 묻혔으나 능이 아닌 영원이다. 손좌건향의 가파른 능선으로
일반인의 출입이 제한된 구역이다.

영친왕은 1963년 당시 국가재건최고회의
박정희 의장의 주선으로 방자비妃, 외아들 이구와 함께
귀국했으나 이미 실어증에 걸린 몽환상태로 폐인이
되어 있었다. 병상에서 7년을 사투하다
1970년 5월 1일 창덕궁 낙선재에서 세상을 떠나니
향년 74세였다.

일제는 조선·일본 간 융합정책으로 내선일체內鮮一體를 기한다면서 조선황족의 혈통을 일본 황실과 마구 섞어 교란시켰다. 영친왕과 정혼한 민규수를 파혼시키고 일본 황족 나시모토노미야 모리사마오梨本宮 守正王의 제1왕녀 마사코方子(방자비)와 강제 정략결혼시켰다. 일제는 의친왕의 후계자 이건李鍵 공을 일본 황족의 딸 마쓰다히라 요시코와 억지 결혼시키고, 고종황제의 고명딸 덕혜옹주도 대마도 번왕의 아들 소오다케유키宗武志와 강제 배위를 맺도록 했다.

영친왕의 청년시절은 일본 육군 간부로 일관됐다. 1923년 육군대학 졸업, 1924년 일본군 참모본부, 1926년 참모본부 겸 조선군 사령부, 1929년 교육총감부, 1932~1935년 보병 중좌 진급 연대장, 1937년 육군사관학교 교수부장, 1941년 육군 중장·사단장, 1943년 항공군 사령관, 1945년 군사참의관을 역임했다.

1945년 미국이 히로시마·나가사키에 원자폭탄을 투하하면서 일제가 무조건 항복했다. 이해 8월 15일 일제의 압박 사슬에서 한반도가 해방된 것이다. 미 군정하 좌우익의 이념 대결로 내홍을 앓던 이 땅에 남한 단독으로 대한민국 정부가 수립(1948)됐다. 영친왕은 조국을 애타게 그리며 곧바로 환국을 원했지만 초대 이승만 대통령의 반대와 정권 실세들의 저지로 재일 한국인 신세가 돼 궁핍 속에 목숨을 연명했다.

1963년 11월 12일 당시 국가재건최고회의 박정희 의장의 주선으로 방자비, 외아들 이구와 함께 귀국했으나 영친왕은 이미 실어증에 걸린 몽환상태로 폐인이 되어 있었다. 병상에서 7년을 사투하다 1970년 5월 1일 창덕궁 낙선재에서 세상을 떠나니 향년 74세였다.

영친왕은 경기도 남양주시 금곡동 141-1 부왕이 예장된 홍릉 가까이 묻혔으나, 능이 아닌 영원英園으로 불리고 있다. 손좌건향(서북향)의 가파른 능선으로 일반인의 출입이 제한된 구역이다. 전주 이씨 대동종약원에서는 영친왕 시호를 의민懿愍으로 올리고 3주기를 마친 1973년 5월 6일 종묘 영녕전에 신주를 봉안했다. 죽어 넋이나마 부왕의 곁으로 가게 되었으니 그간의 세월이 63년이었다.

영친왕 이은의 영원(사적 제207호)은 홍유릉 근처에 있다. 영친왕은 부왕이 예장된 홍릉 가까이에 이방자 여사와 합폄하여 능이 아닌 영원으로 불리고 있다. 일반인의 출입이 제한된 구역이다.
〈홍유릉 551쪽〉

이구는 망국의 황세손 신분임을 모른 채 유년시절을 유복하게 보냈다.
광복 당시 15세였던 이구는 영친왕과 방자비 슬하에서 도쿄 학습원을
졸업한 후 1953년 미국 유학길에 올랐다. 이구는 군사독재와 한·일
굴욕외교를 반대하는 데모 와중에 1965년부터 서울대·연세대 등에서
건축설계를 강의하며 한국사회에 동화돼 갔으나 사업 실패와 이혼
등으로 세상과 담을 쌓게 되었다.

조선왕조 마지막 황세손

이구 회인원

불행한 운명으로 태어나
마지막 황세손으로 살다

　날 때부터 불행한 사람이 있다는 운명을 믿어야 옳은가. 조선왕조의 마지막 황세손 이구李玖(1931~2005)만큼 기구한 처지로 태어나 박복한 일생을 살다간 세월이 또 있을까. 아버지는 조선 황실의 황태자(영친왕)였고, 어머니는 일본 황궁의 방자비였지만 이것이 곧 저주가 됐다.

　1920년 4월 28일. 이날은 11세(1907) 때 조선 황태자로 일본에 끌려간 영친왕 이은과 일본의 황녀 방자가 강제 정략결혼을 하는 날이었다. 도쿄 결혼식장은 삼엄한 경비 속에 잡인의 출입을 금했고, 조선에서는 매국노 이완용과 조선총독으로 새로 부임한 사이토 등 극소수만 참석했다. 결혼식이 시작될 무렵, 갑자기 식장 밖이 소란해지며 비상이 걸렸다. 조선 유학생 서상한이 현장에서 체포됐다. 서상한은 이완용과 사이토를 암살해 강제 결혼을 저지하고 대한남아의 기개를 세계만방에 드러내려 했으나 함께 주도했던 동지의 밀고로 좌절되고 말았다.

　사람은 아팠던 기억과 놀라운 충격을 늘 기억하며 살 수는 없다. 영친왕

574

과 방자비는 곧바로 신접살림에 들어가 일인들의 주목을 받았다. 나시모 토노미야 제1왕녀로 일본 황실에서 곱게 자란 방자비는 원래 당시 히로히 토 왕세자의 세자빈 후보감 중 하나였다. 17세 되던 해(1917) 영친왕과 약 혼하면서 일본 세자빈 자리는 그녀의 사촌 나가코長子에게 돌아갔다.

영친왕의 배필로 방자비가 선택된 데는 석연찮은 비화가 전해지고 있 다. 조선 황실의 후사 단절을 위한 거대한 일제의 음모가 개입된 것이다. 소녀 마사코는 일본인 의사에 의해 출산하지 못하는 석녀石女로 진단받고, 이국의 황태자비로 내쳐진 것이었다. 그러나 둘 사이는 행복했다. 방자비 는 외로운 영친왕을 위해 조선어 학습에 열중했고 조선의 궁중음식 조리 법도 손수 익혔다.

영친왕은 10세 때 정혼한 조선 황태자빈 민갑완 규수를 까맣게 잊고 방자비와 신혼의 단꿈에 온갖 시름을 묻었다. 이듬해(1921) 8월, 장남 진晉 이 태어났다. 일제 궁내부가 당황했다.

진이 두 살 되던 해(1922) 4월, 영친왕 부처는 갑작스러운 일제의 배려 로 아들 진과 함께 가슴 벅찬 귀국 길에 올랐다. 이때 조선 민중들의 심사 는 복잡하게 동요했다. 소싯적 적국 볼모로 잡혀가 군인이 돼 돌아온 황태 자를 조선의 적통으로 인정할 수 없다는 울분이 팽배했다. 일각에서는 영 친왕 역시 암울한 역사의 희생자이니 망국의 한을 반추하며 오히려 위로 해야 한다는 대립각으로 날카롭게 맞섰다.

약육강식의 살벌한 침탈 속에서는 언제나 엉뚱한 희생자가 속출하기 십상이다. 허위虛位나마 조선 황실의 대통을 승계할 진이 독살당한 것이다. 양국의 피가 섞인 혼혈 왕자라 해 정체불명의 괴한이 진의 우유에 아편을 몰래 타 버렸다. 9개월의 어린 진은 즉사했다. 당시 조선인들은 총검이 두려워 말은 안 해도 누구의 소행인지 훤히 알고 있었다. 영친왕 부처의 슬픔은 극에 달했고, 숭인원崇仁園(서울시 동대문구)에 진을 안장한 뒤 서둘러 일본으로 돌아갔다.

이후 둘 사이엔 태기가 없어 한때 위기를 맞기도 했다. 후사를 고대한 지 10년 만인 1931년 12월 29일, 마침내 둘째 아들 구玖가 태어났다. 도쿄 치요다구 아카사카에 있던 영친왕 저택에서였다. 이때만 해도 세 가족은 일본 황실의 일원으로 풍족한 일상을 누릴 수 있었다. 영친왕은 일본의 육군사관학교 졸업 후 육군 간부직에 복무했다.

이구는 자신이 망국의 황세손 신분임을 모른 채 유년시절을 유복하게 보냈다. 그가 스스로 정체성에 의구심을 제기한 건 1945년 미국의 히로시마 원자폭탄 투하로 일제가 무조건 항복하고 대한민국이 해방되면서부터다. 영친왕 가족은 한국으로 환국하기를 간절히 원했다. 그러나 당시 미 군정하의 해방 정국은 좌 · 우 이념 대결과 정당 난립으로 혼란이 극심했다.

배일 감정으로 독기 오른 국민의 정서 속에 몰락왕조 황태자의 귀국문제쯤은 안중에도 없었다. 내로라하는 정객 모두 혼돈 정국의 주도권 쟁탈전으로 인해 '내 코가 석자'인 데다 왕정복고에 대한 견해마저 첨예하게 엇갈렸다. 특히 전주 이씨 양녕대군(태종대왕 장자)파였던 이승만은 왕정체제 환원과 영친왕의 환국을 극력 반대했다. 새로 수립한 이승만 정권은 왕족들이 나라를 망친 장본인들이라며 황실 재산을 국고로 환수시키고 왕손들을 궁핍 속에 방관했다.

같은 시기 일본도 변심했다. 호적을 새로 만드는 신적강하新籍降下를 통해 영친왕 가족을 평민 신분으로 강등시키고 거처와 재산을 몰수했다. 재

이구는 1996년 일본서 영구 귀국 후 대동종약원 명예총재이자 초헌관으로서 종묘제례를 주관했다.

배일 감정으로 독기 오른 국민의 정서 속에
몰락왕조 황태자의 귀국문제쯤은 안중에도 없었다.
특히 전주 이씨 양녕대군파였던 이승만은
왕정체제 환원과 영친왕의 환국을 극력 반대했다.
새로 수립한 이승만 정권은 왕족들이 나라를 망친
장본인들이라며 황실 재산을 국고로 환수시키고
왕손들을 궁핍 속에 방관했다.

창덕궁 희정당에서 황세손의 장례식이 치러졌다.

황세손 이구를 영원 좌측 산록에 안장했다.

일 한국인으로 등록시켜 강제징용 거류민과 동일하게 취급해 곤궁한 생활을 연명하도록 내팽개쳤다.

광복 당시 15세였던 이구는 영친왕과 방자비 슬하에서 도쿄 학습원을 졸업한 후 1953년 미국 유학길에 올랐다. 후견인이 없는 외국 생활은 형극의 가시밭길이었다. 이미 자취를 감춘 약소국가 왕손을 알아줄 리 없는 미국사회였다.

1956년 MIT 건축학과 입학, 졸업 후 뉴욕 IMPEI 건축사무소에 입사한 이구는 1959년 우크라이나계 미국인 줄리아 멀록과 결혼하며 미국에 귀화했다. 그는 1952년 4월 28일 발효된 대일 강화조약에 따라 한국 국적을 취득한 상태였다.

1963년 11월 12일 박정희 전 대통령 주선으로 방자비와 이구는 영친왕과 함께 귀국했다. 김포공항에 첫발을 내디딘 몽환 상태의 영친왕은 "떠나던 날(1907년 12월 5일)도 그렇게 추웠는데 오늘도 바람이 매몰차구나. 이제야 비로소 내 조국, 내 땅이로다"라며 감격의 눈물을 흘렸다. 이후 세 가족은 창덕궁 낙선재에 기거하며 은둔 속에 망각돼갔다.

어느새 대한민국은 남북으로 분단된 채 불구대천의 원수가 됐고 일본은 한국전쟁의 간극을 파고들어 선진국으로 진입해갔다. 이구는 군사독재와 한·일 굴욕외교를 반대하는 데모 와중에 1965년부터 서울대, 연세대 등에서 건축설계를 강의하며 한국 사회에 동화돼 갔다. 1966~1978년 건축설계회사 트랜스아시아 부사장, 1973년 사단법인 전주 이씨 대동종약원 총재로 추대됐다. 그러나 같은 해 신한항업주식회사를 설립했다가 실패한 뒤 다시 1979년 일본으로 떠났고, 1982년 줄리아 멀록과 별거· 이

혼 등으로 이구는 세상과 담을 쌓게 되었다. 1996년 일본서 영구 귀국 후 대동종약원 명예총재로 종묘제례(중요무형문화재 제56호)를 주관했다.

필자는 종묘제례 전수교육 이수자로 유네스코 세계무형유산에 등재된 종묘제례(매년 5월 첫 일요일) 봉행 시, 초헌관인 이구 황세손과 여러 차례 제관 복무를 함께한 적이 있다. 그는 항상 말이 없었고 침잠된 표정이었다. 2005년 7월 16일 도쿄 아카사카 프린스호텔에서 황세손이 숨을 거뒀다는 보도를 접하고 수구초심首丘初心을 떠올렸다. 왜 하필 그가 태어난 아카사카 인근의 '왕자' 호텔이었을까.

유난히도 더웠던 그해 여름. 창덕궁 희정당에서 진행된 황세손 장례 기간 동안 하루도 빠짐없이 문상하며 마지막 가는 길을 지켰다. 같은 달 7월 24일, 영친왕의 영원 좌측 산록에 안장될 때는 그의 묘 터를 국풍들과 함께 택지해 산역山役에도 동참했다. 원호는 회인원懷仁園이다.

이구 황세손의 후사는 의친왕 서序 9남인 이갑(이해룡)의 장남 이원(본명 이상협)이 양자로 입후돼 왕실의 명맥을 이어가고 있다.

황세손 이구의 묘는 회인원이다. 이구는 홍유릉에 근처 영원의 좌측 산록에 안장됐으나 비공개 원이다. 〈홍유릉 551쪽〉

조선왕실과 왕릉 풍수

조선시대 관리 등용은 과거시험을 통해 이뤄졌다. 오늘날의 공무원 시험으로 유일한 인재 등용문이었던 과거제도에서 풍수지리는 중요한 과목 중 하나였다. 태조 원년(1392) 관리 채용을 위해 제정된 입관보리법入官補吏法의 7과(문음·문과·이과·무과·음양과·의과·역과) 중에 음양과가 포함됐다. 태종 6년(1406) 10학(유학·무학·이학·역학·음양풍수학·의학·자학·율학·산학·악학)을 설치하면서는 더욱 비중을 격상시켜 5번째 서열이었고 제조관提調官을 두었다.

세조 12년(1466) 관제개정 때 풍수학을 지리학으로, 음양학은 명리학으로 개칭하고 이를 통솔하는 관상감에 종6품의 천문·지리학 교수와 정9품의 천문·지리학 훈도를 두었다. 시험방식도 필답고사가 아닌 암기해서 즉답해야 하는 배강背講제도였으니 얼마나 비중이 컸는지를 미루어 짐작할 수 있다. 따라서 조선시대 관리나 선비들의 풍수지리학 공부는 선택이 아닌 필수덕목이었다.

이 같은 왕실과 양반·관료사회의 풍수사상 만연은 격렬한 풍수 논쟁을 불러일으켰다. 특히 금상이 승하하고 새 임금이 등극하는 왕권 교체 시에 더욱 극심했다. 조선왕조 27대 왕 519년이 지속되는 동안 100건이 넘는 풍수싸움이 벌어졌으니 평균 5년마다 한 번 꼴로 홍역을 치른 셈이다. 이때마다 조정은 명당 판정을 놓고 당파 간 격론이 치열하게 전개됐다. 풍수논쟁에서의 패배는 곧 정권몰락으로 이어졌고 때로는 당쟁으로까지 비화돼 유배되거나 죽기까지 했다.

왜 그랬을까. 당시 왕실에서는 역대 왕릉의 명당 운기가 현 임금의 수명 발복에 직접적 영향을 미친다고 굳게 신봉했다. 임금이 훙서하면 통상 국장기간이 3~5개월이었다. 각 당파에서 동원된 당대 최고의 국풍國風들이 명당 중의 명당을 고르느라 온갖 수단과 방법이 총동원되었다. 자파에서 택지한 왕릉 터가 폐기되면 곧 정국주도권 상실과 직결되므로 조정 권신들은 목숨을 걸고 풍수공부를 할 수 밖에 없었다.

조선 왕족의 무덤은 모두 119기에 이르는데 이 가운데 능이 42기이고 원이 13기이며 묘가 64기다. 이들 무덤은 주인의 신분에 따라 그 명칭을 달리했다. 능陵은 왕과 왕비가 예장된 곳이고, 원園은 왕세자와 왕세자비 또는 왕의 사친私親이 묻힌 곳이었으며, 그 외 왕족 무덤은 일반인처럼 묘墓라고 했다. 42기의 능 중 북한 개성에 있는 제릉(태조 원비 신의고황후)과 후릉(정종대왕)을 제외

1 좌청룡 2 우백호
3 왕릉 뒤의 용맥이 명당을 고르는 기본이다

582

한 40기의 능이 남한에 있다.

한 시대를 풍미한 왕족의 무덤이라고 해서 모두 길지명당에 안장된 것은 아니었다. 전前 왕과 후사를 이은 금상과의 혈연관계 및 정치적 역학구도가 명당과 흉지를 극명하게 갈랐다. 이를테면 인조반정으로 폐위를 당한 광해군의 묘를 명당을 골라 썼을 리 없으며, 단종을 시해하고 왕위에 오른 세조는 형수 현덕왕후(문종 왕비)의 능을 파헤치기까지 했다.

이른바 풍수의 핵심은 명당에서 발산하는 강력한 지기가 유골과 접촉하면 혼백이 감각작용을 일으키게 되고, 이로 인한 동기감응으로 자손들이 복을 받는다는 것이다. 명당의 국세局勢 형성은 고금을 통해 변함이 없다. 주산에서 용틀임해 우뚝 멈춰 선 북현무(북쪽·검은 거북이)가 고개를 쳐들고 왼쪽으로 힘을 밀어 감싼 것이 좌청룡(동쪽·푸른 용)이며 오른쪽에 포근히 안긴 것은 우백호(서쪽·흰 호랑이)이다. 이 산세에서 주산의 운기가 설기泄氣하는 것을 막아주는 남주작(남쪽·붉은 공작)이 버티고 있어야 비로소 명혈이다.

조선왕릉의 택지는 풍수적으로 배산임수의 명당이면서도 임금이 있는 도성에서 크게 벗어나지 않는 곳에 했다. 후왕이 선왕들의 능을 참배하고

1 능 앞의 강岡 2 명당수
3 거북형상의 물형. 화표거북은 왕릉이 명당임을 말해준다

하루 만에 왕복할 수 있는 거리여야 했기 때문이다. 몇 기의 왕릉이 예외이긴 하지만 백두대간에서 뻗어 나온 한북정맥과 한강 남쪽 산줄기인 한남정맥에 거의 자리를 잡았다.

풍수와 연관된 왕릉의 사연도 많다. 남한의 40기 왕릉 중 최고명당으로 손꼽히는 3대 능은 태조의 건원릉과 성군 세종대왕의 여주 영릉, 비운의 임금 단종의 영월 장릉이다. 건원릉은 국사였던 신풍 무학대사가 점지한 명혈이고, 영릉은 광주 이씨 선영을 높은 벼슬과 바꿔 쓴 명당이다. 세종대왕을 이곳에 천장하고 조선왕실의 역사가 100년이나 연장됐다는 소위 영릉가백년英陵加百年의 천하길지다. 장릉은 영월 동강에 떠 있는 단종의 시신을 충신 엄홍도가 수습한 뒤 몰래 암장했다가 눈 오는 날 노루가 앉았던 자리에 이장한 천년향화지지千年香火之地다.

명당 왕릉에는 반드시 풍수적 공통점이 있다. 생룡이 살아 꿈틀대는 듯한 능 뒤의 입수入首 용맥과 여느 땅보다 훨씬 단단한 입수 도두倒頭가 확연하게 드러나는 것이다. 여기에 능 앞을 휘감아 도는 물길과 사신사四神砂의 국세가 이기理氣 풍수의 법수法數에 어긋남이 없다. 풍수에 관한 과학적 입증 여부를 떠나 운위하기 이전에 놀랍고도 신묘한 자연과학적인 장법이다. 건원릉과 영릉은 물론이고 서울 내곡동의 헌릉(태종), 파주 장릉(인조), 고양시 서오릉 내 명릉(숙종) 등에 가면 누구나 확인할 수 있다.

조선 임금은 왕릉의 명당 택지에 관심이 지대했다. 신왕으로 등극하면 먼저 선왕의 능침부터 살폈고, 흉당이라고 판정나면 여지없이 천릉했다. 중종의 정릉과 선조의 목릉, 효종의 영릉이 대표적이다. 숙종은 신풍의 경지에 이르러 스스로 능 터를 잡았고, 영조는 묘제에 관한 저술까지 편찬했다. 흥선대원군은 생부 남연군의 묘를 2대 황제지지皇帝之地(예산)에 이장한

584

뒤 고종 · 순종의 두 황제를 탄출시켰다.

　이처럼 조선왕실과 왕릉 풍수는 떼려야 뗄 수 없는 밀접한 관계를 갖고 있다. 특히 왕릉의 상설象設 구조 등 풀길 없는 미스터리도 풍수적으로 접근하면 해답이 자명해진다. 왕릉 답사 시 풍수를 염두에 둔 문화사적 관점에서 세심히 살펴다보면 엄숙하고 위압적인 왕릉이 친숙하게 다가온다.

　조선 개국 초 동방의 소국 조선을 얕보고 입국한 명나라 사신이 태조 건원릉을 찾았다. 참례를 마친 사신이 산세를 살펴보고 깜짝 놀랐다. 동행한 자국 사신에게 나직이 말했다.

　"앞으로 조선국은 5백 년 사직이 이어질 것이오."

　사신은 귀국하여 이 사실을 명 황제에게 아뢰었다.

❖ 조선 왕계도 ❖

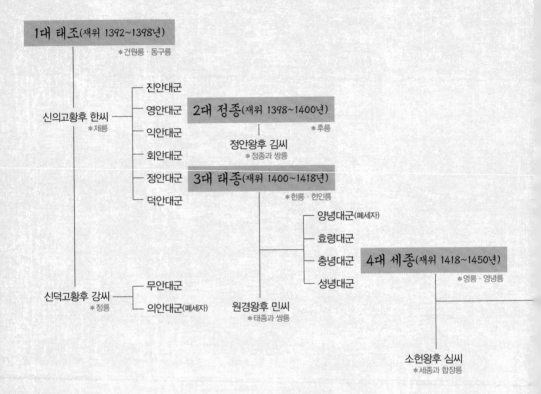

1대 태조(재위 1392~1398년)
＊건원릉 · 동구릉

신의고황후 한씨
＊제릉

진안대군
영안대군
익안대군
회안대군
정안대군
덕안대군

2대 정종(재위 1398~1400년)
＊후릉

정안왕후 김씨
＊정종과 쌍릉

3대 태종(재위 1400~1418년)
＊헌릉 · 한인릉

양녕대군(폐세자)
효령대군
충녕대군
성녕대군

4대 세종(재위 1418~1450년)
＊영릉 · 영녕릉

신덕고황후 강씨
＊정릉

무안대군
의안대군(폐세자)

원경왕후 민씨
＊태종과 쌍릉

소헌왕후 심씨
＊세종과 합장릉

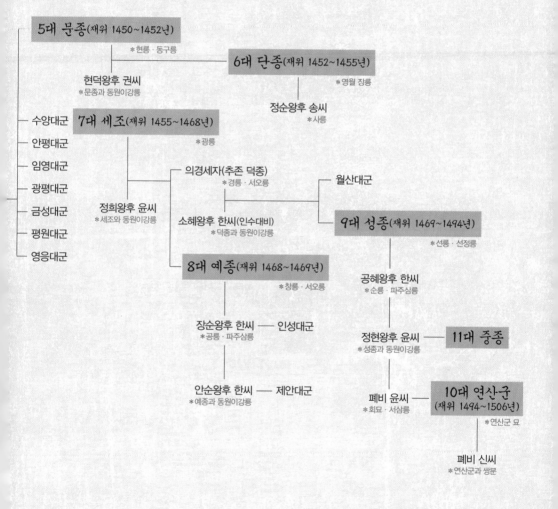

5대 문종(재위 1450~1452년)
＊현릉 · 동구릉

6대 단종(재위 1452~1455년)
＊영월 장릉

현덕왕후 권씨
＊문종과 동원이강릉

정순왕후 송씨
＊사릉

수양대군
안평대군
임영대군
광평대군
금성대군
평원대군
영응대군

7대 세조(재위 1455~1468년)
＊광릉

의경세자(추존 덕종)
＊경릉 · 서오릉

월산대군

정희왕후 윤씨
＊세조와 동원이강릉

소혜왕후 한씨(인수대비)
＊덕종과 동원이강릉

9대 성종(재위 1469~1494년)
＊선릉 · 선정릉

8대 예종(재위 1468~1469년)
＊창릉 · 서오릉

공혜왕후 한씨
＊순릉 · 파주삼릉

장순왕후 한씨 — 인성대군
＊공릉 · 파주삼릉

정현왕후 윤씨
＊성종과 동원이강릉

11대 중종

안순왕후 한씨 — 제안대군
＊예종과 동원이강릉

폐비 윤씨
＊회묘 · 서삼릉

10대 연산군
(재위 1494~1506년)
＊연산군 묘

폐비 신씨
＊연산군과 쌍분

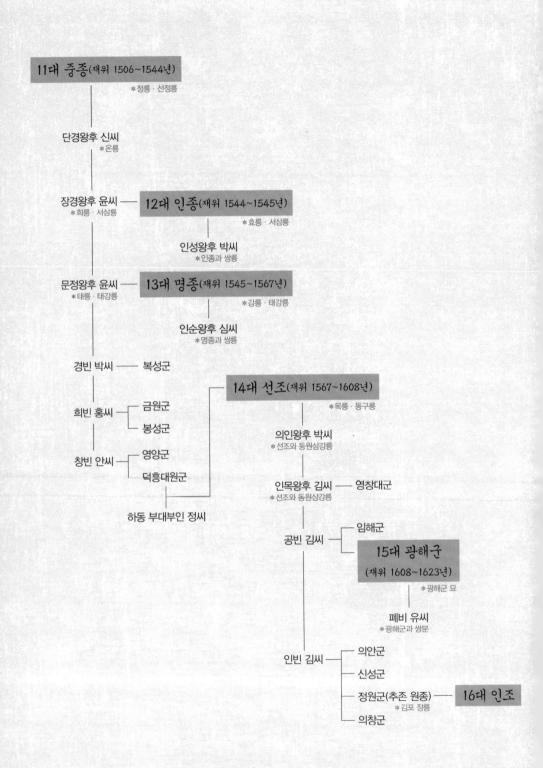

11대 중종(재위 1506~1544년)
＊정릉 · 선정릉

단경왕후 신씨
＊온릉

장경왕후 윤씨 ── 12대 인종(재위 1544~1545년)
＊희릉 · 서삼릉   ＊효릉 · 서삼릉

인성왕후 박씨
＊인종과 쌍릉

문정왕후 윤씨 ── 13대 명종(재위 1545~1567년)
＊태릉 · 태강릉   ＊강릉 · 태강릉

인순왕후 심씨
＊명종과 쌍릉

경빈 박씨 ── 복성군

금원군
희빈 홍씨
봉성군

영양군
창빈 안씨
덕흥대원군

14대 선조(재위 1567~1608년)
＊목릉 · 동구릉

의인왕후 박씨
＊선조와 동원삼강릉

인목왕후 김씨 ── 영창대군
＊선조와 동원삼강릉

하동 부대부인 정씨

임해군
공빈 김씨
15대 광해군
(재위 1608~1623년)
＊광해군 묘

폐비 유씨
＊광해군과 쌍분

의안군
신성군
인빈 김씨
정원군(추존 원종) ── 16대 인조
＊김포 장릉
의창군

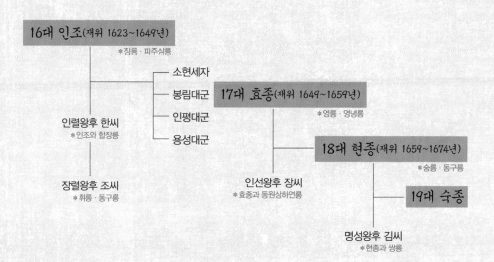

16대 인조(재위 1623~1649년)
*장릉 · 파주삼릉

인렬왕후 한씨
*인조와 합장릉

장렬왕후 조씨
*휘릉 · 동구릉

소현세자
봉림대군
인평대군
용성대군

17대 효종(재위 1649~1659년)
*영릉 · 영녕릉

인선왕후 장씨
*효종과 동원상하연릉

18대 현종(재위 1659~1674년)
*숭릉 · 동구릉

19대 숙종

명성왕후 김씨
*현종과 쌍릉

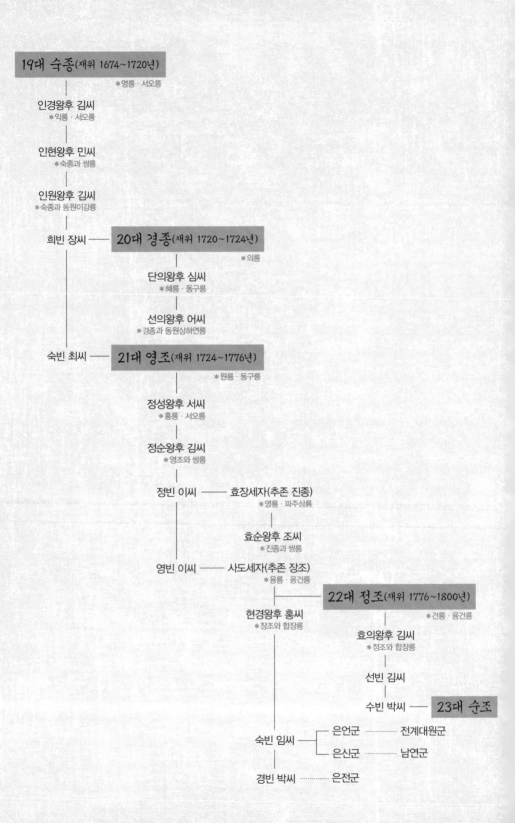

19대 숙종(재위 1674~1720년)
＊명릉 · 서오릉

인경왕후 김씨
＊익릉 · 서오릉

인현왕후 민씨
＊숙종과 쌍릉

인원왕후 김씨
＊숙종과 동원이강릉

희빈 장씨 ── **20대 경종**(재위 1720~1724년)
＊의릉

단의왕후 심씨
＊혜릉 · 동구릉

선의왕후 어씨
＊경종과 동원상하연릉

숙빈 최씨 ── **21대 영조**(재위 1724~1776년)
＊원릉 · 동구릉

정성왕후 서씨
＊홍릉 · 서오릉

정순왕후 김씨
＊영조와 쌍릉

정빈 이씨 ── 효장세자(추존 진종)
＊영릉 · 파주삼릉

효순왕후 조씨
＊진종과 쌍릉

영빈 이씨 ── 사도세자(추존 장조)
＊융릉 · 융건릉

현경왕후 홍씨
＊장조와 합장릉

22대 정조(재위 1776~1800년)
＊건릉 · 융건릉

효의왕후 김씨
＊정조와 합장릉

선빈 김씨

수빈 박씨 ── **23대 순조**

숙빈 임씨 ┬─ 은언군 ·············· 전계대원군
          └─ 은신군 ············ 남연군

경빈 박씨 ············ 은전군

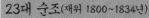

23대 순조(재위 1800~1834년)
＊인릉 · 헌인릉

효명세자(추존 익종)
＊수릉 · 동구릉

순원왕후 김씨
＊순조와 합장릉

신정왕후 조씨
＊익종과 합장릉

24대 헌종(재위 1834~1849년)
＊경릉 · 동구릉

효현왕후 김씨
＊헌종과 동원삼연릉

효정왕후 홍씨
＊헌종과 동원삼연릉

전계대원군 ·········· **25대 철종**(재위 1849~1863년)
＊전계대원군 묘   ＊예릉 · 서삼릉

철인왕후 김씨
＊철종과 쌍릉

남연군 ······················ 흥선대원군
＊남연군 묘   ＊흥원

26대 고종(재위 1863~1907년)
＊홍릉 · 홍유릉

부대부인 민씨
＊흥선대원군과 합장원

27대 순종(재위 1907~1910년)
＊유릉 · 홍유릉

명성황후 민씨
＊고종과 합장릉

순명효황후 민씨
＊순종과 삼위합장릉

순정효황후 윤씨
＊순종과 삼위합장릉

귀인 엄씨 ──── 영친왕
＊영원

이구
＊회인원 · 영원

방자비
＊영친왕과 합장원

귀인 이씨 ──── 완친왕

귀인 장씨 ──── 의친왕

귀인 정씨 ──── 이우 공

귀인 양씨 ──── 덕혜옹주

조선왕릉실록

ⓒ이규원, 2012

초판 1쇄 발행 2012년 1월 17일
개정판 1쇄 발행 2018년 12월 3일

지은이 이규원
펴낸이 이경희

발행 글로세움
출판등록 제318-2003-00064호(2003.7.2)

주소 서울특별시 구로구 경인로 445(고척동)
전화 02-323-3694
팩스 070-8620-0740
메일 editor@gloseum.com
홈페이지 www.gloseum.com

ISBN 979-11-86578-54-4 13900